U0711940

韩国民法

HANGUO MINFA

尹太顺　金路伦◎著

中国政法大学出版社

2020·北京

声　明　　1. 版权所有，侵权必究。

　　　　　2. 如有缺页、倒装问题，由出版社负责退换。

图书在版编目（CIP）数据

韩国民法/尹太顺，金路伦著.—北京：中国政法大学出版社，2020.7
ISBN 978-7-5620-7312-3

Ⅰ.①韩… Ⅱ.①尹… ②金… Ⅲ.①民法－研究－韩国 Ⅳ.①D931.263

中国版本图书馆 CIP 数据核字(2020)第 129572 号

出 版 者　　中国政法大学出版社

地　　址　　北京市海淀区西土城路 25 号

邮寄地址　　北京 100088 信箱 8034 分箱　邮编 100088

网　　址　　http://www.cuplpress.com (网络实名：中国政法大学出版社)

电　　话　　010-58908285(总编室) 58908433（编辑部）58908334(邮购部)

承　　印　　北京朝阳印刷厂有限责任公司

开　　本　　720mm×960mm　1/16

印　　张　　28.25

字　　数　　450 千字

版　　次　　2020 年 7 月第 1 版

印　　次　　2020 年 7 月第 1 次印刷

定　　价　　98.00 元

编写分工

尹太顺：民法总则、亲属继承法
金路伦：物权法、债法总论、债权分论

序　言

东亚三国法律的近代化转型都伴随着一个西方化的过程，但由于政治、经济、文化的发展水平以及地理环境、民族传统等各方面的因素存在着或多或少的差异且各有特色。相比较而言，在 19 世纪中后期中韩两国的法律近代化转型期同受内忧外患的危机，但韩国受到了日本近代化的影响。尽管韩国是位于东亚的一个半岛国家，在文化和地理上都处于与大陆相隔离的位置，但由于日本殖民主义的影响，其不由自主地继受了当时世界最先进的民法，进而得到升华。因此韩国民法典的制定有着非常复杂的过程，它步入西欧现代法国家行列的形态非常特殊。

韩国在 1910 年成为日本殖民地后，主要受到日本法的影响而且通过日本继受了欧洲的私法。1912 年 3 月 18 日，韩国制定了第 7 号制令——《朝鲜民事令》，韩国首次真正接触到了"近代民法典"，但并未全盘接受和适用日本民法，特别是在有关亲属、继承的法律方面有所保留而继续沿用了本国法。但经历多次修改后，特别是在殖民地后期也开始大范围沿用日本亲属法及继承法。1948 年 7 月 17 日，继韩国宪法颁布后就着手制定韩国民法典。1948 年 9 月 15 日，韩国政府以总统令第 4 号公布《法典编纂委员会职制》，以法律实务专家和法学教授为主成立了"法典编纂委员会"，1958 年 2 月 22 日公布了民法典并于 1960 年 1 月 1 日开始施行。

韩国民法典是以日本民法典为基础的，除物权法中的一些内容外，财产法的内容与日本民法有诸多联系。在制定韩国民法典的过程中剔除了日本民法中法国法的因素，增加了德国民法、瑞士民法及债务法中的相关制度和规定。在财产法领域，韩国民法继受了日本民法与德国民法的内容。在亲属继

承法领域，考虑到韩国固有的传统与习俗问题而保留了诸多本国传统因素，因此亲属继承法领域几乎未受日本民法及其他国家近代民法的影响。但是民法历经多次修改，亲属继承编也慢慢退去原先存在的不合时宜的因素，逐步走向了现代化。韩国民法典无论从它的编撰过程还是发展过程看，都可以说是民法近代化和现代化过程的一个特殊标本，其先进的民法制度与丰富的司法实践，对当前我国在民法学研究与实务方面都有较大的参考价值和借鉴意义。

本书的特点是力求体现最新的韩国民法学理论和内容，基本遵从了韩国民法典的编排体系，客观、全面地介绍了韩国民法的基本制度和规定内容，力求准确解释条文内容、详细阐述韩国民法学界和司法界对各种疑难问题的学说与判例的动向和观点，是目前为止国内最全面、系统的介绍最新韩国民法内容的书。此书对于学习和研究韩国民法的教师、学生及研究人员来说是一本难得的学习和参考资料。

本书是延边大学"211"工程重点学科建设项目资助的系列著作之一，同时获得了延边大学朝鲜-韩国学研究中心的资助，是顺应两国关系发展的现实需要和长远要求、彼此为解决地区问题开展密切合作、进行法律合作与研究工作的重要成果之一，对惠及两国人民，促进地区和平和共同发展有着重要的意义。

C目 录
ONTENTS

第二编 物权法

第三编　债权总论

第四编 债权分论

第五编　亲属继承法

第一编

民法总则

第一章

韩国民法概述

第一节　韩国民法典的制定

一、制定背景

近代以前韩国主要继受了中国法，韩国在私法方面是不成文法国家。虽然韩国模仿中国法制定了一些法典，但是未编纂私法典，而只是在各个法规中分别规定了私法的相关内容。因此，解决民事纠纷只能根据各地方的习惯及法官的裁量。

之所以在韩国现行民法中很难找出其固有的习惯与中国法的影响，是因为20世纪初韩国通过日本接受了欧洲的私法，且在1910年韩国成为日本殖民地后受到了日本法的影响。1910年8月29日，日本公布了《关于在朝鲜实施法律的文件》紧急敕令，规定朝鲜总督有权制定适用于朝鲜半岛的法律，并且可以以敕令的方式指定在朝鲜半岛适用的日本法律。1912年3月18日，又制定了第7号制令——《朝鲜民事令》，韩国人首次真正地接触到了"近代民法典"，但并未全盘适用日本民法，其中有关亲属、继承的法律，继续沿用韩国法。经历多次修改后，在殖民地后期也开始沿用大部分日本的亲属法及继承法。

韩国独立之后的美军政时期，根据美军政法令第21号，继续依用日本民法。在独立政府成立后制定现行民法之前，虽然存在制定适合本国国情的民法典的强烈愿望，但是由于受到诸多历史条件的制约，依然依赖"依用民法"（旧民法），日本民法典仍然是其参考的重要基础和主要法源。1958年公布的现行民法典是韩国历史上韩国人自己制定的第一部近代化的民法典，但是韩国民法仍以"依用民法"为蓝本。考察日本民法典会发现，日本民法典亦源

于 1804 年的法国民法典与 1888 年公布的德国民法第一草案，因此，可以说韩国民法也源于欧洲大陆法系法典。

二、民法典的制定

1948 年 7 月 17 日颁布韩国宪法后，继而着手制定了韩国民法典。1948 年 9 月 15 日，韩国政府以总统令第 4 号公布《法典编纂委员会职制》，以法律实务专家和法学教授为主成立了"法典编纂委员会"，并且开始完善法律体系。法典编纂委员会制定了《民法典编纂纲要》及《民法亲属继承编编纂纲要》，并以此为基础制定了民法典。历时四年零七个月完成了民法典草案，并于 1954 年 10 月 26 日作为政府法律案提交国会。国会司法委员会组成小委员会对民法典草案进行了预备审议，并形成了《民法典审议录》。小委员会的修正案再次提交国会后，国会又修改了修正案，并决议通过了民法典。1958 年 2 月 22 日，以法律第 471 号予以公布了民法典，并于 1960 年 1 月 1 日开始施行。当时颁布的民法典正文共 1111 条，附则为 28 条。后期，法典经过多次修改，现行民法典由 1118 条正文及 2 条附则构成。

韩国在制定民法典草案时，参考了大量的外国民法典。韩国民法典以日本民法典为基础，这是不争的事实。即除物权法中的一些内容外，财产法部分的内容是修改及弥补了日本民法的不足后制定的。在民法典制定过程中剔除了日本民法中的法国法因素，增加了德国民法和瑞士民法及债务法中的制度和规定。因此，韩国民法比日本民法更接近于德国民法。可以说，在财产法领域，韩国民法继受了日本民法与德国民法。

在家族法及继承法领域，韩国民法几乎未受日本民法及其他国家近代民法的影响。因为在制定民法典时考虑到韩国固有的传统与习俗，所以民法典的亲属继承编保留了诸多传统因素。但当时基于平衡传统与民主主义这一理念，故留下了一些问题。换言之，韩国民法典中的亲属继承编未能反映新时代的要求，但是经过多次修改，亲属继承编也正在慢慢褪去原先存在的不合时宜的因素，走向了现代化。

总之，为了尽快实现现代化及追赶发达国家的法典化趋势，韩国在制定民法典过程中参考了各国民法典，但是缺乏有效深入的研究，又因为经历了战乱，因此即使制定出来的民法典具备民法典的形式，其实质内容也未能摆脱日本民法的影响。例如，其按照日本民法学者的主张拟定了民法典草案的诸多内容，且继续沿用了日本的法律术语。

三、韩国民法典的修改

自韩国民法典公布实施之日起，至今经历了 28 次修改。第 1 次修改设置了法定分家制度；第 2、3、4 次修改了附则内容；第 5 次新设了特留份制度；第 6 次修改了财产法的一些内容；第 7 次将户主继承修改为户主继受，并移至亲属编；第 8 次根据国籍法的内容修改了部分内容；第 9 次修改了护士、司法人员等术语；第 10 次根据《民事执行法》的内容修改了部分内容；第 11 次修改了部分继承法的内容；第 12 次大幅修改了亲属继承编的内容，例如，删除了户主制度、同姓同宗禁婚制度，新设了亲养子制度；第 13 次根据新制定的《债务人重整及破产法》修改了部分术语；第 14 次修改了限定接受制度；第 15 次修改了一部分术语；第 16 次修改了亲属继承编的内容；第 17 次只修改了亲属编；第 18 次大幅修改了民法总则中的无行为能力人、监护制度，同时也修改了亲属编的大量内容；第 19 次修改了亲权制度；第 20 次修改了养子制度；第 21 次修改了与遗失物所有权的归属时期相关的内容；第 22 次修改了限制亲权相关的内容；第 23 次修改了一些术语；第 24 次根据《家族关系登记法》修改了部分内容；第 25 次修改了保证的内容，并且将旅游合同作为典型合同纳进了民法典；第 26 次删除了第 651 条规定；第 27 次修改了探望权相关的内容；第 28 次修改了与监护人资格相关的内容。

历经多次修改，韩国民法典中的亲属继承编的内容发生了巨大的改变。反之，财产法部分起初没有进行大幅修改，但是 2009 年开始进行了一些修改，并于 2013 年提出了全面修改案。从韩国民法典的此种修改趋势来看，将来韩国民法典的财产法部分会迎来全面修改。

四、韩国民法典[1]的构成

民法典由总则、物权、债权、亲属、继承等五编和附则构成，现行民法典共有 1118 个条文、2 条附则。韩国民法大体上可分为财产法和亲属法两大部分，民法总则具有适用于物权和债权两大部分的通则性质，但适用于亲属法时则存在诸多例外。

---

〔1〕　在本书中用"民法典"这个词语专指韩国民法典，"民法"专指韩国民法。

民法总则编的内容如下：第一编"总则"共有7章，其中第一章为通则，第二章为自然人，第三章为法人，第四章为物，第五章为法律行为，第六章为期间，第七章为消灭时效。

物权编的内容如下：第二编"物权"共有9章，其中第一章为物权总则，第二章为占有权，第三章为所有权，第四章为地上权，第五章为地役权，第六章为传贯权，第七章为留置权，第八章为质权，第九章为抵押权。

债权编的内容如下：第三编"债权"共有5章，其中第一章为债权总则，第二章为合同，第三章为无因管理，第四章为不当得利，第五章为侵权行为。

亲属编的内容如下：第四编"亲属"共有7章，其中第一章为亲属总则，第二章为家族的范围与子女的姓与宗，第三章为婚姻，第四章为父母与子女，第五章为监护，第六章为亲属会议（已经全部删除），第七章为扶养。

继承编的内容如下：第一章为继承，第二章为遗嘱，第三章为特留份。

第二节　民法的法源

《民法》第1条"法源"规定："民事，法律无规定，则依习惯法；如无习惯法，则依法理。"该条文中所说的法律不仅指法律，还应包括命令、规则、条约、自治法等。

一、成文民法

（一）法律

此处的法律指的是形式意义上的法律，包括《民法典》及其他法律。

1. 《民法典》

通常被称为民法的是《民法典》。《民法典》是最重要的法源。

2. 其他法律

为了补充或修正《民法典》而制定的民法法规、公法中的部分规定和具有一部分程序性内容的民法的附属法律也是民法的法源。

（二）命令

命令是国家机关依据一定程序制定的法规。命令包括委任命令[1]及执行

---

[1]　即委任的命令。

命令〔1〕，根据制定权人可以分为总统令、总理令、部令。如果命令具有有关民事的内容，可以成为民法的法源。

（三）大法院规则

大法院在不违反法律的范围内可以制定诉讼程序相关规定、法院内部规定、业务规则。因此，有关民事的大法院规则也可以成为民法的法源。

（四）条约

由于依据《宪法》签订的条约与被承认的国际法规与国内法具有同等效力，所以有关民事的条约也可以成为民法的法源。

（五）自治法

地方自治团体在法律范围内制定的条例与地方自治团体负责人依据法令或条例制定的有关民事的规则，都可以成为民法的法源。但是这些自治法规的适用范围受一定的限制。

二、不成文民法

（一）习惯法

习惯法是指在社会生活中自发形成且大多数人自愿遵守的习惯，视为法。〔2〕判例认为，习惯要被认可为法律，则不能违背最上位法——宪法的法秩序。〔3〕如果违背了法秩序，那么习惯只能成为事实上的习惯而不能成为习惯法。

根据《民法》第1条规定，习惯法当然成为民法的法源，但是习惯法仅仅起到补充民法的作用。

（二）法理〔4〕

法理指的是事物的本质性法则，并不具有一定的明确内容，只是参照整个法体系来看，语意上比较合理的用语。《民法》第1条规定："民事，法律无规定，则依习惯法；无习惯法，则依法理。"对于法理能否成为法源，有肯

---

〔1〕　为执行法律规定而规定所需的细则的命令。

〔2〕　参见大判（全）2005.7.21，2002DA1178.

〔3〕　参见大判（全）2005.7.21，2002DA1178.

〔4〕　原文为条理，根据中国法的习惯译成法理。

定说〔1〕与否定说〔2〕两种学说。从法条结构和内容来看，法理起到补充性作用，在没有法律及习惯法时，裁判需要依据法理。按照韩国《宪法》规定，法官是独立的，并且不能拒绝裁判，因此，从解释上来看法理虽然不是法源，但是法官裁判时可以适用法理。

（三）判例

判例是经由法院判决形成的规范。判例在英美法系国家是重要的法源，但是在像韩国这样的大陆法系国家，判例并不是法源。因为判例不是法源，所以其不具有法律拘束力，但是大法院的判例具有事实上的拘束力。这是由于下级法院作出判决时会不自觉地遵循上级法院，尤其是大法院的判例，如果下级法院的判决与大法院的判例发生冲突，则有可能被推翻。

第三节　民法的基本原则

一、概述

韩国民法发源于19世纪近代民法，主要继受了法国、德国、瑞士民法。近代民法以个人主义、自由主义以及自由人格为原则，衍生出了私有财产权神圣不可侵犯、私法自治、过失责任原则，这三个原则被称为近代民法的三大原则。在19世纪，民法的这三大原则并没有受到挑战，当时认为只要人与人之间基于公平及自由原则签订合同，是可以造就较为合理的经济结构的。但事与愿违，随着经济条件发生明显变化，拥有较多资源的强者与弱者之间经济地位产生巨大差距，从而出现不能基于私法自治原则达到公平合理目的的情况。尤其是在企业，企业与工人签订劳动合同时工人处于弱势地位。进入20世纪后，随着立法的不断完善，各国相继出台了多部限制经济强者的法律，例如，劳动法、经济法等。以近代民法的三大原则为基础，韩国民法的原则也随之发生了改变。

〔1〕参见［韩］金相容：《民法总则》，HS media 2009年版，第27页。

〔2〕参见［韩］郭润直、金载亨：《民法总则》，博英社2013年版，第29页；［韩］李英俊：《民法总则》，博英社2007年版，第30页；［韩］高翔龙：《民法总则》，法文社2003年版，第12页；［韩］池元林：《民法讲议》，弘文社2017年版，第14页。

二、民法三大原则

（一）所有权绝对原则

所有权绝对原则是基于个人对所有权绝对支配而产生的原则，不允许国家及其他人的干涉。因此，私人对其所有物进行使用、收益、处分。其法律依据为《民法》第 211 条。

（二）私法自治原则

韩国《宪法》第 10 条及第 37 条第 1 款保障个人的私法自治。《民法》第 105 条也间接地规定了私法自治原则。《民法》第 103 条及第 104 条都以私法自治为前提。私法自治原则是三大原则中最为核心的原则，最能体现私法自治原则的是合同法。

（三）过失责任原则

过失责任原则以存在行为人的主观过错为承担责任的前提条件。行为人仅在有故意或过失的情况下承担责任。私人只要对自己的行为尽充分的注意，则不会承担责任，可以自由地进行民事活动。过失责任原则是保护私人行动自由的原则。

韩国民法除了传统的三大原则外，还规定了诚实信用原则、禁止权利滥用原则。《民法》第 2 条第 1 款规定："行使权利，履行义务应当遵守诚实信用原则，且权利不得滥用。"

第二章

权利主体

第一节　自然人

一、权利能力

（一）出生

《民法》第3条规定，"人在其生存期间内，为权利和义务的主体"。因此，自然人从出生之时起就取得了权利能力，而未出生的胎儿不具有权利能力。出生时期对取得权利能力具有重要影响。《民法》未明文规定出生时期，主要由学说与判例来规制。对此有阵痛说、一部露出说、全部露出说、独立呼吸说等学说。其中全部露出说为通说。

（二）胎儿的保护

人的权利能力始于出生。出生前的胎儿，因尚未成为法律上的人，所以不享有权利能力，不得成为权利主体。如果坚持这一原则，则不利于保护胎儿的利益。例如，父亲去世后不到几个小时出生的胎儿无继承权。人的权利能力始于出生，制定这一规定的初衷是为了更容易地证明法律上的人有权利能力，并不是肯定出生之前的胎儿无需保护。

关于胎儿利益的保护，韩国民法采取个别保护主义，但是其有不能全面保护胎儿利益的弊端。关于因侵权行为发生的损害赔偿请求、继承、代位继承、遗赠、死因赠与，视为胎儿已出生。以此，例外地承认胎儿的权利能力。

对于例外情况下，视为胎儿已出生，有下列两种学说：

第一，停止条件说。这一学说认为，胎儿在胎儿时期不能取得权利能力，但是其出生时为活体的，取得权利能力的效果溯及至纠纷发生时。[1]学说认为，应以出生为停止条件，承认胎儿的权利能力。

第二，解除条件说。这一学说认为，对于视为出生的各种情形，胎儿对具体事项享有受限制的权利能力。但是胎儿死产时，取得权利能力的效果溯及至发生纠纷时而消灭。[2]这一学说以死产为解除条件，承认胎儿的权利能力。

韩国判例采取的是停止条件说。[3]其主要理由为，因为胎儿取得权利后也无代理机关。

从现代医疗技术水平及产妇分娩情况来看，胎儿出生时为死胎的情况非常少。因此，在胎儿与第三人利益保护之间应更侧重于保护胎儿的利益，从这个角度来讲，解除条件说更能满足现实需要。

（三）死亡

自然人的权利能力因死亡而消灭，即以死亡为自然人权利能力的终期。因此，死亡时间在法律上有重要意义。例如，自然人死亡后会发生财产继承、遗嘱生效、配偶可以再婚等法律关系的变动。那么如何确认死亡及其时间呢？关于死亡时间，通说认为绝对、永久地丧失生活功能时被认为死亡。即发生"呼吸与血液循环永久停止"的生理现象时被认为人体死亡。[4]在自然人死亡时，申告义务人应自知道死亡事实之日起1个月内申告。[5]但是家族关系登记簿上的记录只能推定死亡及死亡时间，因此可以举出反证推翻。[6]

韩国民法规定了一些制度来应对难以证明死亡的情况。

第一，同时死亡的推定。在二人以上同时遇难而无法证明死亡顺序时，需要推定死亡顺序。因为确定谁先死亡对继承具有重大意义，没有相关规制措施，先占据遗产的人会处于有利地位，造成不公平的结果。《民法》第30

---

〔1〕　参见［韩］金相容：《民法总则》，HS media 2009 年版，第 142 页；［韩］李英俊：《民法总则》，博英社 2007 年版，第 850 页。

〔2〕　参见［韩］高翔龙：《民法总则》，法文社 2003 年版，第 78 页；［韩］郭润直、金载亨：《民法总则》，博英社 2013 年版，第 102 页；［韩］宋德洙：《新民法讲议》，博英社 2017 年版，第 351 页。

〔3〕　参见大判 1976.9.14，76DA1365.

〔4〕　参见［韩］郭润直、金载亨：《民法总则》，博英社 2013 年版，第 105 页。

〔5〕　参见《家族登记法》第 84 条第 1 款、第 85 条。

〔6〕　参见大决 1995.7.5，94SEU26.

条规定，"二人以上因同一危难而死亡的，推定为同时死亡"。这是法律上的推定规定，因此有证据证明二人以上的人并非同时死亡时，可以推翻推定。但是判例认为，对于同时死亡推定，如果死亡顺序对利害关系人具有重大影响，则需要充分、明确的证明才能推翻推定。[1]

第二，死亡认定。死亡认定是指因水灾、火灾及其他灾难而死亡时，根据调查机关的通报，记录在家族关系登记簿上的情况。此处的灾难是指几乎无生存可能性的事故。此制度的目的是为减少在高概率死亡事件中繁琐的失踪宣告程序。

第三，宣告失踪。在死亡可能性较大的情形下，宣告符合一定要件的人失踪，以此拟制死亡的制度。对此在下列章节中予以说明。

二、行为能力

虽然自然人享有平等的权利能力，但不能全部取得平等的行为能力。民法保护每个主体欲实现私法上法律效果的意思，民事主体的意思在于追求权利、义务关系的变动（法律效果），但是民事主体想要实现其意思，应具有可判断发生的法律效果的能力。民法对可以正常预见自己行为结果的能力称为"意思能力"。不具备这种意思能力的人称为无意思能力人。这种意思能力反映在侵权行为领域时，被称为责任能力。

意思能力是一种主观状态，只能根据每个具体状态进行分析。因此，民法规定了一个统一标准，符合这一标准的视为有意思能力。依据统一标准判断是否具有作出法律行为能力的，就是行为能力制度。

（一）未成年人

《民法》第4条规定："满19岁为成年。"依第155条的规定计算年龄。虽然统一地将19岁定为成年年龄，但是会造成一些不公平的结果。为了减少不公平现象的发生，《民法》规定了未成年人可以从事营业及以结婚拟制为成年的制度。

1. 未成年人的行为能力

原则上，未成年人实施法律行为需要经过法定代理人的同意，未经过法定代理人同意的法律行为可以撤销。即可以撤销未成年人未经过法定代理人

---

〔1〕 参见大判1998.8.21，98DA8974.

的同意处分自己财产的法律行为。对于经过法定代理人同意的事项，由主张法律行为有效的人承担证明责任。[1]

在纯粹获得法律上权利或免除义务的行为、获得法定代理人许可的处分财产的行为、未成年人被许可从事营业的行为、已婚的未成年人的订立遗嘱的行为、未成年人作为代理人进行代理的行为等属于未成年人可以独立实施的行为。

2. 法定代理人

未成年人的法定代理人是未成年人的亲权人（父母），如果无亲权人或亲权人不能行使代理权及财产管理权，则由未成年人的监护人成为法定代理人。《民法》第931条与第932条是有关选任未成年人的监护人的规定。

未成年人的法定代理人享有同意未成年人实施法律行为的同意权及代理未成年人实施有关财产的法律行为的代理权，同时也享有撤销未成年人未经代理人同意而实施的法律行为的权利。

（二）成年监护

1. 成年被监护人

成年被监护人是因疾病、残疾、高龄及各种精神原因长期不能正常处理本人事务的人基于本人、配偶、四亲等以内的亲属、未成年监护人、未成年监护监督人、限定监护人、限定监护监督人、特定监护人、特定监护监督人、检察官或地方自治团体负责人的请求，由家庭法院判决成为成年被监护的人。

成年监护针对的对象是因精神问题长期不能正常处理本人事务的人。因此，从以缺少意思能力的人为主要对象这点来看，与先前的禁治产制度有些相似之处。但是开始成年监护的原因消灭的，家庭法院根据申请人的申请，作出终止成年监护的判决。

此外，因为成年被监护人事实上几乎不能自己独立实施法律行为，所以为有效保护成年被监护人的利益，授予成年监护人以法定代理人的地位（第938条第1款）。成年被监护人不能撤销日常的法律行为（第10条第4款）。但是家庭法院考虑成年被监护人的意思及现存能力的基础上决定其可以独立实施法律行为的范围，在这一点上明显有别于原先的禁治产制度（第10条第

---

〔1〕　参见大判1970.2.24，69DA1568.

2、3款)。

2. 限定被监护人

限定监护是以因疾病、残疾、高龄及其他精神方面的原因缺乏处理事务能力的人为对象,家庭法院根据请求权人的请求启动监护裁判的制度(第12条)。虽然这一条文类似于修改前的限定治产制度,但是删除了"心身薄弱"这一带有消极含义的用语。

从主体角度看,限定被监护人是因疾病、残疾、高龄及其他精神方面的原因缺乏处理事务能力的人。与成年监护中的"长期不能处理本人事务"的规定相比,这一要件不要求时间上的"长期性",只要求"缺乏处理事务的能力"。限定监护根据《家事诉讼法》及《家事诉讼规则》进行裁判,如果具备全部要件,则应由家庭法院进行裁判(第12条第1款)。

虽然原则上限定被监护人具有行为能力,可以进行有效的法律行为,但是家庭法院可以规定限定被监护人应获得限定监护人同意才能实施的法律行为的范围(第13条第1款)。如果限定被监护人未经监护人的同意实施法律行为,可以撤销该法律行为。但是该法律行为是日常生活所需,且无需过高费用的,可以承认该法律行为的效力(第13条第4款)。

家庭法院根据本人、配偶、四亲等以内的亲属、限定监护人、限定监护监督人、检察官或地方自治团体的负责人的请求,可以变更保留同意权的范围(第13条第2款)。对于需要获得限定监护人同意的行为,尽管存在被监护人利益受到损害之虞,但是限定监护人未同意的,家庭法院可以根据被监护人的请求,作出代替限定监护人同意的许可(第13条第3款)。

3. 特定被监护人

特定监护是指,对于因疾病、残疾、高龄及其他精神方面的原因临时需要帮助或对特定事务需要帮助的人,根据请求权人的请求家庭法院进行特定监护裁判的制度(第14条之2第1款)。特定监护是最能反映成年监护制度理念的制度。与成年监护及限定监护不同,特定监护制度是临时或特定事务需要获得帮助时发挥功能的制度。因为特定监护是帮助特定被监护人的制度,所以在特定被监护人的行为能力方面没有任何限制。

（三）　对限制行为能力人[1]的相对人的保护

因为限制行为能力人实施的法律行为可以撤销，所以与限制行为能力人交易的相对人处于不稳定的状态。对此，《民法》规定了保护相对人的几种制度。

1. 相对人的催告权

相对人可以催告限制行为能力人一方是否追认可撤销的法律行为。虽然这种催告行为与意思表示相似，却属于意思通知。限制行为能力人的相对人应确定 1 个月以上的期间，催告是否追认可撤销行为。收到催告之人在上述期间内发出追认或撤销答复的，发生相应的法律效果。但是这是追认或撤销这一意思表示的效果，并不是催告的效果。催告只有在确定的期间内没有作出答复时产生相应的效果。《民法》规定的催告的效果如下：第一，限制行为能力人成为完全行为能力人后未在确定期间内答复时，视为追认该行为；第二，限制行为能力人尚未成为完全行为能力人，由其法定代理人收到催告时分为两种情况。首先，法定代理人无须经过特别程序可以自行答复的情况下，如未答复，视为追认该行为；其次，法定代理人答复须经特别程序的，如果未答复，视为撤销该行为。此处所言的须经特别程序的行为是法定代理人或监护人追认未成年人或限定被监护人的重要的法律行为（对此请参考第 950条第 1 款）。因为此时需要监护监督人的同意。

2. 相对人的撤回权及拒绝权

相对人与限制行为能力人签订合同后，在限制行为能力人追认之前，可以撤回意思表示。限制行为能力人单独实施行为时，相对人在限制行为能力人追认前可以拒绝。

3. 限制行为能力人撤销权的排除

限制行为能力人以欺诈方式使相对人相信自己是完全行为能力人或者未成年人、限定被监护人实施欺诈，使相对人相信其已取得法定代理人的同意的，撤销限制行为能力人的撤销权。

---

[1]　韩国于 2011 年 3 月 7 日修改了行为能力制度。删除了禁治产、限定治产等规定，制定了成年监护制度。同时规定了限制行为能力制度，将未成年人、成年被监护人、限定被监护人（例外情形）规定为狭义的限制行为能力人。广义的限制行为能力人还包括特定被监护人。

三、宣告失踪与宣告死亡制度[1]

对于离开住所长期不回的人，有必要为其及利害关系人的利益采取一定的措施。面对此种情况，《民法》规定了宣告失踪与宣告死亡制度。在被推定为尚未死亡时，设定管理人管理其财产的制度；生死不明的状态持续较长时间后，会被推定为死亡，应明确相关的法律关系。

（一）宣告失踪制度

宣告失踪制度中最为重要的是失踪人财产管理制度。关于失踪人的财产管理，分为已有财产管理人及没有财产管理人两种情况。

有财产管理人时，原则上不予干涉。但是在本人失踪期间内财产管理人的权限消灭时，与自始无管理人的情况同等对待（第22条第1款第2句）。如果失踪人生死不明，家庭法院可以替换财产管理人（第23条）。

无财产管理人时，家庭法院根据利害关系人或检察官的请求，应当作出就财产管理所必要的处分命令（第22条第1款第1句）。

（二）宣告死亡制度

宣告失踪的人长期不出现时，则死亡概率较大，如果不能确定死亡，则会给利害关系人造成不必要的麻烦，同时还会造成法律关系不确定的问题，于是产生了宣告死亡制度。

1. 要件

如果法院宣告死亡，则须具备一定的要件：第一，失踪人生死不明；第二，须失踪期间届满。普通失踪的期间为5年（第27条第1款）、特别失踪（参加战争的人、在沉没的船舶中的人、坠落的航空器中的人及遭遇其他可导致死亡的危难的人）的期间为1年（第27条第2款）；第三，利害关系人或检察官申请；第四，须公示催告。公示期为6个月。换言之，发出公告，使失踪人本人或知道失踪人生死的人在6个月内进行申报。

2. 效力

宣告死亡的人，在失踪期间届满时视为死亡（第28条）。因此，在失踪

---

[1] 韩国《民法典》没有规定宣告死亡制度，只规定了"不在者"与"失踪人"。此处的"不在者"相当于中国法的"失踪人"；"失踪人"相当于中国法的"宣告死亡人"。为了符合中文的习惯，本书用"失踪人"指代"不在者"；用"宣告死亡人"指代"失踪人"。

期间届满时继承人开始继承、遗嘱生效，同时婚姻关系也消灭。但是因为死亡宣告制度并不消灭人的权利能力，因此被宣告死亡人在其他地方所实施的法律行为仍然有效，并不受死亡宣告的影响。

3. 撤销

被宣告死亡的人未死亡时，如何处理相关法律关系呢？因为宣告死亡是拟制死亡的制度，所以拟制死亡的效果并不当然消灭，须进行撤销程序。因此须有被宣告死亡人有生存的事实、死亡时间与被宣告死亡的时间不一致的事实，并且根据本人、利害关系人、检察官的请求，法院才能撤销死亡宣告。

撤销死亡宣告时，等于自始未宣告死亡。即因宣告死亡而发生的法律关系溯及无效。但是宣告死亡后实施的善意行为有效（第 29 条第 1 款但书）。并且以死亡宣告为直接原因取得财产的人为善意时，在现存利益范围内承担返还义务；如为恶意，则应返还所得利益及利息，如有损失，应当赔偿损失（第 29 条第 2 款）。

第二节　法　人

一、绪论

（一）法人的意义及分类

除自然人外，具有法人格（权利能力）的权利、义务主体就是"法人"。

1. 公法人与私法人

公法人是指法人的成立及管理上需要国家公权力介入的法人，除此之外的法人为私法人。但是也有一类无法归入到公法人与私法人的法人类型。例如，韩国的韩国银行、韩国住宅土地公社等。对此，应针对每个具体法律关系做具体分析。

2. 社团法人与财团法人

社团法人是指为达成一定目的，以人为基础而集合成立的法人。财团法人是指为达成一定目的，以财产为基础而集合成立的法人。《民法》中的法人只能属于社团法人或财团法人中的一种，《民法》不承认中间性质的法人。

3. 营利法人与非营利法人

私法人可以再分为营利法人与非营利法人。以营利为目的的社团法人为

营利法人。以学术、宗教、慈善、艺术、社交及其他非营利事业为目的的社团法人或财团法人称为非营利法人。非营利法人为达成其目的，可以从事不违反其主要性质的营利行为。非营利法人为社团法人或财团法人。《民法》以非营利法人为主要规制对象。

《民法》将法人分为营利法人与非营利法人，不分为公益法人与营利法人。但是对非营利法人中以从事一定事业为目的的法人称为"公益法人"，针对这些公益法人专门制定了《公益法人设立运营法》。根据此法第 2 条，"作为财团法人或社团法人，为有助于社会利益而以援助学费、奖学金或研究经费、学术、慈善等为目的的法人，称为公益法人"。制定此法的目的是防止公益法人借助公益之名从事其他工作。[1]

（二）法人格（非法人团体）

社团与合伙在团体性的强弱上是有区别的，因此在理论上，两者都有可能成为法人，并不是只有社团才能成为法人。换言之，社团与合伙能否成为法人是立法政策问题。[2]

1. 非法人社团

虽然具有社团实质，但不具有法人格的称为非法人社团或无权利能力的社团。《民法》第 31 条规定，"法人须依法律规定才能成立"，因此会出现无权利能力的社团。《民法》对于社团法人设立采取许可主义，因此未取得许可的社团或取得许可之前的社团只能成为无权利能力的社团。此外，如果社团的设立人不愿受到行政机关的事前许可或事后监督，也可以设立非法人社团。目前，韩国典型的非法人社团就是宗亲会与教会。

非法人社团的实体法相关的规定有关于财产归属关系的为《民法》第 275 条、第 278 条。此外，还有承认非法人社团的诉讼地位的《民事诉讼法》第 52 条及规定登记能力的《不动产登记法》第 26 条。学说及判例认为，有关非法人社团相关的法律关系，应类推适用社团法人的相关规定。

2. 非法人财团

虽然具有财团的实质，但是不具有法人格的称为非法人财团。对于非法人财团的财产归属关系没有明文规定，只是承认其具有诉讼当事人能力与登

---

〔1〕 参见［韩］郭润直、金载亨：《民法总则》，博英社 2013 年版，第 161 页。

〔2〕 参见［韩］郭润直、金载亨：《民法总则》，博英社 2013 年版，第 162 页。

记能力。

二、法人的设立

（一）非营利社团法人的成立

成立非营利社团法人须具备以下几个要件：

第一，目的的非营利性。应以学术、宗教、慈善、艺术、社交及其他非营利事业为目的（第32条）。

第二，成立行为。在成立社团法人时，应由2人以上设立人确定法人的基本规则，以书面形式记载，并且签名、盖章（第40条）。此种书面文件称为章程，制定章程的行为就是成立行为。

第三，须征得主管机关的许可（第32条）。主管法人目的范围的行政机关就是主管机关。是否许可成为非营利社团法人属于主管机关的自由裁量范围，但是行政机关滥用裁量权时，可以提起行政诉讼。

第四，成立登记。在法人的主要办事机构所在地办理成立登记。进行登记后法人成立（第33条）。

（二）非营利财团法人的成立

成立非营利财团法人，亦应具备上述四个要件。非营利财团法人与非营利社团法人相比，只是在成立行为上有一些区别。主要区别在于，因为财团法人的设立人须出资，并制定章程（第43条）。出资及章程的制定是财团法人的成立行为。财团法人的成立行为包括生前行为及遗嘱（第47条）。设立人出资的财产，如果以生前行为成立法人，在法人成立时就成为法人的财产。如果依遗嘱成立，则以遗嘱生效时法人成立（第48条第2款）。

三、法人的能力

法人依法律规定取得法人格，因此法人也有权利能力及一定范围内的活动能力。法人的能力与自然人的能力有本质区别。自然人享有平等的权利能力，但是不同状态的人具有不同的行为能力及责任能力。与此相对，法人能力问题与立法政策密切相关，尤其是与法人的本质论有关。目前关于法人的主要争议点在于，谁在何种范围内行使法人的行为及法人对何人的何种行为承担责任。

（一）法人的权利能力

法人的权利能力范围受到法律的限制与目的的限制（第 34 条）。此外，还受到自然性质的限制。因为法人与自然人存在性质上的差异，所以法人的权利能力受到限制。例如，法人不能享有自然人固有的性别、年龄、亲属关系等方面的权利义务。法人也不得成为继承人，但是能成为受遗赠人。

根据法律规定权利主体享有权利能力，相应地也受到法律的限制。限制法人权利能力的法律规定有基于特别理由的《民法》第 81 条、《商法》第 173 条，但是没有统一地限制法人权利能力的规定。法人权利能力只受"法律"的限制。

《民法》规定，法人只能在章程规定的范围内享有权利能力。"目的范围"并不仅仅指章程规定的事项。《民法》第 34 条的规定并不是将法人的权利能力限制在章程范围内，而是防止法人将法人组织滥用于除章程规定外的其他目的上，因此应解释为在不违反法人目的的范围内享有全部的权利能力。

（二）法人的行为能力

法人基于自然人的行为取得权利及承担义务，因此会产生谁的行为构成法人行为的问题，这就是法人的行为能力问题。根据法人拟制说，法人有权利能力，但无行为能力，因此不可能存在法人的行为，法人只能依代理人取得权利义务。根据法人实在说，法人也具有团体意思或组织意思，因此法人肯定有行为能力。即法人机关的行为就是法人的行为。可以看出只有采取法人实在说时才能承认法人的行为。但是两种学说的实际效果相同。

从法人实在说的角度看，即使认为法人作出一定的行为，也不能认为是法人亲自作出了一定的行为。因此，事实上将作出一定行为的自然人称为"代表机关"。换言之，将代表机关的行为视为法人的行为。法人的代表机关与法人之间的关系比代理人与本人关系更加密切。这种"代表机关"称为代表人（第 59 条）。但是因为代表与代理关系相似，所以对于代表准用代理的规定（第 59 条第 2 款）。

此外，法人的行为能力与权利能力范围相同。因此，可以将有关权利能力的理论直接用于行为能力。超越法人行为能力范围的代表人的行为不能被认为是法人的行为。

（三）法人的侵权责任

法人对理事或其他代表人因职务行为给他人造成的损失承担赔偿责任

（第 35 条第 1 款主文）。可以说法人的侵权行为能力指的就是法人的侵权责任。此时，法人的理事或其他代表人同样承担责任（第 35 条第 1 款但书）。因此，被害人可以任意选择法人或代表人请求损害赔偿。

1. 侵权责任要件

法人承担侵权责任时，应满足以下几个要件：

（1）代表机关的行为

因为只有代表机关的行为才被认为是法人的行为，所以第 35 条第 1 款虽然仅规定了"理事及其他代表人"，但是指的就是代表机关。除理事外的代表机关有临时理事、特别代理人、职务代行人、清算人。社员大会及监事也是法人的机关，但是对外并不代表法人，因此他们的行为不成立侵权行为。

（2）代表机关因"职务"给他人造成损失

代表机关在其负责的职务范围内履行职务，因此只有机关的职务行为才是法人的行为。如果机关的行为超出职务范围，该行为就不是法人的行为。此处所言的"职务"通常是指外观上可以认为是法人的行为及根据社会一般观念应认为属于法人职务的行为。

（3）满足侵权行为的构成要件

《民法》第 35 条第 1 款是第 750 条的特别规定，因此应满足一般侵权行为的构成要件。即代表机关具有责任能力、具有故意或过失、有加害行为、被害人受到损失。

2. 机关的个人责任

（1）成立法人侵权行为的情形

如果成立法人的侵权行为，则法人应承担相应的责任。此时需要思考实施加害行为的个人是否也应承担责任的问题。虽然根据法人拟制说与实在说的角度能得出不同的结论，但是通常认为个人实施的行为即使是法人的行为，也不失个人行为的性质，因此在与法人的关系上成立法人责任，在与个人的关系上成立个人的责任。根据第 35 条第 1 款第 2 句，可以看出韩国民法更倾向于保护被害人的利益。

（2）法人侵权行为不成立的情形

在代表机关的加害行为因超出职务范围而不成立侵权行为的情形，法人不承担侵权责任。此时，根据一般原则代表机关承担侵权责任。但是通常情况下，法人给被害人造成的损失比较大，因此第 35 条第 2 款规定，"因法人

目的范围外的行为致他人损害的，赞成或执行该事项决议的社员、理事或其他代表人，应承担连带赔偿责任"。

四、法人的机关

（一）绪说

因为法人与自然人不同，不能自主进行一定的行为，所以需要能决定法人意思，并基于这一意思对外进行活动及处理内部事务的组织。这种组织就是法人的机关。典型的有代表机关、业务执行机关、意思决定机关、监督机关等。关于机关与法人的关系，拟制说与实在说采取不同的态度。拟制说认为，法人与法人机关是相互独立的，机关是独立于法人的，是法人的代理人。实在说认为，机关就像法人的手足，是法人组织体的构成部分。区分代理人与机关的观念就是基于法人实在说形成的。

民法规定的法人机关的类型有意思机关、执行机关、监督机关。但是因其需要，根据不同的法人类型可以设定不同类型的机关。

机关可以分为必设机关和任意机关。作为代表机关及执行机关的"理事"是所有的法人都应设立的必设机关，但是监事是任意机关。

（二）理事

理事是对外代表法人，对内执行法人业务的机关，即执行机关。理事是必设机关，因此无论是社团法人，还是财团法人都应设立理事。由章程规定理事的人数，并且只有自然人才能担任理事。

1. 任免

（1）选任

选任理事的行为相当于法人与理事之间订立委任合同。根据这种合同，理事取得法人机关的地位。如果不依章程选任理事，则利害关系人可以提起选任行为无效或撤销的诉讼。

（2）解任

法人章程应该规定与理事的解任相关的内容，但是章程没有规定或规定不完备时，应准用《民法》有关委任的规定。根据第691条规定，理事因任期届满或卸任之后，在确定继任者之前应继续享有履行职务的权限。

（3）登记

因为理事的姓名、住所是登记事项，所以未登记上述事项时，理事的选任、解任、卸任事项不得对抗第三人（第 54 条第 1 款）。

2. 职务权限

因为将法人与理事的关系比作委任关系，所以理事应尽善良管理人的注意义务履行职责。如果理事违反此项义务，应对法人承担基于债务不履行的损害赔偿责任。但是《民法》为保护法人的利益，在第 65 条规定了理事的连带责任。

理事的职务权限分为法人代表与事务执行两个部分。

（1）法人代表

关于法人事务，理事对外代表法人。理事可以代表法人对属于法人行为能力的所有事项享有代表权。法人可以依章程限制理事的权限，但该限制未进行登记的，不得对抗第三人。当法人与理事的利益相冲突时，理事丧失代表权（第 64 条）。此时应由其他理事或法院选任的特别代表人代表法人。在章程或总会决议未禁止的事项范围内，理事可以使他人代理特定行为（第 62 条）。

（2）事务执行

理事享有执行法人全部内部事务的权限。虽然《民法》未作明文规定，但是理事应依章程或总会决议执行事务。有数位理事的，如章程无其他规定，法人事务应依过半数理事的决定执行（第 58 条第 2 款）。

理事的事务执行范围包括法人登记、制作财产清单、社员名册、召集社员总会、制作总会议事录及其他法人事务等。

（三）监事

1. 选任

社团法人或财团法人依章程或总会决议设置一位或数位理事。监事是任意性机关，并不是必设机关（第 66 条）。监事的姓名、住所不是登记事项。因为对外监事不代表法人，所以不会对第三人利益造成影响。

2. 职务权限

因为监事的权限是对内监督理事的事务执行，所以不具有对外代表法人的权限。但是监事不诚实履行其职责时，应承担违反债务不履行的损害赔偿责任（第 390 条）。监事有以下几种主要职权：监督法人的财产状况；监督理事的事务执行情况；发现财产状况或事务执行中有违法或可疑事实的，向总会或主管机关报告；为进行上述报告，必要时可召开社员总会（第 67 条）。

（四）社员总会

1. 意义

社员总会是法人的最高意思决定机关。社员总会是由全部社员组成的决议机关，且是必设机关。因为财团法人无社员，所以由章程规定最高意思。

2. 召开

召开总会应遵守一定的程序。召开总会应于 1 周前发布记载有会议目的事项的通知，其他依章程规定的方法进行。此处所言的 1 周时间不能缩短，但是在章程中可以规定长于 1 周的时间。社团法人的理事每年须召开 1 次以上的定期总会（第 69 条）。社团法人的理事认为有必要时，可以召开临时总会（第 70 条第 1 款）。在 1/5 以上的全体社员请求召开总会，并且明示会议目的事项时，理事应召开临时总会（第 70 条第 2 款）。请求召开的人数可以依章程增加或减少。在发出上述请求后 2 周内，理事未进行总会召开程序的，提出请求的社员可以经法院许可召开总会（第 70 条第 3 款）。

3. 权限

社团法人的事务，除依章程属于理事或其他人员的事项外，均依总会决议（第 68 条）。因为总会是决议机关，所以代表机关或执行机关执行总会的决议。

4. 决议

在章程未作其他规定的情况下，总会只能在召集通知的事项范围内进行决议。每个社员原则上平等享有决议权，可以书面或委托代理人行使表决权（第 73 条）。但是对社团法人与某一社员之间的相关问题进行表决时，该社员丧失表决权（第 74 条）。在《民法》和章程无其他规定时，总会决议应由过半数社员出席，并由出席社员过半数表决通过（第 75 条第 1 款）。

五、法人章程的变更

（一）意义

法人在维持同一性的前提下改变组织的，被称为"章程的变更"。社团法人原则上可以变更章程。因为社团法人是人的结合体，所以只要社团维持同一性，即使变更章程，法人也不失同一性。因为财团法人不存在自主决定法人活动的机关，所以原则上不得变更章程。但是完全禁止财团法人变更章程，也会造成不必要的麻烦，因此《民法》对财团法人设置了一些限制条件，仅在一定范围内允许财团法人变更章程。

（二）社团法人

社团法人变更章程应经过 2/3 以上社员的同意和主管机关的许可。如果变更的事项为登记事项，只有在登记该变更事项后才能对抗第三人（第42条）。

关于章程变更需要考虑以下问题：即如果章程规定不能变更章程，那么此时能否变更章程？因为对于社团法人来讲，章程是全体社员一致同意的，因此如果全体社员同意，应当认为可以变更章程。换言之，是以后续达成一致的意思变更之前的意思。

（三）财团法人

因为在设立财团法人时已经确定其章程，所以原则上不能变更。但是对此有以下例外情况：

设立人在章程中明确规定了变更章程的方法时，可以变更，但是应当取得主管机关的许可（第45条第3款）。如果变更的事项为登记事项，那么登记后才能对抗第三人（第54条）。如果章程没有规定变更章程的方法，那么为实现财团法人的目的或保全其财产，在适当情形下可以变更其名称或办事机构所在地（第45条第2款）。

根据第46条，在财团法人的目的不能实现时，经主管机关许可，设立人或理事可以参照设立财团法人时的宗旨，变更其目的或章程。

六、法人的消灭

法人的消灭是指法人丧失权利能力，但是与自然人不同，法人不会产生继承等问题。在法人消灭时应整理财产关系，因此需要经过一系列程序。即先"解散"、后"清算"。法人在解散后至清算之前只能在一定的范围内享有权利能力，清算结束后法人才最终消灭。

（一）解散

法人终止原来的目的而进入清算程序的就是解散。社团法人与财团法人都因发生章程规定的解散事由、法人目的无法实现、破产、设立许可被撤销等原因而解散（第77条第1款）。但是除了上述几种理由外，社团法人还会因没有社员及根据社员总会的决议解散。

（二）清算

被解散的法人开始处理剩余业务至完全消灭为止的程序就是"清算"。清算程序包括两种：一种为因破产而解散的情形，此时根据《债务人重整及破产法》规定的破产程序进行清算；另一种为基于其他原因的解散，此时适用《民法》的相关规定。因为清算程序涉及第三人的利益，所以有关清算程序的规定都是强行性规定。清算法人仅在清算目的范围内享有权利，承担义务（第81条）。

1. 清算法人的机关

（1）清算人

清算法人的执行机关为清算人。清算人在清算法人的权利能力范围内执行内部事务，对外代表清算法人（第87条第2款）。先由章程中规定的人担任清算人，如果章程无相关规定，则由总会决议选任；总会未选任的，由解散时的理事成为清算人（第82条）。但是法人解散时无符合上述条件的人时，由法院依职权或根据利害关系人或检察官的请求选任清算人。同时，虽然有清算人，但是因清算人缺员而有发生损害之虞时，由法院依职权或根据利害关系人或检察官的请求选任清算人（第83条）。如果有重要情况，法院依职权或利害关系人、检察官的请求解任清算人（第84条）。

（2）清算人的职责

清算人就任后应在3周内将解散事由、日期、清算人的姓名、住所及限制清算人代表权的情况一并登记在主要事务所及其分所所在地（第85条第1款）。同时将上述事项向主管机关申报（第86条第1款）。在清算过程中解散登记事项发生变更的，应在3周内进行变更登记（第85条第2款）。在清算过程中就任的清算人应向主管机关申报其姓名与住所。清算人怠于履行上述职责或向主管机关进行虚假申报的，对其进行罚款（第97条第1、4项）。

除此之外，清算人应当终结现存事务、追讨债权及清偿债务（第87条第1款）。清算人自就任之日起2个月内应发布3次以上公告，催告债权人在一定期间内申报其债权。该期间不得少于2个月（第88条第1款）。在这一公告上应表明，如果债权人在规定期间内未申报债权，则不得参加清算（第88条第2款）。上述公告是针对不特定的债权人发出的公告，但是对已知的债权人应分别催告（第89条）。

在债权申报期间内，清算人不得对债权人进行清偿。如果发生已届清偿期的债权不能受偿的情况，则对这些债权人应进行迟延损害赔偿（第90条）。清算中的法人可以清偿未届清偿期的债权（第91条第1款）。对于附条件的债权、存续期间不确定的债权以及其他金额不确定的债权，应根据法院选任的评估人的估价清偿（第91条第2款）。在债权申报期间内不申报的债权不能参与清算，但是被排除在清算外的债权人，只能对完全清偿法人债务后未移转于权利人的财产请求清偿（第92条）。

在清算中法人财产明显不足以完全清偿债务的，清算人应立即申请宣告破产，并予以公告（第93条第1款）。选任破产管理人后，清算人应将其事务移交给破产管理人，以此结束其任务（第93条第2款）。

七、法人的公示与监督

（一）法人的公示

法人公示的目的在于使第三人知悉法人的存在，以确保交易安全。有关法人的章程、财产状况、社员等的信息对于交易相对人具有重要的意义。为此《民法》要求法人应登记相关事项，并作成财产清单和社员名册。登记包括设立登记、分所地设置及移转登记、变更登记、解散登记等。

（二）法人的监督

由许可设立的主管机关行使监督权（第37条）。监督的内容是有关法人业务及财产状况的检查、设立许可的撤销等（第38条）。

法院检查、监督法人的解散与清算。为做好对法人的监督，监督机关享有撤销许可、解任清算人等权限，但也规定了一些处罚措施。即法人的理事、监事或清算人怠于履行职责时会受到处罚（罚款）（第97条）。

第三章

权利客体

第一节 绪 论

一、权利客体及意义

权利是可享受一定的利益的法律上之力。此处的"一定的利益"称为权利的内容或标的。因为权利是权利主体可以享受利益的法律上之力，所以法律上之力的对象就是权利的客体。例如，物权以支配一定的物为内容，此处的一定的物为其客体。对于债权来说，客体为债务人的行为。

不同类型的权利对应不同的客体，但是《民法》只对"物"做了原则性规定。这是因为不可能对多种权利客体全部作出明文规定，并且物不仅是物权的客体，而且在债权及其他权利中也都会涉及。

二、物的意义

《民法》第98条规定，"本法所称物，指有体物、电及其他可以管理的自然力。"

因此，民法上的物须满足以下几个要件：

第一，须为有体物、电或可以管理的自然力。物分为有体物与无体物。有体物指可占据一部分空间的，五官可以感知的物质。例如，可以将固体、液体、气体、电、热、声、光等作为法律上的有体物，但是应限于其具有可支配性的情形。无体物是不能触碰及感知的物。《民法》将可支配的自然力也包括在物中，这是较为合理的立法设计。

第二，须为人力所能支配。法律上的物限于人力可以管理的物。例如，日月星辰，虽为有体，但非人力所能支配，因此不能成为法律上的物。

　　第三，须为人体之外的物。人的身体不属于物，不得为权利的客体。不仅人本身不能作为法律上的物，人体的一部分也非法律上之物。因此，附在人体上的假肢等也不是法律上的物。但是人体的一部分与人身分离之后，可以成为独立的物。只要是不违反强行性法规及公序良俗的器官移植等合同，都为有效合同。

　　第四，须为独立的物。物是否为独立的物，应依社会观念和交易观念进行判断，不能仅凭物理性状态进行判断。因此有体物的要件之一是应具有独立性。对于物权关系来讲，是否为独立的物具有重要意义。因为物的一部分或物的集体不能成为物权的客体。这是一物一权主义的要求，但是在现行法上存在很多例外。

第二节　物的分类

一、动产与不动产

（一）物分为动产与不动产

　　因为不动产的价值较大，并以登记为公示方法。动产与之相反，具有较强的流动性，并且以占有为公示方法。因此作出了此种分类。从现代社会交易习惯等角度看，公示方法的不同是区分不动产与动产的主要原因。

（二）不动产是指土地及其定着物（第99条）

　　土地包括人为划分一定范围的地表和在所有权的正当利益范围内的效力所及的土地之上下（第212条）。土地定着物指，建筑物、农作物、树木、水井等，固定地附着于土地上的物。土地上的定着物分为两种：一种为独立于土地的不动产，例如建筑物等；另一种为构成土地之一部分的定着物，例如桥梁等。现行法上作为独立于土地的不动产有以下几种：

　　1. 建筑物

　　《民法》规定建筑物与土地为两个不同的物。对此，设有专门的建筑物台账与登记簿。对于施工中的建筑物从何时起能成为独立的不动产及拆除中的建筑物又从何时起成为非独立的不动产，《民法》未作出明文规定。对此只能依据社会观念及交易实态进行判断。除此之外，建筑物数量的确定有时也会成为问题。对此，并不能完全按照建筑物的物理性质，也应依社会观念及交

易习惯进行判断。

2. 树木

山上的树木需要与土地分离后进行交易。为了树木的交易，判例确认了较为特殊的公示方法，即"明认方法"[1]。但是判例确认的方法有很多不完备之处，故于1973年制定了《立木法》。因此，现在有两种将树木的集合作为交易对象的方法：一种为原先判例已经承认的确认方法；另一种为根据《立木法》规定进行交易的方法。根据《立木法》，树木可以被当作独立于土地的不动产处理，亦可以作为抵押权的标的物（《立木法》第3条）。但是可以成为立木的树木，应具备登记要件，如果不具备登记要件，不能受《立木法》的保护。

（三）除不动产外的物为动产（第49条）

此外，可管理的电及其他自然力也是动产。虽然船舶、汽车、航空器及一些建设设备是动产，但是因其特殊性，由特别法予以规制。

二、主物与从物

在两个独立物之中存在一物供作他物之用的关系。从物从属于主物，并对主物的功能起到辅助作用。主物与从物一般应属于同一个所有人（第100条）。如果认为不同的所有人的物之间存在主从关系，那么会发生处分主物时一同处分从物的情形，此举会损害第三人的利益。主物与从物之间的关系，也常常表现为权利相互之间的关系。此时同样适用第100条的规定。例如，处分建筑物时，其地基租赁权也一并移转于建筑物受让人。

三、原物与孳息

孳息指从物中所生的收益。能产生这种收益的物为原物。孳息分为天然孳息与法定孳息。天然孳息是指依自然产生的出产物、收获物，例如果实、牛奶等。原物收益权人发生变动的，其天然孳息自与原物分离之时归于取得原物收益权人（第102条第1款）。法定孳息是指依法律关系而产生的收益，包括利息、租金等。原物收益权人发生变动的，其法定孳息按照收益权存续期间的日数比例，分属于两个收益权人（第102条第2款）。

---

〔1〕 原文为"明认"。但是根据语言习惯，本书将此翻译为"确认"。

四、融通物与不融通物

融通物指可成为交易客体的物。不融通物指法律规定不得成为交易客体的物。大多数物为融通物，不融通物一般限于公有物（例如政府机关的建筑物）、公用物（例如道路、河川等）、禁止物（例如毒品、伪造的货币等）。

五、可分物与不可分物

可分物是指性质上不因分割而改变，同时其价值并不明显减少的物。不可分物是指一经分割就会改变其性质或减少价值的物。

六、代替物与不可代替物

这是以是否重视物的个性而作的分类。代替物指能依同品种同数量相互代替之物。不代替物是不能依同品种同数量代替的物。钱、书、粮等属于代替物。书画、古董等属于不可代替物。

七、消费物与不可消费物

消费物指不能重复使用，一经使用即改变其形态及用途的物。不可消费物指按照物的性质与用途可以反复使用、收益的物。例如，烟、酒及货币等为消费物；土地、房屋等为不可消费物。

第四章

权利的变动

第一节 绪 论

一、法律关系的变动

在各种社会关系中,受到法律规制的关系就是法律关系,现今大部分的社会关系都属于法律关系。法律关系通常表现为人与人之间的权利义务关系。在近代社会,处在社会关系中的人应当对自己的行为承担责任。人们经历生活及生产关系的变化,这些变化的关系映射在法律上就是法律关系的发生、变更及消灭。法律关系的变动基于一定的原因,产生一定的效果。引起法律关系变动的原因称为"法律要件",结果称为"法律效果"。换言之,基于一定的原因发生的法律关系变动就是法律效果。法律关系主要表现为权利义务关系,因此法律关系的变动也就是权利义务关系的变动。韩国民法以权利本位为核心,因此法律关系的变动亦表现为权利的发生、变更及消灭。

二、权利变动的分类

(一) 权利的发生

权利的发生是指人们取得权利。一般有以下几种取得方式:

1. 原始取得

原始取得指不依附于既存的权利而独立地发生。换言之,指产生一种新的权利。例如,先占、拾得、取得时效等。此外,人格权、亲属权等亦为原始取得。

2. 继受取得

继受取得指基于他人既存的权利而发生权利。这是继受他人已有的权利而取得权利的方式。例如买卖、继承等。继受取得又分为移转的继受取得和创设的继受取得。移转的继受取得是原权利人的权利维持同一性而转移至新权利人，也就是权利主体发生变更。创设的继受取得是原权利人依然享有权利，只是基于此权利再创设受原权利内容限制的新权利。

继受取得又可以分为特定继受取得和概括继受取得。特定继受取得是指基于特定原因取得特定权利。概括继受取得是基于一个原因取得权利之集合。例如继承、概括遗赠等。

（二）权利的消灭

权利脱离于主体，即主体丧失权利就是权利的消灭。权利消灭分为绝对消灭与相对消灭。绝对消灭是指权利本身消灭，例如标的物的消灭。相对消灭是指权利的移转，从原权利人处移转至新权利人，使原权利人的权利消灭。例如买卖。

（三）权利的变更

权利的变更指权利不丧失同一性的前提下变更其主体、内容、作用。主体的变更相当于权利的继受。内容的变更包括量的变更与质的变更。作用的变更就是权利效力的变更。

三、权利变动的原因

（一）法律要件

发生一定的法律效果的事实统称为"法律要件"。法规在规定法律关系时，通常采用有一定的法律事实，就发生一定的法律效果的模式。此时，作为前提的条件命题所要求的要件就是法律要件，作为归结后果的就是法律效果。具体的生活关系符合抽象的法律要件时成为具体的法律关系，此时发生的具体的法律效果会引起权利变动。法律要件中最为重要的是法律行为，但是除此之外还有准法律行为、侵权行为、不当得利、无因管理等法律要件。

（二）法律事实

构成法律要件的事实称为法律事实。法律要件或者由一个事实，或者由多个事实构成。例如，遗嘱、追认等是基于意思表示这一个法律事实构成法律要件；合同是基于要约和承诺两个法律事实构成法律要件。根据不同的标准，法律事实可以分为基于人的精神的法律事实及其他事实。

1. 基于人的精神作用的法律事实

基于人的精神作用的法律事实称为"容态"。换言之，基于人的思想的现象称为容态。对此可以分为外部容态与内部容态。

（1）外部容态

意思表示于外部的容态，也就是行为。法律上的行为是只有被认为具有法律价值时才能被认为是行为。法律上的行为可以分为合法行为与违法行为。

①合法行为

符合法律秩序的行为就是合法行为，这种行为会引起私法上的效果。民法中的行为大部分都是合法行为。合法行为大体上分为意思表示与准法律行为及事实行为。准法律行为再分为表现行为与非表现行为。表现行为包括意思通知、观念通知、感情表示。例如，催告（第15条、第131条、第381条等）、拒绝（第16条、第132条等）等为意思通知。对于意思通知，法律直接规定其效果。召集社员总会的通知（第71条）、债务的承认（第168条）、债权让与的通知（第450条）等是观念通知。宽恕（第556条第2款）等为感情表示。韩国民法规定感情表示的条款极其有限。事实行为是指基于某种事实状态或经过，发生法律所特别规定的效力的行为。例如先占、加工、拾得遗失物等行为。

②违法行为

法律不允许，因此给行为人进行否定评价的行为就是违法行为。韩国民法规定的违法行为有债务不履行及侵权行为。

（2）内部容态

内部容态是指内心意思。因为法律规制的是人的行为，所以原则上对内心意思不做评价。但是有时与其他法律事实相关的情形下，却对内心意思赋予一定的法律意义。

①观念的容态

对某一事实有无认识的意识。例如善意、恶意等。

②意思的容态

这是指内心是否具有一定的意思的内心想法。例如，占有时有无所有的意思、无因管理时是否有本人的意思等。

2. 非基于人的精神作用的法律事实

这是指事件，是与人的精神作用无联系的事实。例如人的出生与死亡、失踪、时间的经过等。法律直接对其赋予法律效果。

第二节 法律行为

一、私法自治与法律行为自由原则

所谓私法自治，亦称意思自治，指一切民事权利和义务关系的设立、变更和消灭，均取决于当事人自己的意思，原则上国家不作干预。只有在当事人之间发生纠纷不能通过协商解决时，国家才以仲裁者的身份出面予以裁决。私法自治的实质就是由平等的当事人通过协商决定相互间的权利义务关系。《宪法》第 10 条规定，"所有国民均享有作为人的尊严与价值，享有追求幸福的权利。"欲实现这一目标，需要每个人都享有自由，并且应当享有依自由意思随心所欲行动的权利。行动自由通常表现为可以任意使用、消费物品或自由迁徙等，但是最为重要的是可以实施任意订立合同或作出遗嘱等法律行为。每个人可以基于自由的意思与他人形成法律关系是私法自治原则。

如何实现私法自治？应当具有私人自由的表达意思，并且该意思与他人的自由意思相结合形成法律行为。此时，法律通过承认法律行为所意欲的效果而达成私法自治的目的。即实现私法自治的手段就是法律行为。其中，最为典型的法律行为就是合同。因此，私法自由原则有时也称为合同自由原则。但是近代以来，随着工业化速度加快及市场经济的发展，提出了应适当地改变私法自治原则的要求。资本主义的急剧发展导致不能再维持法律上的形式平等。合同自由成了强者的自由，弱者几乎享受不到任何合同自由。因此，保护弱者成了国家的义务。这要求制定一定的保护措施真正实现弱者的合同自由。各种经济政策及社会政策的出台呼应了这一要求。

二、法律行为与意思表示

（一）法律行为的意义

法律行为是指，以意思表示为要素的，意欲发生一定的法律效果为目的的法律要件。法律行为是法律要件中最为重要的要件，是一种合法行为。[1]

------

〔1〕 参见［韩］郭润直、金载亨：《民法总则》，博英社 2013 年版，第 254 页。

法律行为是实现私法自治的手段。近代私法尊重自由的个人意思，法律为实现这种自由意思，规定了私人所希望发生的法律效果。法律行为是以意思表示为要素的，然而意思表示并不是法律行为的唯一要件，有时法律行为的成立还需要其他一些法律事实，例如物的交付等。但是不可能存在缺少意思表示的法律行为。

（二）意思表示的意义

意思表示是指向外部表明意欲发生一定的私法上法律效果的意思的行为，是法律行为的本质性要素。意思表示以发生表意人希望的效果这一点上有别于准法律行为。

（三）意思表示的构成要素

意思表示由内心意思与表示行为两个部分构成。大体上，意思表示生成的过程如下：先有某种动机，基于这一动机再产生意欲发生某种法律效果的意思（效果意思），之后再基于将这一意思表达于外部的意思（表示意思）而实施一定的行为（表示行为）。[1]因此，意思表示经过效果意思、表示意思、表示行为三个阶段而形成。其中，哪个阶段为意思表示的本质要素呢？多数说[2]认为，表示行为是意思表示的本质要素。少数说[3]认为，个人的意思应为意思表示的本质要素。

1. 表示行为

人们主要通过表现于外部的行为形成法律关系。内心意思通过外在的行为表现于外部，内心意思只有表现于外部时才具有意义。具有意思表示价值的行为才能被认为是"表示行为"。在要式行为中表示行为具备必要形式时才有价值。在其他情形下明示或默示的意思表示具有相同效力。

2. 效果意思

效果意思是指，表意人意欲发生一定的法律效果的意思为内心的效果意思。例如，在买卖合同要约中，想成为出卖人的意思为效果意思。效果意思是通过表示行为可推测的意思，因此有时行为人因错误等原因作出不符合表

---

〔1〕 参见［韩］郭润直、金载亨：《民法总则》，博英社2013年版，第257页。

〔2〕 参见［韩］郭润直、金载亨：《民法总则》，博英社2013年版，第257页；［韩］高翔龙：《民法总则》，法文社2003年版，第388页。［韩］金相容：《民法总则》，HS media 2009年版，第438页。

〔3〕 参见［韩］李英俊：《民法总则》，博英社2007年版，第151页；［韩］宋德洙：《新民法讲议》，博英社2017年版，第75页。

示行为的意思。此时，从表示行为可推测的意思称为"表示上的效果意思"，表意人的真实意思称为"内心的效果意思"。其中，只有表示上的效果意思才是意思表示的构成要素。但是如果内心的效果意思与表示上的效果意思不一致时，也要求依表示上的效果意思发生效果，则会造成不公平的结果，此时发生意思与表示不一致的问题。

3. 表示意思

表示意思是指向外部表示效果意思的意思，即在心理层面上联系效果意思与表示行为的就是"表示意思"。表示意思是否为意思表示的构成要素呢？对此有肯定说[1]与否定说[2]。肯定说认为，表意人在欠缺表示意思时，不知其行为具有法律意义，因此行为人的行为不应受法律评价。否定说认为，行为人因其外部行为而有所表示，相对人只能凭客观上的表示行为进行判断，因此很难知道行为人是否具有表示意思，应保护相对人对行为人的表示行为的信赖。

三、法律行为的要件

只有满足了法律行为的要件，才能发生法律效果。对于法律行为，先发生是否成立的问题，之后才发生是否有效的问题。因此将法律行为的要件分为成立要件与生效要件来考虑。

（一）成立要件

成立要件是法律行为成立须具备的外观、形式要件。分为一般成立要件与特别成立要件。一般成立要件包括当事人、标的、意思表示；特别成立要件由法律具体规定。

（二）生效要件

已经成立的法律行为具备生效要件时生效。生效要件分为一般生效要件与特别生效要件。其中，一般生效要件主要包括以下几种：第一，当事人须具备行为能力；第二，法律行为的标的需具有可能性、确定性、合法性及社会合理性；第三，意思表示需真实、自由。特别生效要件指特定法律行为生

---

[1] 参见［韩］高翔龙：《民法总则》，法文社 2003 年版，第 386 页；［韩］金相容：《民法总则》，HS media 2009 年版，第 325 页。

[2] 参见［韩］郭润直、金载亨：《民法总则》，博英社 2013 年版，第 259 页。

效应具备的要件。例如，代理行为应有代理权等。

四、法律行为的内容

法律行为的内容是行为人依法律行为要达成的法律效果，又称为法律行为的目的。行为人依法律行为意欲达成的法律效果最终表现为意思表示的内容，因此，依法律行为的构成要素，即意思表示决定法律行为的内容。

（一）内容的确定性

法律行为的内容应当自始确定或可以确定。法律对于不能确定内容的法律行为无法赋予法律效果。即使内容不能确定的法律行为具备法律行为的外观，也不能成立或无效。判例认为，虽然买卖合同的标的物与对价不能当场确定，但是具备事后可以确定的方法与标准，也能认为合同成立且生效。[1]但是在不动产买卖合同中，因为有关标的物的信息过于笼统，事后无法具体确定标的物的价格及各种信息的，认为买卖合同没有成立。[2]法律行为内容的确定与法律行为解释相关，对此将在下述章节予以说明。

（二）内容的实现可能性

法律行为的内容与标的应具有实现可能性。被确定的内容自始客观不能时，该法律行为无效。对此，《民法》第535条规定了缔约过失责任。对于标的的判断标准是社会的一般观念。

1. 自始不能与嗣后不能

自始不能是不能的原因发生于法律行为成立之前。例如，在签订房屋买卖合同前，该房屋已被大火烧毁等。在签订买卖合同之后，交付之前房屋烧毁的就是嗣后不能。法律行为当然无效的是自始不能。嗣后不能会引起履行不能或风险负担问题，但是该行为本身有效。

2. 客观不能与主观不能

标的不能的原因与当事人无关的为客观不能。不能的原因在于当事人的，就是主观不能。客观不能使法律行为无效，主观不能只在相对人知其不能时，使法律行为无效。

---

〔1〕 参见大判1986.2.11，86DAKA2454.

〔2〕 参见大判1997.1.24，96DA26176.

3. 全部不能与部分不能

法律行为标的不能全部实现的，就是全部不能。只有一部分不能实现的，就是部分不能。全部不能使法律行为全部无效。在标的部分不能时，不能部分的法律行为当然无效。有问题的是标的一部分不能的，剩余部分是否无效。对此应适用部分无效原理来解决。《民法》第137条规定了部分无效相关的内容。法律行为部分无效的，原则上全部法律行为无效。但是被认为没有无效部分，当事人实施法律行为，那么除无效部分外的其他部分为有效。

4. 事实不能与法律不能

事实不能是标的在事实上不能实现的情形。例如，死者复活等。法律不能是因法律上的理由致使不能。

（三）内容的合法性

内容的合法性指的是违反强行性规定的问题。违反强行性规定的法律行为无效。《民法》第105条规定了相关内容。当法律行为无效时，依该法律行为取得权利的人不能请求履行。虽然已经履行的部分可以按不当得利请求返还，但是给付因不法原因而不能诉求的情形下，不得请求返还不当得利（第741条）。

虽然并未违反强行性规定，但是回避强行性规定的称为"脱法行为"。例如，违反《利息限制法》的高利息，以手续费、礼金等形式收取高利息的合同等。脱法行为是否无效是个比较复杂的问题。虽然脱法行为不直接违反强行性规定，但是违反法律之精神，并以追求法律不承认的结果为目的，因此无效。但是强行性规定禁止的是特定的行为本身，而不是结果，此时不能将脱法行为一概归于无效。

（四）内容的妥当性

《民法》第103条规定，以违反善良风俗及其他社会秩序为内容的法律行为无效。法律不可能一一列举全部的强行性法规。因此，以公序良俗这种一般性标准限制法律行为的效力也是法治国家通用的作法。

私法自治也应符合公序良俗原则。当法律行为违反公序良俗而无效时，权利人就不能诉求履行。此处的"善良风俗"指的是社会的一般道德观念，即全体国民应遵守的最低限度的道德规范，而"社会秩序"指的是国家、社会的公共秩序或一般利益。第103条将善良风俗作为社会秩序的一种。那么作为善良风俗的上位概念的社会秩序指的是国民为维护和平与正义而遵守的

一般规范。

1. 违反社会秩序的行为

作为一般条款的第 103 条是抽象性规定。对违反社会秩序的行为大体上可以分为以下几种类型：

（1）违反正义观念的行为

以犯罪及其他不正当行为为目的的合同为无效。例如，不动产的双重让与也属于这一类型。即，积极劝说不动产的出卖人进行双重让与后买受不动产的行为，因为属于积极加入出卖人的背信行为而违反社会正义，所以无效。[1]

（2）违反伦理的行为

如果子女与父母之间违反道义的行为造成的后果非常严重，则属于违反社会秩序的行为。例如，子女向父母请求损害赔偿的行为，子女与父母不同居的合同等。

（3）严重限制个人自由的行为

限制私人的精神自由、人身自由及经济自由的行为等。例如，无论在何种情况下都不离婚的约定，因为此种约定限制身份上的意思决定，所以违反社会秩序，因而无效。[2]

除此之外，不得竞业的约定、解雇后不得从事一定行业的约定等因为严重限制私人的经济自由而无效。

（4）严重的射幸行为

虽然射幸行为并不全都无效，但是过于严重的射幸行为因违反社会秩序而无效。

2. 违反社会秩序的行为类型

违反善良风俗及社会秩序的行为类型有以下几种：第一，核心内容违反公序良俗的行为，例如实施某种犯罪的约定；第二，虽然法律行为的主要目的不违反公序良俗，但是法律予以某种强行规制而违反社会秩序。例如，不进行某种营业或支付不合理的违约金合同等；第三，因为与金钱利益挂钩而违反公序良俗的行为。例如，受贿后进行的公务行为等；第四，以违反公序

---

〔1〕　参见大判 1994. 3. 11，93DA55289；大判 1994. 11. 18，94DA37349.

〔2〕　参见大判 1969. 8. 19，69MEU18.

良俗作为条件的行为。例如，约定实施犯罪为条件而付款等；第五，动机违反公序良俗的行为。动机不是意思表示的构成要素，对于动机违反社会秩序的行为的效力有不同的观点。多数说与判例认为，动机已经表现于外部时，可以成为法律行为的内容，因此属于违反公序良俗而应归于无效。[1]少数说认为，当动机违反社会秩序时，即使动机未表现出来，在相对人已知或可知该动机时，也应归于无效。[2]

（五）暴利行为

《民法》第104条规定，因当事人窘迫、轻率或无经验而显失公平的行为无效，即暴利行为无效。第104条从法律行为的内容与程序两个层面上规定了不公正的法律行为无效。第104条特意规定了暴利行为，那么应如何解释第104条与第103条的关系？第103条规定，以违反善良风俗及其他社会秩序为内容的法律行为无效。不公正的法律行为（暴利行为）属于违反社会秩序的行为。[3]因此，即使不公正的行为未完全具备第104条的要件，也因为属于第103条的违反社会秩序的行为而无效。[4]

暴利行为应满足以下三个要件：第一，给付与对待给付之间存在明显的不对等；第二，一方当事人处于窘迫、轻率或无经验的状态；第三，相对人知道或利用上述情况。如果暴利行为具备上述要件时，无效。

五、法律行为的解释

行为人在实施法律行为时，当事人必须通过口头语言、书面文字等方式将内心意思向外表示出来。但是囿于实施法律行为的当事人的受教育程度、文字表达能力等认知水平及其他社会经验与实施法律行为时所面临的技术不尽相同，加上语言本身所具有的不确定性内涵等特点，往往导致表意人与相对人对同一表示产生不同的理解，结果造成意思表示不明确或不完整，引发当事人之间的纠纷。为解决这些矛盾，需要借助法律行为解释理论。

法律行为的解释应按自然解释、规范解释及补充解释的顺序进行。自然

---

〔1〕　参见大判 1992.11.27，92DA7719.

〔2〕　参见［韩］李英俊：《民法总则》，博英社2007年版，第255页；［韩］金相容：《民法总则》，HS media 2009年版，第392页。

〔3〕　参见大判 1964.5.19，63DA821.

〔4〕　参见大判（全）2007.2.15，2004DA50426.

解释（natürliche Auslegung）是在解释法律行为时不应囿于表示的文字、语言的含义，应追求表意人的真实意思（内心的效果意思）。规范解释（normative Auslegung）是指内心效果意思与表示行为不一致时，依表示行为承认法律行为的成立，以此确定表示上的效果意思。补充解释（ergänzende Auslegung）是法律行为存在瑕疵（Lücke）时，依解释方法弥补这一瑕疵的方法。

以法律行为的实施人为中心考察上述三种方法会得出以下结论：自然解释是站在表意人立场上作出的解释；规范解释是站在相对人立场上作出的解释；补充解释是站在第三人立场上作出的解释。法律行为的解释，首先适用自然解释，其次适用规范解释，再次适用任意性法规，最后没有任意性法规时适用补充解释。换言之，当事人之间的内心意思一致时无须作出解释。当事人之间的内心意思不一致时，用规范解释的方法确定法律行为的内容。法律行为存在瑕疵时选择适用任意法规，无任意法规时再适用补充解释方法。[1]

基于此种方法考察韩国民法有关法律行为解释的规定，可以看出第106条仅仅是有关习惯的解释标准。学者们认为当事人的目的、习惯、任意性法规、诚实信用原则可以成为解释的标准。解释的重点不能放在当事人的内心意思上，而应站在客观意思上予以解释。具体如下：

第一，法律行为解释是为了帮助当事人真正达到其预期效果，那么应弄清楚当事人意思表示的真正目的，以便使法律行为的内容符合这一目的。[2]

第二，以习惯为解释标准时，应遵守以下原则：一是须存在与任意性规定不同的并且不违背公序良俗的习惯；二是当事人的意思确实不明确，并且不排斥按照习惯的解释。

第三，韩国民法规定，与公序良俗有关的法规是强行性法规，与此相对的是任意性法规。因此，应当区别强行性法规与任意性法规，为此应分析相关规定的立法目的。当事人的意思与任意性法规发生冲突时不适用任意性法规。

通过上述种种方法还不能准确地解释法律行为时，应依诚实信用原则或法理进行解释。

〔1〕 参见［韩］金相容：《民法总则》，HS media 2009 年版，第 429 页。
〔2〕 参见［韩］池元林：《民法讲议》，弘文社 2017 年版，第 204 页。

六、意思表示

（一）绪说

如有法律行为，根据法律规定即可发生相应的法律效果。这一法律效果的核心是法律行为的表意人希望发生的效果意思。即意思表示的内容取决于表示行为所具有的客观意思。意思表示由意思与表示两种要素构成。对于这两种要素，有以下的意思表示理论。

1. 意思主义

意思主义认为，法律行为根据私人的意思而发生相应的法律效果，因此需要行为人的真实的意思。尊重表意人的意思，即内心意思的是意思主义。

2. 表示主义

虽然法律行为以表意人的意思为基础，但是未将内心意思表示于外部时不具有实际的效力。从外部了解表意人的内心意思只能借助于表示行为。因此，虽然没有对应于表示行为的内心意思，但是也应认为存在可以从表示行为推测的合理的意思，按照表示行为发生法律效果。

3. 折衷主义

内心的效果意思与表示上的效果意思不一致时，根据不同的情况或采意思主义，或采表示主义。换言之，如有必要保护表意者，则采意思主义；如有必要保护相对人，则采表示主义。韩国民法采折衷主义。

（二）非真意表示

1. 意义

非真意表示是指表意人明知表示上的效果意思与其内心的效果意思不一致而进行的意思表示，也称为心里保留。由于非真意表示行为是单独行为，因此不同于通谋的虚伪表示。

2. 要件

（1）须有意思表示。即应有可推测一定效果意思的有价值的行为。但是比如开玩笑、教师在课堂上展示的合同等明知不欲发生法律效果的行为并不存在非真意意思表示的问题。

（2）表示与真意不一致。即内心的效果意思与表示上的效果意思不一致。此处的"真意"指的是意欲特定内容的意思表示的表意人的想法，并不是表

意人心里想的事情。[1]

（3）须表意人自己明知存在不一致。

（4）不问表意人的动机。

3. 效果

非真意意思表示原则上不影响意思表示的效力（第107条第1款主文）。但是相对人知道或应当知道表意人为非真意的，无效（第107条第1款但书）。因为无须保护恶意或有过失的相对人，所以更应尊重表意人的真意，使法律行为无效。此时法律行为无效不得对抗善意第三人（第107条第2款）。

4. 适用范围

第107条适用于有相对人及无相对人的意思表示。但是在无相对人的情形下，因为不能适用第107条但书，所以此时法律行为始终有效。[2]此外，因为家族法上的行为绝对需要当事人的真意，所以不适用第107条。

（三）虚伪表示

1. 意义

表意人与相对人通谋而为的虚假的意思表示就是虚伪表示。即表意人表示虚假的意思表示时与相对人达成合意的情况。例如，债务人为摆脱被强制执行的风险，与他人合谋将房屋出卖后进行所有权移转登记等。

2. 要件

（1）须有意思表示。即应有被认为存在有效意思表示的外观。从第三人的角度看应具有有效的外观。

（2）表示的效果意思与内心的效果意思不一致。换言之，在当事人之间不存在从意思表示的外观可推测的效果意思。

（3）表意人自己明知不一致。

（4）表意人与相对人须通谋进行与真意不一致的表示。民法称之为通谋（第108条第1款）。在大部分情况下，通谋的虚伪表示的目的在于欺骗第三人。

3. 效果

原则上，虚伪表示在当事人之间始终无效（第108条第1款）。因为没有

---

〔1〕 参见大判 1996.12.20, 95NU16059; 大判 2000.4.25, 99DA34475.

〔2〕 参见 〔韩〕宋德洙：《新民法讲义》，博英社 2017 年版，第 153 页。

必要承认虚伪表示的法律效果。在与第三人的关系上，虚伪表示的无效不得对抗第三人（第 108 条第 2 款）。这是为保护信赖虚伪表示行为外观的第三人利益而设定的规定。此处的第三人范围应限定在以虚伪表示为基础发生新的法律上利害关系的人。[1]在判断第三人的善意时，应以发生法律上利害关系的时间点为准。

4. 适用范围

《民法》第 108 条的规定不限于合同，也可以适用于有相对人的单方行为，但不得适用于无相对人的行为。对家族法来说，虚伪表示始终无效。第 108 条第 2 款的内容不适用于家族法。

（四）错误

1. 意义

错误指对于某种客观事情有错误认识的情况。错误就是事实与观念的不一致。换言之，真意与表示的不一致就是错误。陷于错误而为的意思表示就是基于错误的意思表示。

2. 要件

（1）须有错误

错误可以分为表示错误、内容错误、动机错误。表示错误是内心的效果意思与表示上的意思不一致的情况。内容错误是表示行为本身没有错误，但是误解了表示行为意义的情况。例如，将加元误认为美元等。动机错误是意思表示的动机有错误的情况。例如，将赝品当作真品买受或认为将来房子有可能被拆迁而高价买受等。对于动机错误，判例认为表意人向相对人表示了动机，并且将动机作为意思表示的内容时才能作为错误来对待。[2]

（2）法律行为的主要内容有错误

法律行为的主要内容有错误的，该意思表示可以撤销（第 109 条第 1 款主文）。因此，法律行为的非主要内容有错误时，该法律行为仍然有效。

法律行为的主要内容有错误是指依意思表示意欲达成的效果的主要内容存在错误。换言之，该主要内容应满足以下条件：如果表意人没有错误，就不会进行意思表示，同时普通人处于表意人地位，也不会作出此种意思表示。

---

[1]　参见大判 2000.7.6，99DA51258.

[2]　参见大判 1995.5.23，94DA60318.

主要内容的错误包括以下几种：第一，关于当事人存在错误；第二，关于标的物存在错误；第三，关于法律行为存在错误。

（3）陷于错误的人无重大过失

因表意人的重大过失发生错误的，即使主要内容有错误，也不得撤销（第109条第1款但书）。重大过失是指根据表意人的职业、行为类型、标的等内容未尽相应的注意义务而发生的过失。[1]

3. 效果

陷于错误的表意人可以撤销法律行为（第109条第1款）。在撤销之前法律行为生效的，撤销之后的法律行为视为至始无效（第141条）。但是撤销的法律行为不得对抗善意第三人（第109条第2款）。

4. 适用范围

第109条不适用于家族法上的行为。这是因为在有关家族法的行为中当事人的真意具有绝对意义。

（五）欺诈与胁迫

1. 意义

表意人因他人的欺罔行为而陷入错误进行的意思表示就是"因欺诈而为的意思表示"。当表意人因受胁迫而产生恐惧进行的意思表示就是"因胁迫而为的意思表示"。意思表示应基于自由意思而为，他人不得任意干涉。《民法》规定的他人的不当干涉有欺诈与胁迫，表意人可以撤销因欺诈或胁迫而为的意思表示（第110条第1款）。但是不得对抗善意第三人（第110条第3款）。

2. 要件

要成立欺诈或胁迫而为的意思表示，须有对表意人的欺罔或胁迫行为，并使表意人陷于错误或恐惧，因而作出意思表示的事实。对此需要满足下列要件：

第一，欺诈人或胁迫人须有故意，且须有双重故意。即欺骗表意人而使表意人陷入错误的故意与使表意人因此而作出意思表示的故意。对于胁迫行为，也必须具有使表意人产生恐惧心理的故意，并且因这种恐惧心理而作出意思表示的故意。

---

[1] 参见大判 1996.7.26，94DA25964.

第二，欺诈或胁迫行为违法。虽然在社会生活中多多少少存在利用他人的错误或无知的情况，但是欺诈行为超出一般观念上可容忍的程度及违反诚实信用原则的，应认为存在欺诈行为。对于胁迫，需要注意的是，行使正当权利而使表意人产生恐惧时，不能认为这是非法胁迫。例如，举报违法行为人等。此时，举报人只有举报违法行为的目的，而并不以此为手段，谋取不正当利益时不能认为有胁迫行为。

3. 效果

因欺诈或胁迫而为的意思表示可以撤销，但是应注意第三人进行欺诈或胁迫的情形。因第三人的欺诈或胁迫而进行无相对人的意思表示时，表意人可以随时撤销意思表示（第110条第1、2款）。但是有相对人时，限于相对人知道或应当知道欺诈或胁迫的事实，才能撤销（第110条第2款）。例如，甲因乙的欺诈或胁迫将房屋出卖给丙时，只有丙知道或应当知道甲是受胁迫而出卖房屋的情况，甲才能撤销出卖房屋的意思表示。并且，即使是因第三人欺诈或胁迫而为的意思表示被撤销，也不能对抗善意第三人（第110条第3款）。

4. 适用范围

对家族法上的行为，不适用《民法》第110条的欺诈、胁迫规定。

（六）意思表示的生效时期

意思表示在具备全部要件时生效。对于无相对人的意思表示，原则上完成表示行为时生效。但是对于有相对人的意思表示，应从相对人的角度考虑意思表示的生效时期。

1. 到达主义原则

对于隔地人之间的意思表示，《民法》采取的是到达主义。即意思表示只有到达相对人时才生效（第111条第1款）。意思表示的相对人在受领意思表示时为限制行为能力人的，表意人不得以其意思表示对抗相对人。但相对人的法定代理人知道该意思表示到达之后的除外（第112条）。除此之外，表意人在发出意思表示的通知后死亡或丧失行为能力的，不影响意思表示的效力（第111条第2款）。

2. 依公示的意思表示

在有相对人的意思表示中，表意人不知道相对人或不知道相对人的地址且无过失的，可以依据《民事诉讼法》有关公告送达的规定送达其意思表示

（第 113 条）。

七、代理

（一）意义

代理是代理人以本人名义实施法律行为，由本人直接取得该法律效果的制度。原则上，意思表示应由表意人本人进行，但是为扩张私法自治的范围及补充私法自治而需要代理制度。

因为代理是将代理人所进行的意思表示的效果直接归属于本人的制度，所以其只能适用于法律行为。但是代理行为只能适用于财产交易行为，不得适用于事实行为及侵权行为。对于必须由本人进行意思表示的家族法上的法律行为，不能适用代理。《民法》第 116 条第 1 款规定，代理行为有无瑕疵应以代理人为标准进行判断，因此对代理行为采取的是代理人行为说或代表说。

为了准确理解代理制度，应区分与代理相类似的概念。

1. 使者

传达本人意思的使者与代理有类似之处。但是使者只能传达本人的意思，不能自己作出独立的意思表示。这一点与代理有明显区别。

2. 法人代表

法人可以通过代理人实施法律行为，而无论通过代理人，还是代表人实施法律行为，最终效果都归属于法人，在法律效果上二者无区别。但是代表人是法人机关而非独立的主体。与此相反，代理人为独立主体而非法人的机关。

3. 间接代理

以自己名义进行法律行为时，其效果先对行为人发生，然后行为人取得的权利被移转于他人的制度。虽然间接代理的作用与代理相似，但是其行为效果不直接归属于本人。

代理中存在本人与代理人、代理人与相对人、相对人与本人三方法律关系。其中，本人与代理人的关系为代理权关系；代理人与相对人的关系为代理行为关系；相对人与本人的关系为效果归属关系。

（二）代理权（本人与代理人的关系）

1. 意义

代理权并不是权利，是发生法律上的某种效果的能力或资格。[1]这种资格或能力是为本人进行意思表示或接受意思表示的法律上的能力或资格。

2. 发生原因

在通常情况下，法定代理权的发生原因为法律的直接规定，例如亲权人、监护人的代理权。但是也有依法院的选任行为而发生代理权的情况。

任意代理权依授权行为而发生。授权行为应与发生基础内部关系的行为相区分。多数说认为，授权行为应是需要相对人受领的单方行为。[2]因为授予代理权是赋予代理人一种资格，所以应把授权行为作为单方行为。虽然授权行为是单方行为，但是授权行为一般与基础行为同时进行，外观上表现为一个行为。因为授权行为通常是不要式行为，所以一般与基础行为同时实施。授权行为与作为其原因的合同是相互独立的行为，那么需要考虑授权行为的原因问题。换言之，在本人与代理人之间的基础法律关系无效或被撤销时，授权行为是否亦失效。根据第128条，应认为授权行为受到基础法律行为的影响。授权行为与基础行为同时发生时，授权行为当然受基础法律行为的影响。在分别实施时，应理解为授权行为与基础行为存在有因关系，基础行为失效时授权行为也应失效。其实，即使基础行为失效后有授权行为，也无任何意义。

授权行为是不要式行为，通常以给予给代理人"委任状"的方式进行。在此情形下，委任状是授予代理权的证据。即使没有委任状，也可以授予代理权。

3. 代理权的范围及其限制

（1）任意代理权的范围

授权行为决定任意代理权的范围。换言之，依据授权行为的解释确定代理权的范围。民法对于有代理权，但是范围不明确的情形设定了第118条。

---

〔1〕 参见［韩］郭润直、金载亨：《民法总则》，博英社2013年版，第341页；［韩］宋德洙：《新民法讲议》，博英社2017年版，第204页。

〔2〕 参见［韩］高翔龙：《民法总则》，法文社2003年版，第482页；［韩］金相容：《民法总则》，HS media 2009年版，第531页；［韩］李英俊：《民法总则》，博英社2007年版，第525页。

即未确定权限的代理人，只能实施保存行为及在不改变代理标的物或权利性质范围内利用或改良标的物或权利的行为。

（2）代理权的限制

代理权受到一定的限制。对于代理行为，原则上禁止代理人代理本人与自己签订合同的自己代理以及代理本人及相对人的双方代理。这种限制是为了保护本人利益。但是本人事先允许上述情况的，则不受限制。对于债务履行，可以自己代理及双方代理。因为履行债务不会再发生新的利害关系，只不过是履行已经存在的债务而已。

对于有多个代理人的共同代理，代理人中的一人不参加代理或一个代理人的意思表示存在瑕疵时，这种代理行为无效或有瑕疵。因此，共同代理对每个代理人来说是一种代理权的限制。有多个代理人时，如果无法律规定或明确授权，原则上应认为是单独代理，每个代理人对本人单独进行代理（第124条）。

4. 代理权的消灭

法定代理权与任意代理权都因本人、代理人死亡以及代理人开始成年监护或破产而消灭（第127条）。任意代理权因基础法律关系终止而消灭（第128条前段）。但这个条款是任意性条款，当事人之间可以约定基础关系消灭后代理权可以存续。在原因关系存续期内，本人可以撤回授权行为而消灭代理权（第128条后段）。

（三）代理行为（代理人与相对人之间的关系）

1. 代理意思的表示

（1）显名主义

代理行为中代理人与相对人是当事人。代理人的行为应表明"为本人而为"（第114条）。

"为本人的意思"指的是行为的法律效果应归属于本人的意思，即代理意思。在代理人为了自己利益滥用代理权时，因为被认为有代理意思，因此该代理行为有效。但是相对人明知或已知代理人的此种意思时，应类推适用第107条但书而否定代理行为的效力。[1]"为本人的意思"应表示出来。因为归属于本人的代理效果是依代理人的代理意思而发生。应根据意思表示的解释

---

[1] 参见大判 1997.12.26，97DA39421.

原则判断有无代理意思。

（2）不显名行为

代理人的意思表示，如果未明示为本人的，视为是为代理人自己利益的意思表示（第115条主文）。因此，代理人不得以意思与表示不一致为由主张错误。相对人已知或应知代理人的，该意思表示作为代理行为生效（第115条但书）。

2. 代理行为的瑕疵

在代理行为中实际上实施法律行为的是代理人，因此如果因意思欠缺、欺诈、胁迫、知道或因过失未能得知的事实致使意思表示效力受到影响，则应以代理人为准判断有无相关事实（第116条）。但是因代理行为有瑕疵而发生的效果也应归属于本人。

代理行为的效果归属于本人，因此考虑善意、恶意对法律行为效力的影响时，会出现应当以谁为标准作出判断的问题。第116条第2款规定，"在委托实施特定法律行为的情形，代理人按本人的指示实施该法律行为时，本人对于自己知道或因过失而不知的事实，不得主张代理人不知情。"

3. 代理人的行为能力

代理人无须为完全行为能力人（第117条）。因为一般情况下法律行为的主体应具备行为能力，但是代理行为的法律效果归属于本人，所以不要求代理人为完全行为能力人。只要本人认为代理人具备可完成代理行为的资质即可，因为由本人来承担代理行为的结果。

（四）代理的效果（本人与相对人之间的关系）

代理行为的效果直接归属于本人（第114条）。但是代理人实施侵权行为时，本人不承担相应的法律效果，由代理人自己承担侵权行为的后果，但是本人与代理人之间的基础关系为雇佣关系时，根据内部关系，有时本人作为雇佣人承担侵权责任（第756条）。

（五）复代理

1. 意义

复代理是指代理人为处理其权限范围内的事务，以代理人名义选任本人的代理人的行为。复代理人是以代理人的名义选任的代理人，并且复代理人是本人的代理人。需要注意的是代理人选任复代理人并不表示代理人的代理权消灭或缩小，选任复代理人后代理人仍保有代理权（第123条）。

2. 代理人的复任权与责任

代理人选任复代理人的权利为复任权，这是代理人享有的法律上的权能。任意代理人在获得本人的同意或存在不得已的事由时可以选任复代理人（第120条）。代理人依复任权选任复代理人时，对本人承担选任及监督责任（第121条第1款）。但是代理人遵照本人的指示选任复代理人的，除知道其不能胜任或不诚实，同时怠于将此情况通知本人或怠于将其解任外，不承担责任（第121条第2款）。

法定代理人有权选任复代理人（第122条）。法定代理人对复代理人的行为承担全部责任。但是因不得已的事由选任复代理人时，承担与任意代理人相同的责任（第122条但书）。

3. 复代理人的地位

复代理人在其权限范围内为本人的利益而实施代理（第123条第1款）。因此，复代理人的代理权限不能超出代理人的代理权限，代理人的代理权消灭时复代理人的代理权也消灭。

（六）无权代理

1. 意义

无代理权而进行的代理为无权代理。即虽然具备代理行为的全部要件，但是唯独欠缺代理权的行为。因此无权代理可以分为无代理权及超越代理权两种。

为减少无权代理所带来的损害，《民法》作出了一些规定。《民法》为维护代理制度及保护交易安全与防止本人利益受到侵害，制定了两个特别规定：一为表见代理，二为狭义的无权代理。

2. 表见代理

代理人事实上没有代理权，却具有代理权的外观，并且本人对造成这种外观提供原因时，其所产生的无权代理行为后果由本人承担，以此保护善意第三人和交易安全，这就是表见代理制度。民法依不同的外观规定了三种表见代理类型：第一，虽然本人向相对人通知了授予代理权，但实际上未授予代理权（第125条）；第二，代理人进行越权行为（第126条）；第三，代理权消灭后进行代理行为（第129条）。

（1）第125条的表见代理

第125条规定，对第三人表示授予他人以代理权的，在该代理权范围内，对他人与第三人之间实施的法律行为承担责任，但第三人知道或应当知道无代理权的除外。

①要件

未授予代理权却表示授予代理权的表见代理需满足以下几个要件：

第一，本人须有授予代理权的表示，并且通知第三人。此处的第三人指的是代理行为的相对人。通知是指表明有授权行为的观念通知。

第二，无权代理人须在代理权通知的范围内实施代理行为。如果超出代理权范围而实施代理行为，这种代理行为就是第126条规定的表见代理。

第三，代理行为应与接到通知的相对人进行。

第四，相对人善意且无过失（第125条但书）。

第125条只适用于任意代理，不适用于法定代理。因为本人并不选任法定代理人，所以发送法定代理权的通知没有任何意义。

②效果

本人对无权代理人的代理行为承担责任（第125条主文）。对于此种表见代理，只有相对人才能主张无效。因为如果本人希望将这种表见代理作为有效代理，那么应在相对人撤回之前追认。表见代理为无权代理，但是也有观点[1]认为表见代理为有权代理。

（2）第126条的表见代理

第126条规定，在代理人实施超越代理权限的法律行为时，第三人有正当理由相信其有权限的，本人应对该行为承担责任。此种表见代理又称为越权代理。

①要件

第一，代理人须具有基本的代理权，同时代理人实施了超越权限的法律行为。

第二，应有第三人相信代理人有实施代理行为的权限的正当理由。对于正当理由，除了相对人善意且无过失这一条件外，还应综合考虑当事人所处的环境、地位、交易过程等多个因素。

②效果

第126条适用于任意代理与表见代理。本人对代理人的越权行为承担责

〔1〕　参见［韩］李英俊：《民法总则》，博英社2007年版，第617页。

任。这一点与第 125 条的效果相同。

（3）第 129 条的表见代理

第 129 条规定，代理权的消灭不得对抗善意第三人。但第三人因过失未能得知该事实的除外。换言之，在代理权消灭后仍然进行原先代理行为时由本人承担责任。

①要件

第一，代理人原先有代理权，但是实施代理行为时代理权已消灭。

第二，相对人须为善意且无过失。

第 129 条适用于任意代理与法定代理。

②效果

本人对代理行为消灭后的代理行为承担责任。代理权消灭之前实施的代理行为超越权限时构成第 126 条的越权代理。

3. 狭义的无权代理

（1）意义

代理人无代理权而实施的代理行为称为无权代理。其中除表见代理外的其他无权代理称为狭义的无权代理。狭义的无权代理中相对人不能主张无权代理的效果，并且根据代理行为的不同类型，具有不同的效果。

（2）合同的无权代理

①本人与相对人之间的效果

原则上，代理的效果不及于本人（第 130 条主文）。但是一些无权代理可能对本人有利，此时本人可以追认无权代理（第 130 条但书）。可以说，狭义的无权代理并不是完全无效的代理，民法称为流动无效[1]。无权代理人签订的合同是否对本人生效，应看本人是否追认。

追认可以向相对人或无权代理人进行。[2]因为追认是单方行为，所以应具备意思表示要件。因此本人明知为无权代理行为，但未提出异议的，不能认为进行了追认。[3]在追认无权代理行为时，如果相对人不知已进行追认，则追认人不得主张追认的效果（第 132 条）。

---

〔1〕 其实就是中国法中的效力待定。

〔2〕 参见大判 1981. 4. 14，80DA2314.

〔3〕 参见大判 1990. 3. 27，88DAKA181.

　　进行追认时无权代理行为溯及至签订合同时生效（第 133 条主文），但是有其他意思表示时不具有溯及效力（第 133 条主文）。此处的"其他意思表示"是本人与相对人之间的合同。[1]追认的溯及效力不得损害第三人的权利（第 133 条但书）。在追认前与本人发生利害关系的第三人的地位，不受追认的影响。是否进行追认是本人的自由，因此本人有权不予追认。追认方法适用第 132 条规定。

　　因为追认是本人进行的，所以相对人处于不稳定的地位，需要保护相对人。对此，《民法》规定了催告权与撤回权。无权代理人作为他人的代理人订立合同的，相对人可以确定适当的期间催告本人作出追认与否的答复。本人在该期间内未作出明确答复的，视为拒绝追认（第 131 条）。对于无权代理人订立的合同，在本人追认前，相对人可以向本人或无权代理人作出撤回的意思表示。但在订立合同时，相对人明知其无代理权的除外（第 134 条）。

　　②相对人与代理人之间的效果

　　《民法》第 135 条是保护相对人及交易安全的规定。第 135 条第 1 款规定，"作为他人的代理人订立合同的人，如果未能证明其有代理权，并且未能得到本人追认的，应根据相对人的选择，履行合同或承担损害赔偿责任。"同时，相对人知道或应当知道作为代理人订立合同的人无代理权，或者订立合同的人无行为能力的，不适用前款规定（第 135 条第 2 款）。

　　③本人与代理人之间的效果

　　由于狭义的无权代理在本人不追认时，不能对本人生效，所以本人与代理人之间不发生法律关系。本人与代理人之间根据不同的情况会发生无因管理、侵权行为及不当得利等问题。

　　（3）单方行为的无权代理

　　对于单方行为，如果无权代理行为因本人追认而有效，则会发生过度保护本人利益的情况。并且像合同的无权代理一样，给无权代理人过分负担也有失平衡。原则上，《民法》将单方行为的无权代理作为无效。即在实施单方行为时，相对人同意称为代理人的人进行无权代理或对该代理权未提出异议的，准用上述无权代理的规定。对于无代理权人，经其同意实施的单方行为，亦同（第 136 条）。

----

〔1〕　参见［韩］郭润直、金载亨：《民法总则》，博英社 2013 年版，第 373 页。

八、法律行为的无效与撤销

（一）绪说

《民法》规定了法律行为的成立要件、生效要件，并且将未具备这些要件的法律行为作为无效或撤销来对待。《民法》第 137 条至第 146 条对意思表示的无效与可撤销作了一般规定。无效与可撤销最重要的区别是只有在特定人主张撤销时，法律行为才能被撤销。与此相对，对于法律行为的无效，无需任何人主张，直接由法律规定法律行为自始无效。虽然有这些区别，但是在何种情形下认为法律行为无效、可撤销却是法律的政策性问题。

（二）法律行为的无效

1. 意义

法律行为成立始起确定不发生法律效果的就是无效，这仅仅是一般性原则。原则上任何人都可以主张法律行为无效，但也有一些例外。例如，有时对特定人不能主张无效，这种情形称为相对无效。

2. 效果

法律行为无效时不按照法律行为内容发生法律效果，不得根据无效的法律行为要求改变现状，同时也不能要求维持现状。例如，无效的法律行为为债权行为时，不能成立债权；如果是物权行为，则不发生物权变动。如果依无效的行为已经履行义务，则会发生不当得利问题，不需要考虑不法原因给付问题。

3. 无效的类型

（1）绝对无效与相对无效

法律行为的无效可以向任何人主张，这种无效称为绝对无效。例如，违反公序良俗的行为等。可以对特定人主张的无效，就是相对无效。例如，虚伪表示无效时不得对抗善意第三人等。此外，法律行为一开始无效，但是之后被追认或获得主管机关的许可后成为有效的情形，称为效力待定。

（2）当然无效与裁判无效

原则上法律行为符合无效的要件时，无需其他行为或程序，当然发生无效的效力。但是无效的结果对第三人有重大影响时，须经过裁判程序后才能发生无效的效力。这种无效相对于当然无效，称为裁判上无效。

（3）全部无效与部分无效

法律行为的内容全部无效的，称为全部无效。法律行为的一部分内容无效的，称为部分无效。第137条规定，法律行为部分无效的，认定为全部无效。但可以认定为，即使没有该无效部分，也仍然实施该法律行为的，其余部分有效。根据此规定，如果想承认部分无效，法律行为的内容应为可分。只有在实施法律行为时知道法律行为的一部分为无效的，才能适用第137条但书规定。[1]

4. 无效行为的追认

无效法律行为不得追认为有效（第139条主文），但是当事人明知其无效而追认的，视为新的法律行为（第139条但书）。其中，违反公序良俗及强行性规定的行为，即使经过追认具备新的法律行为的要件，也不能变成有效的法律行为。

5. 无效行为的转换

如果无效的法律行为具备其他法律行为的有效要件，则这种行为转换为有效，称为无效行为的转换。例如，虽然设定地上权的合同为无效，但是将其作为土地租赁合同时为有效。如果无效法律行为具备其他法律行为的要件，并且可以认为如果当事人知道该行为无效，则欲实施其他法律行为，则作为其他法律行为生效（第138条）。

（三）法律行为的撤销

1. 意义

实施法律行为时有可撤销事由的，将有效成立的法律行为溯及至成立之时，而消灭的意思表示就是撤销。可撤销的法律行为有限制行为能力人实施的法律行为、意思表示错误、欺诈、胁迫的法律行为。第140条及之后的法条规定了有关撤销的内容，但这些规定都是与限制行为能力人及错误、欺诈、胁迫相关的法条。

2. 撤销权人

第140条规定，只有限制行为能力人、因错误或欺诈、胁迫而进行意思表示的人及其代理人、继受人才能撤销法律行为。

---

〔1〕　参见大判1996.2.27，95DA38875.

3. 撤销方式

因为撤销权属于形成权，所以可依单方意思表示行使撤销权。撤销无需特殊的方式，明示及默示均可。可撤销的法律行为的相对人确定的，应向该相对人作出撤销的意思表示（第 142 条）。

4. 撤销的效果

被撤销的法律行为视为自始无效（第 141 条主文）。即生效的法律行为溯及至成立时消灭。这就是撤销的溯及效力。但是为了交易安全，《民法》规定因错误、欺诈、胁迫而撤销的意思表示不得对抗善意第三人。

因为被撤销的法律行为自始无效，所以已履行的，应恢复原状。限制行为能力人仅在其获得的利益现存范围内承担返还义务（第 141 条但书）。

5. 法律行为的追认

追认是指不撤销可撤销的法律行为的意思表示。可撤销的法律行为被追认后确定有效。换言之，此为撤销权的抛弃。可以追认的是撤销权人，并且只能在可撤销原因消灭之后才能追认（第 144 条第 1 款）。但是在法定代理人或监护人追认时除外（第 144 条第 2 款）。可撤销的法律行为一经追认，不得撤销，成为有效的法律行为（第 143 条第 1 款）。

对于可撤销的法律行为，通常认为有追认事实时，不问撤销权人有无追认意思，法律直接认定已进行了追认，此为法定追认。被认为有追认的事实包括以下几种：全部或部分履行、请求履行、更改、提供担保、全部或部分转让因可撤销行为而取得的权利、强制执行（第 145 条）。

6. 撤销权的消灭

撤销权应在可追认之日起 3 年内，或自实施法律行为之日起 10 年内行使。此期间为除斥期间。

第三节　消灭时效

一、绪论

（一）概念

时效是指，当一定的事实状态持续一段时间时，不论实际情况与真实权利是否符合，尊重事实状态而确定权利关系的制度。换言之，事实状态持续一定时间而致使发生一定的法律效果的法律要件就是时效。

（二）类型

时效分为消灭时效与取得时效。民法总则编规定了消灭时效；在物权编规定了取得时效。

1. 取得时效

取得时效是指，某人像权利人一样实施权利的事实状态持续一段时间时，不问其是否为真实权利人，法律直接认定其为权利人的制度。

2. 消灭时效

消灭时效是指，当权利人不行使权利的事实状态持续一定时间时，发生消灭权利效果的制度。

（三）功能

取得时效制度的目的在于督促权利人积极行使权利，如果权利人怠于行使权利，而占有人以所有的意思公然、和平的占有他人财产达到一定期限，就会使社会公众相信占有人为真正取得时效权利人，进而与占有人基于该财产建立各种社会关系，此时法律考虑到社会和经济的稳定，会承认现存状态。这是取得时效制度的功能。

因为如果一定事实状态长期存续之后，有关证据也不易保存，所以很难进行公正裁判。在经过漫长时间后，有人拿出一些证据主张权利时，难以寻找与此相关的证据，并且也很难保证该证据的真实性与效力，同时相关证人的记忆也变得模糊不清，很难保证证人证言的可信性。考虑到诸多实际困难及民事诉讼效率，促使设定了消灭时效制度。此外，法律确实也无必要保护"沉睡在自己权利之上的人"。

（四）消灭时效与除斥期间

与消灭时效类似，但性质上不同于消灭时效的制度就是除斥期间。除斥期间是法律对某种权利预先规定的存续期间。这种存续期间经过后权利就自动消灭。判例认为除斥期间是裁判上或裁判外应行使权利的期间。[1] 在此情形下，在裁判外行使权利时只要以合理的方式表明行使权利即可。[2]

除斥期间有以下特点：除斥期间一般是不变期间。不因任何事由而中

---

〔1〕　参见大判 2002.4.26，2001DA8097、8103.
〔2〕　参见大判 2003.6.27，2003DA20190.

止、中断或者延长。除斥期间消灭的是权利人享有的实体民事权利，例如追认权、撤销权、解除权等形成权。除斥期间应自相应的实体权利成立之时起算。

区分除斥期间与消灭时效的主要依据为法律条文。换言之，在法律规定中有"依据时效"等词汇时指的是消灭时效。未使用上述字句时为除斥期间。但是不能明确属于哪一个时应考虑整个条文的宗旨及体系后予以判断。[1]

二、要件

消灭时效是当事人可以行使权利的状态下不行使权利而经过一段时间发生权利消灭效果的制度。须满足以下要件：

（一）权利须罹于消灭时效

通常情况下，何种权利罹于消灭时效主要由立法来决定。一般认为，债权罹于消灭时效。《民法》认为，除所有权外的其他财产权都罹于消灭时效。第162条明文规定债权、除所有权外的财产权罹于消灭时效。在其他财产权中，一般认为物权请求权不罹于消灭时效。此外，占有权[2]、相邻权、担保物权等都不罹于消灭时效。

（二）不行使权利

在可以行使权利的状态下不行使权利达到一定期间时消灭时效完成。消灭时效自权利可以行使时起算。以不作为为标的的债权的消灭时效，自实施违反行为时起算（第166条）。因此在不能行使权利时，消灭时效不经过。权利行使障碍分为"法律障碍"与"事实障碍"。由于前者对消灭时效的起算有影响，[3]因此权利人不知有权利，同时对不知有无过失等因素不影响消灭时效的经过，但是也有例外判决。例如，与保险金请求权的消灭时效相关的判例中，原则上消灭时效应自发生保险事故之时起算，但是客观上不能确定发生保险事故时，应从保险金请求权人已知或可知保险事故之时起算保险金

---

〔1〕 参见［韩］宋德洙：《新民法讲议》，博英社2017年版，第303页。

〔2〕 关于"占有权"的问题，将在物权编中予以说明。

〔3〕 参见［韩］高翔龙：《民法总则》，法文社2003年版，第673页；［韩］李英俊：《民法总则》，博英社2007年版，第804页。

请求权的消灭时效。[1]

（三）不行使权利的期间

不行使权利的期间须经过一定的期间。这个期间依权利类型而不同。

1. 债权的消灭时效期间

原则上，普通债权的消灭时效期间为 10 年（第 162 条第 1 款）。因商行为发生的债权为 5 年（《商法》第 64 条）。

2. 适用 3 年消灭时效期间的债权（第 163 条）

（1）利息、扶养费、工资、使用费及其他以一年内的期间定期支付金钱或物品为标的的债权。

（2）有关医师、助产师、护士、药剂师的治疗、劳务及配药的债权。

（3）有关承揽人、工程师及其他从事工程设计或监督人的工程的债权。

（4）请求律师、辩理士、公证员、注册会计师及法务士，返还其因职务而保管的书面文件的债权。

（5）有关律师、辩理士、公证员、注册会计师及法务士职务相关的债权。

（6）生产商与商人出售的产品或商品的价款。

（7）有关手工业者及制造人业务的债权。

3. 适用 1 年消灭时效期间的债权（第 164 条）

（1）旅馆、饭店、租赁场地、娱乐场的住宿费、餐饮费、场地费、入场费、消费品的对价及替代金。

（2）衣服、寝具、葬具及其他动产的使用费。

（3）劳务人、演艺人的工资及为其提供的物品的对价债权。

（4）校长、塾长、教师对学生及学徒工的教育、衣食、住宿费的债权。

4. 债权与除所有权外的其他财产权的消灭时效为 20 年（第 165 条第 2 款）

三、消灭时效的中断

（一）意义

消灭时效的中断是指，在发生法定事由时，此前已计算的时效期间全部归于无效，待中断事由消灭后重新计算时效期间的制度。第 168 条及其

---

[1]　参见大判 1993.7.13，92DA39822.

以下条款详细规定了有关消灭时效中断的内容，并将这些规定准用于取得时效。

（二）事由

消灭时效因下列事由而中断。

1. 请求（第 168 条第 1 项）

行使权利时中断消灭时效。其中包括以下几种：

（1）裁判上的请求

裁判上的请求是指起诉。权利主体作为原告向法院提起诉讼时发生裁判上的请求。被告人应诉也属于裁判上的请求。[1]但是刑事诉讼[2]与行政诉讼不能作为裁判上的请求。[3]诉讼不予受理、驳回或撤回的，裁判上的请求不发生时效中断的效力（第 170 条第 1 款）。但是在上述情形，如果在 6 个月内有裁判上的请求、参加破产程序、扣押或假扣押、假处分的，视为时效因最初的裁判上的请求而中断（第 170 条第 2 款）。

（2）参加破产程序

债权人为参加破产财团的分配而申报债权时，发生时效中断的效力（《债务人重整及破产法》第 32 条第 2 项）。但是债权人撤销申报或该申报被驳回的，参加破产程序不发生时效中断效力（第 171 条）。

（3）支付令

支付令因债权人未在法定期间内申请假执行而丧失效力的，不发生时效中断效力（第 172 条）。向管辖法院递交支付令申请书时发生时效中断的效力。

（4）和解传唤及任意出席

在申请和解时发生消灭时效中断的效力。但是接受申请的法院传唤相对人时，相对人未出席或未达成和解，并且未在 1 个月内起诉的，不发生时效中断的效力。在任意出席的情形下未达成和解的，亦同（第 173 条）。

（5）催告

未在 6 个月内实施裁判上请求、参加破产程序、和解传唤、任意出席、

---

[1] 参见大判 1997.2.28, 96DA26190.

[2] 参见大判 1999.3.12, 98DA18124.

[3] 参见大判 1979.2.13, 78DA1500、1501.

扣押或假扣押、假处分的，不发生时效中断效力（第 174 条）。可以看出，催告的意义在于为起诉争取 6 个月的延期时间。

2. 扣押与假扣押

扣押是根据确定判决及其他执行权源进行的强制执行（《民事执行法》第 24 条）。假扣押与假处分是保全强制执行的手段，也是行使权利的行为（《民事执行法》第 276 条）。扣押、假扣押、假处分，依权利人的请求或因不符合法律规定而被撤销的，不发生时效中断效力（第 175 条）。扣押、假扣押、假处分未对时效受益人作出的，在未通知时效受益人时，不发生时效中断效力（第 176 条）。

3. 承认

承认是受到时效利益的当事人向因时效届满而丧失权利的人表示承认相对人的权利的行为。承认的性质为观念通知，承认无须特殊的方式，因此可以采取默示和明示方式。[1]具有时效中断效力的承认，无须享有对相对人权利的处分能力或权限（第 177 条）。

（三）时效中断的效力

时效中断时，已经经过的期间不计入时效期间，时效自中断事由终止时起重新计算（第 178 条第 1 款）。根据前款规定，因裁判上的请求而中断的时效，自裁判确定时起重新计算（第 178 条第 2 款）。

四、消灭时效的中止

时效的中止是指，在时效即将届满时，权利人行使权利遇到困难的，在一定期间内延缓时效进行，待困难事由消灭后再计算剩余时效期间的制度。

中止时效的事由有以下几种：

第一，限制行为能力人的规定。在消灭时效届满前 6 个月内，如果限制行为能力人无法定代理人，则自成为完全行为能力人或法定代理人就任时起 6 个月内，时效不完成（第 179 条）。限制行为能力人对管理其财产的父、母或监护人的权利，自成为完全行为能力人或后任法定代理人就任时起 6 个月内，消灭时效不完成（第 180 条第 1 款）。

---

〔1〕　参见大判 2000.4.25，98DA63193.

第二，因婚姻关系终止而时效中止。夫妻一方对另一方的权利，自婚姻关系结束时起6个月内，时效不完成（第180条第2款）。

第三，关于继承财产的时效中止。属于继承财产的权利或对继承财产的权利，自确定继承人、选任管理人或宣告破产时起6个月内，消灭时效不完成（第181条）。

第四，因天灾及其他事变发生的时效中止。因天灾及其他事变不能中断消灭时效的，自该事由消灭之时起1个月内，时效不完成（第182条）。

五、消灭时效的效力

（一）消灭时效届满的效果

《民法》仅规定了何时消灭时效届满，未规定发生何种效果。因此，学者们对此有多种解释。多数说（绝对消灭说）认为，消灭时效届满后权利当然消灭。[1]少数说（相对消灭说）认为，消灭时效届满后权利并不当然消灭，而是获得时效利益的人取得"主张权利消灭的权利"。[2]判例坚持绝对消灭说。[3]

这种分歧始于立法之不备。由于《民法》没有规定时效的援用问题，因此主张应援用的相对消灭说欠缺依据，多数说的主张更为合理。两种学说在法院能否依职权援用消灭时效方面观点相同。因为《民事诉讼法》采取的是辩论主义，所以如果获得消灭时效利益的人不主张权利因时效届满而消灭，法院也不会考虑这一问题。[4]

（二）消灭时效的溯及效力

消灭时效溯及至起算日生效（第167条）。因消灭时效届满而权利消灭的时间点为时效期间届满时，但是效果溯及至消灭时效起算时。

（三）消灭时效利益的抛弃

消灭时效届满前抛弃时效利益的，被认为是不接受消灭时效完成而发生的利益，是单方意思表示。但是消灭时效的利益，不得提前抛弃（第184条

〔1〕参见〔韩〕李英俊：《民法总则》，博英社2007年版，第834页；〔韩〕宋德洙：《新民法讲议》，博英社2017年版，第341页。

〔2〕参见〔韩〕金相容：《民法总则》，HS media 2009年版，第722页。

〔3〕参见大判1991.7.26，91DA5631.

〔4〕参见大判1991.3.27，90DA17552.

第 1 款）。因为时效制度是尊重既存的事实状态的制度，所以不得依私人意思提前排除。但是可以缩短或减少时效要件（第 184 条第 2 款）。

（四）对从权利的效力

在主权利的消灭时效完成时，其效力及于从权利（第 183 条）。

第二编

物权法

第一章

总 论

第一节 绪 论

一、物权法的意义

物权法调整的是人对物的归属关系。在近代资本主义自由经济中，物权法保障对财物的私人支配和自由交换。每一个人都是独立、平等的权利主体，因此以"所有权"和"合同"这两种制度调整私人支配和自由交换。民法作为私法，作用是以所有权和合同为中心，保障有利于社会经济秩序的财产关系。物权法在私法体系中是以所有权为中心的财产法。相对于物权法，债权法是以合同为中心的财产法。换言之，物权法是调整直接支配、利用财产关系的法律，其中所有权及其变动是核心内容。

二、物权法的内容和法源

（一）内容

在韩国民法中形式意义上的物权法是指《民法典》的第二编，即《民法典》第185条至第372条。《民法典》物权编分为总则、占有权、所有权、地上权、地役权、传贯权、留置权、质权、抵押权。

（1）总则规定物权法定主义（第185条）、物权的变动（第186条至第190条）和物权消灭原因中的混同（第191条）。其中，物权变动相关法律规定在整个物权法领域占有非常重要的地位，却仅有五个法律条文。

（2）在实际占有某物时（即正在占有时），法律对这一状态规定了多个法律效果，占有权（第192条及以下条款）是作为这些效果的根源的权利。物权是对物"可以支配的权利"，即观念性权利，而占有权是以"现在支配的

事实"为基础的权利。

（3）所有权（第211条及以下条款）是可以全面支配某物的权利。换言之，所有权是可以全面支配物的使用价值和交换价值的权利，是私有财产制度在法律上的表现，是物权法的基础。

（4）地上权（第279条及以下条款）、地役权（第291条及以下条款）、传贳权（第303条及以下条款）被称为用益物权。留置权（第320条及以下条款）、质权（第329条及以下条款）、抵押权（第356条及以下条款）被称为担保物权，是以确保清偿债务为目的的物权。担保物权是支配所有权权能中的交换价值的权利。[1]

需要注意的是，虽然传贳权具有担保物权的性质，但是其本质是用益物权。只有在传贳权消灭时，为确保传贳权人取得传贳金，才会承认其具有优先受偿的效力。传贳权的担保物权性质表现为保护传贳权人利益，因此传贳权才具有附属性。

（二）法源

除《民法典》物权编外，还有一些属于实质性物权法的特别法。民法体系中有诸多特别法：第一，关于一般物权及用益物权的有《不动产登记法》《不动产登记特别措施法》《不动产实名登记法》《集合建筑物所有及管理法》《住宅租赁保护法》等；第二，有关担保物权的法律，有以调整非典型担保制度为目的的《假登记担保法》。除此之外，较为重要的法律还有承认财团抵押的《工厂抵押法》《矿业财团抵押法》和《汽车抵押法》《航空器抵押法》《建筑机械抵押法》等。[2]

习惯法也是物权法的重要法源。但是根据物权法定原则，习惯法和成文法的关系需要根据具体情况进行判断。并且物权法中一些法条也明确规定了习惯法优先于成文法。关于判例是否为法源，在学说上存在分歧。

三、物权法的特征

因为物权法是调整与各国独有的习惯和传统相关的财产领域的法律，所以物权法中有很多独具特色的规定。在物权法中，除传贳权外，其他类型的

---

〔1〕 参见［韩］郭润直、金哉衡：《物权法》，博英社2015年版，第3页。

〔2〕 参见［韩］郭润直、金哉衡：《物权法》，博英社2015年版，第3~4页。

权利都是继受外国法（德国法）的权利。换言之，韩国民法与德国民法有较大的相似性。因此，如同德国民法，韩国民法带有罗马法和日耳曼法的要素，但是韩国民法比德国民法具有更多的罗马法因素。物权法中体现罗马法和日耳曼法的要素的规定和制度有以下几种：[1]

（一）罗马法要素

1. 所有权和占有的对立

2. 个人主义的所有权概念

3. 所有权和定限物权的严格区分

（二）日耳曼法要素

1. 不动产和动产的区别

2. 不动产登记制度

3. 动产的善意取得制度

第二节　物权的本质

一、意义及性质

（一）意义

物权是直接支配其他客体，取得利益的排他性权利。从内容层面上看是一种财产权，从效力层面上看是一种支配权，从相对人角度看是一种绝对权。

（二）性质

1. 物权的客体

（1）原则上，物权的客体应为物。[2]但是在一些情形下，可以在债权及其他权利上设定物权。[3]物权的客体特定。物权以对物的排他的支配为内容，因此不能在不特定物上设定物权。但是工厂财团或矿业财团的抵押权，即使其组成部分发生变动，亦不影响特定性。

物权的客体应为独立的物，因此物的一部分或其组成部分不能成为独立

---

〔1〕 参见［韩］宋德洙：《新民法讲议》，博英社 2017 年版，第 459 页。

〔2〕《民法》第 192 条、第 211 条、第 279 条、第 303 条等都规定，物权的客体为物。

〔3〕 财产权的准占有（第 210 条）、以有价证券为标的的留置权（第 320 条）和权利质权（第 345 条）等。

的物。但是在一宗土地的一部分或一栋建筑物的一部分上也可以设定用益物权。[1]

（2）一物一权主义

①意义

一个物上只能成立一个物权。换言之，在一个物上不能同时成立两个或两个以上内容和性质不相容的物权。因为一物一权主义，物权人才能对物进行排他性支配。

坚持一物一权主义有以下几个理由：第一，没有必要在物的一部分或集合物上设定一个物权；第二，在物的一部分或集合物上设定物权时，会难以公示或造成不必要的混乱。

②例外

一宗土地在未经过分割程序之前，不能转让或设定定限物权。但是在未进行分割程序的一宗土地的一部分上可以设定用益物权。[2]

《不动产登记法》第40条规定，可以在一栋建筑物的一部分上设立传贯权。在登记簿上登记为一栋建筑物的，未进行区分或分割登记，则不能处分。判例认为，根据一物一权主义原则，在物的一部分或其组成部分上不能设定物权。因此，法律不允许未经分割或区分程序，对一栋建筑物的一部分进行所有权保存登记或部分注销一栋建筑物的所有权登记的行为。[3]

树木的集合有时也被认为是与土地完全分离的不动产。根据《立木法》，登记在册的立木（树木的集合体）视为独立的不动产。[4]根据判例，未分离的果实，如果具备标识方法，可以作为独立的物成为交易客体。[5]

《工厂及矿业财团抵押法》规定，可以把几个企业财团作为一个不动产，在其上设立抵押权。[6]

2. 直接支配客体的支配权

物权是直接支配特定物的权利。"直接"支配是指行使权利无需以其他人

---

[1]《不动产登记法》第136条及第139条之内容。

[2]《不动产登记法》第136条及第139条之内容。

[3] 参见大判2000.10.27，2000DA39582.

[4] 参见［韩］高翔龙：《物权法》，法文社2002年版，第10页。

[5] 参见［韩］宋德洙：《新民法讲议》，博英社2017年版，第461页。

[6]《工厂及矿业财团抵押法》第10条至第13条，第52条至第54条。

的行为为前提，不依赖于他人的行为而直接对物获得利益。[1]与此相对，实现债权则需要他人的行为。例如，甲对乙的土地享有利用权时，如果该权利为地上权，则地上权人甲可以直接利用该土地。反之，如果是作为债权的土地承租权，承租人甲只能向出租人乙请求使用该土地，并且还需要乙的履行行为（乙将该土地交付给甲的行为）才能利用该土地。[2]

3. 一定的利益

物权人可以取得两种利益：一种为物的使用价值；另一种为物的交换价值。物的使用价值主要针对用益物权，交换价值针对担保物权。

4. 物权的排他性

因为物权是以对物的直接支配为内容的权利，因此当然具有排他性。例如，在一个物上不能同时成立两个所有权或两个内容相同的地上权。但是所有权和定限物权、所有权和占有权是内容上可以并存的权利。此外，在同一不动产上可以成立多个抵押权，但与排他性不产生矛盾。因为抵押权支配物的交换价值，所以后顺位的抵押权人可以就先顺位抵押权人受偿之后剩余的价值中受偿。

5. 绝对权

物权是绝对权，因此没有特定的相对人，对所有人都发生效力。如果有人侵害了物权人的权利，则物权人可以要求侵权人赔偿损失，并且还可以对侵权人主张物权请求权。与此相对，债权人的相对人是特定的债务人，因此只有债务人才可以侵害债权，第三人侵害债权的行为并不当然构成侵权行为。

二、物权法定主义

（一）意义

近代民法禁止当事人任意创设物权的种类和内容，只允许设定法律规定的物权种类和内容。此原则被称为"物权法定主义"或"物权限定主义"。[3]物权法不承认契约自由原则，因此在物权法中规定的物权的类型和内容是定型化的结果。物权法的规定是一种强行性规定。

---

〔1〕 参见 ［韩］郭润直、金哉衡：《物权法》，博英社 2015 年版，第 8 页。

〔2〕 参见 ［韩］高翔龙：《物权法》，法文社 2002 年版，第 5 页。

〔3〕 参见 ［韩］郭润直、金哉衡：《物权法》，博英社 2015 年版，第 17 页。

《民法》第 185 条规定，"除根据法律或习惯法外，不得任意创设物权。"这是有关物权法定原则的规定。但是与其他国家的物权法定原则不同，该法条除法律外，还包括习惯法。多数学者认可这一规定，[1]认为这是韩国尊重其本土固有的习惯而创设的法律规定。在制定《民法典》时，因时间非常紧迫，来不及调查韩国本土的全部固有习惯，所以认为现行民法应承认过去一直存在的一些习惯。基于此种理由，在《民法典》中规定了应认可基于习惯法的物权的种类和内容。

（二）《民法》第 185 条的内容

第 185 条中的"法律"，指的是《宪法》意义上的法律，不包括命令及规则等。

关于第 185 条规定的法律和习惯法的关系，有多种学说。

1. 补充效力说

这一学说认为，《民法》第 1 条和第 185 条中的"习惯法"只具有补充效力。[2]

2. 相同效力说

这一学说认为习惯法与法律具有相同的效力。[3]这个观点主要以第 185 条的内容为根据。

3. 变更效力说

这一学说认为，从形式层面上看，第 185 条把成文法上的物权和习惯法上的物权进行了同等对待，但是在实际应用中却造成习惯法上的物权改变成文法的结果。[4]

4. 个别判断说

这一学说认为，不能简单、片面地说明习惯法与法律的关系，应当根据习惯法上的物权的类型，综合判断双方的关系。[5]

---

〔1〕 但也有少数人认为这是在法律规定中特意强调习惯法的一种宣言性规定。（参见 ［韩］金曾汉、金学东：《物权法》，博英社 2004 年版，第 18 页。）

〔2〕 参见 ［韩］金相容：《物权法》，HS media 2009 年版，第 32 页。

〔3〕 参见 ［韩］金曾汉、金学东：《物权法》，博英社 2004 年版，第 17 页。

〔4〕 参见 ［韩］金容汉：《物权法论》，博英社 1996 年版，第 36 页。

〔5〕 参见 ［韩］高翔龙：《物权法》，法文社 2002 年版，第 16 页。

三、物权的类型

《民法》及其特别法中规定了以下几种物权类型：

（一）《民法》中的物权

《民法》规定了占有权、所有权、地上权、地役权、传贳权、留置权、质权、抵押权八种物权。根据不同标准，可以分为以下几种类型：

1. 本权与占有权

《民法》上的物权，可以先分为本权与占有权。占有权是不论有无支配物的法律上权源，都以保护事实上支配物的状态为目的的物权。本权是指不论事实上是否支配物，都"可以支配物的权利"。

2. 所有权与定限物权

本权包括所有权与定限物权。所有权是可以全面支配物的权利，定限物权是仅支配物的部分价值的权利。

3. 用益物权与担保物权

定限物权又分为用益物权和担保物权。用益物权是支配物的使用价值的权利，担保物权是支配物的交换价值的权利。根据《民法》规定，地上权、地役权、传贳权属于用益物权；留置权、质权、抵押权属于担保物权。传贳权本质上虽然属于用益物权，但是其同时具有一定的担保物权性质。

（二）特别法上的物权

1.《商法》上的物权

《商法》规定了商事留置权（第58条、第91条等）、商事质权（第59条）、股份质权（第338条）、船舶抵押权（第871条）、船舶债权人优先受偿权（第851条）等权利。

2. 其他特别法上的物权

多个特别法规定了农地抵押权、树木抵押权、工厂抵押权、矿业财团抵押权、建设机械抵押权、小型船舶抵押权、汽车抵押权、航空器抵押权等。《假登记担保法》规定了假登记担保权与部分让与担保权。

（三）习惯法上的物权

学界通常认为，习惯法上的物权包括坟墓基地权、习惯法上的法定地上权。关于让与担保，有些学者认为是一种习惯法上的物权。但是也有人认为，让与担保不应属于物权，而是一种采取所有权转移形式的变异担保，并且是

判例承认的担保方式。

第三节　物权的效力

一、意义

物权的效力是为实现物权的内容而由法律承认的一种法律上之力。物权的效力可以分为对内效力和对外效力。每个物权的对内效力都有所不同，只有物权的优先效力被认为是多种物权共同的效力。在物权被第三人侵害时，物权人可以请求损害赔偿，并且还可以行使物权请求权，这些都是物权共同的效力。

通常认为物权的优先效力和物权请求效力是所有物权共同的效力。[1]

二、物权的优先效力

（一）物权相互之间的优先效力

因为物权是排他的支配权，因此在同一物上不能同时成立多个性质、范围、顺位相同的物权。但是在同一物上可以成立不同类型的物权。例如，在同一物上不能同时成立两个所有权，但是可以同时成立所有权与抵押权或地上权。

在同一物上成立多个物权时，先成立的物权优先于后成立的物权。但是有时基于现实需要，法律特意规定了一些物权的优先顺序，此时优先效力不受成立顺序的制约。虽然《民法》中尚未有相关规定，但是《勤劳基准法》中有薪金优先权[2]、《住宅租赁保护法》中有小额保证金优先权[3]等。

（二）物权对债权的优先效力

在同一物上同时存在债权和物权时，物权优先于债权。通常认为，物权优先于债权是因为物权是直接支配物的权利，而债权是通过债务人的行为间

---

[1]　但是也有人主张物权人的损害赔偿请求权也是物权效力之一，但是考虑到因为物权是绝对权，对物权的侵害当然构成侵权行为，所以也可以将其作为侵权行为对待。（参见［韩］宋德洙：《新民法讲议》，博英社2017年版，第447页。）

[2]　《勤劳基准法》第37条。

[3]　《住宅租赁保护法》第8条。

接支配物的权利。但也有债权优先于物权的例外情形。例如，对以不动产物权变动为目的的请求权进行假登记时，债权优先于物权；[1]具备公示方法的不动产承租权和受到《住宅租赁保护法》调整的住宅承租权[2]等优先于物权。

三、物权请求权

（一）概述

物权请求权是物权实现受到妨害或有受妨害之虞时，物权人所享有的向妨害人请求排除妨害或预防妨害的权利。《民法》针对所有权和占有权各自规定了物权请求权，[3]并且将有关所有权物权请求权的规定准用于其他物权，因此物权请求权被认为是物权的一般性效力。[4]

关于物权请求权的根据，多数学说认为，因为物权是对物的直接支配权，如果物权的实现受到妨害而不能请求排除妨害，则会使物权变得有名无实。[5]有些观点认为其理由在于：因为物权是直接、排他地支配物的绝对权；[6]也有人认为物权的支配性与绝对性是其理论依据，物权保护所需的社会结构及国家权力的确立、法律制度的完善等是实质依据。[7]虽然存在学说上的分歧，但是探究其根据的做法其实无实际意义。

（二）种类

1. 物权返还请求权

物权返还请求权是指，在无权占有人占有标的物时，权利人可以请求返还标的物的权利，此时不问物权人丧失占有的原因。即物权人丧失物的全部占有时，可以请求占有该标的物的人返还标的物，并恢复占有。例如，甲非法占有乙的土地并建造房屋以及土地的承租人在租赁期届满后继续非法占有

---

〔1〕《不动产登记法》第6条第2款。

〔2〕《住宅租赁保护法》第3条之2。

〔3〕《民法》第213条、第214条及第204条至第207条。

〔4〕《民法》第290条、第301条、第319条、第370条。

〔5〕参见 [韩] 郭润直、金哉衡：《物权法》，博英社2015年版，第27页；[韩] 金相容：《物权法》，HS media 2009年版，第43页；[韩] 金曾汉、金学东：《物权法》，博英社2004年版，第24页。

〔6〕参见 [韩] 李英俊：《韩国民法论》（物权法），博英社2004年版，第42页。

〔7〕参见 [韩] 高翔龙：《物权法》，法文社2002年版，第24页。

土地等情形，物权人可以行使返还请求权。

2. 排除妨害请求权

排除妨害请求权是指，以侵害物权占有之外的其他方法妨害实现物权时，请求妨害人排除妨害的权利。在通常情况下，这种妨害所针对的是不动产物权。

3. 妨害预防请求权

妨害预防请求权是指，当时虽未受到妨害，但是将来有发生妨害之虞时，请求造成该危险的人预防妨害的权利。在通常情况下，这种妨害所针对的是不动产物权。

（三）物权请求权的性质

关于物权请求权的性质，学界认为是基于物权效力发生的一种请求权。物权请求权是基于物权发生的请求权，因此不能与物权相分离。例如，在移转、消灭物权时，物权请求权亦移转、消灭。因为物权优先于债权，所以物权请求权优先于债权请求权。例如，在特定物上有两个并存的物权请求权与债权请求权时，物权请求权人享有优先权。

（四）物权请求权与消灭时效

关于物权请求权与消灭时效的关系，学界有三种不同的见解。

1. 肯定说

肯定说认为，基于所有权与定限物权的物权请求权相同，都属于《民法》第162条第2款的"除债权及所有权外的财产"的范围，因此应当适用20年的消灭时效。[1]

2. 否定说

否定说认为，物权请求权独立于作为其基础的物权，因此不应受消灭时效的限制。[2]主要依据是，因为物权请求权是从物权派生出来的权利，所以不能独立于物权受到消灭时效的限制，但是如果用益物权未在20年内行使，则会消灭。在此情形下，从用益物权派生的请求权也应随用益物权一同消灭。

---

[1] 参见［韩］李英俊：《韩国民法论》（物权法），博英社2004年版，第51页。

[2] 参见［韩］金相容：《物权法》，HS media 2009年版，第49页；［韩］李银荣：《物权法》，博英社2006年版，第79页。

3. 部分肯定说

基于所有权的请求权不受消灭时效的限制，但是基于定限物权的请求权，应受消灭时效的限制。[1]

（五）物权请求权与费用承担问题[2]

1. 问题点

物权请求权是什么性质的权利？它是物权人向相对人请求积极回复物权为目的而为一定行为的权利？还是物权人可以请求相对人消极容忍其行为的权利（容忍请求权）？这些问题与谁承担返还标的物或排除妨害时所产生的费用有关联。对此问题，学说和判例的持不同的观点。

2. 判例（行为请求权说）

虽然判例的态度不是很明确，但是判例认为物权请求权是物权请求权人请求相对人积极地为一定行为的权利。即应以相对人的努力与费用排除妨害。[3]例如，在 A 所有的土地上，B 乱放建筑材料，或 A 公司的职员 B 把建筑材料偷拿到自己家里时，A 请求 B 排除妨害或返还的，一般由相对人承担费用。

但依此观点，返还请求权与妨害排除请求权发生冲突的，例如，A 院子里的树被风刮倒在 B 院子里的情形，A 可以请求返还被风刮倒的树，同时 B 也可以请求 A 除去树木，所以 A 的返还请求权与 B 的妨害排除请求权发生冲突。在此情形下，根据行为请求权说，会出现先起诉的一方使相对人承担费用的结果。并且因不可抗力或第三人的行为而造成妨害时，会发生使相对人承担费用的不合理的结果。

3. 学说

（1）行为请求权修正说

这一学说为了排除行为请求权说的不合理性，而原则上采取行为请求权说的立场，但是只承认返还请求权存在例外情形。[4]即相对人未基于自己的意思取得占有时，要求相对人负担费用是不公平的，因此仅在此情形下，物权人可以请求相对人容忍其自己承担费用收回标的物的行为。

---

〔1〕　参见［韩］高翔龙：《物权法》，法文社 2002 年版，第 35 页；［韩］郭润直、金哉衡：《物权法》，博英社 2015 年版，30 页。

〔2〕　参见［韩］高翔龙：《物权法》，法文社 2002 年版，第 3～38 页。

〔3〕　参见大判 1968.4.16，67DA2778.

〔4〕　参见［韩］金曾汉、金学东：《物权法》，博英社 2004 年版，第 26 页。

但是此观点仍未解决有关排除妨害的问题。即如果因为不可抗力或第三人的行为发生妨害时，也要求相对人负担费用，则存在不合理性。[1]

（2）责任要件说

这一学说主要基于过失责任的一般原则，考虑妨害状态是否可归责于相对人。即妨害状态是因可归责于相对人的事由而发生时，可以向相对人主张积极排除妨害的行为和费用，但是因不能归责于相对人的事由而发生妨害时（天灾或第三人的行为），只能请求相对人容忍物权人排除妨害的行为，并由物权人承担费用。

但是此学说亦有以下缺点：在双方当事人的物权请求权发生冲突，且双方当事人都没有责任时，得由先行请求的人（原告）承担费用。

（3）费用平摊说

这一学说认为，如果可归责于一方当事人，则由该当事人承担费用，并承担积极排除妨害的义务；如果不可归责于双方当事人，则应当由原告排除妨害。并且根据平等原则，由原、被告共同承担费用。[2]

但是对于不可归责于双方当事人的情形，在现行法上找不到仅凭公平观念就可以要求双方当事人承担费用的依据，而且此种解释的结果也未必合理。

（4）《民法》第 473 条类推适用说

这一观点认为，物权请求权和费用负担不是一个层面上的问题，所以为了更好地解决费用负担问题，将争议焦点集中在物权请求权的本质问题是一种本末颠倒的观点。以此为前提，应该类推适用《民法》第 473 条（清偿费用的负担）来解决。[3] 即原则上应根据《民法》第 473 条文本，由相对人承担该费用，但是与相对人的行为没有任何关系时，适用《民法》第 473 条但书的规定，由物权人负担。

（5）纯粹行为请求权说

这一观点认为，物权人可以请求相对人承担返还或排除妨害的费用，并且不承认有例外情形。[4] 即没有任何依据可以认为在任何情形下都应把物权

---

〔1〕 参见 [韩] 郭润直、金哉衡：《物权法》，博英社 2015 年版，第 24 页。

〔2〕 参见 [韩] 金容汉：《物权法论》，博英社 1996 年版，第 54 页。

〔3〕 参见 [韩] 李英俊：《韩国民法论》（物权法），博英社 2004 年版，第 46 页。

〔4〕 参见 [韩] 李银荣：《物权法》，博英社 2006 年版，第 69 页。

请求权视为积极的行为请求权，而不能视为消极的容忍请求权。并且只要承认物权请求权，就应由相对人承担费用。因此物权人未向相对人要求为积极行为而物权人进入相对人的土地，并请求相对人容忍除去妨害物的行为时，应适用《民法》第 216 条有关邻地使用请求权的规定来解决此问题。

第二章

物权变动

第一节 绪 论

一、意义

物权的发生、变更、消灭，统称为物权变动。物权变动以物权主体为中心时，可以称之为物权的得失变更。

二、物权变动的种类

（一）不动产物权变动和动产物权变动

物权变动以客体为标准，分为不动产物权变动和动产物权变动。因为不动产是最重要的生活必需品，法律对不动产交易采取比动产更为谨慎的态度，主要表现在两种物权采取不同的公示方法。不动产变动以登记为公示方法，动产以交付为公示方法（占有的移转）。

（二）基于法律行为的物权变动和非基于法律行为的物权变动

物权变动分为基于法律行为的物权变动和非基于法律行为的物权变动。《民法》第186条规定的是基于法律行为的不动产物权变动，第187条规定的是非基于法律行为的不动产物权变动，第188条至第190条规定的是基于法律行为的动产物权变动。非基于法律行为的动产物权变动，主要规定在所有权相关的章节中，且内容具有特殊性。

三、物权变动与公示

因为物权具有排他性特征，在同一物上不能成立性质或内容不能两立的物权。观念性最强的是所有权和抵押权。参与交易的当事人，为了避免承受无法预见的损害，有必要知悉标的物上有无他人的权利。因此为了交易的安全与快捷，需要公示物权的归属和内容。为了达到这一目的，近代民法采取了基于一定的标识，向外部进行权利公示的手段，这种手段称为公示方法。不动产物权以登记为公示方法，动产物权以交付为公示方法。

（一）公示原则

物权变动应采取客观的、外界得以认识的表象，这是公示方法的原则之一。例如，甲把自己土地的所有权转移给乙时，必须进行登记；丙把手表的所有权转移给丁时，必须进行交付。现代民法为了实现公示原则一般采取两种强制措施：一种方法是如果不进行公示，在当事人之间不发生物权效力；另一种方法是只要有意思表示，即使不采取公示方法，当事人之间也发生物权变动，只是因不采取公示方法而不能对抗第三人。前者称为成立要件主义或形式主义，后者称之为对抗要件主义或意思主义。

（二）公信原则

当事人信赖公示方法所公示的内容而进行交易时，法律承认其具有与真实物权相同的法律效果，这一原则就是公信原则。

详言之，假如登记为物权人或物的占有人不一定是真正权利人，但是在这种情形，如果信赖非真正权利人而进行交易的当事人不能取得物权，就会导致每一次交易都需审查和确认被公示的权利的真实性。这显然是不现实的，也有害于交易的便捷性。公信原则就是为了避免这些缺点而采取的原则。如果公信原则得以贯彻，虽然交易安全可以得到保障，但是会有害于真正的权利人。《民法》关于不动产登记，未采取公信原则，其理由是公信原则会不利于真正权利人，因此对于价值非常高的不动产没有采取公信原则，只有动产采用了公信原则（第249条至第251条）。

第二节　物权行为

一、意义

引起物权变动的法律要件中最主要的是法律行为。以私法自治为基本原则的《民法》中，基于法律行为发生的物权变动是最主要的形态。引起物权变动的法律行为就是物权行为。

（一）物权行为与债权行为的区别

物权行为是与债权行为相对立的概念。依债权行为只能发生债权，并遗留履行问题。但依物权行为就能发生物权变动，并不留下履行问题。

虽然债权行为与物权行为是相对立的概念，但是两者之间亦具有密切联系。在一般情形下，先有债权行为，后有物权行为。物权行为作为债权行为的履行行为时，即债权行为成为物权行为的原因时，债权行为称之为原因行为。但是并不是所有的情况下都是先有债权行为后有物权行为。一般来说，债权行为与物权行为合为一体，有时也存在无债权行为，只有物权行为的情形。例如，抛弃所有权等情形。

（二）物权行为的种类

物权行为亦可以分为单独行为、契约和合同行为。物权的抛弃属于物权单独行为。物权行为中最为主要的是物权契约，为了与狭义契约（债权契约）相区别，一般将物权契约称为物权合意。共有人抛弃所有权是物权性合同行为。

二、物权行为的公示方法

关于物权变动，存在物权行为仅以当事人的意思表示就发生物权变动，还是需经过登记、交付才发生物权变动的问题。这是如何处理公示方法与物权行为之间关系的问题。基于法律行为的物权变动主要存在对抗要件主义和成立要件主义的立法模式。《民法》采取的是成立要件主义，所以应具备当事人的意思表示，即物权行为和登记、交付等公示方法，才能发生物权变动。

三、物权行为的独立性

物权行为与债权行为一同发生或者两种行为结合在一起发生。但是因为物权行为与债权行为是两种不同的法律行为，所以出现了物权行为与债权行为相互独立的问题。关于物权行为的独立性，肯定说认为，不动产物权在交付登记书证时发生物权行为。否定说认为，债权行为包含物权行为。需要注意的是，此处否定的是物权行为的独立性，而未否定物权行为本身。再者，即使承认物权行为的独立性，也不等于否认债权行为与物权行为可以合为一体进行。

肯定说为通说，认为物权行为原则上独立于债权行为。但由于《民法》

对物权行为没有规定特殊的方式，又出现了何时发生物权行为的问题。学界一般认为，从登记开始或进行交付时，默认发生物权行为。

四、物权行为的无因性

（一）意义

在实施债权行为后，发生履行行为的物权行为。物权行为在作为原因行为的债权行为被确认无效或被撤销时，是否受债权行为的影响而无效或被撤销？认为物权行为的效力因原因行为不存在、无效、被撤销等受影响的，就是物权行为有因论。与此相对，认为物权行为的效力不受原因行为影响的，就是物权行为无因论。

物权行为的有因和无因问题只有在承认物权行为的独立性时才会发生。因此，否认物权行为的独立性或认为债权行为中包含物权行为时，债权行为和物权行为效力是同步的。因此，有因、无因问题只有在债权行为和物权行为分别发生时才会出现。

（二）学说和判例

《民法》没有明文规定物权行为的无因性问题，判例采取有因性理论。

肯定无因性的学说的主要理由如下：如果承认物权行为与债权行为是两个独立的行为，那么也应该分开考虑有效性。因为物权法律关系有排他性，所以仅在当事人之间发生效力的原因行为，不能使第三人受到影响。如果承认物权行为的无因性，那么在不承认登记公信力的现行法上，可以保护交易安全。立法者以对《民法》第548条第1款但书"但是不能损害第三人的权利"的意思及不当得利规定为根据，认为应当承认物权行为的无因性。如上所述，主张无因性的大部分观点，以现行民法中没有与德国民法相同的附条件禁止规定为由，承认相对的无因性。[1]

否定无因性的学说认为，如果没有行为原因或已出捐的标的，视为出捐行为不生效的方法，更符合当事人的意思。现行民法没有应当承认无因性的根据，但是存在信赖保护等规定，因此没有必要承认无因性。并且承认无因性有可能造成保护恶意第三人的结果。[2]

---

〔1〕　参见［韩］金曾汉、金学东：《物权法》，博英社2004年版，第57页。
〔2〕　参见［韩］郭润直、金哉衡：《物权法》，博英社2015年版，第67页。

第三节　不动产物权变动

一、基于法律行为的物权变动

（一）绪论

《民法》第186条规定，"基于法律行为的不动产物权的得失变更，须登记才生效。"该条文表明《民法》关于不动产物权变动采取成立要件主义。因此基于法律行为发生的不动产物权变动，必须具备物权行为与登记两个要件。

以不动产为标的的所有权、地上权、地役权、传贳权、抵押权等的物权变动都应进行登记。除此之外，占有权和留置权无须登记。这是因为占有权与留置权是基于占有的事实，仅在占有事实存续期间内才被承认的一种权利。

（二）物权行为与登记的关系

基于法律行为的物权变动，必须具备物权行为与登记，才能发生物权变动。在两个要件中，如果不具备其中任一要件，则不发生物权变动，但这并不意味着两者必须同时进行。通常情况下，物权行为在先，登记在后。此外，在特殊情形下，登记亦可以先于物权行为存在。在法律行为在先而登记在后的情形，由当事人决定登记的时间。

登记原因[1]应符合事实，并且该原因也应登记在登记簿上。但是在现实交易中为规避税收或其他原因，申请的登记原因往往不符合真实情况。例如，本来是有关买卖关系的登记，申请为赠与登记等。《不动产登记特别措施法》禁止此种登记。

二、非基于法律行为的物权变动

（一）原则

根据《民法》第187条规定，因继承、公用征收、判决、拍卖及其他根据法律规定所发生的不动产物权的取得，无须登记。但未经登记，不得处分。此时，即使没有登记，亦发生法律上的变动效果。因此成立要件主义针对的是基于法律行为发生的物权变动。关于非基于法律行为发生的物权变动需要

---

[1]　此处的登记原因是指原因行为的内容。

注意以下几点:

1. 继承

继承人在开始继承时,概括继承与被继承人财产有关的一切权利义务(第 1005 条)。

2. 公用征收

公用征收是为了公益事业,根据法律规定强制取得国民的土地所有权等特定财产权的行为。公用征收包括企业家与土地所有人之间的协议征收和根据土地征收委员会的裁决成立的裁决征收。对于前者,协议上规定的时期为发生物权变动的时期;对于后者,在裁决中规定的征收期为发生物权变动的日期。

3. 判决

此处的判决仅指形成判决。

4. 拍卖

拍卖包括私人之间的拍卖和国家机关进行的公拍卖。《民法》第 187 条的拍卖是指公拍卖。

5. 其他法律规定的情形

这里的"法律"指广义上的法律。如果不作广义解释,则不能成立习惯法上的物权。依"其他法律规定"而发生的物权变动包括对新建建筑物所有权的取得、法定地上权的取得、墓地基地权的取得、习惯法上的法定地上权的取得、用益物权因存续期间届满而消灭、抵押权因被担保债权消灭而消灭、法定代位引起的抵押权的转移、因混同的物权消灭、归属财产处理法中的财产管理机关的出卖行为等。[1]

(二)例外

根据《民法》第 245 条第 1 款规定,如果基于占有取得时效取得不动产所有权,应进行登记。这是第 187 条的例外规定。

三、不动产登记

(一)意义

登记分为实体法上的登记和程序法上的登记。实体法上的登记是指,登

---

[1] 参见〔韩〕宋德洙:《新民法讲议》,博英社 2017 年版,第 576 页。

记机关按照法律规定，在不动产登记簿上记载一定权利关系的登记。程序法上的登记不仅包括不动产权利关系，而且也包括与不动产标识相关的登记。

（二）不动产登记簿

不动产登记簿分为土地登记簿和建筑物登记簿。各个登记簿对一宗土地和一栋建筑物使用一张纸面。《不动产登记法》以一宗土地或一栋建筑使用一张用纸为原则（《不动产登记法》第15条），即采取一个不动产一个登记记录原则。因此将多栋建筑物作为一物记载于一个登记用纸上的保存登记无效。[1]但是依照一个不动产一个登记记录原则，属于一栋建筑物的全部建筑物应使用一张用纸（《不动产登记法》第15条第1款但书）。不动产登记采取以权利客体为单位编制的物的编成主义。[2]

（三）登记的种类

1. 保存登记和权利变动登记

保存登记是对未登记的不动产，由该不动产的所有人申请的所有权登记。申请保存登记时，登记人员应准备新的登记用纸，在标题部进行标识登记，在甲区进行所有权登记。在此之后有关的不动产登记事项，都以此登记为基础。权利变动登记是以保存登记为基础发生的权利变动登记。

2. 根据登记内容作出的分类

（1）记入登记

记入登记是指基于新的登记原因而将一些事项记入登记簿的一种登记。

（2）变更登记

变更登记是指既存的登记事项发生变更时进行的登记。

（3）更正登记

更正登记是指已进行的登记，因其程序错误或有遗漏之处，使登记与实体法律关系不符的，此时可以申请更正登记。

（4）注销登记

注销登记是指消灭已进行的全部登记的登记。

（5）恢复登记

恢复登记是指曾经存在的登记被不当注销时，恢复该登记的登记。

---

[1] 参见大判1987.6.9，86DAKA977.

[2] 参见[韩]高翔龙：《物权法》，法文社2002年版，第78页。

（6）灭失登记

灭失登记是指不动产灭失时进行的登记。

3. 根据登记的效力作出的分类

（1）终局登记

终局登记是指发生物权变动效力的登记，也即一般意义上的登记。

（2）预备登记

预备登记是指为将来进行登记而预先进行的一种准备性登记。包括假登记和预告登记。

①假登记

假登记是指为了保全以不动产物权变动为目的的请求权而设立的登记。换言之，因尚未具备可以进行本登记的实体法或程序法条件，为确保将来可以进行该本登记，并为"确保顺位"而提前进行的登记。因此，假登记被认为是为保护享有引起不动产物权变动的请求权的人而设立的登记。

②预告登记

预告登记是指因为登记原因无效或撤销而被提起登记注销之诉，或因注销登记无效而被提起恢复登记之诉时，受诉法院应当依职权及时委托登记机关将提起诉讼的事情记入登记簿，以此警告第三人，保护交易安全的登记。因此预告登记对交易人来说具有非常重要的警示作用。

4. 中间省略登记

中间省略登记是指在权利发生多次转让时，省略中间的权属登记而直接将权利登记于最终的权利取得人的登记。换言之，在不动产交易过程中省略不动产物权变动过程的一部分，仅对现存的权利关系进行的登记。例如，甲将自己所有的不动产出卖给乙，乙因为各种原因未进行不动产所有权移转登记，直接将不动产转卖于丙的情形。虽然依法律规定应当对该不动产进行所有权移转登记，但因为乙省略了甲对乙的所有权移转登记，隐瞒了甲和乙的交易过程，所以表面上看是甲与丙之间的不动产交易。

（四）登记程序

登记程序原则上由当事人申请或政府机关嘱托时才可以进行登记，但是法律有明文规定时亦可以进行登记。《民法》采取共同申请原则，即应由登记权利人与登记义务人或者其代理人出面共同申请登记。但是不动产的保存登记可以由登记权利人单独申请。

这里的登记人是指，因申请登记而取得实体权利关系中的权利和利益的人。登记义务人是指因登记而在实体权利关系中丧失权利或利益的人。

登记应与真实情况相符，因此登记机关有必要审查登记内容。审查有实质审查与形式审查。《民法》采取形式审查主义。但其还列举了一些实质性的审查事项，因此也审查实质性内容。因登记审查所需证书的效力比较低，所以很难对登记原因作实体法上的效力审查。可见，《不动产登记法》虽追求实质审查效果，但是从最终结果来看，只具有形式审查的效力。因此这也是造成不动产登记不具有公信力的原因之一。

（五）登记请求权

原则上登记由登记权利人与登记义务人共同申请。假如登记义务人不协助登记，登记权利人就丧失进行登记的机会和权利。因此有必要赋予登记权利人以一定的权利，可以使其请求登记义务人履行义务，这一权利就是登记请求权。

登记权利人有权请求登记义务人协助其进行登记。当相对人不履行这一义务时，登记请求权人有权依据胜诉判决单独申请登记（《不动产登记法》第23条）。

第四节　动产物权的变动

一、意义

《民法》规定的动产物权包括所有权、占有权、留置权和质权。动产物权变动，亦可分为基于法律行为的物权变动和非基于法律行为的物权变动。其中最重要的是基于法律行为的物权变动。作为动产物权变动的公示方法的占有，因其具有公信，所以基于法律行为的物权取得，可以分为从权利人处取得物权和从无权利人处取得物权两种类型。

二、从权利人处取得物权

（一）原则

因物权变动采取成立要件主义，所以取得动产物权需要一定的公示方法。动产物权在交付标的物时生效（第188条第1款）。但是这一规定仅适用于基于法律规定的物权变动，并且受这一规定约束的是动产所有权的变动。因为占有权、留置权、质权等其他动产的物权变动，由其他特别规定来规制。

（二）交付

交付是指占有的转移，占有是事实上的支配。交付包括以下类型：

1. 现实交付

现实交付是指出让人将对物的管领、支配移交给受让人的方式。现实交付，应有事实上移转对标的物的支配和出让人与受让人之间的占有移转合意。

2. 简易交付

简易交付是指受让人已占有该动产的，依当事人的意思表示，发生效力（第 188 条第 2 款）。例如，甲将其所有的电脑出借于乙使用，乙提出 4000 元价格购买，甲表示同意。此时因为标的物已在买受人的手中，所以无须进行现实交付，电脑所有权自双方达成合意时移转于乙。

3. 占有改定

占有改定是指转让动产物权后根据当事人之间的约定，由转让人继续占有该动产的，视为完成交付（第 189 条）。例如，甲乙达成买卖一台电脑的合意，但是出卖人甲因需要再使用几天，甲遂提出以 100 元的价格租借电脑，乙表示同意。于是，甲得以继续使用其已出卖的电脑。此时，无须进行现实交付，自当事人达成租借合意时，电脑所有权转移于买受人乙。

4. 标的物返还请求权的让与

标的物返还请求权的让与，又称为指示交付，是指转让由第三人占有的动产物权时，转让人将其对第三人的返还请求权让与给受让人的，视为交付动产（第 190 条）。

（三）例外

动产物权的物权变动虽然要求交付标的物，但也有一些例外。即船舶以登记作为公示方法，汽车和航空器以注册作为公示方法。在抵押汽车、飞机、重型机械时，也把注册作为公示方法。

三、从无权利人处取得物权

从无权利人处取得动产是指动产的善意取得。《民法》虽然不承认不动产登记的公信力，但是承认交付的公信力，因此可以善意取得动产。《民法》第 249 条至第 251 条是有关善意取得的规定。

（一）善意取得的要件

1. 客体

善意取得只适用于动产。对于作为动产的金钱，是否适用善意取得规定，有不同的观点。船舶、航空器、汽车等以登记或注册为公示方法的动产，不适用善意取得规定。以标识方法作为公示方法的地上物亦不适用善意取得规定。但是被砍伐的林木或已分离的果实等，可以成为善意取得的客体。

2. 出让人要件

出让人须为无权处分人。代理人处分他人所有的动产的，受让人误认为其有权处分时，不适用善意取得。

3. 动产的出让行为

出让人与受让人之间应存在有效的交易行为。原始取得或因继承、概括继承等方式取得动产时，不适用善意取得。

4. 受让人要件

（1）受让人需善意、无过失。受让人不仅在实施法律行为时是善意、无过失，并且受让标的物时也应是善意、无过失。判例也采这种观点。[1]

（2）需平稳、公然地受让标的物。

5. 应取得占有

受让人应取得对标的物的占有。因现实交付、简易交付而占有标的物时，可以承认善意取得。但是以占有改定和标的物返还请求权的方式取得占有时，对于能否善意取得有一些不同的观点。判例否认可以基于占有改定的方式善意取得。[2]但是关于标的物返还请求权的情形，判例持较为肯定的态度。[3]

6. 动产不得为盗窃物或遗失物

（二）善意取得的效果

可以善意取得的权利为所有权和质权（第249条、第343条）。善意取得为原始取得，因为善意取得人不是基于出让人的权利而取得物权，所以是原始取得。

（三）盗窃物、遗失物的问题

在动产为盗窃物或遗失物时，即使具备善意取得要件，受害人或遗失人

---

[1] 参见大判 1991.3.22，91DA70.

[2] 参见大判 1978.1.17，77DA1872.

[3] 参见大判 1999.1.26，97DA48906.

自被盗之日起 2 年内，可以请求受让人返还（第 250 条）。这是因为在标的物并不是依权利人的意思而脱离其占有时，比起动态交易关系的安全更应该保护权利人的静态关系的安全。

受让人通过拍卖或在公开市场或从出售同类物品的商人处善意买受盗窃物、遗失物的，受害人或遗失人偿付受让人所给付的价款后，可以请求返还其物（第 251 条）。如果被盗或遗失的是金钱，则不适用有关盗窃物、遗失物的规则（第 250 条但书）。

第五节　有关地上物的物权变动

一、意义

土地及其定着物可以成为相互独立的客体，但是《不动产登记法》只规定了土地登记簿和建筑物登记簿，使得除这两种客体之外的其他定着物没有方法进行登记。但是在交易中，树木的集合、未分离的果实等可以与土地或原物相分离，单独作为交易的标的物。针对这些现象所采取的公示方法就是标识方法。判例也认可这一公示方法。

二、根据标识方法的物权变动

标识方法是使第三人辨认树木的集合或未分离的果实的所有关系的一种习惯法上的公示方法。标识方法没有特定的形式，例如剥开树皮之后写上所有人的名字，或者对未分离的果实，在土地周围绕上绳子后，立上写有姓名的木牌等方式。

因为标识方法并不是完整的公示方法，所以只能用于公示所有权。因此不能依标识方法设定抵押权、质权等物权，同时标识方法也不具有公信力。

第六节　物权的消灭

一、意义

物权消灭原因有标的物的灭失、消灭时效、抛弃、混同、公用征收、没收等。在下面说明《民法》特意在物权编部分规定的混同的内容。

二、混同

混同是相互对立的法律上的地位或资格归属于同一人的事实。混同是债权及物权共同的消灭原因，此处仅讨论物权的消灭原因。

（一）所有权与定限物权的混同

对于同一物，所有权与定限物权归属于同一人时，原则上定限物权被消灭。例如，抵押权人取得抵押物的所有权时，原抵押权被消灭。但该他物权为第三人的权利之标的时，不被消灭（第191条第1款但书）。

（二）定限物权与以该定限物权为标的的权利相混同

第191条第2款规定，第191条第1款准用于定限物权与以该定限物权为标的的定限物权混同的情形。因此对地上权享有抵押权的人取得该地上权时，原则上抵押权被消灭。但为本人或第三人的利益时，除外。

（三）混同的效果

因混同消灭的物权，即使恢复到混同之前的状态，亦不能复活。但是发生混同的原因不存在或原因行为因无效、被撤销、解除而失效时，视为未发生混同。

第三章

占有权

第一节　绪　论

一、意义

当事人在支配物时不考虑其对物的支配状态而对其承认多种法律效果的制度就是占有制度。

在事实层面上考虑占有制度时也可以认为占有是权利的一种表现。罗马法上的 Possessio，属于前者；日耳曼法上的 Gewere 属于后者。即罗马法上的占有不考虑是否存在所有权及其他本权，只考察事实上支配本权的状态，并对该状态予以保护。日耳曼法上的占有是表现本权的占有，这一占有是本权与占有相结合的状态。《民法》上的占有是 Possessio 和 Gewere 相结合的制度。占有保护请求权、孳息取得权、费用偿还请求权等来源于 Possessio，权利的合法推定、自力救济、善意取得、物权的公示来源于 Gewere。[1]

二、占有与占有权

《民法》物权编第二章的题目为"占有权"，并在其他一些规定中也使用占有权这一用语。那么占有与占有权是什么关系呢？占有与占有权是相同的，后者是对占有这一状态的权利化表现，即占有权是占有的一种包装，是占有的一种权利外衣。因此占有制度应以占有为中心进行讨论，不应过度地强调占有权。特别是有关占有权转让的规定。

法律对占有事实赋予多种法律效果。如果这些效果是基于占有事实而发

---

〔1〕　参见［韩］宋德洙：《新民法讲议》，博英社 2017 年版，第 598 页。

生的,那么除"占有"这一概念外无需再承认"占有权"概念。但是韩国民法设定这些效果的基础在于"占有权",且从占有权发生各种效果。因此根据民法理论,以占有为法律要件发生占有权,再从占有权发生各种法律效果。

《民法》认为占有权也是一种物权,但是与其他物权截然不同。即物权不问是否直接支配物,其本质是"可以支配物"的概念性权利。但是占有权是因事实上支配物而产生的权利,且因丧失事实上的支配而消灭,所以并不是"可以支配"客体的权利。因此《民法》虽然将占有权规定为一种物权,但是这一权利有别于其他物权。[1]

第二节 占 有

一、意义

(一) 事实上的支配

《民法》上的占有,只需对物进行事实上支配。只要对物进行事实上的支配,占有即可成立 (第 192 条第 1 款)。此处的事实上的支配是指在社会观念上由谁来支配该物的客观上的关系。判断是否进行事实上的支配,应综合考虑空间性、时间性、与本权之间的关系和排除他人支配的可能性等一系列要素。

(二) 占有设定意思

设定占有不需要一定的意思,但是这并不意味着成立事实上的支配不需要任何意思。成立事实上的支配需要一定的意思,这种意思称之为占有设定意思。

二、占有辅助人

虽然只要具备事实上的支配即可成立占有,但是在本人不进行事实上的支配时,亦可以通过其他人的占有成立本人的占有。此时虽然事实上支配该物,但不能成为占有人的人,被称为占有辅助人。因家事、营业及其他类似关系受他人指示而事实上支配该物的人为占有人 (第 195 条)。虽然第 195 条仅规定占有辅助人在事实上支配物的情形,但应解释为这一规定也适用于占

---

〔1〕 参见 [韩] 郭润直、金哉衡:《物权法》,博英社 2015 年版,第 185 页。

有的取得与丧失。因此占有辅助人取得或丧失占有时，占有人亦取得和丧失占有。

三、间接占有

（一）意义

间接占有是指某人因占有媒介关系，使他人支配该物，但是对其认定成立占有的占有。《民法》第 194 条规定，因地上权、传贳权、质权、使用借贷、租赁、保管及其他法律关系，使他人占有物的，享有间接占有权。

（二）要件

要成立间接占有需具备以下要件：第一，须有特定人，即占有媒介人。一般情况下占有媒介人的占有为直接占有；第二，间接占有人与占有媒介人之间须存在占有媒介关系。第 194 条规定的占有媒介关系为"地上权、传贳权、质权、使用借贷、租赁、保管及其他法律关系"。

四、占有的类型

（一）自主占有与他主占有

以所有的意思而进行的占有为自主占有。例如，所有人、偷盗人等的占有为自主占有。他主占有是指占有人主观上不以所有的意思而进行的占有，如质权人的占有、承租人的占有等。区分自主占有与他主占有对于取得时效、无主物占有、占有人的责任等具有研究意义。

（二）善意占有与恶意占有

无本权却误认为有本权而进行的占有为善意占有；恶意占有是指明知或对是否存在本权有怀疑的前提下进行的占有。占有人以所有的意思，以善意、和平、公然的方式占有的，即推定占有人为善意占有。但是善意占有人在有关本权的诉讼中败诉的，自被起诉之日起视为恶意占有人（第 197 条第 1 款）。

第三节　占有权的取得和消灭

一、占有权的取得

由于占有权基于占有的事实发生，取得占有时就能取得占有权。以下通

过直接占有与间接占有的取得考察占有取得制度。

（一）直接占有的取得

1. 原始取得

对物进行事实上的支配，即可原始取得直接占有。无主物的先占、遗失物的拾得等都是原始取得。

2. 特定继受取得

特定继受取得是指从他人处继受特定物的占有的情形。如果要发生特定继受取得，应交付标的物。此时的交付只能是现实交付。现实交付，除移转事实上的支配外，还须达成移转占有的合意。[1]

3. 依继承的取得

《民法》第 193 条规定，"占有权可移转于继承人"，承认了占有权的继承。当被继承人死亡而开始继承时，法律上当然将被继承人曾占有的物，以被继承人死亡时的状态移转给继承人。

（二）间接占有的取得

1. 间接占有的设定

直接占有人基于占有媒介关系开始占有的，成立间接占有。例如，直接占有人使他人进行直接占有、占有改定等都成立间接占有。

2. 间接占有的特定继受

间接占有人可以转让标的物返还请求权而继受间接占有。这种间接占有当然应以受让人之间存在合意为前提。

3. 依继承的取得

在被继承人间接占有标的物时，由继承人继承被继承人的权利，对标的物进行间接占有。

（三）占有继受的效果

占有被继受的情形有两种：一种为与前占有人保持同一性的占有；另一种是继受人开始新的占有。占有人的继受人，既可以只主张自己的占有，也可以一并主张自己的占有和前占有人的占有（第 199 条第 1 款）。这里的前占有人并不仅限于前一个占有人，而是指现占有人之前的全部占有人。如果有多个前占有人，也可以主张特定的前占有人的占有。如果想同时主张前占有

---

〔1〕 参见〔韩〕宋德洙：《新民法讲议》，博英社 2017 年版，第 613 页。

人的占有，须继受前占有的瑕疵，例如恶意、过失、强暴等妨害占有效力的一切情况。

二、占有权的消灭

丧失占有时占有权消灭。对占有物丧失事实上的支配的，直接占有消灭；暂时丧失占有时，若能够在1年内行使占有物返还请求权而恢复占有的，不丧失占有。间接占有中直接占有人丧失占有或放弃占有媒介人的作用时，占有权被消灭。

第四节　占有权的效力

一、权利推定

占有人对占有物行使的权利，推定为合法（第200条）。非所有人以所有人的心态占有时，可推定为正当的所有人。

二、占有人与回复请求权人之间的关系

没有所有权或其他本权而占有他人之物的人，如果本权人向其行使返还请求权，则应把标的物返还给本权人。此时会出现如何处理本权人，即回复请求权人与占有人之间关系的问题。如果两者之间存在租赁、留置等法律关系，则按相关规则处理。当这种关系无效或被撤销时，或者偷盗人与所有人之间存在这种关系时，并无统一的处理方法。

善意占有人取得占有物的孳息。恶意占有人应返还其所得孳息，已经消费或因过失毁损的，应补偿孳息的对价（第201条）。占有物因可归责于占有人的事由而灭失或毁损的，恶意占有人应赔偿全部损失；善意占有人应在现存利益范围内赔偿。不以所有的意思占有的人即使是善意，也应赔偿全部损失（第202条）。

在占有人返还占有物时，可以向回复请求权人请求其为保存占有物所支出的金额及其他必要费用。但占有人取得孳息的，不得请求通常的必要费用。对于为改良占有物而支出的金额及其他有益费用，占有人可以在占有物现存的增加价值范围内，根据回复请求权人的选择，请求偿还其支出金额或增加

价值（第 203 条）。

三、占有保护请求权

（一）意义

占有保护请求权是指占有受到侵害或有受侵害之虞时，不论占有人有无本权，为保护占有自身而承认的一种物权请求权。

通说认为占有保护请求权是一种物权请求权。但是占有保护请求权不同于一般物权请求权。在作为物权内容的"应然状态"受到"现存状态"的妨害时，以物权请求权恢复到"应然状态"为其主要内容。与此相对，占有保护请求权以保护"现存状态"为其目的，且不问"现存状态"是否与"应然状态"一致。[1]虽然有这些区别，但是应将占有保护请求权作为一种物权请求权对待。

（二）占有保护请求权的类型

1. 占有物返还请求权

占有物返还请求权是指在占有物受到侵害时，请求返还该物的权利。原则上可以向侵夺人或者其概括继受人请求返还。对侵夺人的特定继受人不得行使该权利，但是继受人为恶意时除外，并且这一请求权需在被侵夺之日起 1 年内行使。

2. 占有物妨害排除请求权

这是以除侵夺以外的方法侵害占有时，请求排除妨害的一种权利。妨害排除请求权不仅可以向妨害人，也可以向妨害状态支配范围内的一切人行使，且须在妨害结束 1 年内行使。在因施工致占有受到妨害的情形下，如果开工经过 1 年或工程已竣工的，不得请求排除妨害。

3. 占有物妨害预防请求权

在占有受到妨害时，向妨害人请求预防的一种权利。这一权利的行使期间并无限制，但对因施工致占有存在受妨害之虞的，在开工经过 1 年或竣工后不得行使。

（三）自力救济

占有人的自力救济是不能及时受到国家保护或在紧急情形下，个人可以

---

[1] 参见大判 1970.6.30，68DA1416.

依靠自己的力量维护权利的方法。

1. 自力防御权

占有人对不当侵夺与妨害占有的行为，可以进行自力防卫。如果侵夺或妨害占有的侵权行为尚未结束，且占有尚未被完全侵夺，占有人有权以自己的力量对不法侵害实施防卫。

2. 自力夺回权

占有物被侵夺时，占有人可以在一定条件下夺回该物。当动产被侵夺时，应在加害人在场或可追及时才能夺回；当不动产的占有被侵夺时，应在侵夺当时排除加害人的占有而恢复对物的占有。

四、准占有

对物的事实上的支配为占有。《民法》保护事实上行使财产权的情形。《民法》第210条规定，在事实上行使财产权的情形，适用有关占有的规定。

《民法》保护对"物"的事实上的支配。关于"财产权"，确实存在非权利人行使与权利人相同的权利，同时第三人也认为非权利人为权利人的情形。在此情形下，有必要保护除事实上支配"物"外的其他利益，这就是准占有。

准占有的要件就是事实上行使财产权。像所有权、地上权、传贳权、质权、租赁权等伴随占有的财产权不能成为准占有的保护对象。"事实上的行使"是针对财产权在事实上归属于何人的一种外观而言的。

第四章

所有权

第一节　绪　论

一、意义及性质

所有权是全面支配物的权利。所有权具有观念性、全面性、弹力性及永久性。

二、内容与限制

（一）内容

所有权人在法律规定的范围内，享有使用、收益和处分所有物的权利（第211条）。所有权的权能并不局限于使用、收益、处分。所有权作为最全面的、一般性地支配物的权利，还可以有其他功能，《民法》只是列举了其中最为主要的权能。使用与收益是实现物的使用价值的手段，处分是实现交换价值的手段。

（二）限制

19世纪《民法》充斥着所有权神圣、所有权完全自由的气息。到了20世纪，人们开始注意到以纯粹的个人主义为基础的所有权不受限制的理念会造成一系列问题。于是，人们开始从社会利益最大化的角度对私人的所有权作出各种限制。《民法》第2条规定了诚实信用原则与禁止权利滥用原则，并要求在法律规定的范围内行使所有权。

（三）限制的形式

所有权曾被认为是绝对的、不受限制的权利。所有权神圣也被认为与契约自由、过失责任共同构成了19世纪各国民法的三大原则。但是近年来人们开始议论所有权的社会化问题，意识到所有权应负有社会义务，所有权人不得为所欲为，应受到一定的限制。

1.《民法》上的限制

有关相邻关系的限制（第215条及以下条款）及禁止权利滥用（第2条第2款）。

2. 特别法上的限制

特别法上的限制有以下几种：取得农地时应获得管理农地的市长、区长、村长等颁发的农地取得资格证明（《农地法》第8条）；在签订移转或设定土地交易许可范围内的土地的所有权、地上权的合同时，当事人应取得市长、郡守、区长的许可（《国土计划及利用法》第118条）；处分学校法人的基本财产时，应获得主管机关的许可（《私立学校法》第28条）；处分公益法人的基本财产时，应取得主管机关的许可（《公益法人法》第11条第3款）。

3. 除上述法律法规外，有很多基于公有征收而剥夺所有权的法律

第二节　所有权的范围

一、不动产所有权的范围

土地所有权在其正当利益范围内及于土地的上下（第212条）。这是保障土地效用完整性的一种规定。因此土地所有人不仅可以利用地表，而且也可以利用土地上空或地下空间。但是仅限于存在正当利益的范围内，才能利用土地上空或地下空间。[1]

二、相邻关系

（一）意义

如果相邻的不动产所有权人无限制地主张自己的所有权，其他人则不能较好的利用自己的不动产。为解决各个所有权人之间利用不动产的相互关系，制定了调整相邻不动产关系的相邻关系制度。

---

〔1〕 参见［韩］宋德洙：《新民法讲议》，博英社2017年版，第632页。

（二）建筑物的区分所有

1．意义

建筑物区分所有是指多数人区分一栋建筑物中各自所有相应的部分的情形。《民法》第215条规定了有关建筑物区分所有的内容。但是此规定是针对过去的规模较小的建筑物而设定的，不太符合现代建筑物。为了更好地规制区分所有，国家制定了《集合建筑物所有及管理法》。该法第1条规定，"在一栋建筑物在结构上可以分为多个部分，并且每个部分作为独立的建筑物使用时，可以依照本法规定，成为所有权的标的。"这是指建筑物虽然在外形上具备一栋楼的特征，但是区分部分可以成为建筑物所有权的客体（《集合建筑物所有及管理法》第2条）。

2．专有部分和共有部分

（1）专有部分

所有权人直接支配专有部分，并从中享受利益。一栋建筑物的一部分要想成为区分所有权的标的，须满足以下要件：第一，在结构上具有独立性；第二，须作为独立的建筑物来使用。成立在专有部分上的所有权称为区分所有权，本质上与一般所有权相同。

（2）共有部分

一栋建筑物中除专有部分外的其他部分，如屋顶、楼梯、走廊、外墙等及电线配管、自来水配套设施、煤气管线、冷暖设备、消防设备、水塔等建筑附属物为共有部分。共有部分原则上属于全体专有部分所有人共有，但是部分区分所有人使用的建筑物则属于部分区分所有人共有（《集合建筑物所有及管理法》第10条）。

（3）基地使用权

区分所有权人是享有利用垈地的权利，这一权利就是基地使用权（《集合建筑物所有及管理法》第2条第6款）。基地使用权通常为土地所有权的共有份额，但是也可以为准共有地上权、承租权等。这些基地使用权中不能与建筑物分离处分的，称为基地权（《不动产登记法》第40条第3款）。

（三）邻地使用请求权

土地所有人为了在土地边界或其附近建造或修缮墙壁或建筑物的，可以在必要范围内请求使用邻近土地。但未经邻人允许，不得进入其住宅（第216条）。

（四）禁止妨害生活

从邻地流入的煤烟、热气体、液体、噪音、振动及其他类似事物妨害邻地的使用或正常生活时，此种妨害称为生活妨害。为防止给邻居造成痛苦或不能有效利用土地，土地所有人应采取适当的防止措施。在有害物质不影响土地的正常使用时，相邻人应对此承担容忍义务。如果超过限度，相邻人有权向加害人请求采取适当措施或停止妨害。受到损害时，有权请求赔偿（第217条）。

（五）水管等的铺设权

土地所有人如果不通过他人土地，无法安装必要的水管、疏流管、煤气管、电线等设施，或安装需要过高的费用时，可通过他人土地进行安装。但应当选择损害最小的地点和方法，并依土地所有人的请求，补偿损害（第218条）。

（六）周围土地通行权

周围土地通行权是指在某土地与公路之间没有可供该土地使用的合适通道时，该土地的所有人如果不从相邻土地通行或将其作为通道，无法出入公路或须为此支出过高费用的，则可以从相邻土地通行或在必要时开设道路，但应选择损害最小的地点与方法。因分割周围土地致使无法通往公路的，该土地所有人为出入公路，可从其他分割人的土地通行（第219条）。

（七）有关水的相邻关系

1. 自然流水

土地所有人不得阻碍邻地的自然流水。高势地所有人不得超过自己正当使用的范围阻碍相邻低势地所需的自然流水（第221条）。流水在低势地被堵塞的，高地所有人可以自费进行必要的疏通工程（第222条）。

2. 人工排水

土地所有人应安装适当的设施防止房檐滴水直接注入相邻的土地。土地所有人为蓄水、排水或引水而安装工作物的，因工作物破损或阻塞给他人的土地造成损害或有造成损害之虞时，他人可以请求土地所有人进行修缮、疏通或预防（第223条）。

3. 余水给予请求权

高地所有人为使其浸水地干涸，或为排放家用或农、工业用余水至公路、公共流水或下水道时，可允许通过低地。此时，应选择对低地所有人损害最

小的地点和方法进行，并须补偿损失（第 226 条）。

4. 有关流水的相邻关系

沟渠及其他水流域的所有人在对岸土地属于他人所有时，不得变更水路或水流宽度。两岸土地均为水流地所有人所有时，该所有人可变更水路及水流宽度。但应保证下游与自然水路一致。如果有其他习惯，应尊重习惯（第229 条）。

水流地的所有人必须建造堰坝的，可使堰坝附着于对岸，但应补偿因此造成的损失。对岸水流地的土地所有人，可以使用堰坝。但应按受益比例分担堰坝的建造、保存费用（第 230 条）。

公有河川沿岸的农工业经营者在不妨害他人用水的范围内，可以进行必要的引水。为引水作业，可以设置必要的工作物（第 231 条）。

用于农工业经营的水路及其他工作物的所有人或受益人的特别继受人，继受与该用水有关的前所有人或受益人的权利义务（第 233 条）。

（八）有关境界的相邻关系

相邻土地的所有人可以以共同费用设置通常的界标或围墙。共同费用由双方平均分担。但应根据土地面积的比例负担测量费用（第 237 条）。

邻地所有人可以自费使用优于一般质量的材料，并且建造超过通常高度的围墙，或设置防火墙及其他特殊设施（第 238 条）。

设置于边界的界标、围墙、沟渠等，推定为相邻人共有。但界标、围墙、沟渠等由相邻人一方单独承担费用设置或围墙为建筑物一部分的除外（第 239条）。

（九）越界的树枝、树根的相邻关系

邻地的树枝逾越边界的，可请求所有权人除去。所有权人未予以答复时，请求人可自行除去树枝。邻地的树根逾越边界的，可任意除去（第 240 条）。

（十）有关土地挖掘的相邻关系

土地所有人不得深挖土地，致使相邻土地的地基塌陷。但是采取充分措施后，仍然塌陷的除外（第 241 条）。

（十一）边界线附近的建筑

在建造建筑物时，如果没有特殊习惯，应自边界线起保留半米以上的距离。如果违反此规定，邻地所有人可以请求变更或拆除建筑物。但是施工后经过一年或竣工后，只能请求损害赔偿（第 242 条）。

在离边界线起 2 米内可观望相邻人住宅的窗户或地板的，应设置适当的遮挡设施（第 243 条）。

（十二）有关地下设施的相邻关系

挖掘水井或安装储藏用水、地下水或污水处理设施等地下设施的，应自边界起保留 2 米以上的距离；水库、沟渠或地下室工程，应自边界起保留其深度一半以上的距离。在建造上述工程设施时，为防止沙土塌陷、地下水或污水流入相邻土地，应采取合理的措施（第 244 条）。

第三节　所有权的取得

一、意义

《民法》第 245 条及以下条款规定了所有权的取得原因，即取得时效、善意取得、先占、拾得、发现、附合、混合、加工等。因在物权变动章节已经介绍了善意取得，在此不予赘述。

二、取得时效

（一）意义

所谓取得时效是指在一定期间内存续行使权利的外观，由此可以取得权利的制度。取得时效制度的目的在于救济保全证据的混乱，追求法的稳定性。根据不同的对象，取得时效可分为不动产取得时效和动产取得时效。不动产取得时效，又分为登记取得时效和占有取得时效。

（二）不动产取得时效

1. 共同要件

（1）须有占有

占有是以具有所有的意思而为的自主占有，并且是平稳、公然的占有。

（2）占有须继续经过一定的期间

登记取得时效还要求占有人的善意、无过失。因为对无过失无法进行推定，应由主张取得时效的权利人举证。

2. 占有取得时效

占有取得时效是指以所有的意思，平稳、公然地占有不动产的人经过 20

年后，因办理登记而取得所有权的制度。占有取得时效期间为 20 年。因占有取得时效与登记不相符合，所以登记成了一个问题。《民法》规定，占有取得时效须登记才能生效。通说与判例认为这是第 187 条的例外规定，因此有权取得所有权的人即使具备了除登记外的其他时效取得要件，也不能取得该不动产的所有权，只能取得登记请求权。[1] 行使登记请求权后才能取得所有权。

对于占有取得时效来说，只有登记后才能取得所有权，并且其效果溯及至占有之时。占有取得时效的效果，并非立即发生，而是根据《民法》第 245 条第 1 款的规定，先取得债权性的登记请求权，然后依登记取得所有权。

3. 不动产登记簿取得时效

不动产登记簿取得时效是指登记名义人以所有的意思，平稳、公然、善意且无过失地占有不动产，超过 10 年而取得不动产所有权的制度。关于不动产登记簿取得时效，因时效取得人已经在登记簿上登记为名义人，所以登记并不是要件。

4. 效果

（1）在具备上述要件时，登记簿取得时效的占有人取得标的物所有权。占有取得时效发生登记请求权，权利人行使登记请求而进行登记后取得标的物的所有权。

（2）为保护占有人的利益，不动产取得时效溯及至占有开始之时。

（三）动产所有权的取得时效

动产占有人以所有的意思，平稳、公然、善意且无过失地占有超过 5 年，可以取得动产的所有权；其他情形需超过 10 年，可取得所有权。因为有善意取得制度，所以在现实中极少用到动产取得时效。为保护占有人的利益，动产取得时效的效力溯及至占有开始之时。

三、无主物先占

以所有的意思占有无主动产的，取得该物的所有权。先占的客体只限于动产，而无主的不动产应当属于国家所有。野生动物为无主物，饲养的野生动物重返野生状态的，也应当视为无主物。

---

[1] 参见大判 1966. 10. 21，66DA976.

四、拾得遗失物

拾得的遗失物应根据法律规定，在公告后 1 年内遗失物的所有权人不主张权利时，由拾得人取得所有权，遗失物所有人的所有权消灭。如果拾得人不将遗失物交给警署，则会出现取得时效问题。如果出让给他人，则发生善意取得问题。失主要向拾得人支付遗失物价值的 5%～20% 的酬谢金，但是文物不能成为拾得物的客体（《遗失物法》第 4 条）。

五、发现埋藏物

在发现埋藏物后应根据法律规定公告 1 年。如果在该期间内，该物的所有权人不主张权利，则由发现人取得所有权。但在他人土地或其他物内发现埋藏物的，与该土地或物的所有人平分取得的所有权（第 254 条）。作为艺术、学术或考古重要材料的物品，不适用这一规定（第 255 条）。

六、添附

（一）附合

1. 不动产附合

在不动产上附合动产时，由不动产所有人取得该动产的所有权。但是基于他人的权源而附属的除外（第 256 条）。

2. 动产附合

动产与动产的附合，在非经毁损不能分割或分割需要过高费用的，该合成物的所有权归主动产所有人。在无法区分附合动产的主从时，动产所有人以附合当时各动产价值的比例共有合成物（第 257 条）。

（二）混合

混合是指属于不同人所有的两个以上的动产相互混合，以至于不能识别或者识别需要过高费用。其效果和动产与动产的附合相同（第 258 条）。

（三）加工

加工他人动产的，加工物的所有权归属于原材料所有权人。但因加工而增加的价值明显高于原材料的人价值时，所有权归加工人。加工人提供部分材料的，该价值计入增加价值中。但对于以加工他人材料为主要业务的人，不适用上述规定（第 259 条）。

（四）效力

因添附致使动产所有权消灭的，以该动产为标的的其他权利也一并消灭。动产所有人为合成物、混合物或加工物的单独所有人时，前述的权利存续于合成物、混合物或加工物之上；有共有人时，存续于其份额上（第260条）。

第四节　基于所有权的物权请求权

一、所有物返还请求权

所有人可以请求占有其所有物的占有人返还所有物。但占有人对该物享有占有权的，可以拒绝返还。即请求权主体为丧失占有的所有人，相对人为妨害所有人占有的占有人。所有物返还请求权是以返还所有物为内容的权利，即请求移转占有的权利。

《民法》关于相对人占有标的物时发生的孳息的收取、标的物的毁损、灭失时的损害赔偿责任、收取标的物时发生的费用的承担等问题没有任何明文规定。[1]

二、所有物妨害排除请求权

所有人对于妨害所有权的人，可以请求排除妨害。请求权的主体为受妨害的所有权人，相对人为引起妨害事实的人。其中，相对人的故意或过失并不是成立要件。相对人以除占有外的其他方法妨害所有权人（第214条）。

三、所有物妨害预防请求权

所有人即使没有受到现实妨害，但有将来受到妨害之虑时，有权请求预防妨害或提供损害赔偿的担保（第214条）。

---

〔1〕　参见［韩］金相容：《物权法》，HS media 2009年版，第387页。

第五节　共同所有

一、共同所有的形式

二人以上的多数人共同所有一物，称为共同所有。共同所有包括共有、合有、总有三种形态。它们的所有关系反映出各个主体之间不同的结合关系。

如果主体之间不存在特殊的结合关系或协助关系，此种共同所有只有量上的限制，而与一般的所有权无多大区别。这种共同所有可以随时分割标的物而转换成单独所有。共有就是这样的一种松散的共同所有形式（第262条）。

在主体之间存在合伙关系时，因为这种共同所有关系是为了达到合伙的共同目的的一种手段，因此各共有人虽然对标的物有一定的权利，但是受到共同标的的拘束，又丧失处分自由，并无分割标的物的力量。合有就是这样的一种紧密的共同所有形式（第271条）。

当一个主体为无权利能力的社团时，管理标的物的权能就属于社团，其组成人员对标的物仅有使用和收益的权利。所有权的内容可以从质上区分为管理和收益。因此共有人各自享有的权利，不再称为所有权。此种团体所有，称为总有（第275条）。

二、共有

共有是指一个所有权按比例归属于数人的法律关系。共有人所享有的份额，推定为均等。共有人放弃份额或共有人死亡且无继承人的，其份额归属于其他共有人。共有人按份额比例对共有物之整体行使处分权和收益权，承担管理费用及其他义务。共有人可自由处分份额。共有人根据份额享有的对共有物的处分权称为份额权。份额权相同于所有权，但受其他共有人份额权的限制。共有人基于份额权，享有妨害排除请求权和共有物交付请求权，并且可以行使分割请求权。共有物的分割相当于各共有人之间权利之移转，因此共有人向其他共有人转让份额时，承担与出卖人相同的瑕疵担保责任。[1]

---

〔1〕　参见崔吉子译：《韩国最新民法典》，北京大学出版社2010年版，第114页。

三、合有

多数人以合伙形式对物享有所有权时成立合有法律关系。合有人对合有物亦享有份额，但法律关系不同于共有。在合有法律关系中，若未得到全体合有人同意，合有人不得处分其份额；合有关系未终止，合有人不得请求分割合有物。合有人的权利及于合有物全部，因此对合有物的整体使用、收益、合有物的处分或变更应经全体合有人同意。但合有人可以各自作出对合有物的保存行为。合有因合伙的解散或合有物的让与而终止。[1]

四、总有

非法人社团的会员以集合体的形式对物享有所有权时，成立总有。总有以集合体形式对物享有所有权，因此成员个人不得享有份额。按照成员大会的决议管理、处分总有物。各成员可根据章程及其他规章对总有物使用、收益。相关判例认为，根据成员大会决议，各成员可单独行使。[2]成员对总有物的权利义务，随成员地位之得失而得失。[3]

---

〔1〕 参见崔吉子译：《韩国最新民法典》，北京大学出版社 2010 年版，第 114 页。

〔2〕 参见大判 1992. 2. 28，91DA41507.

〔3〕 参见崔吉子译：《韩国最新民法典》，北京大学出版社 2010 年版，第 115 页。

第五章

用益物权

第一节 绪 论

用益物权是在一定的目的和范围内使用他人的土地或建筑的物权的总称。《民法》规定的用益物权包括地上权（第 279 条及以下条款）、地役权（第 291 条及以下条款）、传贯权（第 303 条及以下条款）。此外还规定了习惯法上的用益物权，包括坟墓基地权和习惯法上的法定地上权。

土地与建筑构成经济生活的基础，但并不是任何人都可以拥有这些不动产，因此有必要设定用益物权制度来满足人们对不动产的需求。值得注意的是，现今使用、收益不动产时主要利用租赁合同，因此用益物权在现实生活中的使用频率及重要性正逐渐被淡化。

因为用益物权被赋予了与所有人相同的排他的使用、收益权能，并且更有利于不动产利用人，所以所有权人更愿意使用租赁方式，这要求应完善和加强对承租人的保护。《民法》承认已进行登记的租赁权的对抗力，其中已进行建筑物登记的土地租赁权即使没有登记也具有对抗力。此外，《住宅租赁保护法》规定虽然没有登记租赁权，但是有住宅的转让和居民登记的，就可以享有对抗力（《住宅租赁保护法》第 3 条第 1 款），以此实现了租赁权的"物权化"。

在本章中将具体分析作为用益物权的地上权、地役权、传贯权。

第二节 地上权

一、意义

地上权是指以在他人土地上所有建筑物或其他工作物为目的而使用他人

土地的权利（第279条）。使用他人土地的权利并不都是地上权，也可以利用租赁合同解决此问题（第618条）。值得注意的是地上权是物权，也就是说在地上权的使用上使用人处于优势地位，而在租赁合同上土地使用人的权利处于劣势。选择地上权还是租赁合同，取决于土地使用人与土地所有人的社会地位。土地所有人明显处于优势地位，因此在大部分情形下采取缔结租赁合同的方式，地上权基本上不能发挥应有的作用。

二、法律性质

（一）地上权是设定在他人土地上的物权

因此地上权和土地所有权归属于同一人时，因混同而消灭（第191条第1款）。

地上权也可以设定在一宗土地的一部分。在此情形下，应该确定具体范围后进行登记（《不动产登记法》第69条）。当然也可以把土地区分成上下两个层面，对其中一部分设定地上权（区分地上权）。

（二）地上权是使用他人土地的权利，是独立的物权

因此，即使建筑物或工作物灭失，也不会消灭权利。法律规定土地和建筑物是独立的不动产（第99条），因此地上权仅仅是利用土地的权利。

（三）地上权属于物权，因此具有继承性和可转让性

（四）通常由地上权人承担地租，但是支付地租并不是地上权的构成要素，因此当事人之间约定支付地租时，才发生地租的支付义务

三、地上权的取得

（一）基于法律行为的取得

因法律行为而取得地上权的情形包括以下几种：

（1）因地上权设定合同而设立。但是在此情形下只有进行登记才能设立和取得地上权。[1]

（2）因遗嘱而取得地上权。即以土地所有人的单独行为而赋予对方地上权，这属于地上权的特别遗赠。

（3）因让与而取得地上权。即转让建筑物时一同转让建筑物的从权利——

---

[1] 参见［韩］李英俊：《韩国民法论》（物权法），博英社2004年版，第612页。

地上权。[1]

（二）基于法律规定的取得

1. 法律规定

根据继承、判决、拍卖、公用征收、取得时效及其他法律的规定而取得地上权。在此情形下，不要求进行登记。但是因取得时效而取得地上权时，要求进行登记。[2]

2. 法定地上权[3]

（1）第 305 条规定的法定地上权

土地和地上建筑物同属于一人时，在建筑物上设定传贳权的，视为该土地的特别继承人对传贳权设定人设定地上权。此外，在土地或建筑物上设定传贳权后因行使传贳权而导致土地和建筑物被不同人所有时，土地所有人对建筑物所有人享有以所有建筑物为目的的法定地上权。

（2）第 366 条规定的法定地上权

土地和地上建筑物同属于一人，且土地、建筑物上同时设定抵押权的，该抵押物因拍卖而分别属于不同人时，视为土地所有人向建筑物所有人设定了地上权。

（3）《假登记担保法》第 10 条规定的法定地上权

在土地和其地上建筑物同属于一人时，假登记担保权人或让与担保权人取得该土地或建筑物的所有权或依假登记进行具体登记时，视为设定了地上权。

（4）《立木法》第 6 条规定的地上权

同一所有人所有的土地或立木因拍卖及其他事由，分别由不同的所有人所有时，视为该土地上设定了地上权。该权利以立木所有为目的的范围为限。

（5）习惯法上的法定地上权及坟墓基地权

法定地上权是根据《民法》和特别法而设定的权利，同时根据习惯法也成立地上权。有一种类型的地上权是原先土地及地上建筑物同属一人所有，但是由于"出售、赠与、强制拍卖、公卖"等原因，标的物分别属于不同人

---

〔1〕　参见大判 1992. 7. 14，92DA527.

〔2〕　参见大判 1996. 12. 23，96DA7984.

〔3〕　参见［韩］高翔龙：《物权法》，法文社 2002 年版，第 428 页。

时，可以认定建筑物所有人享有地上权。此外，有约定时，从约定。此为"习惯法上的地上权"。

此外，还有一种地上权是以维护坟墓为目的而使用他人土地的权利。该权利类似于地上权，称之为"坟墓基地权"。

四、地上权的存续期间

对于依设定行为取得的地上权，《民法》仅规定了最短期限的限制。即以石造、水泥造、砖瓦造或类似坚固建筑物或树木的所有为目的的，为 30 年；其余建筑物为 15 年；以建筑物以外的工作物的所有为目的的，为 5 年。因此如果约定的期间短于这些规定，则延长至上述期间，但是关于最长期间没有限制。

在当事人没有约定存续期间的，上述期间视为最短期间。合同中未约定工作物的种类和构造时，最短存续期间为 15 年。在当事人更新合同时，地上权的存续期间自更新之日起不得短于第 280 条规定的最短存续期间，但当事人可以约定更长的期间。

五、地上权的效力

地上权人有权使用达成合意的目标土地。有关与邻地之间的关系，准用相邻关系的规定。地上权人可以转让地上权，并在存续期间内出租该土地。土地所有人与地上权人之间达成了禁止转让、出租的约定时，该约定只能在当事人之间生效。地上权也可以作为抵押权的标的。

地租由当事人协商。在决定地租后，因土地税及其他负担的增减或因土地价格变动而变得不合理时，当事人可以请求增减地租。地上权设定人，可以请求 2 年以上未支付地租的地上权人消灭地上权。

六、地上权的消灭

对于地上权的消灭原因，除了物权的一般消灭原因外，还包括存续期间届满、滞纳地租等事由。此外，在土地所有权人不愿意更新合同时，可以买受地上物的方式消灭地上权。

在地上权被消灭时，地上权人应取回建筑物及其他工作物或树木，并使土地恢复原状。此时，如果地上权人无正当理由，不得拒绝地上权设定人以适当价格购买该工作物或树木的请求。

七、特殊地上权

《民法》还规定了特殊地上权，即"区分地上权"。物权的种类与内容，不限于法律的规定，也可以依习惯法成立。判例确认的习惯法上的物权有坟墓基地权和习惯法上的法定地上权两种。

（一）区分地上权

随着城市化和建设技术的发展，区分地上权可以更好地使用立体空间。例如，建造地铁或在空中设高压电线等。在此情形下，没有必要购买土地或设立对土地全面的使用权，仅在使用部分设立利用权即可。此种仅使用一部分土地的需求，也可以通过租赁合同实现，但是《民法》为了更好地保护使用人的权利而规定了"区分地上权"。

对区分地上权来说，即使存在第三人对土地的使用、收益权利，只要获得权利人或以该权利为标的的权利人的承诺，亦可设定区分地上权。在此情形下，享有使用、收益土地权利的第三人，不得妨碍该地上权的行使。

从第289条规定来看，该条文除承认地表权外，还承认空中权与地下权，将他们统称为区分地上权。可以作为区分地上权标的的有，建筑物、道路、地铁、高架铁道、输电线、桥梁、塔等。区分地上权，准用有关地上权及相邻关系的规定。

（二）坟墓基地权

坟墓基地权是为所有坟墓而使用他人土地的权利。范围包括坟墓基地及为守护和祀奉而必要的周围土地。在判例中，尚未发现有关地租的支付或存续期间的内容，原则上为无偿，只要坟墓存续，就能享有坟墓基地权。

（三）习惯法上的法定地上权

判例承认习惯法上的法定地上权。原本土地与建筑物同属一人，后来土地与建筑物因买卖等原因而由不同的人所有时，只要没有约定拆除地上建筑物，建筑物的所有人对土地所有人取得习惯法上的法定地上权。对其准用地上权规定。

第三节　地役权

一、地役权的意义及作用

地役权是指为一定的目的利用他人土地于自己土地便益的权利（第 291 条）。例如，为了增加 A 所有的甲地的利用价值，在与其相邻的 B 所有的乙地设定通行地役权等。此时，称甲地为需役地，乙地为供役地。"地役权是为一定目的利用他人土地于自己土地便益的用益物权，是基于需役地和供役地的相邻关系而成立的，所以对某一土地主张通行地役权时应举证存在因通行该土地而得到便宜的土地。"[1]因设定了地役权，增加了需役地的利用价值，供役地的利用因此受到一些限制。

地役权主要调节土地所有人之间的土地利用关系。地役权在调节相互之间的土地利用关系这一点上与相邻关系有相似之处，但是与相邻关系不同的是相邻关系是对不动产所有权自身功能的扩张或限制，而地役权是基于合同设定的独立的物权。有时地役权也可以基于取得时效成立。[2]

二、地役权的形态与法律性质

（一）地役权的形态

对于需役地所需的便宜没有类型上的限制，但是应为增加需役地价值的便宜，因此为需役地所有人的个人利益设定地役权的除外。地役权除通行地役权外还有用水地役权、眺望地役权、日照地役权等多种地役权。根据能否取得时效分为以下几种：

1. 继续地役权与非继续地役权

地役权的内容为不间断、继续的地役权称为继续地役权（例如，铺设道路的通行地役权等），仅在行使权利时需要的地役权称为非继续地役权（例如，用水地役权等）。

2. 表现地役权与非表现地役权

伴随可以从外部知悉地役权内容实现事实的地役权称为表现地役权（例

---

〔1〕　参见大判 1992.12.8，92DA22725.

〔2〕　参见大判 1995.6.13，95DA1088；大判 1993.5.11，91DA46861.

如，通行地役权等）。与此相反的地役权称为非表现地役权（例如，眺望地役权等）。

3. 作为地役权与不作为地役权

地役权人可以为一定的行为，供役地利用人承担承认此行为的义务的地役权称为作为地役权（例如，通行地役权等）。与此相反，供役地利用人单方面负担不为一定行为的义务的地役权称为不作为地役权（例如，眺望地役权等）。

（二）法律性质

1. 独立的从属性权利

因为地役权是为需役地这一"土地"而存在的权利，所以虽然独立于需役地所有权，但是以需役地与供役地的存在为前提，因此地役权不得与需役地分离转让或成为其他权利的标的（第292条）。这也意味着地役权具有从属于需役地所有权而转移或可以成为需役地上存在的所有权外的其他权利的标的的"从属性"。但是如有其他约定，可以依约定排除此种从属性。此种约定未登记时不得对抗第三人。

2. 地役权的不可分性

地役权的不可分性是在分割或转让土地时，如何处理地役权的问题。对此问题有下列规定：在共有情形中，需役地共有人中的一人就其份额不能消灭需役地上存在的地役权；供役地共有人中的一人就其份额，不能消灭供役地上存在的地役权（第293条第1款）。在分割或转让一部分需役地时，地役权存在于需役地的各部分（第293条第2款）。因此"即使需役地被分割部分的所有权移转于他人，需役地的所有人尚未进行地役权设定登记时，也可以将他人所有的宅地也作为需役地，请求进行地役权设定登记。"[1]在分割土地或转让一部分土地时，地役权为需役地各部分或于该供役地各部分上的存续。但地役权仅与一部分土地有关时除外。

在共有人中的一人取得地役权时，其他共有人亦取得地役权（第295条第1款）。因此，因为他人占有而发生的地役权取得期间的中断，若并不是因为行使地役权的全体共有人的事由引起的，则不发生效力（第295条第2款）。在需役地由多数人共有时，对其中一人的地役权发生消灭时效中断或停

---

〔1〕　参见大判 1971. 4. 6，71DA249.

止的，对其他共有人发生效力（第296条）。

3. 土地利用人的地役权

在设定地役权后需役地的承租人、地上权人、传贳权人可以行使地役权，而且供役地的承租人等也因地役权受到一定的限制。那么需役地或供役地的使用人，即地上权人或传贳权人能否成为地役权设定人呢？因为地役权是以调节土地利用为目的的制度，所以可以予以肯定。虽然对土地承租人能否成为该当事人有一些怀疑，但是若以"不动产承租权的物权化"作为这一问题的前提，则可以认可土地承租人的地位。[1]

三、地役权的取得

（一）地役权设定合同

地役权依需役地所有人与供役地所有人之间的地役权设定合同取得，[2] 但是只有进行登记才能生效。除了地役权设定合同外，还可以依转让、遗嘱、继承取得地役权。

（二）时效取得

如果欲根据第294条规定取得地役权，则限于连续行使，且可以从外观上识别者为限准用第245条（取得时效）。因此仅有需役地所有人20年间通行他人的土地的事实还不够，还需有需役地所有人在供役地上开辟道路，且经常使用道路的状态持续至第245条规定时间的事实。[3] 在此情形下，依取得时效取得地役权的人应进行登记（第245条第1款）。判例也认为，"虽然时效取得地役权的人应进行登记，但是原告对地役权进行过登记，而且在取得时效期间经过后被告从所有人处买受土地（袋地），并且已进行所有权移转登记的，即使原告继受取得地役权，也不能对被告主张该地役权"。[4] 土地所有人、地上权人、传贳权人等享有土地使用权的人可以时效取得地役权。

---

〔1〕 参见［韩］高翔龙：《物权法》，法文社2002年版，第461页。

〔2〕 参见大判1980.1.29，79DA1704. "依互易合同，被告将其所有的土地交给原告后，为了使原告正常使用土地，在被告所有的相邻土地上开辟8米宽的道路，让原告永久使用，作为对价被告收受150万元。所以被告给原告开辟道路的上述约定可以认为是设定地役权的合意。"

〔3〕 参见大判1970.7.21，70DA772；大判1966.9.6，65DA2305、2306.

〔4〕 参见大判1990.10.30，90DAKA20395.

四、地役权的效力

（一）内容

虽然依设定行为（时效取得时为占有）决定地役权的内容，但是应以达成地役权目的为必要，并且给供役地使用人造成最小损害为限。

1. 用水地役权的特别规定

关于用水地役权有特别规定，即用水地役权供役地的水量不能满足需役地及供役地需要时，按照所需程度先供给家用。但是依设定行为有其他约定时，依约定（第297条第1款）。在同一供役地上设定数个用水地役权时，后顺位地役权人不得妨害先顺位地役权人的用水（第297条第2款）。

2. 供役地权利人的义务与权利

（1）供役地权利人应允许地役权人的行为，承担不为一定行为的不作为义务。

（2）根据设定行为或特别约定，供役地所有人为行使地役权而依合同以自己的费用设置或修缮工作物时，供役地所有人的特别继受人亦负担相应义务（第298条）。但是供役地所有人将地役权所需部分的土地所有权委弃（指将土地所有权移转给地役权的单独物权行为，委弃是行使形成权的表现，所以无须登记）给地役权人的，则应当免除第298条的负担（第299条）。

（3）在不妨害行使地役权范围内，供役地所有人可以使用地役权人为行使地役权设置于供役地的工作物。在此情形下，供役地所有人按受益程度的比例分担设置、保存工作物的费用（第300条）。

（二）物上请求权

因为地役权是物权，所以侵害地役权时发生物权请求权。但是因为地役权没有占有供役地的权源，所以仅有妨害排除请求权与妨害预防请求权（第301条）。

五、地役权的消灭

地役权因需役地或供役地的灭失、地役权的抛弃、混同、存续期间届满、约定的消灭事由发生、供役地的收回、第三人对供役地的时效取得（第245条）、地役权的消灭时效（第162条第2款）等原因消灭。

第四节　传贳权

一、意义及性质

（一）意义

传贳权是指支付传贳金后占有他人不动产，依不动产的用途使用、收益，并对全部不动产较后顺位权利人及其他债权人优先受偿传贳金的权利（第303条第1款）。为了强化习惯上的传贳权制度而将这一权利规定为物权，并于1984年修改《民法》时承认了传贳权的优先受偿权。

于1984年修改《民法典》之前将传贳权理解为传贳权人在支付传贳金而占有他人的不动产后，传贳权设定人返还传贳金之前依法对该不动产享有使用、收益的权利。当时的判例认为，"传贳权是传贳权人支付传贳金而占有他人的不动产后，传贳权设定人返还传贳金之前依该不动产的用途使用、收益的权利。通常传贳权设定人（不动产出借人）以受领的传贳金利息抵充不动产的使用费用，在传贳权合同终止时仅返还受领的传贳金。"[1]传贳权被认为是用益物权，但是《民法》承认传贳权人对传贳标的物享有拍卖请求权（第318条），因此围绕传贳权人是否享有优先受偿权的问题一直存在学说争议。因此于1984年修改《民法》时解决了此问题，即修改后的《民法》明文规定"传贳权为对不动产享有较后顺位权利人及其他债权人优先受偿传贳金的权利"（第303条后段）。

（二）法律性质

1. 有关他人不动产的物权

传贳权是有关他人不动产的权利。因此除建筑物外，土地亦可以成为传贳权的客体（第303条第1款），但是农地不能成为传贳权的客体（第303条第2款）。

因为传贳权是直接支配客体的物权，所以不动产所有人发生变更，也不影响传贳权的效力。传贳权可以转让和继承。

2. 用益物权

传贳权是使用、收益不动产标的的权利，因此传贳权包含占有不动产标

---

〔1〕　参见大判1961.1.26，4293民商274.

的的权利。传贳权人与相邻土地的所有人之间适用相邻关系的规定。

3. 传贳金

支付传贳金是传贳权的要素。因此不支付传贳金或约定不支付传贳金时，传贳权不成立。

4. 担保物权

传贳权人对不动产标的享有优先受偿传贳金的权利（第 303 条第 1 款）。因此传贳权是以传贳金债权为被担保债权的具有担保物权性质的权利。传贳权本质上是用益物权，但是附带具有担保物权性质。传贳权具有担保物权的共性，即从属性、物上代位性、不可分性等性质。

二、传贳权的取得和存续期间

取得传贳权需要不动产所有人与传贳权人之间订立传贳权合同后进行登记。除此之外，亦可以通过受让或继承而取得传贳权。

当事人订立传贳权合同时约定传贳权的存续期间，但对于最长期限有一定的限制。传贳权的存续期间不得超过 10 年。未确定存续期间的，当事人一方通知传贳权消灭后经过 6 个月，传贳权消灭。当约定的存续期间届满时，可以更新合同，但该期限自更新之日起不得超过 10 年。

三、传贳权的效力

（一）传贳权人的使用、收益权

（1）传贳权人对标的物享有按用途使用、收益的权利（第 303 条）。订立合同时约定具体的使用方法，但是如果未约定具体使用方法，则根据不动产的性质决定使用方法。在传贳权人未依标的物的性质使用、收益时，传贳权设定人可以请求消灭传贳权（第 311 条第 1 款）。传贳权设定人可以请求传贳权人恢复原状或损害赔偿（第 311 条第 2 款）。

（2）在订立传贳权合同时，仅在建筑物上设定传贳权而未在土地上设定传贳权的，应认为在必要范围内可以使用该土地。

在他人土地上建造的建筑物上设定传贳权的，传贳权的效力及于以该建筑物为标的的地上权或承租权（第 304 条第 1 款）。在此情形下，传贳权设定人未经过传贳权人的同意，不得消灭地上权或承租权（第 304 条第 2 款）。在建筑用地和建筑物同属一人时，在建筑物上设定传贳权的，视为建筑用地所

有权的特别继受人对传贳权设定人设定地上权。在此情形下，建筑用地所有人和该继受人之间可以实现土地的利用关系，但是因为传贳权人无此机会，所以为传贳权人设定了法定地上权。

如果建筑物所有人处分建筑用地的所有权时取得地上权或承租权等使用权，则不承认法定地上权。因为传贳权的效力当然及于该权利（第304条第1款）。

（3）传贳权人应维持标的物的现状，并进行通常管理的修缮（第309条）。因此传贳权人不能请求偿还必要费用。仅以建筑物为传贳权标的时，传贳权人亦可以利用土地，因此传贳权人与邻地所有人之间，准用相邻关系的规定。

（4）传贳金增减请求权。因有关标的物的税金、公共费用及其他负担增加或经济情况的变动，使传贳金变得不合理时，当事人可以请求增减传贳金（第312条之2）。但是在增加传贳金时，不能超出《总统令》规定的基准比例。《总统令》规定，传贳权的增加比例不得超出约定传贳金的1/20。

（5）传贳权人的占有权及物权请求权。传贳权人享有占有标的物的权利。传贳权人的占有被侵害或有被侵害之虞时，可以行使占有保护请求权。除此之外，在行使传贳权受到妨害时，可以行使返还请求权、妨害排除请求权、妨害预防请求权。

（二）传贳权的处分

1. 处分自由及其限制

因为传贳权是物权，所以传贳权人可以处分传贳权。即传贳权人可以将传贳权转让于他人或提供为担保。在传贳权存续期间内，可以将标的物转传贳或出租（第306条）。认定处分传贳权自由的原因在于，传贳权人不仅支付传贳金，而且按照设定传贳权时的目的，在标的物上增加附属物等方式，可以对标的物进行投资。在传贳金的存续期间内，因经济原因需要收回投资而处分传贳权时，传贳权的处分应受到法律保护。

虽然原则上可以自主处分传贳权，但是在订立传贳权合同时约定禁止处分传贳权的，不能进行处分（第306条但书）。如上所述，在一方面允许传贳权的处分，另一方面又禁止处分的原因是什么呢？从沿革角度来讲，习惯上传贳权人可以任意转让其地位，而且也可以转租。因此可以认为为传贳权设定人的利益而制定了限制规定。以设定行为限制处分传贳权的，只有进行登记才能对抗第三人。

2. 传贳权的转让

传贳权人可以不经过传贳权设定人的同意转让传贳权（第306条）。传贳权受让人对传贳权设定人享有与传贳权人相同的权利和义务（第307条）。

3. 提供担保

传贳权人可以把传贳权提供为担保（第306条）。此规定表明传贳权上可以设定抵押权。

4. 传贳权的出租

传贳权人在传贳权存续期间内，向他人出租标的物（第306条）。此时无须传贳权人的同意。但是在此情形下，传贳权人对于未出租即可避免的不可抗力所造成的损害承担责任（第308条）。

5. 传贳权的转传贳〔1〕

（1）意义

传贳权人在享有传贳权的前提下可以设定以该传贳标的物为标的的传贳权，此为转传贳。即在未以设定行为禁止转传贳时，传贳权人可以在传贳权存续期间内转传贳（第306条）。对此也有观点认为转传贳的标的为传贳权本身。〔2〕

（2）要件

①须有转传贳权设定合同与登记。转传贳权的设定也是依法律行为的物权变动。

②转传贳权合同的当事人为传贳权人与转传贳权人。而且转传贳不需要传贳权设定人的同意。但是传贳权合同禁止转传贳时，不能设定转传贳权（第306条但书）。设定转传贳的通知或承诺不是要件。这一点有别于责任转质（第337条第1款）。

③转传贳权的存续期间不得超过原传贳权的存续期间（第308条主文）。因为转传贳权在原传贳权的基础上成立，所以原传贳权因存续期间届满而消灭时，转传贳权因没有成立基础而被消灭。即使设定超过原传贳权存续期间的转传贳权，存续期间也应缩短至与原传贳权的相同的期间。

---

〔1〕　参见［韩］高翔龙：《物权法》，法文社2002年版，第488~490页。

〔2〕　参见［韩］郭润直、金哉衡：《物权法》，博英社2015年版，第352页。

④转传贳权期间应进行登记。未登记期间时视为未确定存续期间的转传贳权。因为传贳权可以在不动产标的的一部分上设定，所以在原传贳权标的的一部分上设定的转传贳权有效。

（3）效果

①转传贳权人与传贳权人享有相同的权利、义务。转传贳权设定人与传贳权设定人也有相同的权利、义务。但是转传贳权人对原传贳权设定人不享有任何权利、义务。这一点与传贳权的转让、具备对抗要件的转质和承诺转质不同（第307条、第337条第2款、第630条第1款）。

②即使设定了转传贳权，也不消灭原传贳权。但是不能在转传贳权限定的范围内使用、收益标的物。传贳权人在传贳权存续期间内不能实施消灭原传贳权的行为。

③因为转传贳权以原传贳权为权源，所以原传贳权消灭时转传贳权也一并消灭。转传贳权人欲行使拍卖请求权而优先受偿转传贳金时，必须存在原传贳权的存续期间届满与原传贳权设定人向传贳权人迟延交付传贳金的事实。因此原传贳权设定人将传贳金返还给传贳权人时，转传贳权人不能行使拍卖权。[1]

④传贳权人对未出租即可避免的不可抗力所造成的损害承担赔偿责任（第308条）。《民法》虽然允许传贳权人未经传贳权人设定人的同意转传贳，但是传贳权人得承担上述加重责任（出租时亦同）。因为传贳权的标的物为不动产，所以不可能变更标的物之所在（包括出租传贳标的物的情形）。实际上若不转传贳，也不能避免由不可抗力造成的损害。[2]例如，因天灾等原因转传贳标的物灭失时，即使未转传贳，该标的物也会灭失，所以对此加重责任应理解为，设定转传贳后发生损害的，不论是谁的故意或过失，不能举证证明是因不可抗力发生的损害时，仅根据损害发生的事实承担赔偿责任。[3]因此第308条具有分配举证责任的功能。[4]但是传贳权人经传贳权设定人的同意而设定转传贳时，不承担加重责任。

---

〔1〕 参见［韩］李英俊：《韩国民法论》（物权法），博英社2004年版，第692页。

〔2〕 参见［韩］郭润直、金哉衡：《物权法》，博英社2015年版，第354页。

〔3〕 参见［韩］金曾汉、金学东：《物权法》，博英社2004年版，第427页；［韩］金相容：《物权法》，HS media 2009年版，第519页。

〔4〕 参见［韩］李英俊：《韩国民法论》（物权法），博英社2004年版，第693页。

四、传贳权的消灭

（一）消灭事由

传贳权因不动产标的的灭失、存续期间的届满、混同、行使优先于传贳权的抵押权而进行的拍卖、土地征收而消灭。除此之外，传贳权还因传贳权设定人的消灭请求（第 311 条）、传贳权的消灭通知（第 313 条）、传贳权的抛弃（第 371 条第 2 款）等原因而消灭。

1. 传贳权设定人的消灭请求

传贳权人未按照传贳权设定合同或标的物的性质使用、收益时，传贳权设定人可以请求消灭传贳权（第 311 条第 1 款）。以设定行为禁止转让传贳权、提供担保、转传贳、出租（第 306 条），但是传贳权人违反设定行为处分和违反维持标的物现状或对标的物进行修缮义务时，属于未依标的物性质使用、收益。

2. 传贳权的消灭通知

未约定传贳权的存续期间时，各方当事人可以随时通知相对人消灭传贳权（第 313 条）。在此情形下，传贳权自相对人接到通知之日起，经过 6 个月时间而消灭（第 313 条）。只是因为建筑物传贳权的最短存续期间为法定的 1 年，所以设定传贳权后 6 个月内，不得发出消灭通知。

3. 传贳权的抛弃

即使约定传贳权的存续期间时，传贳权人也可以自由抛弃传贳权。只是该传贳权为第三人权利的标的时不能抛弃（第 371 条第 2 款）。不能因为抛弃传贳权，就当然地认为也抛弃传贳金返还请求权。抛弃传贳权应进行注销登记。[1]

（二）消灭效果

1. 返还传贳金及交付标的物

在传贳权消灭时，传贳权人应当向传贳权设定人交付标的物及用于撤销传贳权设定登记的书证，传贳权设定人应同时返还传贳金（第 317 条）。《民法》为了平衡双方当事人的利益，在传贳权设定人向传贳权人交付传贳金之前，传贳权人可以拒绝返还标的物，以此说明两者之间存在同时履行关系

---

〔1〕　参见［韩］李英俊：《韩国民法论》（物权法），博英社 2004 年版，第 700 页。

（第 536 条）。因此判例认为，在传贳权存续期间内标的物被转让的，新的所有人承担传贳金返还义务，原先所有人免除传贳金返还义务。[1]

2. 传贳权人的拍卖请求权

在传贳权设定人迟延返还传贳金时，传贳权人可以根据《民事执行法》，请求拍卖传贳权标的物。即"传贳权人交付传贳物义务及注销传贳权设定登记义务应与传贳权设定人的返还传贳金义务同时履行，因此传贳权人如果请求拍卖传贳物，应向传贳权设定人交付传贳物及注销传贳权设定登记，以此使传贳权设定人陷于迟延履行。"[2]

3. 传贳金的优先受偿权

因为传贳权是物权，所以传贳权永远优先于一般债权人。传贳权设立在先，抵押权设立在后时，传贳权人请求进行拍卖的，两者全部消灭，并依设定登记的顺位分配传贳金。但是后设定抵押权的抵押权人请求拍卖时，传贳权不消灭；抵押权设立在先，传贳权设立在后时，无论哪一方请求进行拍卖，两者全部消灭，并依设定登记的顺位分配传贳金。[3]

4. 附属物收回权与附属物买受请求权

传贳权因其存续期间届满而消灭时，传贳权人应当将标的物恢复原状，并收回从属于标的物的物。但传贳权设定人请求买受附属物时，传贳权人无正当理由不得拒绝（第 316 条第 1 款主文）。传贳权的标的为建筑物时，附属物是指为了改造建筑物而增设的车库等；标的物为土地时，附属物是指在该土地上建造的工作物或种植的树木等。传贳权人虽然享有附属物收回权，但是传贳权设定人请求买受附属物时，传贳权人无正当理由不得拒绝（第 316 条 1 款但书）。

关于传贳权人的附属物买受请求权的性质，可以比照地上权理解。但是在经传贳权设定人的同意附属于标的物的情形与从传贳权设定人处买受该附属物的情形，应承认附属物买受请求权（第 316 条第 2 款）。

5. 有益费用偿还请求权

传贳权人有维持标的物现状和进行通常管理的修缮义务（第 309 条），所

---

[1] 参见大判 2006.5.11，2006DA6072.

[2] 参见大决 1977.4.13，77MA90.

[3] 参见 [韩] 高翔龙：《物权法》，法文社 2002 年版，第 499 页。

以可以请求偿还必要费用，但是不能请求偿还有益费用。即关于有益费用，在标的物价值增加的范围内，可根据所有权人的选择请求偿还支出费用或增加的价值（第 310 条第 1 款）。在此情形下，法院根据所有人的请求，可以允许适当的偿还期限（第 310 条第 2 款）。

第六章

担保物权

第一节　绪　论

一、意义

在债务履行期届满后债务人不履行债务时，债权人可借助国家力量强制执行债务人的一般财产，以此实现他的债权。由于强制执行的标的是债务人的一般财产，因此对于债权人来说债务人的一般财产是其债权能得到满足的最后保障。

当债务人的债务超过其可承受范围时，经常会发生债务人隐瞒财产或擅自处分财产的情况。针对此种情形，《民法》规定了债权人代位权制度和债权人撤销权制度。债权人可以依据这些制度维持债务人的责任财产，但是该财产上还有其他债权人的权利时，存在债权不能全部受偿的风险。为避免交易中存在的不稳定因素，债权人需要除债务人一般财产外的其他保障，起到保障作用的就是担保制度。

二、法定担保物权与约定担保物权

根据担保物权的发生原因可以分为法定担保物权与约定担保物权。法定担保物权是指只要具备法律要件，就当然成立的担保物权；约定担保物权是指根据债权人与债务人（或第三人）之间的约定成立的担保物权。

（一）法定担保物权

虽然债权人地位平等，但是在多数债权中有特别予以保护的债权。例如，因公司不履行债务而被强制执行或拍卖公司财产时，更应保护公司员工获得工资的权利。因为薪金债权是职工的主要生活来源，应予以优先保护。这些受法律特别保护的担保物权就是法定担保物权。《民法》在下列几种情况下承认法定担保物权，使其较其他债权人的债权优先受偿。《民法》规定了以下几种类型的法定担保物权：

1. 留置权

留置权是指占有他人物的占有人受偿该物的债权之前留置该物的权利。例如，电脑维修人员在顾客交付修理费之前有权留置其电脑（第 320 条）。

2. 法定质权

（1）土地出租人的法定质权

土地出租人依租赁合同的债权，扣押附属于承租地或供其方便的、属于承租人的动产及其土地的孳息时，具有与质权相同的效力（第 648 条）。

（2）建筑物等出租人的法定地上权

建筑物及其他工作物的出租人依租赁合同的债权，扣押附属于建筑物及其他工作物的属于承租人的动产时，具有与质权相同的效力（第 650 条）。

3. 法定抵押权

土地出租人依已过清偿期的最后 2 年的租金债权，扣押该土地上属于承租人的建筑物时，具有与抵押权相同的效力（第 649 条）。

4. 特别法上的优先受偿权

（1）《勤劳基准法》规定的职员的薪金优先受偿权（《勤劳基准法》第 37 条）。

（2）《住宅租赁保护法》规定的承租人的保证金优先受偿权（《住宅租赁保护法》第 3 条之 2 第 1 款、第 12 条）及小额保证金最优先受偿权（《住宅租赁保护法》第 8 条）。

（3）《商法》规定的使用人优先受偿权（《商法》第 468 条）等。

（二）约定担保物权

1. 质权

质权分为动产质权与权利质权。例如，债权人贷款 100 万韩元给债务人后，作为担保留置债务人（或第三人）所有的电脑，在该债权到期未受清偿时，可以变卖电脑，优先受偿债权的担保物权是动产质权（第 329 条）。权利质权是指动产之外的财产权，例如将股票、国债等有价证券或专利权、著作权等知识产权作为担保提供，获得金钱的担保物权（第 345 条）。

2. 抵押权

抵押权是指抵押权人对债务人或第三人作为债务担保提供的、不移转占有的不动产享有优先于其他债权人的债权受偿的权利。抵押权的本质为价值权，其以优先受偿权为中心（第 356 条）。

三、担保物权的类型

《民法》规定的担保物权有留置权、质权、抵押权，称为典型担保。典型担保物权不仅可以在所有权上设定，也可以在债权等财产权上设定（第 345 条）。如果实现担保物权时全部采取拍卖方法，则需要过多时间与费用，所以需要简单易用的担保实现方法。可以适用这种方法的担保称为非典型担保，包括假登记担保、让与担保、所有权保留等。

四、担保物权的特性

担保物权的成立以被担保债权的存在为前提，这一特点称为从属性。因此被担保债权消灭时，担保物权也一并消灭。在被担保债权移转时，担保物权同时移转。这一特点称为附随性。在担保物权的标的物的灭失、毁损或被征收的，替代品或金钱归属于标的物所有人时，担保物权可以继续存在于该物上。这就是担保物权的物上代位性，但是留置权不具有物上代位性。

第二节　留置权

一、意义

（一）概念

（1）留置权是指占有他人之物或有价证券的人，在债权受偿之前对该物或有价证券享有留置的权利（第 320 条第 1 款）。

规定留置权的目的是为了实现公平原则。因为占有他人之物的人对该物享有债权时，如果在债权受偿之前把物交付给对方，则很难获得追偿，所以承认债权人的留置权利。

（2）留置权与同时履行抗辩权的区别。同时履行抗辩权与留置权制度相类似。同时履行抗辩权是相对人履行债务或提供履行之前拒绝履行债务的权利，是双务合同的当事人享有的权利（第536条）。这种同时履行抗辩权与留置权的理念相同，都是以公平原则为基础，效力也很相似。两个制度具有以下区别：[1]

①性质

留置权是物权，具有绝对效力；同时履行抗辩权是抗辩相对人的请求权利，仅具有相对效力。

②债权的发生效力

留置权因合同或不法行为等其他原因发生债权；同时履行抗辩权是依双务合同中基于对方的债权而发生。

③可以拒绝的给付内容

留置限于标的物的交付；同时履行抗辩权根据不同的合同具有多种内容。

④权利人的注意义务

留置权人因负有善管义务（第324条），所以在优先抵充清偿孳息（第323条第1款）、为保存留置物所必要的使用（第324条第2款但书）、贷款、提供担保物等情形，需要征得同意（第324条第2款主文）；同时履行抗辩权人可以自由使用、收益、处分非特定物。

⑤其他担保的提供问题

债务人可以提供其他担保，请求消灭留置权（第327条）；同时履行抗辩权无此种权利。

（二）法律性质

留置权是一种物权，在留置权人丧失占有时，留置权消灭。留置权又是一种法定物权，是根据法律规定当然成立的一种物权。留置权因为是一种担保物权，所以具有从属性、附随性、不可分性等性质，但是不具有物上代位性。

二、留置权的成立

留置权成立需具备以下要件：

（一）动产、不动产和有价证券都可以成为留置权的标的物

因为留置权是法定担保物权，所以以不动产或有价证券为标的物时，不

———————————

〔1〕　参见［韩］高翔龙：《物权法》，法文社2002年版，第520~521页。

需要登记或背书。[1]

（二）留置权人须占有标的物，并且应为持续占有

如果留置权人丧失占有，则留置权消灭（第328条）。留置权人暂时失去占有之后又重新占有标的物的，如果留置权人无抛弃留置权等意思表示，可以认为对该标的物重新享有留置权。[2]

留置权人不能因侵权行为取得占有（第320条第2款）。例如，偷窃他人电脑的人，因电脑发生故障而更换部件后不能请求电脑所有人支付维修费用，也不能对该电脑取得留置权。

（三）须有已届清偿期的债权（第320条第1款）

因为对未届清偿期的债权，不能行使留置权，否则不利于债务人。

（四）债权与标的物之间须有牵连关系

牵连关系是成立留置权最为重要的因素。关于牵连关系，判例认为只要不违背设立留置权制度的公平原则，并且债权与标的物返还请求权同属于一个法律关系或事实关系的，都成立留置权。[3]

（五）如果当事人约定排除适用留置权，则依约定

三、留置权的效力

（一）留置权人的权利

1. 留置标的物的权利

留置权人在债权受偿之前有权留置标的物。因为留置权是物权，所以留置权不仅可以对抗债务人，也可以对抗其他第三人。换言之，在留置权存续期间内第三人取得留置标的物时，留置权人可以对抗第三人。[4]

2. 拍卖权与优先受偿权

（1）留置权人为受偿债权，有权拍卖留置物（第322条第1款）。

（2）优先受偿权[5]

虽然留置权人无优先受偿权，但是债务人或第三人如欲从留置权人处受

---

〔1〕 参见［韩］宋德洙：《新民法讲议》，博英社2017年版，第757页。

〔2〕 参见大判2005.1.13, 2004DA50853.50860.

〔3〕 参见大判2007.9.7, 2005DA16942.

〔4〕 参见大判1972.1.31, 71DA2414.

〔5〕 参见［韩］高翔龙：《物权法》，法文社2002年版，第546页。

领标的物，则需向留置权人履行债务而消灭债权。在留置权人或第三人拍卖标的物时，如果债务人未履行债务，则仍保有留置权。[1]因此对标的物可以优先于其他债权受偿，所以留置权人享有优先受偿的效果。

留置权人可以收取留置物的孳息，优先抵充该债权（第 323 条第 1 款）。孳息先抵充债权利息后，尚有剩余时，再抵充本金（第 323 条第 2 款）。即留置权人对留置物的孳息享有优先受偿权。在简易清偿抵充的情形下，有优先受偿权。因此，留置权人无优先受偿权是指不能就拍卖留置物的价款优先受偿的情形。

3. 孳息收取权

留置权人可以收取留置物的孳息，优先抵充其债权。这里的孳息包括天然孳息与法定孳息。孳息为非金钱的，应当拍卖（第 323 条）。

4. 留置物使用权

原则上留置权人不能使用留置物，但有两个例外：第一，留置权人可以取得债务人的承诺使用留置物（第 324 条第 2 款）；第二，保存留置物所必要的使用，不必经过债务人的同意（第 324 条第 2 款但书）。

5. 费用偿还请求权

留置权人对留置物支出必要费用的，可以请求所有人偿还（第 325 条第 1 款）。留置权人对留置物支出有益费用的，限于现存价值范围内，可以请求所有人偿还支出的费用或增加的价值（第 325 条第 2 款）。

（二）留置权人的义务

留置权人须尽善良管理人的注意义务。留置权人未经债务人同意，不得使用、出租留置物或提供为担保。留置权人违反上述两款规定时，债务人可以请求消灭留置权（第 324 条）。

四、留置权的消灭

（一）一般事由

因为留置权是物权，所以基于物权的一般消灭事由，即标的物灭失、混同、抛弃、征收、没收等而消灭。需注意的是留置权不罹于时效。因为留置

---

[1] 参见大判 1973.1.30，72DA1339：“竞买人未向留置权人清偿债务，不能请求交付拍卖标的物。”

权人在占有留置物的期间内视为行使留置权。留置权人丧失占有时，留置权消灭（第 328 条）。

（二）特殊事由

1. 留置权的消灭请求

留置权人占有标的物时，应尽善良管理人的注意义务管理留置物（第 324 条第 1 款）。留置权人为自己的利益而懈怠善良管理人的注意义务或未经债务人同意，使用、出借或将留置物提供为担保的，债务人可以请求消灭留置权（第 324 条第 3 款）。

2. 提供其他担保

债务人可以提供适当的担保，请求消灭留置权（第 327 条）。因为留置权是法定担保物权，所以在留置权成立时，债务人很难估算债权额与标的物的价值，所以被留置权担保的债权额通常低于标的物价值。对于债务人来说，这是比较痛苦的事情，但是如果债务人给债权人提供与债权额相当的担保，对债权人来说也没有任何损失，因此第 327 条规定债务人提供与债权额相当的担保时，可以消灭留置权。

这一制度因为弱化了对债务人的心理强制，所以有弱化留置权担保功能的顾虑。但是由于留置权有不可分性（第 321 条），即使已经清偿部分债务，留置权人在债权全部受偿前也可以对留置物的全部行使权利，因此不影响被担保债权。[1]

3. 丧失占有

留置权人丧失留置物的占有时，留置权消灭（第 328 条）。在留置物被人抢夺时，如果基于占有物返还请求权恢复对标的物的占有，则留置权继续存在。

第三节　质　权

一、意义及性质

（一）意义

质权是指债权人留置债务人或第三人作为担保提供的动产或财产权，在

---

〔1〕　参见［韩］高翔龙：《物权法》，法文社 2002 年版，第 559 页。

债务人不清偿债务时，就标的物优先受偿的物权（第 329 条、第 345 条）。

（二）作用[1]

动产质权以价值较低的物作为标的获得小额融资，并具有留置效力，因此有利于双方当事人。因为债权人保管质物，所以无需担心债权受偿问题；对债务人来说，可以在自己身边的物（例如，高尔夫杆、TV、照相机等）上设定质权，较容易获得小额融资。

权利质权可以将债权、股票、债券（公司债、国债、公债）及其他财产权为标的物，所以权利质权的用途相当广泛。银行等金融机关放贷时经常利用权利质权，只是因为有价证券自身没有利用价值，所以即使留置证券，债务人也不会受到任何压力。因此以有价证券为标的的权利质权，没有留置效力，占有只不过是一种公示手段，只有优先受偿的功能。

（三）性质

质权是以他人的动产或财产权为客体的定限物权。质权是排他的支配客体交换价值的约定担保物权，并且具有从属性、附随性、不可分性及物上代位性以及留置效力及优先受偿效力。

二、动产质权

（一）成立

当事人签订质权合同后交付标的物时动产质权成立。但是在例外情形下，也可以依法律规定成立。

1. 须有动产质权设定合同

2. 质权人限于被担保债权的债权人

出质人一般是债务人，但不限于债务人，第三人也可以成为出质人。设定质权是一种处分行为，因此出质人应具有处分标的物的权利或处分权能。换言之，出质人原则上应为质物的所有人，如果不是质物的所有人，则应享有质物的处分权。

3. 交付标的物

质物的交付方式中不包括占有改定（第 332 条）。因此质权合同只能采取现实交付、简易交付及指示交付等方式。

---

[1]　参见［韩］高翔龙：《物权法》，法文社 2002 年版，第 564～565 页。

4. 质物

质权的标的物一般为出质人（债务人或第三人）所有的物，不能将他人的所有物上设定质权。出质人在他人的动产上设定质权时，债权人依《民法》第249条规定善意取得质权。留置权人如果经债务人同意，则可以在标的物上设定质权（第324条第2款）。

质权的标的物须为可转让的特定物（第331条）。因为不能转让的物，无法优先受偿。此外，有些虽然可以转让，但是根据国家政策只能由权利人自己使用、收益的物，例如登记、注册的船舶、汽车、航空器、重型机器等不能成为质权的标的。

5. 被担保债权

因法律未规定被担保债权的种类，所以并不局限于金钱债权。即使是无法折算为金钱的（第373条），也可以成为被担保债权。因此交付物或为一定行为的债权都可以成为被担保债权。

设定质权时并不要求债权已存在，因此在附期限、附条件债权或将来发生的债权上都可以设定质权，并且也可以在将来发生或消灭的不特定的债权上设定质权。此种质权就是最高额质权。《民法》关于抵押权明文规定了最高额抵押权，却未对质权作出相关规定。然而学界都承认最高额质权。[1]

6. 法定质权

法定质权是指依法律规定当然成立的质权。需要特别保护的债权，为了确保其优先受偿性，法律规定了法定质权。

土地出租人依基于租赁合同的债权，扣押附属于承租地或供承租地使用人方便的承租人所有的动产及其土地孳息的，具有与质权相同的效力（第648条）。此外，建筑物及其他工作物的出租人，基于租赁合同的债权扣押承租人所有的附属于其建筑物及其他工作物的动产的，具有与质权相同的效力（第650条）。

法定质权的被担保债权须为"关于租赁的债权"。即租金、违约金、管理费、出租人的损害赔偿请求权等。出租人须扣押标的物，并且押扣的应为承租人的动产。[2]关于法定质权，准用动产质权的规定。

---

〔1〕 参见 ［韩］宋德洙：《新民法讲议》，博英社2017年版，第773页。

〔2〕 参见 ［韩］高翔龙：《物权法》，法文社2002年版，第575页。

（二）动产质权的效力

1. 动产质权的效力范围

（1）标的物的范围

①质物、从物、孳息

动产质权的效力及于依设定合同而交付的质物。第一，质权的效力当然及于标的物的附合物；第二，从物交给质权人时受到质权的约束；第三，质权的效力也及于天然孳息，而且质权人可以收取天然孳息，先于其他债权人优先受偿（依第343条，准用第323条）。对于法定孳息，如果经所有人同意，质权人可以使用、出租质物，因此能同等对待法定孳息（使用利益、租金等）与天然孳息。

②物上代位

对于因质物灭失、毁损或公用征收而由出质人收取的金钱及其他物，亦可以行使质权（第342条）。此为物上代位原则。因为担保物权是就标的物的交换价值优先受偿为目的的权利，所以质权的效力当然及于与标的物价值相当的替代物。《民法》对质权规定了物上代位（第342条），抵押权准用质权的规定（第370条）。

A. 物上代位的标的物

物上代位的标的物为对"因质物灭失、毁损或公用征收而由出质人收取的金钱及其他物（第342条主文）"的"请求权"。例如，质物加入保险时的保险金请求权；因第三人的侵权行为致使质物灭失、毁损时发生的损害赔偿请求权；公用征收质物时发生的补偿请求权等。[1]

B. 发生请求权的原因

请求权的发生原因为"灭失、毁损或公用征收"。灭失、毁损不仅指物理上的，也包括法律上的灭失、毁损。例如，标的物因附合、混合、加工等原因而在法律上灭失时，所有人根据第261条应取得的补偿请求权也成为物上代位的标的物，并且不问灭失、毁损的原因。但不能是因为质权人的过失而引起的灭失、毁损。例如，因质权人懈怠善良管理义务，所以第三人侵害标的物而致其毁损时，不能物上代位损害赔偿金。[2]

---

〔1〕　参见［韩］高翔龙：《物权法》，法文社2002年版，第576页。

〔2〕　参见［韩］李英俊：《韩国民法论》（物权法），博英社2004年版，第744页。

C. 扣押

质权人如果欲行使物上代位权,须在出质人支付或交付金钱或其他物之前进行扣押(第342条但书)。

(2)质权的担保范围

质权担保的债权(可以优先受偿的债权)包括本金、利息、违约金、行使质权的费用、质物保存费用及债务不履行或因质物有瑕疵发生的损害赔偿债权(第334条主文)。但是在当事人之间有约定时,可以变更被担保债权的范围(第334条但书)。因为特约没有公示方法,所以即使没有公示,也能以变更后的债权范围对抗第三人。

因为动产质权具有不可分性,所以质权人在债权全部受偿前,可以对质物的全部行使权利。虽然对留置权规定了不可分性原则,并将其准用于质权中,但是从沿革上来看,这是源于质权的原则。罗马法上的"质权不可分"思想,是经过法国民法、德国民法引入韩国民法的。[1]

2. 留置效力

质权人在债权受偿前可以留置质物。但是不能对抗对质物享有优先受偿权的债权人(第335条)。因此在先顺位质权人或其他具有优先权的人请求拍卖标的物时,质权人只能请求分配质物的价款,不得拒绝交付质物。并且质权与留置权具有共同性质,因此有关留置权的规定准用于质权。

3. 优先受偿效力

(1)顺位

动产质权人对质物享有优先于其他债权人受偿的权利,且同一物上有多个质权时,按质权设定先后决定顺位(第333条)。

(2)优先受偿权的行使

质权人如果欲行使优先受偿权,则债务人须陷于迟延履行。如果就标的物优先受偿,应按《民事执行法》规定的程序进行拍卖(第338条第1款)。通过行使质权未获清偿的部分债权,可以就债务人的其他财产受偿(第340条第1款)。

因为拍卖方法较为复杂,且费用较高,所以如有正当理由,质权人可以根据评估人的评估,请求法院直接以质物抵充受偿。在此情形下,质权人应

---

[1] 参见[韩]高翔龙:《物权法》,法文社2002年版,第579页。

事先通知债务人和出质人（第338条第2款）。此种方法称为简易清偿的抵充。

出质人在债务清偿期前的合同中不得约定质权人以取得质物的所有权来代替清偿，或非依法律规定的方法处分质物（第339条）。

4. 动产质权人的转质权

转质是指，质权人在质物上设定新的质权的行为。设定转质的目的是为担保自己的债务，或用于担保第三人的债务。质权人在其权利范围内，以自己的责任转质（第336条）。

（1）责任转质

责任转质是指，质权人未经过出质人同意，以自己的责任在质物上再设定新的质权的行为。《民法》第336条和第337条规定了责任转质。

①成立要件

成立责任转质，需要满足以下几个要件：第一，原质权人与转质权人之间达成物权合意并交付质物；第二，转质权的范围不超出原质权；第三，因为转质包括被担保债权的入质，所以得具备设定权利质权的要件，即得有质权人的通知及债务人的承诺。

②效果

质权人对于如果未转质则可以避免的因不可抗力发生的损害承担责任（第336条）。质权人不得为消灭质权的处分行为，但是在不危害转质权的范围内可以为一定的处分行为。债务人如果未经转质权人的同意而向质权人清偿债务，则不能以此对抗转质权人（第337条第2款）。转质权人在债权受偿前可以留置质物。转质权人如果欲行使转质权，则需转质权人的债权与原质权人的债权的清偿期全都届满。实现转质权获得的价款，先抵充转质权人的债权，之后再抵充原质权人的债权。

（2）承诺转质

承诺转质是指质权人取得出质人的承诺，在质物上再设定质权的行为。

①成立要件

成立承诺转质，需要满足以下几个要件：第一，须经过质物所有人的同意。如未经同意将质物入质，质权人可以请求消灭质权；第二，承诺转质不受原质权范围的限制；第三，不需要通知债务人或债务人作出承诺。

②效果

在效果方面，以下两点不同于责任转质：第一，不加重质权人的责任；

第二，出质人可以向质权人清偿债务而消灭质权。质权消灭后，转质权仍然存续。但转质权人同意出质人清偿债务的，出质人可以以该清偿对抗转质权人，因此质物的所有权人可以请求返还质物。

5. 动产质权被侵害时的效力

（1）物权请求权及损害赔偿请求权

动产质权不仅有物权效力，而且也可以占有标的物。因此在动产质权被出质人或第三人侵害时，质权人不仅能行使占有保护请求权（第204条至第206条），也能行使物权请求权。在质物被损毁时可以请求侵害人赔偿损害（第750条）。

（2）丧失期限利益

出质人毁损质物时，债务人丧失期限利益（第388条第1款）。质权人可以拍卖残存物。在物上保证人为出质人时，应解释为债务人即使丧失期限利益，也不能为物上保证人的利益拍卖质物。在物上保证人毁损质物时，应解释为对债务人不发生期限利益的效果，但是对物上保证人发生期限利益的效果，而且也可以拍卖残存物。

6. 动产质权人的义务[1]

（1）质物保管义务

动产质权人负保管标的物的义务，对此准用留置权的规定（第343条）。因此质权人应尽善良管理人的注意义务保管质物，未经出质人的同意不得使用、出借或提供为担保（第343条、第324条第2款）。但是允许转质的，除外（第336条）。

在质权人违反上述义务时，出质人可以请求消灭质权（第343条、第324条第3款）。发生损害时，可以请求赔偿。

（2）质物返还义务

在质权消灭时，动产质权人得将质物返还给出质人。质物返还义务是质权合同的内容。出质人经他人同意，在其所有物上设定质权的，也应返还给出质人。但是质权消灭后，质物的所有人也可以依所有权请求返还质物。

在债权未消灭时，出质人请求返还质物的，应判决原告败诉（通说）。这种判决符合质权的性质与质权设定时的当事人意思。

---

[1] 参见［韩］高翔龙：《物权法》，法文社2002年版，第596页。

（三）动产质权的消灭〔1〕

动产质权依物权消灭的共同原因，即标的物的灭失、没收、添附、抛弃、取得时效、混同等之外，还依担保物权消灭的共同原因，即拍卖、清偿及其他被担保债权的消灭等而消灭。

此外，动产质权人返还标的物于出质人、出质人以质权人违反义务为由请求消灭质权的，质权消灭（第343条）。

三、权利质权

（一）意义

权利质权是以财产权为标的的质权（第345条）。《民法》规定了动产质权与权利质权，并采取了把动产质权的规定准用于权利质权的立法技术。

权利质权的标的为具有让与性的财产权，但是以不动产的使用、收益为标的的权利不能成为权利质权的标的（第345条）。因此可以认为权利质权的主要标的为债权、股票及知识产权等。法律没有规定权利质权的设定方法，因此得按照权利的转让方法设定权利质权（第346条）。

（二）债权质权

1. 债权质权的设定

（1）债权质权的标的

①原则上债权具有让与性，因此可以成为质权的标的。但是根据法律规定或性质上不得转让的债权，不得成为质权标的。例如，扶养请求权、年金请求权、灾害补偿请求权等属于法律上禁止转让的债权。变更债权人时给付内容也发生变更的债权〔2〕、向特定债权人给付具有重要意义的债权〔3〕、有特殊理由应向特定债权人支付的债权〔4〕等属于性质上不得转让的债权。但是承租人、使用人、委托人等享有的债权，只要债务人同意，即可转让的债权，可以取得债务人的承诺后成为质权标的。〔5〕

②当事人之间约定禁止转让的债权，不得成为质权标的（第449条第2

---

〔1〕　参见［韩］高翔龙：《物权法》，法文社2002年版，第597页。

〔2〕　教授特定人的债权、画特定人的肖像的债权等。

〔3〕　承租人、使用人、委托人等的债权。

〔4〕　计入往来账户的债权等。《商法》第72条。

〔5〕　参见［韩］郭润直、金哉衡：《物权法》，博英社2015年版，第420~421页。

款主文）。但是这一约定不得对抗善意第三人（第449条第2款但书），因此质权人为善意时，质权有效。

③债权可以是对质权人自己的债权。只要债权具有让与性，该债权是一个具有财产价值的独立的存在，因此即使是债务人也可以在该债权上取得质权。实际上银行以自己的存款债权作为标的设定债权的做法非常普遍。

（2）设定方法[1]

①第346条规定，"权利质权的设定，法律无规定的，应当按照有关该权利转让的方法设定。"因为作为权利质权标的的权利与有体物不同，权利公示与处分方法都有其特点，并且在转让或质押时这种公示方法也有特殊性。因为权利质权的本质或法律性质为一种权利让与。

②权利质权的设定是以设定为目的的合意与标的物交付相结合。因此《民法》规定，在以债权为质权标的的情形，如有债权证书，向质权人交付该证书时质权生效（第347条）。但是直接适用这一规定的是指名债权。不记名债券、指示债权等适用特别规定。

A. 指名债权中债权证书只是单纯的证据方法，并不影响债权的实体。从证书推定存在债权这一点与动产质权的占有相似，因此法律规定交付证书来代替交付标的物。但是没有这种债权证书时，只依设定合意成立债权质权。对于债权质权来说，债权证书的交付并不是剥夺出质人对债权的利用，因此没有准用第332条的实质理由。因此在质押指名债权时，可以采取占有改定的方式交付证书，并且返还证书并不消灭质权。[2]

此规定中的债权证书是为证明存在债权而向债权人提供的文件。虽然无须具备特定的形式或名称，但是将来债权因清偿等原因消灭时，指的是依第475条规定债务人可以请求债权人返还的文件。[3]

B. 欲以指名债权的质押对抗第三债务人及其他第三人的，不仅应向第三

---

[1] 参见［韩］郭润直、金哉衡：《物权法》，博英社2015年版，第421~423页。

[2] 参见［韩］高翔龙：《物权法》，法文社2002年版，第609页；［韩］金相容：《物权法》，HS media 2009年版，第617页；［韩］金曾汉、金学东：《物权法》，博英社2004年版，第499页；［韩］李银荣：《物权法》，博英社2006年版，第727页；反对意见，参见［韩］李英俊：《韩国民法论》（物权法），博英社2004年版，第841页。

[3] 参见大判（全）2013.8.22，2013DA32574."租赁合同等规定合同双方当事人的权利义务的书面文件，不能被认为是象征依合同存续的权利，因此不属于债权证书。"

债务人通知设定质权的情况或经过第三债务人同意，而且为对抗除第三债务人以外的其他第三人，应根据有确定日期的证书进行通知或承诺（第349条第1款、第450条）。这与债权让与的对抗要件相同。债权质押虽然不改变债权人，但是因质押债务人受到与债权让与相同的约束，因此公示方法也采取与债权让与相同的方法。通知或承诺的方法、效力与债权让与情形相同，此处不再赘述（第349条第2款、第451条）。

③指示债权的质押与让与相同，在证书上背书后交付于质权人而生效（第351条、第508条）。

④在不记名债券上设定质权与让与相同，将证书交付于质权人而生效（第351条、第523条）。

⑤公司债分为记名与不记名债（《商法》第480条）。记名公司债是指名债权的一种，与记名股不同，并不具有法律上的指示证券性。因此质押需当事人之间达成出质合意，并且向债权人交付债权时才生效（第346条、第347条）。但是《商法》关于记名公司债的移转设定了特别规定。即质权人的姓名与地址记载于公司债登记簿，在债权上不记载姓名，不得以此对抗公司及其他第三人（第479条）。另一方面，不记名公司债的质押，在将债权交付于质权人时生效（第351条）。

⑥在附抵押权的债权上设定质权的，只有在抵押权登记上记载出质附记登记，质权效力才能及于抵押权（第348条、《不动产登记法》第76条）。担保物权因具有从属性，如果在抵押权担保的债权上设定权利质权，该抵押权也成为权利质权的标的。但是如果未登记而成立的权利质权效力当然及于抵押权，则有违公示原则。因此在此情形下，在抵押权登记上进行质权附记登记时，质权效力才及于抵押权。如果未进行附记登记，债权人只对无担保债权取得质权。[1]

---

〔1〕 参见［韩］高翔龙：《物权法》，法文社2002年版，第610页；［韩］金相容：《物权法》，HS media 2009年版，第619页；［韩］李英俊：《韩国民法论》（物权法），博英社2004年版，第844页；［韩］李银荣：《物权法》，博英社2006年版，第729页。反对意见，参见［韩］金曾汉、金学东：《物权法》，博英社2004年版，第500页。

2. 债权质权的效力

（1）效力范围

①被担保债权的范围

债权质权担保的债权范围与动产质权相同（第355条、第334条）。并且有不可分性，这一点也与动产质权相同（第355条、第343条、第321条）。

②债权质权效力所及的标的物范围

债权质权的效力及于设定质权的全部债权及其利息债权（法定孳息，第100条第2款）。在设定质权的债权上又设定保证或担保物权时，质权的效力也及于保证或担保物权。但是设定质权的债权是附抵押的债权时，只有在抵押权登记上附记质权登记，质权效力才能及于抵押权。物上代位规定（第342条）也适用于债权质权（第355条）。

（2）留置的效力

债权的质权人可以留置设定质权时收到的证书（第355条、第335条）。但是此种留置没有间接强制债务人履行债务的效果。因为"留置（继续占有）"与以有体物为标的的质权相同，应发生强制出质人履行债务的效力，而且对于债权等无形权利，不可能存在债权人的"留置"。因此债权质权的核心效果不是留置效力，而是优先受偿效力。

（3）优先受偿效力

①债权质权人收取质押债权的孳息优先抵充清偿，但是债权质权人优先受偿的最重要的方法仍然是优先受偿债权。第353条与第354条规定了债权质权的实现方法。第353条规定的实现方法是直接请求债权。第354条规定，可以依《民事执行法》规定的执行方法实现债权质权。第355条将有关动产质权的规定准用于权利质权，但是实际上作为动产质权的实现方法，没有可准用于权利质权的方法。结果，实现债权质权的方法只有债权的直接请求（第353条）与《民事执行法》规定的执行方法。重复设定多个债权质权的，依设定先后决定优先顺位（第355条、第333条）。[1]

②债权的直接请求

质权人可以直接请求作为质权标的的债权（第353条第1款）。此处所谓的"直接"是指无需出质人委托或者裁判上请求，质权人直接以自己的名义

---

〔1〕 参见［韩］郭润直、金哉衡：《物权法》，博英社2015年版，第425页。

请求的情形。但是该效果归于债权的债权人，并不当然抵充质权人的债权。[1]

A. 债权标的物为金钱的，质权人限于自己债权额，直接请求而抵充清偿（第 353 条第 2 款）。债权质权的效力也及于作为质权标的的债权的迟延损害赔偿金等附带债权。因此关于作为质权标的的债权及迟延损害债权，债权质权人在限于被担保债权范围内自己债权额的部分，直接追讨后抵充清偿自己债权。[2]

在此情形下，如果被担保债权与质押债权清偿期都已届满，质权人可以用自己的名义收取债权。但是质押债权的清偿期早于被担保债权的清偿期届满时，质权人尚不能直接请求。如果被担保债权的清偿期届满为止延长第三债务人的清偿期，则会给质权人造成损害，同时要求出质人及时向质权人清偿也不合理。因此《民法》规定质权人可以要求第三债务人提存清偿金，以此平衡当事人之间的利益（第 353 条第 3 款前段）。在此情形下，质权存在于该提存金[3]上（第 353 条第 3 款后段）。

B. 在债权的标的物为金钱以外的物时，因为不能将收取的物直接用于抵充清偿，所以质权人可以就清偿物享有质权（第 353 条第 4 款）。因此原先的债权质权变为动产质权存续，且遵守动产质权的实现方法。

③《民事执行法》规定的执行方法

除上述债权直接请求外，债权质权人还可以依《民事执行法》规定的执行方法实现质权（第 354 条）。此种方法包括债权的收取、转付及变现三种（《民事执行法》第 273 条第 1、3 款、第 223 条至第 250 条）。因为都是实现债权的执行方法，所以无须判决及其他执行权源，只需提交证明存在质权的文件，即可实现债权（《民事执行法》第 273 条第 1 款）。

④流质

关于债权质权适用有关禁止流质合同的第 339 条（第 355 条）。但是在质押金钱债权时，质权人在债权额限度内享有直接请求权，因此在债权额限度

---

〔1〕　参见［韩］高翔龙：《物权法》，法文社 2002 年版，第 611 页。反对意见，参见［韩］宋德洙：《新民法讲议》，博英社 2017 年版，第 788 页。

〔2〕　参见大判 2005. 5. 25，2003DA40668.

〔3〕　具体来讲是质押债权的债权人享有的提存金请求权。

内代替清偿，可以提前约定将金钱债权归于质权人。

（4）债权质权人的义务

质权人应尽善良管理人的注意义务保管收到的债权证书，在被担保债权消灭时应返还给出质人。此外，为实现债权而直接请求时也应尽善良管理人的注意义务。

（三）其他权利质权

1. 股权质权

股票是现今经济生活中最为重要的商品之一，设定在股票上的质权具有相当于债权质权的功能，但是对此《民法》未设有任何相关规定，全部由《商法》来规制。因此以股票为标的的质权，应由《商法》来规制，在此只做简要介绍。

（1）出质

因为股份具有让与性，所以可以质押。但是对自己股份有一定的限制。股份有无记名股与记名股，它们的出质方式不同。

①无记名股类似于不记名债券，因此设定质权时依不记名债券的出质方法（第351条）。无记名股的质押于将股份交付于质权人时生效。

②《商法》规定了记名股的两种出质方法：第一，略式质。这是将股份交付于质权人而成立的，并以继续占有股份作为对抗第三人的要件（《商法》第338条第1、2款）；第二，登记质。这是公司依出质人的请求，将质权人的姓名与地址记载于股东名册，并将该姓名记载于股票而质押的方法（《商法》第340条）。

（2）质权的效力

①在股票上设定的质权也有物上代位性，但是《商法》对此有特殊规定。即股票注销、并股、拆股、转股时，以原先股票为标的的质权在上述情形中存在于股东应取得的金钱或股票上（《商法》第339条、第461条第7款）。在此情形下，《民法》所要求的"支付或交付前"的扣押只对略式质有效。

②在质押记名股时，质权人取得股票的分红后能否优先抵充清偿呢？《商法》规定登记质可以优先抵充清偿。即登记质权人从公司取得利益或利息分红、剩余财产的分配、作为物上代位对象的金钱后，优先于其他债权人抵充清偿自己债权（《商法》第340条第1款）。作为质权标的的债权清偿期未届满，质权人请求公司提存清偿金时，质权存续于提存金上（第353条第3款、

《商法》第 340 条第 2 款)。登记质权人根据股票注销、并股、转股、准备金资本化,可以请求公司交付原先股东应获得的股份的股票(《商法》第 340 条第 3 款)。对于略式质权人并无上述保护规定。

③股份成为质权标的的,出质人不得消灭、变更质权人权利(第 352 条)。质权人不得行使表决权,也不得无理由剥夺出质人行使决议权的权利,因此表决权不受质押的影响。

④实现股份上设定的质权的方法只有《民事执行法》规定的变现方法(第 354 条、《民事执行法》第 273 条)。但是对于有价证券有简便的变现方法(《民事执行法》第 210 条、第 211 条)。

2. 知识产权质权

可以质押专利权及其独占实施权或普通实施权(《专利法》第 121 条)、实用新型(《实用新型法》第 28 条)、外观设计及其独占实施权或普通实施权(《外观设计法》第 56 条)、商标权及其独占实施权或普通实施权(《商标法》第 62 条)、著作权中的著作财产权等所谓的知识产权。《动产、债权担保法》设置了有关知识产权担保权的规定。

(1)知识产权的质押,需登记才能生效(《专利法》第 87 条、第 101 条,《实用新型法》第 28 条,《外观设计法》第 90 条,《商标法》第 56 条)。但是在著作权质押中登记是对抗第三人的要件(《著作权法》第 54 条)。因为知识产权是没有证明其存在的证书或象征权利本身的证券的无体财产权,所以不存在交付物或证书的问题。因此著作权等的质押只依当事人之间的质权合同而生效。

(2)对于以知识产权为标的的质权准用第 323 条与第 324 条,因此质权人未征得出质人的同意,不得将行使这些权利取得的收益优先抵充清偿。但是可以在支付或交付前扣押出质人应得的收益而行使质权(《专利法》第 121 条、第 123 条,《实用新型法》第 28 条,《外观设计法》第 109 条,《商标法》第 62 条、第 63 条,《著作权法》第 47 条),因此这些类型的质权的性质更接近于抵押权。

(3)关于上述质权的实现方法,只有《民事执行法》的规定(第 354 条、《民事执行法》第 273 条)。[1]

---

〔1〕 参见〔韩〕郭润直、金哉衡:《物权法》,博英社 2015 年版,第 427~429 页。

第四节　抵押权

一、意义及性质

（一）意义

抵押权是不占有债务人或第三人提供的不动产及其他标的物，在债务人不履行债务时，债权人对该不动产及其他物享有优先受偿的物权（第356条）。抵押权是约定物权，与质权相同，具有优先受偿效力，但是不移转标的物的占有。抵押权是支配标的物交换价值的一种担保物权，是一种价值权。

（二）性质

抵押权是一种定限物权，是支配他人所有的不动产价值的一种约定担保物权。因此抵押权是设定在他人不动产上的定限物权。抵押权是支配标的物交换价值的一种担保物权，因此原则上以当事人之间的合意及登记而成立。在这一点上与留置权相异，与质权相同。

抵押权是对标的物享有优先受偿的权利，并且不移转占有标的物的权利。抵押权作为一种物权具有物权的通性，即从属性、附随性、不可分性及物权代位性。

二、抵押权的成立

（一）意义

原则上，抵押权以当事人之间的合意及登记而成立，但是亦有根据法律直接规定成立的抵押权，例如第649条规定的法定抵押权。

（二）抵押权设定合同

以设定抵押权为目的的物权合同就是抵押权设定合同。根据物权行为的一般理论，如无特殊情形，同时订立约定设立抵押权的债权合同与以设定抵押权为目的的单纯的物权合意或物权合同。因此，抵押权设定合同通常具有债权合同与物权合同的双重性质，但是在承认物权行为独立性的前提下，应将抵押权设定合同仅视为物权合同。[1]

---

〔1〕　参见［韩］郭润直、金哉衡：《物权法》，博英社2015年版，第435页。

抵押权设定合同的当事人中，抵押权人限于被担保债权的债权人。抵押人可以是被担保债权的债务人，也可以是提供担保财产的其他的第三人，即物上保证人。

抵押权设定合同包括物权合意，因此想成立有效的抵押权设定合同，抵押人需对标的物享有处分权。

（三）抵押登记

抵押权有合同当事人的合意及登记时成立。应当登记的事项包括债权人、债务人、清偿期、债权额、利息、利息起算期及支付时间、本金或利息的支付地点等内容（《不动产登记法》第 75 条第 1 款）。

（四）抵押权的客体

抵押权不需要移转标的物占有，因此能成为抵押权客体的物应是可以公示的物。《民法》规定的可以成为抵押权客体的有，不动产、地上权及传贳权（第 371 条第 1 款）。除此之外，根据其他法律规定可以成为抵押权的客体的有立木、矿业权、渔业权、工厂财团、矿业财团、船舶、汽车、航空器、建筑机械等。

（五）被担保债权

抵押权所担保的债权以金钱债权为主，但是不限于金钱债权。因此，即使是非金钱债权，只要债务人不履行债务时可以变为金钱债权的，也可以成为被担保债权。[1]

根据《民法》规定，不特定的债权也可以成为被担保债权（第 357 条）。对于将来可以特定的债权，判例认为也可以成为被担保债权。[2]

（六）法定抵押权与抵押权设定请求权

土地出租人依届满清偿期之前最后 2 年的债权，扣押土地上承租人所有的建筑物时，具有与抵押权相同的效力（第 649 条）。这个制度是《民法》为保护土地出租人的利益而设定的唯一的法定抵押权。法定抵押权在进行抵押登记时成立。

不动产工程的承揽人为担保报酬请求权，可以请求定作人在该不动产上设定抵押权（第 666 条）。这是保护不动产工程承揽人的利益制度。

---

〔1〕　参见［韩］宋德洙：《新民法讲议》，博英社 2017 年版，第 797 页。

〔2〕　参见大判 1993.5.25，93DA6362.

三、抵押权的效力

（一）标的物的范围

1. 抵押权的效力及于附合于不动产的物与从物（第358条主文），但是法律另有规定或约定时除外（第358条但书）。抵押权的效力及于抵押不动产被扣押之后抵押权人就该不动产收取或可收取的孳息。但应该通知取得该不动产所有权、地上权或传贳权的第三人，否则抵押权人不能以此对抗第三人（第359条）。

2. 抵押权也可以物上代位。即抵押权人可以对抵押人因抵押不动产毁损、灭失或公用征收而收取的金钱及其他物行使抵押权（第370条）。但是抵押权人可以追及不动产标的物时，不承认物上代位。[1]如果抵押权人行使物上代位权，应在抵押人取得金钱及其他物之前扣押（第370条）。

（二）被担保债权的范围

抵押权担保本金、利息、违约金、因债务不履行而发生的损害赔偿金及行使抵押权的费用，但对于迟延赔偿，限于本金履行期满后的第1年，可以行使抵押权（第360条）。抵押权担保的债权范围小于质权，这是因为抵押权与质权不同，在抵押物上一般存在多个抵押权人，为保护后顺位抵押权等与该标的物有利害关系的第三人的利益，特意限制了被担保债权的范围。

（三）优先受偿效力

（1）债务人未在债务履行期内清偿债务时，抵押权人可以就抵押财产优先于其他债权人受偿。如果抵押财产不足以清偿债务，债权人可以就债务人的其他财产受偿。

（2）抵押权人的优先地位。抵押权人优先于一般债权人，但是《住宅租赁保护法》规定具备一定条件的承租人、未登记传贳权人优先于抵押权人。在同一不动产上有多个抵押权时，按登记先后来决定顺位。因此，后顺位抵押权人只能就先顺位抵押权人受偿后剩余的价款受偿。抵押物的所有人破产时，抵押权人享有别除权。

（四）抵押权的实现

《民事执行法》规定了抵押权的拍卖方法。在实现抵押权时，被担保债权

---

〔1〕 参见大判2004.12.24，2004DA52798.

应届清偿期，且应存在抵押权。在实现抵押权后，由买受人取得对标的物的所有权、地上权及传贳权。

（五）抵押权与用益物权的关系

抵押权是支配标的物的交换价值的权利。因此在标的物上设定抵押权后，抵押人可以继续使用、收益被抵押财产。但是如果债务人届时不清偿债务而抵押权人拍卖标的物的，物的所有权关系发生变化。随着所有权关系的变化，曾经存在的利用关系也受很大冲击。因此有必要调整因实现抵押权而发生的用益关系。调整抵押与用益关系的制度有以下几种：

1. 法定地上权（第366条）

在韩国法中建筑物与土地是两个独立的物。在实现抵押权时，因拍卖土地或建筑物，可能会发生协调土地或建筑物所有权人与利用土地上的建筑物或建筑物下的土地使用人之间的关系问题。关于抵押权，调整此种关系的就是第366条规定的法定地上权制度。

因实现抵押权致使土地及其上的建筑物分别属于不同人时，视为土地所有人为建筑物所有人设定了地上权。由法院根据当事人的请求确定地上权的使用费用（第366条）。

（1）成立要件

成立法定地上权须满足以下几个要件：第一，设定抵押权时应存在建筑物；第二，土地与建筑物应归属于同一所有人；第三，土地或建筑物上设定抵押权。土地或建筑物上设定抵押权，或同时在土地和建筑物上设定抵押权；第四，因拍卖导致土地与建筑物归不同所有人所有。

（2）效力

法定地上权的范围不限于该建筑物下的土地，可以对利用建筑物必要的范围内的土地享有法定地上权。[1]关于土地使用费，先由当事人协商。如果不能达成合意，则由当事人请求法院判决。

2. 同时拍卖请求权

在土地上设定抵押权后抵押人在该土地上建造建筑物时，抵押权人可以请求同时拍卖土地与建筑物（第365条主文）。

抵押人在土地上设定抵押权后，还可以继续使用该土地，因为抵押权不

---

〔1〕　参见大判 1977.7.26，77DA921.

妨碍抵押人对土地的处分权。抵押人在设定抵押权后可以在该土地上建造建筑物。假如因实现抵押权而由第三人取得该土地，则该土地上的建筑物可能面临拆除的危险。为防止出现这些情况，调整相关当事人的利害关系及消除抵押权人因土地上存有建筑物而难以拍出土地的难处，应承认抵押权人享有同时拍卖请求权。[1]这种同时拍卖请求权是抵押权人的权利，而不是义务，所以抵押权人可以选择行使同时拍卖请求权。

（1）成立要件

行使同时拍卖请求权应满足以下几个要件：第一，在被抵押土地物上成立抵押权后再建造建筑物；第二，建筑物由抵押人建造并所有。

（2）效力

在同时拍卖时，抵押权的优先受偿效力不及于土地上的建筑物，抵押权人不能对建筑物的拍卖价款享有优先受偿权（第365条但书）。

（六）侵害抵押权的问题

（1）对于毁损标的物或不维护标的物等可能危害抵押权担保能力的行为，以及因抵押权仅仅是支配标的物价值权而不能干涉抵押人使用标的物或出租标的物等行为，不能认为抵押人侵害了抵押权。即使抵押人的行为危害标的物而致使标的物价值减少，也不能确定发生抵押权侵害。因为标的物的价值只要超出被担保债权的价值，就不能认为侵害了抵押权。

（2）抵押权是一种物权，因此如果抵押权受到侵害，则可以适用物权请求权（第370条）。即可以请求排除妨害或预防妨害。因侵害抵押权而给抵押权人造成损害时，也可以请求赔偿损害。但是此时侵权行为只有符合侵权行为的构成要件，才能请求损害赔偿。

（3）因可归责于抵押人的事由致使抵押物价值明显减少时，抵押权人可以请求抵押人恢复原状或提供合理的担保。

四、抵押权的处分及消灭

抵押权不能与其担保的债权相分离而转让给他人或担保他人的债权（第361条）。虽然此规定强调了抵押权的从属性，但是又限制了抵押权的自由处分。

---

[1] 参见大判2003.4.11，2003DA3850.

抵押权除因担保物权共同的消灭原因消灭外，还因被担保债权的消灭而消灭。以地上权或传贳权为标的的抵押权，未经抵押权人的同意不得消灭该地上权或传贳权（第371条）。

五、特殊抵押权

（一）共同抵押

共同抵押权是指，为担保同一个债权而在数个不动产上设定的抵押权（第368条）。债务人的财产中没有可供抵押的或者大于债权数额的标的物时，为担保债权，可以在几个价值较小的财产上设定抵押权。

1. 共同抵押的成立

共同抵押中存在多个抵押权，且这些抵押权可以同时成立，也可以异时成立。共同抵押的标的物一般为不动产，但是亦可以在工厂财团、矿业财团上成立共同抵押权。

2. 共同抵押的效力

在共同抵押中抵押权人可以任意选择实现抵押权标的物。但是如果始终贯彻这一原则，会造成抵押权人任意实现抵押权而给同一标的物之上的后顺位抵押权人和抵押人造成非常重大的影响。并且会造成在一个不动产上有先顺位的共同抵押权时，没有人愿意在该不动产上设定后顺位抵押权的情况。为了缓解这些矛盾，《民法》规定同时分配共同抵押的不动产的拍卖价款时，根据不动产拍卖价款的比例，确定其负担的债权额（第368条第1款）。在共同抵押的不动产中先拍卖一部分不动产并分配价款的，抵押权人可就该价款获得全部清偿。在此情形下，被拍卖的不动产的次顺位抵押权人，可在前抵押权人根据同时分配规则从其他不动产中可以受偿的金额范围内，代位前抵押权人行使抵押权（第368条第2款）。

（二）最高额抵押

最高额抵押权是指，当事人约定在设定抵押权时，可以只确定所担保的最高额债务，在将来结算期届至时，在这一限度内予以担保的抵押权（第357条）。在继续性交易关系中经常使用最高额抵押权。因为继续性交易的当事人之间经常发生债权债务关系，当事人每次都订立一个新的抵押合同费时费力，最高额抵押权有利于便捷的交易，简化了担保手续，节约了成本。

最高额抵押权是担保将来不特定的多数债权的一种抵押权，因此有别于

一般的抵押权。最高额抵押权的效力与一般抵押权相似。最高额抵押权担保在最高额限度内实际存在的债权。因为最高额亦包括利息，所以本金和利息之和超出最高额时，超出部分不属于担保范围。

（三）财团抵押

财团抵押制度是将用于企业经营的各种财产、设备（土地、建筑物和机械等）和权利（地上权、传贳权、工业所有权等）作为一个财团，在该财团上设定抵押权的制度。有关财团抵押的法律有《工厂及矿业财团抵押法》。

1. 工厂财团抵押

工厂财团是由属于工厂的土地、建筑物及其他工作物、机械、机器及其他附属物、航空器等可以登记或注册的动产、地上权、传贳权、经出租人同意的承租权、知识产权的全部或一部分来构成，在工厂财团登记簿上进行所有权保存登记后成立工厂财团抵押权。

2. 矿业财团抵押

矿业财团上成立的抵押权。矿业财团是由矿业权与该矿业相关的属于同一矿业权人的土地、建筑物及其他工作物、机械、机器及其他附属物、航空器、船舶、汽车等可以登记或注册的动产、地上权及其他土地使用权、经出租人同意的承租权、一部分或全部知识产权来构成，关于矿业财团，准用工厂财团抵押的规定。

第五节　动产担保权与债权担保权

一、绪论

《民法》规定可以在动产、债权上设定质权。根据一些特别法，在专利权等知识产权上也可以设定质权。判例还承认动产让与担保与债权让与担保。但是动产担保或债权担保的利用度不高。

韩国于2010年6月10日制定了《动产、债权担保法》（称为本法），并于2012年6月11日开始实施。[1]以此创设了动产担保权与债权担保权这种

---

〔1〕　2010年10月21日制定了《动产、债权担保法实施令》，2011年11月17日制定了《动产、债权担保登记规则》。

新类型的担保权，这些权利可以进行担保登记。动产担保权、债权担保权与不动产担保权相同，都可以进行登记，因此采取了完全不同于质权及让与担保的公示方法。

这部法律有以下几个特点：

第一，创设了动产担保权与债权担保权。本法创设了有关动产与债权的新的担保权，因此动产担保权与债权担保权是依本法认定的担保物权。无论是否使用让与担保等名称，只要有担保约定时，可以依本法进行登记。不仅是让与担保，所有权保留买卖、融资租赁也可以依本法进行登记。与担保约定的形式无关，只要实质上具有担保功能的，都视为担保约定，采取了实质主义或功能主义立法方式，被称为"实质支配形式"。根据此种担保约定，依本法进行担保登记时，原则上不问约定内容，都作为本法规定的担保权来对待。

第二，与现存担保制度并存。在制定本法的过程中，发生了是否废除有关动产或债权的原先担保制度（例如，废除质权或让与担保等）而制定统一的担保权概念的争论。美国统一商法典（Uniform Commercial Code：UCC）第九章规定了担保交易（Secured Transactions），废除了动产、债权相关的原先的担保制度，制定了新的统一的担保权制度，这也成了一些国家或国际机构担保法改革的模范。联合国国际贸易法委员会（UNCITRAL）制定的担保交易立法指南称其为"统一的接近方法"。但是在统一商法典中规定新的动产、债权担保制度时继续保留将其与《民法》上的质权、判例承认的让与担保、融资租赁、所有权保留买卖等，同时未对哪一个制度赋予优先地位。

第三，引进担保登记制度。改革动产、债权担保制度的核心是制定了有关动产、债权担保的新公示制度。动产质权的公示方法是交付，债权质权或债权让与的公示方法是对债务人的通知或债务人的承诺。本法对动产、债权担保制定了担保登记制度。[1]

有关动产或债权的担保登记簿采取人的编成主义，以担保人为基准进行编录。担保登记簿是指使用电子数据处理系统输入、处理与登记事项相关的电子数据，并按担保人类别储存该电子数据的辅助存储器。（《动产担保法》第2条第8项）不动产因地号特定，所以《不动产登记法》采取了物的编成

---

〔1〕　参见［韩］郭润直、金哉衡：《物权法》，博英社 2015 年版，第 519~520 页。

主义（《不动产登记法》第 15 条第 1 款），但是因为相同的物或债权不计其数，所以动产或债权不能采取物的编成主义。

二、动产担保权

（一）意义与成立

1. 意义

动产担保权是指，依担保约定将动产登记为标的的担保权。如果想设定动产担保权，需约定担保人提供其所有的动产，且依本法进行担保登记。

本法关于担保约定的内容与方式未作出任何限制，采取开放式态度。即担保约定是指，不问是否使用让与担保等名称，依本法规定在动产、债权、知识产权上设定担保的约定（《动产担保法》第 2 条第 1 项）。因此即使使用了质权设定合同、让与担保设定合同或所有权保留买卖、融资租赁等用语，只要有将动产提供为担保的内容，则属于本法规定的担保约定。

2. 担保人与担保权人

（1）本法不限制担保权人的资格（《动产担保法》第 2 条第 6 项）。依本法可以设定动产担保权或债权担保权的人为法人或依《商业登记法》进行商号登记的人（《动产担保法》第 2 条第 5 项、第 3 条第 1 款、第 34 条第 1款）。担保人的商号登记被注销的，也不影响已进行担保登记的动产担保权的效力（《动产担保法》第 4 条）。

设定动产担保权时，担保人须对担保物享有处分权。担保物的所有人虽然不对担保物享有所有权，但是享有处分权或权能的，可以设定担保权。

本法为保证交易的稳定性，规定了动产担保人的明示义务。即设定动产担保权的人约定担保时应明示下列内容：第一，是否享有担保物所有权；第二，担保物上是否存在其他权利（《动产担保法》第 6 条）。

3. 标的物

多数动产只要能确定标的物的种类、保管地点、数量及其他类似的方法特定时，可以设定动产担保权。但是依《船舶登记法》登记的船舶，依《汽车等特定动产抵押法》登记的建设机械、汽车、航空器、小型船舶，依《工厂及矿业财团抵押法》登记的企业财产及依其他法律登记、注册的动产，不得依本法进行担保登记。并且已制作货运单、提单、仓单的动产与不记名债券证书等依总统令的证券也不得进行担保登记（《动产担保法》第 3 条第 3

款）。

4. 动产担保登记

（1）成立要件

"有关动产担保权的取得、变更、消灭的约定，只有登记于担保登记簿时才生效。"（《动产担保法》第 7 条第 1 款）即担保登记是动产担保权的成立要件。

（2）担保权的顺位

担保权的顺位按照在同一动产上设定的动产担保权的顺位，按登记先后确定（《动产担保法》第 7 条第 1 款）。

因为创设新的担保制度时并未废除原先的担保制度，所以对同一动产可以设定依本法的动产担保权与依原有法律的动产担保。因此，对同一动产有《民法》的交付与依本法的动产担保登记时，需要确定它们的顺位。本法规定依交付与登记的先后确定顺位。即对同一动产有担保登记簿上的登记与交付[1]时，如法律无其他规定，按成立先后确定顺位（《动产担保法》第 7 条第 3 款）。

（二）动产担保权的内容与效力

1. 优先受偿权

本法详细规定了动产担保权的内容与效力。关于担保权人的优先受偿权规定，担保权人对于债务人或第三人提供的担保物优先于其他债权人受偿（《动产担保法》第 8 条）。此外，本法对动产担保权的不可分性、动产担保权的效力范围、对孳息的效力、被担保债权的范围、动产担保权的让与、物上代位、以不属于担保物的财产进行清偿、物上保证人的求偿权、调查担保物情况及担保物的补充、第三取得人的费用偿还请求权、担保物返还请求权、担保物的妨害排除、妨害预防请求权、共同担保、善意取得进行了规定。

2. 被担保债权的范围

动产担保权的担保范围包括本金、利息、违约金、实现担保权的费用、担保物的保存费用及不履行债务或因担保物瑕疵发生的损害赔偿债权。但设定担保权时另有约定的，从约定（《动产担保法》第 12 条）。

---

〔1〕 包括《民法》规定的简易交付、占有改定、指示交付。

3. 物上代位

本法有关物上代位的规定与《民法》的物上代位规定有明显区别。担保权人代位担保人因出售、租赁、灭失、毁损或征收而获得的金钱或其他物。在此情形下，应在支付或交付代位物前扣押（《动产担保法》第 14 条）。在出售或出租担保物时，也可以对该对价进行物上代位。

4. 担保物返还请求权

本法对动产担保权的担保物返还请求权与妨害排除请求权作了详细规定。担保权人可以请求占有担保物的人向担保人返还担保物（《动产担保法》第 19 条第 1 款）。这是因为担保权人无直接占有担保物的权源，所以原则上担保权人可以请求向担保人返还标的物。但是担保权人有占有担保物的权源或担保人不能受让担保物的，担保权人可以请求担保物占有人向自己返还担保物（《动产担保法》第 19 条第 2 款）。在上述两种情况下占有人有权占有担保物的，可以拒绝返还（《动产担保法》第 19 条第 3 款）。动产担保权人可以占有担保物，在未占有担保物时也有必要请求无权占有人返还担保物，因此设置了有关返还担保物的规定。

（三）动产担保权的实现

1. 担保权的实现方法

原则上，担保权的实现方法为拍卖（《动产担保法》第 21 条第 1 款），但是如有正当理由，则允许私力实现（《动产担保法》第 21 条第 2 款）。制定本法的重要意义在于允许私力实现。

2. 关于实现担保权的事先约定

本法允许当事人之间事先约定实现动产担保权的方法。即第 31 条第 1 款主文规定，"担保权人与担保人可以约定不同于本法规定的有关实现程序的内容"。本法允许除法律规定的担保权实现方法外，可以约定其他担保权的实现方法。但是私力实现时未发出担保权实现通知而约定担保权人处分担保物或直接抵充清偿的，无效（《动产担保法》第 31 条第 1 款但书）。本法关于归属清算与处分清算作了具体规定。该程序大体如下：债权清偿期届满后向债务人等或担保权人知道的利害关系人通知动产担保权的实现方法后需经过 1 个月期间（《动产担保法》第 23 条第 1 款主文）。但是有毁损、灭失之虞的，不经过上述通知程序或未届清算期间，也可以私力实现（《动产担保法》第 23 条第 1 款但书）。

在私力实现时担保权人或买受人因实现动产担保权而取得担保物所有权的，该担保权人的权利及不得对抗该所有权的其他权利都消灭（《动产担保法》第24条）。在担保权人占有担保物的，债权全部受偿前可以继续留置担保物（《动产担保法》第25条第1款）。担保权人未占有担保物的，为实现担保权而请求将担保物交付给"债务人等"（《动产担保法》第25条第2款）。在此情形下，担保权人应尽善良管理人的注意义务管理担保物，并且可以收取孳息优先于其他债权人抵充被担保债权。

后顺位权利人在将清算款支付给"债务人等"之前，请求担保权人支付基于债权的清算款，并且后顺位的权利人也享有拍卖请求权（《动产担保法》第26条）。后顺位权利人不同意先顺位动产担保权人私力实现的，可以请求拍卖而阻止私力实现。因后顺位权利人的拍卖请求而开始强制拍卖时，动产担保权人应中止私力实现程序（《动产担保法》第23条第5款）。

担保权人能预见私力实现后关于拍卖款等会发生纠纷的，可以提存清算款而脱离支付义务（《动产担保法》第27条）。在担保权实现程序终结前，债务人等可以清偿被担保债务而阻止担保物的处分（《动产担保法》第28条）。

3. 担保权实现的异议申请

在担保权人违法实现担保权时，利害关系人可以申请异议（《动产担保法》第30条）。因此，后顺位权利人可以依本法第26条第2款请求拍卖或依本法第30条申请异议。

（四）共同担保

本法中规定了共同担保。因此可以将位于同一地方的多数动产以集合动产担保的形式提供担保，而且也可以将位于多个地方的多个标的物提供为共同担保。

在实现共同担保时，按各担保物出售价款的比例确定应清偿的债权额（《动产担保法》第29条第1款）。但是很难计算组成集合动产的各个担保物的拍卖价格，因此设置了例外规定（《动产担保法》第29条第3款）。此规定仅适用于私力实现的情形。

此外，先拍卖一部分共同担保物时，可以就全部拍卖款受偿。在此情形下，后顺位权利人可以代位先顺位权利人对其他担保物的权利行使担保权。担保权人私力实现时也准用上述规定（《动产担保法》第29条第2款、第3款）。

(五) 善意取得

本法规定了担保物的善意取得。即依本法取得已登记的担保物所有权时，准用《民法》第 249 条至第 251 条规定（《动产担保法》第 32 条）。在设定动产担保权后，第三人也可以任意取得担保物所有权。这是由于设定担保权的物也可以自由转移所有权。但是，原则上担保权人可以对新所有人行使担保权，这称为担保权的追及力。《民法》第 249 条规定也适用于出让人非正当所有人的情形。因为设定动产担保权时，担保人也作为正当所有人出让担保物，所以不得直接适用上述规定。承认担保物善意取得的意义在于，在第三人取得担保物所有权时，取得不受动产担保权限制的完整所有权。因此平稳而公然地受让担保物的受让人无过失地不知有动产担保权而占有动产的情形，即使设定了动产担保权，受让人也取得无动产担保权负担的担保物所有权。

但是因为有动产担保登记，所以在多个集合动产上依本法设定动产担保权后向第三人一次性处分这些动产或提供担保时，很难满足善意取得要件。在此情形下，通常会认为第三人存在恶意或过失。在集合动产上设定担保权后，担保人也可以按照通常方法处分个别动产，受让这些动产的第三人取得无负担的所有权。在此情形下，第三人取得担保物所有权的理论依据并不是善意取得，反而应认为在集合动产上设定担保权时可以预见处分其中的个别动产的情况，因此担保人享有处分个别动产的权限，第三人可以取得个别动产的所有权。

依本法进行担保登记时，是否应承认善意取得呢？动产担保权的善意取得问题应分为两种情形考察：第一，依担保约定进行担保登记，但是担保人对该动产不享有处分权或对其他人设定让与担保的情形。根据《民法》规定，动产的善意取得需交付标的物，因此不移转占有而进行担保登记时不能善意取得动产；第二，与动产担保权的登记人签订受让担保权的合同后进行担保权移转登记，但是原先的担保登记存在原因无效等事由的情形。相信无效担保登记为有效而受让担保权的，动产担保权也不能变成有效，否则会出现承认担保登记的公信力的结果。因为不动产登记无公信力，因此不得承认担保登记的公信力。[1]

---

〔1〕 参见 ［韩］郭润直、金哉衡：《物权法》，博英社 2015 年版，第 529~530 页。

三、债权担保权

（一）债权担保权的成立

1. 债权担保权

债权担保权是以债权为担保标的的担保权。"债权担保权"是指，根据担保约定将以支付金钱为目的的指名债权（多个债权或将来发生的债权）作为标的进行登记的担保权（《动产担保法》第 2 条第 3 项）。关于债权担保权，准用动产担保权的规定。但是针对债权担保权也作了一些特殊规定。

2. 担保标的

依本法可以设定担保权的债权限于金钱债权。将来债权也可以成为债权担保权的标的，且不问债务人是否已特定。但是应能确定债权类型、发生原因、发生时间或以其他与此类似的方法能特定下来。大法院认为，如果要想使将来债权的转让有效，须具有特定可能性与发生可能性。[1]

（二）债权担保登记的效力

1. 对第三人的对抗要件

债权担保登记是对第三人的对抗要件。即依约定设定的债权担保权的得失变更只有登记于担保登记簿时才可以对抗除指名债权的债务人（以下称为"第三债务人"）外的第三人（《动产担保法》第 35 条第 1 款）。

2. 对第三债务人的对抗要件

已完成债权担保登记的，如果担保权人或担保人未以向第三债务人移交登记事项证明书（《动产担保法》第 52 条）的方法将该事实通知第三债务人或第三债务人不予以承诺，则不得对抗第三债务人（《动产担保法》第 35 条第 2 款）。

3. 担保登记与民法上通知等的顺位

关于同一债权，有担保登记簿的登记与有确定日期的通知或承诺的，如无其他法律规定，担保权人或担保物的受让人可以对除第三债务人外的第三人依登记及其通知的到达或承诺的先后顺序主张权利（《动产担保法》第 35 条第 3 款）。

---

[1]　参见大判 1991.6.25，88DAKA6358.

四、担保登记

（一）主管机关与管辖

本法第 38 条规定，动产担保权或债权担保权可以进行设定、移转、变更、注销或延长的登记。第 39 条规定，由法院主管上述业务。

关于担保登记的管辖，由主管担保人的法人登记或商号登记的地方法院及其分院或登记所管辖登记业务（《动产担保法》第 39 条第 2 款）。

（二）登记的方式与程序

担保登记采取了由担保权人与担保人共同申请的共同申请主义。目的在于防止进行虚假担保登记。但是对于更正登记或基于胜诉判决的登记申请，登记权利人可以单独申请登记（《动产担保法》第 41 条）。

登记申请方法有访问申请与电子申请（《动产担保法》第 42 条）。担保权的最长存续期间为 5 年（《动产担保法》第 49 条第 1 款）。以动产、债权等具有流动性为由，将存续期间限制为 5 年。但是可以延长担保权的存续期间，延长期间自进行延长登记时起不得超过 5 年（《动产担保法》第 49 条第 1 款但书）。因为延长登记只是延长了有效登记的存续期间，所以登记的顺位及效力应以进行最初登记时为准。

任何人在缴纳手续费后都可以查阅登记事项或请求出具记载全部或部分登记事项的证明文件（《动产担保法》第 52 条第 1 款）。

五、知识产权担保权

本法关于知识产权担保权设置了几项特殊规定。知识产权人根据约定，为担保同一债权而在两个以上的知识产权上设定担保权的，依本法可以在专利登记簿、著作权登记簿等登记知识产权的公共账簿（以下称为"登记簿"）上登记担保权。在此情形下，对于设定担保权的知识产权而言，管理登记簿的机关应相同，并且应可以确定知识产权的种类及对象或可以以其他类似的方法予以特定（《动产担保法》第 58 条）。

设定知识产权担保权时，对担保人无特别限制。因为对于知识产权来说，只有权利人才能设定担保权，与动产担保权或债权担保权不同，所以对担保人未做限制。

依约定设定的知识产权担保权的取得、变更和消灭，在登记时与知识产权质权的取得、变更和消灭的登记具有相同效力。对于同一知识产权既进行了本法规定的担保权登记，又依其他规制知识产权的法律设定质权并进行登记的，如果无其他法律规定，则依登记先后决定顺位（《动产担保法》第59条）。担保权人可依规制知识产权的其他法律实现担保权（《动产担保法》第60条）。关于知识产权担保权，原则上准用动产担保权规定，但是不准用有关私力实现的规定。

第六节　非典型担保

一、概说

（一）意义及作用

虽然未在《民法》中规定，但是在实际交易中发挥担保作用的各种制度统称为非典型担保制度。因为中小企业在融资时除了在自己所有的财产上设定质权外，很难再通过其他渠道获得资金。如果企业在自己的设备或产品上设定质权，则无法再进行生产和销售，使得企业资金状况进一步恶化。再者，在债务人不履行债务时，债权人应拍卖标的物，并就拍卖价款优先受偿，但是这种拍卖程序比较复杂，也不易受偿，因此需要程序简易，且易受偿的办法。基于这些需求出现了非典型担保。

（二）类型

根据资金取得方式和所有权转移时期的不同，分为以下两种：

1. 依买卖取得资金的形式

需要资金的人采取先把自己的物出卖给对方，将来再把资金返还给对方而买回自己物的方法。

2. 依消费借贷取得资金的形式

这是依金钱消费借贷的方式取得所需资金的一种形式。其中，包括签订合同时移转所有权的形式和约定将来不履行债务时移转所有权的形式。

（三）非典型担保的规制

韩国社会利用非典型担保的历史较长，但在旧《民法》体系中，没有调整非典型担保的法律规定及特别法。因此只能依靠判例、学说。在制定新《民法典》时规定了第607条及第608条，并规定超过本金和利息的部分应返

还给债务人，且解释为该规定适用于一切非典型担保。换言之，对一切非典型担保均要求清算。但由于只靠判例理论，无法充分保护债务人的合法权益，因此于 1983 年制定了《假登记担保法》。该法所调整的是可以具备登记、注册等公示方法的客体。

二、假登记担保

（一）意义

假登记担保是债权人与债务人以担保债权为目的订立以债务人所有的不动产为标的物的代物清偿预约或买卖预约，并且以假登记保全债权人将来取得的所有权移转请求权的债权担保方法。[1]

（二）假登记担保权的设定

假登记担保权依假登记担保合同和担保假登记来设定。假登记担保合同是当事人为债权人和债务人或第三人之间签订的诺成、不要式合同。假登记担保合同是为担保债权而签订的合同。不履行债务时的不动产的价格须超过借用的金钱本金及利息的总和（《假登记担保法》第 1 条）。

（三）效力

假登记担保权的效力范围由合同当事人协商决定。但是未达成合意时，担保权的效力及于担保物的附合物及从物（第 358 条）。关于担保债权的范围，准用第 360 条。

1. 对内效力

假登记担保权的设定人享有标的物的所有权，因此设定人可以自由行使权利。

2. 对外效力

债权人可以转让假登记担保权。在适用《国税基本法》《国税征收法》及《地方税法》等时，假登记担保被视为抵押权。在设定人破产时，假登记担保权人享有别除权。[2]

3. 假登记担保权的实现

假登记担保权人实现假登记担保权的方法有两种：一种为假登记担保权

---

〔1〕 参见 ［韩］宋德洙：《新民法讲议》，博英社 2017 年版，第 858 页。

〔2〕 参见 ［韩］宋德洙：《新民法讲议》，博英社 2017 年版，第 863 页。

人取得标的物的所有权；另一种为假登记担保权人申请拍卖，并就拍卖款优先受偿的方法（《假登记担保法》第 12 条第 1 款）。

4. 假登记担保权人参加分配

抵押权人、传贯权人在申请拍卖假登记担保的标的物时，假登记担保权人享有优先受偿权。在此情形下，视为假登记担保权在登记时成立（《假登记担保法》第 13 条）。后顺位权利人在清算期间内，即使被担保债权的清偿期未届满，也可以请求拍卖标的物（《假登记担保法》第 12 条第 2 款）。

（四）假登记担保权的消灭

假登记担保权除一般担保物权的消灭原因外，依《假登记担保法》的规定，因假登记担保权人取得标的物的所有权（《假登记担保法》第 4 条）、拍卖标的物（《假登记担保法》第 15 条）及进行所有权移转登记后经过 10 年或善意第三人取得不动产所有权时（《假登记担保法》第 11 条）消灭。

三、让与担保

（一）意义及作用

让与担保是向债权人移转标的物所有权（或其他财产权）的方式担保债权的担保制度。在债务人履行债务时，返还标的物，但是债务人不履行债务的，债权人对该标的物享有优先受偿权。有关让与担保的内容大多来自判例和学说。

让与担保制度可以在企业占有、使用动产的同时将该财产作为担保，以获得融资。相比质权或抵押权，这一制度具有程序简便、费用较少等优点。但是因为以担保债权为目的而移转所有权，所以在债权人随意处分标的物时，具有难以再追回标的物的风险。[1]

（二）让与担保的设定

在当事人之间订立让与担保合同，并具备可公示的方法时，成立让与担保。让与担保合同一般同时具有债权合同与物权合同的性质。让与担保债权人一般为债权人，设定人通常是债务人，但第三人也可以作为设定人。让与担保的标的物可以是动产、不动产及具有财产性质的股票、债权及知识产权等。

---

〔1〕　参见［韩］宋德洙：《新民法讲议》，博英社 2017 年版，第 871 页。

（三）对内效力

《民法》第360条的规定适用于让与担保所担保的债权的范围。除此之外，让与担保适用《民法》第358条至第342条的规定。

由当事人自由协商标的物的使用问题。如果未达成合意，由设定人享有使用、收益标的物的权利。[1]

（四）对外效力

让与担保权人与设定人在标的物上享有物权地位，但也会因相对人处分标的物而丧失权利。由于双方当事人均负有不得处分、让与担保标的物的义务，所以在一方当事人丧失权利时，相对人应承担不履行债务的赔偿责任。

（五）优先受偿效力

因为让与担保是一种担保物权，所以当债务人的债务已届清偿期后不履行债务时，让与担保权人有权行使担保权，就标的物优先受偿。

（六）让与担保的消灭

因债权被清偿或消灭时效完成而消灭让与担保权，并且也因担保物权共同的消灭原因而消灭。在债务被清偿时，被担保债权消灭，同时让与担保权也一同消灭。由于设定让与担保时，对外采取了标的物所有权移转于债权人的形式，即使因清偿债务而消灭让与担保权，也会保留形式上移转所有权的状态。因此，有必要将形式上移转的所有权名义回归于债务人或物上保证人。对此，当标的物为不动产时，采取注销所有权移转登记的方法。

---

〔1〕 参见大判 2008. 2. 28，2007DA37394、37400.

第三编

债权总论

　　有关债权的法律统称为债权法，是《民法》的一个重要部分。这些法律归根结底是调整"债权关系"的法律。因此欲理解债权法，应先了解有关债权的本质，即债权法律关系。调整债权关系的法律称之为实质意义上的债权法。形式意义上的债权法是指《民法典》第三编的债权。

　　第三编由总则、合同、无因管理、不当得利、侵权行为，共五章构成。其中，总则规定了债权的一般原则，这部分一般被称为债权总论或债法总论。第二章至第五章为债的发生原因，一般称之为债权分论或债法分论。

　　债权法的内容非常庞杂。根据《民法》债编的规定，债权的成立原因有合同、无因管理、不当得利和侵权行为。其中，合同是最为重要的债权法律关系的内容。在第二章合同中规定了以买卖为首的15种典型合同，分别在第二节至第十五节中规定了具体内容。

　　《民法》债权编的规定不仅适用于各种类型的债权，也适用于物权编、亲属编、继承编中的债权关系。即物权关系、家庭关系、继承关系中发生的请求权，只要在性质允许的范围内都可以适用债权编的内容。

第一章

债权的本质

第一节　债权的意义及作用

一、债权的意义

债权是特定人请求其他特定人为一定行为的权利。从内容层面上看，债权是一种财产权；从效力层面上看，债权是一种请求权。债权人可以请求债务人为一定的行为，与此请求相对应的就是债务人的义务。其中，"特定的行为"一般称为"给付"，因此债权是作为权利人的债权人向作为义务人的债务人请求一定给付的权利。[1]

债权是债权人请求债务人为一定的行为的权利，因此债权具有平等性，不具有排他性。债权是针对特定人为一定的行为，因而是一种相对权。债权又是请求相对人为一定的行为，因此是一种请求权。

二、债权的作用

债权作为取得物权的前一个阶段，物权的取得多半靠债权实现。债权又以证券化的形式呈现出来，因此有观点认为，债权对所有权形成了一种优越性地位。[2]

---

〔1〕　参见［韩］郭润直：《债权总论》，博英社 2007 年版，第 9 页。
〔2〕　参见［韩］金相容：《债权总论》，HS media 2010 年版，第 20 页。

第二节 债权的效力

一、意义

债权是债权人请求债务人为一定行为的权利，因此当债务人为清偿债务而给付时，债权人有权利受领和持有这一给付。请求债务人为一定行为的权利就是债权的请求力，受领债务人的给付并保有的能力，就是债权的给付保有力。

债权是以债务人的给付为标的的权利，债权的终极目的是取得一定的财产利益。但是债务人不为给付时，仅靠债权的请求力难以达到这一目的。因此法律赋予债权人以一定的救济方式。换言之，为保障顺利实现债权，债权人可以依靠法律的强制力。问题在于，并不是全部债权都可以依靠法律强制力来实现目的。在法制度层面上，亦有无强制力的债权，此时发生自然债务、债务和责任的区别问题。

二、自然债务

自然债务是缺少实现强制力的债权。自然债务源于罗马法。[1]罗马法将不能诉求或虽然不能强制执行，但具有其他法律效力的义务称为自然债务。《民法》未对自然债务作出规定。通常自然债务是指在债务人随意不予给付时，债权人不能起诉债务人履行的债务。[2]

（一）自然债务的类型

1. 合意不起诉的债务

债权人与债务人达成在债务人随意不履行债务也不起诉债务人的合意债务属于自然债务。因此对于合同可以发生自然债务。[3]

2. 作出债权人胜诉的终局判决后撤诉时的债务

对于案件作出了终局判决以后不能再次提起相同的诉讼。一旦案件作出胜诉判决，即使撤诉也不消灭债，此种债务称为自然债务。

---

〔1〕 参见［韩］郭润直：《债权总论》，博英社 2007 年版，第 60 页。

〔2〕 参见［韩］宋德洙：《新民法讲议》，博英社 2017 年版，第 905 页。

〔3〕 参见［韩］金相容：《债权总论》，HS media 2010 年版，第 81 页。

3. 在破产程序中免除的债务和个人重整程序中部分免除的债务

对于在破产程序中免除的债务和个人重整程序中部分免除的债务，免除的是法律规定的责任，并不消灭债务。

（二）自然债务的效力

自然债务不能以起诉的方式求偿，但是因为自然债务毕竟也是一种债务，所以在债务人任意给付时，债权人并不构成不当得利，因此债务人不能再请求债权人返还。这是自然债务共同具有的最低限度的效力。除此之外，自然债务所具有的其他效力，因自然债务的类型不同而有所区别，所以不同类型的自然债务根据不同的情形会发生一些其他效力。

三、债务和责任

债务人不履行债务的，债权人可以对债务人的其他一般财产采取强制措施。即在债务人不履行债务时，债务人的财产成为最后的保障财产。债权是债权人请求债务人为一定给付的权利，因此执行债务人财产并不是债权的本质，此时就会出现有关责任的问题。责任是为实现给付而为的一种强制，即给付强制。[1]下面考察债务与责任分离时的情形：

（一）无责任的债务

债权的当事人可以约定对债务强制执行，此种约定有效。因此如果债权人申请强制执行债务时，债务人可以提出执行异议。此时这种特约可以理解为是有关"无责任的债务"的约定。[2]

（二）限制责任的债务

将责任限定在债务人的一部分财产上，并且债权人只能强制执行这一部分财产的，就是物的有限责任。债务人以其全部财产对债务承担责任的，称为人的责任或无限责任。但是可以根据法律规定或当事人之间约定排除适用此种无限责任。即可以约定把债务限于一定的财产或一定的金额。[3]

（三）无债务的责任

关于无债务责任，最典型的是物上保证人或抵押物的第三取得人承担的

---

[1]　参见〔韩〕郭润直：《债权总论》，博英社 2007 年版，第 65 页。

[2]　参见〔韩〕宋德洙：《新民法讲议》，博英社 2017 年版，第 908 页。

[3]　参见〔韩〕宋德洙：《新民法讲议》，博英社 2017 年版，第 908 页。

责任。即这些人虽然承担责任，但是这种责任并不是基于他们的债务发生的，而是因债务与责任主体相分离而发生的。

四、第三人侵害债权

第三人侵害债权是债权对外效力中的一个重要问题。广义的债权侵害指的是债权的实现受到妨害的情形。债权受到妨害有两种情形：一种是债务人的妨害；另一种是第三人的妨害。债务人的妨害就是普通的债务人不履行债务的情形；第三人的妨害是比较特殊的情形。有关第三人的妨害，主要涉及第三人的妨害是否构成侵权和第三人妨害债权时债权人能否基于债权请求排除妨害的问题。

（一）侵权行为的构成

因为债权是一种相对权，所以通常可以侵害债权的是特定的相对人。特定的相对人侵害债权的方式就是不履行债务。如果不履行债务，则债权人可以请求损害赔偿。如果第三人侵害了债权，那么能否请求第三人承担责任呢？这就是第三人侵害债权是否构成侵权行为的问题。

1. 侵权行为的成立

关于第三人侵害债权，学说上一致认为可以构成侵权行为。判例认为，"第三人侵害债权的，构成侵权行为。但是第三人侵害债权时，并不都构成侵权行为，因此应当根据侵权行为的形式，具体考虑是否成立侵权行为。"[1]可以认为，对于第三人侵害债权是否构成侵权行为，应考察是否满足侵权行为的构成要件。

2. 侵权行为的类型

（1）侵害债权之归属的情形

毁损他人的无记名债权证书或故意侵夺证书后交付给善意第三人的情形；让与债权后受让人具备对抗要件之前再次让与债权，并使第二受让人具备对抗要件的情形；作为债权准占有人或收据持有人受到有效清偿的情形；作为表见代理人处分债权的情形等。[2]换言之，在第三人直接处分或行使债权而致使债权人丧失债权的情形，应认为存在第三人侵害债权的情况。

---

〔1〕 参见大判 2001.5.8, 99DA38699.

〔2〕 参见 ［韩］郭润直：《债权总论》，博英社 2007 年版，第 71 页。

（2）侵害债权标的的情形

第三人侵害给付，致使全部或一部分给付消灭的，应分类考虑是否成立侵权行为。

第一，因侵权行为致使债权消灭的情形。对于以交付特定物为标的时第三人消灭标的物以及在以债务人特定行为为标的时，第三人限制债务人的自由导致债务人不能履行债务的情形，债务因不可归责于债务人的事由消灭的，债权人可以向第三人请求损害赔偿。但前提是第三人的行为须符合侵权行为的构成要件。

第二，侵权行为未消灭债权的情形。在第三人与债务人共谋毁损债权标的物或第三人教唆、帮助或与债务人共同妨害债权人行使权利的情形下，因为债务人承担债务不履行责任，所以债权转变为损害赔偿请求权而继续存在。在此情形下，亦认定成立侵权行为。

在第三人侵害债务人的一般财产时，虽然不消灭债权，但是债权很难受偿，因此这种行为也构成对债权的侵害。[1]

（3）侵权行为的成立要件

仅有第三人侵害债权的事实不能成立第三人侵害债权，侵害行为还应符合侵权行为的构成要件。

第三人须具有故意、过失。由于债权是相对权，不具备对外公示的方法。因此在不知有债权存在的情况下，即使第三人侵害债权，也很难明确有侵害故意或过失，所以构成第三人侵害债权的最基本的要件是第三人须知道存在债权。

如果第三人侵害债权要构成侵权行为，则该行为应具备违法性。由于债权不具有排他性，要证明第三人行为的违法性需要考察诸多要件，否则很难认定第三人行为的违法性。判例认为，在双重买卖等情形，交易行为是基于合同当事人的意思自治而自发形成的行为，因此只有在第三人为不正当利益而取得债权等情形，才能认为第三人的行为具有违法性。[2]

（4）侵权行为成立的效果

在第三人侵害债权的行为构成侵权行为时，发生损害赔偿请求权。但是

---

[1]　参见［韩］郭润直：《债权总论》，博英社 2007 年版，第 72 页。

[2]　参见大判 2001.5.8，9999DA38699.

这种请求权不妨碍债权人的其他权利，即债权人享有基于侵权行为的损害赔偿请求权外，其可以行使代偿请求权、不当得利返还请求权等权利。

（二）第三人侵害债权时能否请求排除妨害的问题

第三人妨害债权人行使债权时，债权人能否请求排除妨害呢？学界对这一问题有不同的看法。

一些学说主张对于具备公示方法的债权，特别是对租赁权应承认妨害排除请求权，[1]目前为止尚未出现承认基于债权的妨害排除请求权的判例。当债权人请求第三人向自己返还标的物时，判例否认了债权人对标的物的返还请求权。[2]妨害排除请求权的具体内容应包括妨害预防请求权与妨害排除请求权。

---

〔1〕 参见 ［韩］金相容：《债权总论》，HS media 2010 年版，第 94 页。

〔2〕 参见大判 1981.6.23，80DA1362.

第二章

债权的标的

第一节 绪 论

一、意义

债权的标的是债权人请求债务人为一定的行为，即债务人的行为。这一行为又称为"给付"。应区分债权的标的与债权的标的物。债权的标的是债务人的履行行为，债权的标的物是该行为的客体。例如，关于出卖人的所有权移转义务，债权的标的为所有权移转行为，债权的标的物是买卖合同的客体。

二、债权标的的要件

如果债权的发生符合法律规定，则标的为法律所规定的标的。如果债权因当事人之间的合意而发生，债权当事人之间可以随意决定债权的标的。但是债权标的应受到一定的限制，因为债权行为是法律行为，所以须符合法律行为的一般构成要件。换言之，债权的标的应具有可确定性、实现可能性、合法性、社会妥当性等。除此之外，《民法》明文规定了债权标的须可以用金钱评估。

（一）确定性

债权的标的可以确定或已确定。给付在履行前不能确定的，债权不成立，发生该债权的法律行为无效。

（二）实现可能性

给付应是可以实现的。不能实现的给付不能成为标的，并且发生这种债权的合同无效。但是使合同无效的原因，不能仅限于自始客观不能。即债权成立时已不可能实现的，合同无效。关于给付可能性，应按照社会通用观念

来判断。[1]例如，在海里捞一枚金戒指的债权不能成立，且无效。

（三）合法性

给付应该是合法的给付。换言之，不得违背强行性法规。

（四）社会妥当性

给付须具备社会妥当性。例如，签订人身买卖或维持婚外男女关系等合同的，因违反社会秩序的给付内容，在法律上不能被认为是有效的给付。

（五）给付的金钱价值

不能以金钱估算的给付，也能成为债权标的。即非经济性交易，亦受法律约束。

三、给付的类型

（一）作为给付与不作为给付

这是根据给付的内容是积极行为还是消极行为作出的分类，因此又称为积极给付和消极给付。在不作为给付中，除了不为一定行为的给付外，还包括容忍或不反对债权人为一定行为的给付。

（二）给的给付与为的给付

这是对作为给付作出的分类。给付的内容为物的交付时，称为给的给付；以物的交付外其他作为为内容时，称为为的给付。[2]对于给的给付来讲，给付结果具有重要意义；对于为的给付来讲，债务人的给付行为非常重要。

（三）特定物给付与不特定物给付

这是对给的给付作出的分类。以交付的标的物是否特定为准，分为特定物给付与不特定物给付。这种分类对于债务的履行方法、履行地点及风险负担等方面具有重要的作用。

（四）一时的给付、继续性给付与回归给付

一时的给付是指只需要一次作为或不作为为完成给付的形态；继续性给付是指继续、反复、多次为给付的形态；回归给付是指上述两种给付的结合形态，即在一定的期间内反复进行相同行为的给付。[3]这一分类对迟延履行、

---

[1] 参见 ［韩］宋德洙：《新民法讲议》，博英社 2017 年版，第 920 页。

[2] 参见 ［韩］郭润直：《债权总论》，博英社 2007 年版，第 24 页。

[3] 参见 ［韩］郭润直：《债权总论》，博英社 2007 年版，第 24 页。

履行不能、同时履行抗辩权等方面具有重要意义。

（五）可替代给付与不可替代给付

按是否只能由债务人自己履行债务为标准，分为可替代给付和不可替代给付。不可替代给付是只能由债务人自己履行的给付；可替代给付是债务人以外的第三人亦可以履行的给付。

第二节　特定物债权

一、意义

特定物债权是指以特定物的交付为标的的债权。特定物债权一般因买卖、赠与、互换、使用借贷、租赁、保管等合同而发生。特定物债权的标的物特定，除了在债权成立时被特定外，亦可以在债权成立后特定。

二、善良管理人注意义务

以特定物交付为标的的，特定物债权的债务人，在交付特定物之前，应尽善良管理人的注意义务保存标的物（第374条）。

（一）善良管理人注意义务

善良管理人的注意义务是在交易中所要求的一般的注意义务，是交易中的一般人应尽的通常性注意义务。违反这种善良管理人注意义务的，被称为抽象过失。与此相对，在一些情形下，《民法》特别规定了低于一般注意义务的义务，此种义务被称为具体过失。

（二）善良管理人注意义务的存续期间

《民法》第374条规定，在交付特定标的物之前只需尽善良管理人的注意义务。这意味着债务人在实际交付标的物前负有善良管理人的注意义务。只有在履行期经过后，不属于迟延履行、受领迟延时，才会继续承担这一义务。

（三）违反善良管理人的注意义务时的效果

债务人因怠于履行这一义务而致标的物毁损或灭失时，得承担损害赔偿责任。[1]与此相对，虽然债务人尽了善良管理人的注意义务，但是标的物毁

---

〔1〕　参见大判 1991.10.25，91DA22605、22612.

损、灭失的，不承担损害赔偿责任。对特定物债权来说，虽然债务人尽了善良管理人的注意义务，但是标的物毁损、灭失的，由债权人承担风险。

三、标的物的交付义务

（一）现状交付义务

债权的标的为交付特定物的，债务人应按履行期的现状交付该特定物（第462条）。换言之，即使债权成立时的标的物与履行时的标的物之间存在区别，债务人只要按履行期的现状交付该标的物，就能履行自己的义务。只要这种变化不是基于债务人的故意或过失即可。

（二）天然孳息的归属

当债务人享有收取孳息的权利时，债务人可以收取履行期之前产生的孳息。因为天然孳息与原物分离时，由有权收取该孳息的权利人收取（第102条第1款）。经过履行期后的孳息，应与原物一同交付给债权人。

第三节 种类债权

一、意义

种类债权是指交付一定量的种类物为标的物的债权。种类物债权的发生源于商品的大宗交易，其在商事交易中具有重要的意义。

对于种类之债，如果同种类物品中有不同等级的物品，就会出现应当交付何种等级的物的问题。对此《民法》作了以下规定：首先，交付哪种等级的物取决于法律行为的性质。例如，消费借贷的借用人应返还与原物相同质量的物（第598条）；其次，交付取决于当事人的意思。如果根据前两种方法尚不能决定物的质量时，应交付中等质量的物。

二、种类债权的特定

在种类之债中，因为标的物的种类和数量没有具体化，因此在实际履行前要明确标的物的具体种类和数量，这一过程称为种类债权的特定。

（一）特定的方法

《民法》规定了两种特定方法，即"债务人完成履行所需的必要行为或获

得债权人的同意，指定需要履行的物"时种类债权被特定（第 375 条第 2
款）。

1. 合同中约定特定条件

当事人之间在订立合同时选择要给付的标的物或根据合同内容由第三人
指定具体标的物等方式特定某个标的物。[1]如果第三人不行使指定权，则应
依第 375 条规定，在债务人完成履行所需的必要行为时发生特定。

2. 债务人完成履行所需的必要行为

关于特定的方法，当事人之间没有特殊约定的，债务人完成履行所需的
必要行为时发生特定。履行所需的必要行为是指为履行债务，债务人应为的
一切必要行为，即清偿提供（第 460 条）。清偿提供包括口头提供与现实
提供。

口头提供是向债权人发出已完成债务清偿准备的通知，并催告债权人受
领给付的行为。现实提供是债务人做好了相当的准备，债权人只要受领给付，
就发生清偿效果的提供。

上述清偿提供方法，因清偿地点不同而应采取不同的方法。

（1）赴偿债务

以债权人的住所地为履行地的债务称为赴偿债务。关于清偿地点，如果
没有特殊约定，除特定物债务外的其他债务，应以赴偿债务为原则（第 467
条第 2 款）。因此，种类债务以赴偿债务为原则。

关于赴偿债务，以现实提供为原则。因此债务人在债权人住所地，按照
债务的内容现实提供时，认为债务人已进行了必要行为，此时种类债务被特
定。如果债权人提前拒绝受领标的物，则在口头提供时发生特定。

（2）往取债务

将债务人的住所地作为履行地的债务称为往取债务。在履行往取债务时，
只需口头提供清偿，无需现实提供清偿。

（3）送达债务

将标的物送至债务人、债权人住所地或营业地外的第三地的，称为送达
债务。在第三地履行债务的，向第三地发送标的物时债务被特定。

---

[1] 参见［韩］金相容：《债权总论》，HS media 2010 年版，第 43 页。

（二）特定的效果

（1）种类债权的标的物被特定后，该特定物成为债权的标的物（第 375 条）。即种类债权在不改变同一性的前提下，转变为特定物债权。因此在发生特定前，如果债务人所有的该类型标的物全部灭失，但市场上还有相同性质的物，则不免除债务人的给付义务。在发生特定后标的物因不可归责于债务人的不可抗力等原因灭失时，即使市场上存在其他相同性质的物，也免除债务人的债务。但是因可归责于债务人的原因而灭失的，债务人应赔偿损害。[1]

（2）在双务合同中标的物被特定后仍然由债务人承担风险。因此标的物因不可抗力灭失的，债务人不能请求相对人履行。

（3）因为种类债权不重视标的物的个性，所以标的物的特定只不过是履行种类债权的一种手段和方法，因此在标的物被特定后，即使给付同种类、同数量的其他物，也不能全部视为不履行债务。如果债权人表示反对或给债权人造成损害，应视为不履行债务。[2]

第四节　金钱债权

一、意义

以金钱交付为标的的债权称为金钱债权。金钱债权是基于法律行为和法律规定所产生的。因不履行债务而发生的损害赔偿债权，原则上亦为金钱债权。

二、金钱债权的种类

（一）金种债权（特种货币债权）

金种债权是以给付一定量、一定种类货币的债权。这种债权依当事人之间的约定而发生。[3]金种债权分为相对金种债权与绝对金种债权。上述金种债权是相对金种债权。绝对金种债权是指，依当事人的意思，绝对给付一定种类的金钱债权。关于绝对金种债权，即使该种货币丧失强制通用力，也应

---

〔1〕　参见［韩］郭润直：《债权总论》，博英社 2007 年版，第 31 页。

〔2〕　参见［韩］郭润直：《债权总论》，博英社 2007 年版，第 32 页。

〔3〕　参见［韩］宋德洙：《新民法讲议》，博英社 2017 年版，第 938 页。

以该种金钱给付。如果该种类的金钱不存在，则构成履行不能。[1]

（二）外币债权

以给付外币为标的的金钱债权就是外币债权。外币在韩国国内并不具有通货效力。但是为国际交易的便利，《民法》规定了以下内容。对于外币债权在当事人之间无特约时，债务人可用相应的外币清偿债务（第377条第1款）。此时债务人如果可以以外币确定债权数额，则根据给付时的履行地汇率，用韩元清偿债务（第378条）。

三、金钱债务的履行

金钱债权是指，以支付一定数额的金钱为内容的债权，因此在金钱不丧失强制通用力时，不发生以何种金钱支付的问题。归根结底，金钱的种类不影响金钱债务的清偿。

四、金钱债权的特殊规则

金钱债权不可能发生履行不能，《民法》第397条为有关金钱债权的规定。

在不履行金钱债务时，债权人无需证明受到的损害，并且债务人不能抗辩自己无过失（第397条第2款）。因为比较难以证明发生损害，并且资本本身可以带来利息。[2]原则上根据法定利率决定不履行金钱债务时的损害赔偿额。但是如果有其他约定，且该约定不违反法律规定的，可以依该约定。

第五节 利息债权

一、意义

以支付利息为标的的债权为利息债权。利息债权以本金债权为前提。说明利息债权之前，应明确何为利息。

（一）利息

利息是指作为流动资本本金的使用费。但是《民法》上所指的利息应是

---

〔1〕 参见［韩］金相容：《债权总论》，HS media 2010年版，第45页。
〔2〕 参见［韩］宋德洙：《新民法讲义》，博英社2017年版，第940页。

"作为金钱及其他代替物的使用对价，以本金与使用期间的比例支付的金钱及其他代替物"。[1]

利息的具体内容如下：第一，利息是使用本金的对价，是法定孳息；第二，利息以本金债权的存在为前提，因此本金债权无效或撤销的，不发生利息；第三，利息是流动资本，即金钱及其他代替物的使用对价；第四，利息是金钱及其他代替物；第五，利息根据一定的利率计算。[2]

（二）利率

利率是本金对利息的比例。利率分为法定利率与约定利率。

1. 法定利率

法定利率是法律规定的利率。民事法定利率为 5%；商事法定利率为 6%。

2. 约定利率

约定利率是当事人之间协商决定的利率。但是特别法限制金钱消费借贷的利率。

二、利息债权

（一）发生原因

发生利息债权的原因有消费借贷、消费保管等合同。其中消费借贷是最主要的原因。因当事人之间的合同而发生的利息债权为约定利息债权。根据法律规定发生的利息债权为法定利息债权。

对于法定利息债权，在买卖合同中买受人受领买卖标的物后未支付对价时，买受人应支付从受领标的物之日起的利息。除此之外，无因管理人消费了应交付给本人的金钱等情形下也发生法定利息债权。

（二）性质

因为利息债权以本金债权为前提，所以具有从属性。此外还有一定的独立性。

1. 从属性

利息债权是从属于本金债权的权利，以作为主权利的本金债权为前提，所以利息债权的成立与存续，从属于本金债权。换言之，因有这层从属性关

---

〔1〕 参见［韩］郭润直：《债权总论》，博英社 2007 年版，第 37 页。
〔2〕 参见［韩］郭润直：《债权总论》，博英社 2007 年版，第 37 页。

系，在转让本金债权时，应一同转让利息债权；扣押本金债权时，其效力及于利息债权。

2. 独立性

利息债权作为一项权利，又独立于本金债权。因此可以独立于本金债权，单独进行诉讼，也可以进行转让等。

三、利息的限制

商品经济的发展带动了消费借贷。利息作为使用资本的代价参与了利润的分配。现代法律尊重契约自由原则，承认当事人之间约定利息的自由。但无限制的利息，必然损害弱者利益，因此限制利息具有重要的意义。

限制利息主要采用限制利率的方法。限制约定利率的法律主要包括《利息限制法》与《借贷行业注册及金融使用人保护法》。如果约定利率超出上述法律规定的利率，该约定无效。债务人支付了超出最高利率的利息的，超过限制的部分抵充本金；本金消灭的，可以请求返还。[1]

第六节 选择之债

一、意义

在数个给付中选择某一给付的债权就是选择之债。选择之债只选择一个债权，因此仅发生一个请求权。在选择之债中，将已确定的数个给付作为标的，因此欲给付时须在数个给付中选定一个给付，同时将选择债权转变为单纯债权。

二、选择债权的特定

《民法》规定的选择债权的特定方法有两种，一种是因选择而特定；另一种是因给付不能而特定。

（一）因选择而特定

1. 选择权

选择权是一种形成权，选择一种给付的权利就是选择权。

---

〔1〕 参见［韩］金相容：《债权总论》，HS media 2010 年版，第 65~66 页。

2. 选择权人

由谁来行使选择权，一般取决于选择之债的发生原因。如果无约定或法律规定，则由债务人行使选择权（第380条）。

3. 选择权的移转

在选择权人不行使选择权时，应由其他人行使选择权，以便确定债权。

（1）当事人一方享有选择权的情形

如果确定了选择权的行使期间，选择权人在此期间内不行使选择权的，相对人可以确定合理期间催告其行使选择权。如果选择权人在催告期间内不行使选择权，则由相对人行使选择权（第381条第1款）。如果未确定选择权的行使期间，在债权期间届满后即使相对人确定合理期间催告其行使选择权，但选择权人也未在该期间内行使选择权的，由相对人行使选择权（第381条第2款）。

（2）第三人享有选择权的情形

关于第三人的选择权，在第三人不能选择时，由债务人行使选择权。即选择权移转于债务人（第384条第1款）。第三人享有选择权，但未选择的，债权人或债务人可指定合理期间催告第三人选择。如果第三人在该期间内不选择，则由债务人享有选择权（第384条第2款）。

4. 选择权的行使

在债权人或债务人享有选择权时，由向相对人作出意思表示的方式来进行。如果这一意思表示未经相对人的同意，不得撤回（第382条）。

如果第三人享有选择权，则由第三人向债务人及债权人作出意思表示的方式行使。并且这一意思表示未经债权人及债务人的同意，不得撤回（第383条）。

（二）给付不能的特定

《民法》第385条规定了给付不能时的特定规则。在作为债权标的的数个可选择的行为中存在债权成立当时自始不能的，债权被特定于剩余的给付之上（第385条第1款）。

因没有选择权的当事人过失致使嗣后给付不能的，债权不特定于剩余的给付之上（第385条第2款）。但是因有选择权的当事人过失致使嗣后给付不能的，债权依然可以被特定于剩余的给付之上（第385条第1款）。

第三章

债务不履行与债权人迟延

第一节 绪 论

一、意义及类型

债务不履行是指因可归责于债务人的事由，不能按债务内容履行的状态（第 460 条）。在不履行债务时发生债权人的损害赔偿请求权等法律效果。《民法》第 387 条详细规定了有关债务不履行的内容。《民法》概括地规定了债务不履行，其类型可以分为迟延履行、履行不能、不完全履行。

二、要件与效果

（一）要件

1. 共通要件

债务不履行的类型，具有相同的要件。即债务人的归责事由和违法性。

关于债务人的归责事由，《民法》仅针对履行不能作了规定（第 390 条但书）。但是学说和判例一致认为迟延履行和不完全履行也要求有债务人的归责事由。这是因为在以过错责任为原则的债务体系中没有必要区分履行不能与迟延履行。[1]

违法性要件并不是每个债务不履行类型都应具备的积极要件，而是在没有同时履行抗辩权、留置权、紧急避险等阻却事由时，被评价为违法的消极要件。[2]基于这种立场，《民法》未明文规定债务不履行的违法性要件。

---

〔1〕 参见 ［韩］宋德洙：《新民法讲议》，博英社 2017 年版，第 961 页。

〔2〕 参见大判 2002.12.27，2000DA47361.

2. 具体要件

对于债务不履行的几种类型，除共通的要件以外，皆须具备其他特别要件才能成立。例如，迟延履行，必须已届履行期，并且还可以继续履行；履行不能，须是嗣后的履行不能等。

（二）效果

关于债务不履行效果，通常认为有强制履行权、损害赔偿请求权、合同解除、解止权等。在债务不履行效果中最重要的是损害赔偿请求权，而且损害赔偿请求权因不同的债务不履行类型而有所区别。

第二节　债务不履行类型

一、迟延履行

（一）意义及要件

1. 意义

迟延履行是指债务已届清偿期，并且可以履行债务，但因可归责于债务人的事由而不履行债务的情形。

2. 要件

（1）须已届履行期

欲成立迟延履行，首先债务须已届履行期。但是有同时履行抗辩权的债务，即使已届履行期，也不成立迟延履行。此外，丧失期限利益的债务，即使未届履行期，也视为已届履行期，发生迟延履行。在有些情形下，债权人请求履行债务时，亦视为已届履行期，发生迟延履行。

①附确定期限的债务

债务履行附确定期限的，债务人自期限届至时起承担迟延责任（第387条第1款前段）。在此情形下，债权人无须向债务人发出履行催告。但是也有例外，指示债权或无记名债权的债务人即使其承担的债务有确定期限，但履行期届至后也只有在证券持有人提示证券，请求履行时才承担迟延履行的责任。往取债务及其他需要债权人协助的债务，在债权人提供必要协助，且催告履行时，才发生迟延履行的问题。仅履行期届至，不发生迟延履行。[1]

附确定期限的债务为双务合同时，即使履行期已届至也不成立迟延履行。在此情形下，只有相对人已提供履行，自己却未提供履行的，才构成迟延履行。[2]

②附不确定期限的债务

债务的履行期限不确定的，自债务人知道期限届至时起，承担迟延责任（第387条第1款后段）。债务人不知期限已届至的，在债权人进行催告时，债务人从催告之日起承担迟延责任。

③未附期限的债务

债务履行未附确定期限的，债务人自受到履行请求时开始承担迟延责任（第387条第2款）。没有确定履行期限的债务，自成立时起就开始处于履行期。在此情形下，债务人自收到履行催告之次日起承担迟延责任。[3]

④丧失期限利益的债务

发生以下事由时债务人丧失期限利益：第一，债务人损害、减少或灭失担保的（第388条第1项）；第二，债务人不履行提供担保义务的（第388条第2项）；第三，债务人收到破产宣告的（《债务人重整法》第425条）；第四，发生当事人之间约定丧失期限利益的情形。[4]

如果发生债务人丧失期限利益的事由，则债务人不能主张期限利益（第388条主文）。因而债权人即使还有剩余期限，也可以立即请求债务人履行债务。当拟制的期限届至时，债权人可以承认存在期限，并请求期限内的利益。因此当有丧失期限的理由的，自债权人请求时起债务人承担迟延履行的责任。

（2）须可以履行

欲构成迟延履行，在履行期届至时应能履行。如果不能履行，则变为履行不能。

（3）没有履行

（4）因可归责于债务人的事由而没有履行

---

〔1〕　参见［韩］金相容：《债权总论》，HS media 2010年版，第112页。

〔2〕　参见大判1980.8.26，80DA1037.

〔3〕　参见大判1972.8.22，72DA1066.

〔4〕　参见大判1997.8.29，97DA12990.

虽然《民法》对履行不能要求应存在可归责于债务人的事由，但是对迟延履行没有明文规定须具备这些事由。因此关于迟延履行是否要求债务人的归责事由就成为需要解释的问题。学界的通说认为，因为《民法》以过失责任为原则，并且尚未发现区分迟延履行和履行不能的实质性根据，同时考虑到第391条与第392条的规定，关于迟延履行的成立，需要可归责于债务人的事由。[1]

（5）不履行债务的行为应违法

债务人即使在履行期不履行债务，但债务人对债权人享有同时履行抗辩权、留置权等正当事由时也不构成迟延履行。在侵权行为中，违法性是积极要件；在债务不履行中是消极要件。因此关于债务不履行，债务人在清偿期不履行债务时，应推定为违法。但是如果存在阻却事由，则不构成迟延履行。[2]

（二）效果

在发生迟延履行时原来的债务继续存在，并且因还能继续履行该债务，所以债权人可以请求履行。迟延履行的效果一般包括强制履行、损害赔偿请求权以及合同解除权。

1. 强制履行

债务人即使陷于迟延履行，因能继续履行原来的债务，所以债权人也可以请求履行原来债务。在债权人请求履行原来债务时，债务人不履行的，债权人可以基于债权的强制力强制债务人履行债务（第389条）。

债务人陷于迟延履行，但在债权上设定特别担保的，债权人可以行使该担保权。例如，约定了违约金，该约定亦有效。

2. 损害赔偿

（1）迟延赔偿

债务人迟延履行债务的，债权人可以请求赔偿因迟延履行而受到的损害（第390条主文）。金钱债务中的迟延利息是典型的迟延损害（第397条第1款）。由于迟延履行时债务人可以继续履行原来债务，因此债权人可以请求履行原来的给付的同时请求迟延赔偿。

---

〔1〕 参见 [韩] 郭润直：《债权总论》，博英社 2007 年版，第 83 页。
〔2〕 参见 [韩] 金相容：《债权总论》，HS media 2010 年版，第 117 页。

（2）填补赔偿

在债务人迟延履行债务时，债权人可以解除合同（第544条），并可以要求填补赔偿（第551条）。债权人确定一定期间后催告债务人履行债务，但在此期间内债务人不履行债务的，债权人可以拒绝受领原来给付而请求填补赔偿（第391条）。

3. 责任加重

关于债务人陷于迟延履行后发生的损害，即使没有可归责于债务人的事由，债务人也应承担赔偿责任（第392条主文）。因此债务人陷于迟延履行后不得以没有过失进行抗辩。但是债务人即使在履行期内履行，仍会发生损害的情形除外（第392条但书）。

4. 合同解除权

债务人陷于迟延履行后，在满足一定条件时债权人可以解除合同。即债权人确定合理期间进行催告后，债务人仍然不履行债务的，可以解除合同（第544条主文），但是债务人提前表示不履行债务的，可以及时解除合同（第544条但书）。

（三）迟延履行的终止

1. 债权消灭

在债权消灭时，迟延履行终止。

2. 债权人免除迟延

在债务人陷于迟延履行后，债权人免除其迟延责任的，迟延履行终止。债权人放宽履行期限时，在放宽期限内不发生迟延责任，但是否能消灭已发生的迟延责任值得商榷。[1]

3. 债务人的履行提供

债务人赔偿迟延损害的同时履行原来债务时，迟延履行终止。然而在债权人已解除合同或因迟延后的履行对债权人无利益而请求填补赔偿时，可以提供履行而终止迟延履行。

4. 迟延履行后的履行不能

迟延履行后发生的履行不能，应作为履行不能来对待。并且应自债务不能履行时开始视为履行不能。

---

[1] 参见［韩］郭润直：《债权总论》，博英社2007年版，第89页。

二、履行不能

（一）意义

履行不能是指，在债权成立后因可归责于债务人的事由而不能履行债务的情形。履行不能亦是《民法》规定的债务不履行类型之一。

（二）要件

1. 债务不能履行

（1）不能履行

不能履行不仅包括物理上的不能履行，还包括法律上和社会观念上的不能履行。但是通说与判例都认为履行不能中的不能是指社会观念及交易观念中的不能。换言之，履行不能是综合考虑一般人的知识和经验及交易习惯等后确实不能达到履行的状态。例如，从大海中捞一枚金币等。此外，履行不能还包括虽然理论上和物理上可能，但需要巨大费用的情形。

（2）嗣后不能

履行不能中的不能应是嗣后不能。因为给付自始客观不能时，仅发生缔约过失责任，不发生履行不能，且债权也不成立（第535条）。履行不能的时期应以履行期为准。履行期到来前已经不能履行的，可以认为当时已成为履行不能。

2. 可归责于债务人的事由

债务不能履行，须有可归责于债务人事由（第390条但书）。因为由债务人承担证明自己无可归责事由，所以当债务人不能证明自己无可归责事由时，应承担债务不履行责任。

3. 履行不能违法

如果债务人有正当事由不能履行，则不成立履行不能。

（三）效果

1. 填补赔偿请求权

债务人履行不能时，债权人代替原来给付而享有损害赔偿请求权，即填补赔偿请求权。这一填补赔偿请求权是原债权内容的变更，所以与原债权具有同一性。

只有一部分给付不能履行的，债权人可以请求履行剩余给付。但是剩余给付不能有利于债权人的，债权人可以请求代替全部债务的损害赔偿或解除

全部合同。〔1〕

2. 发生合同解除权

在债务人不能履行时，债权人不进行催告，也可以及时解除合同（第546条）。解除合同后如果还有损害，可以请求赔偿损害。

3. 代偿请求权

代偿请求权是指，债务人基于因与发生履行不能的同一原因取得给付标的的代偿利益时，债权人对于债务人可以请求偿还该代偿利益的权利。例如，第三人损毁了债权标的物时，债务人对第三人享有损害赔偿请求权。此时债权人请求债务人转让对第三人的损害赔偿请求权的权利就是代偿请求权。

虽然《民法》未明文规定代偿请求权，但是多数学说与判例都承认此权利。在解释代偿请求权时，不能只考察这一制度，应着眼于《民法》的整体体系及第342条物上代位等制度的宗旨考虑代偿请求权。〔2〕

三、不完全履行

（一）意义

不完全履行，又称为不完全给付，是指债务人虽然履行了债务，但履行有瑕疵的情形。例如，购买的手表有瑕疵或购买的法条缺页等都属于不完全履行的情形。

（二）要件

1. 须存在履行行为

成立不完全履行，须有履行行为。如无履行行为，则构成履行不能或迟延履行，不能成立不完全履行。

2. 履行有瑕疵

虽有履行行为，但履行行为有瑕疵。换言之，债务人违反了附随义务或保护义务。给付的不完全性因给付内容而有所不同。

3. 债务人具有可归责事由

不完全履行是因可归责于债务人的事由而发生。〔3〕

---

〔1〕　参见大判 1995.7.25，95DA5929.

〔2〕　参见［韩］宋德洙：《新民法讲议》，博英社 2017 年版，第 983 页。

〔3〕　参见大判 2003.7.22，2002DA35676.

4. 不完全履行违法

不完全履行违反了法秩序。

（三）效果

通说认为，不完全履行的效果应分为可以完全履行的情形和不能完全履行的情形考虑。关于前者，发生完整履行请求权；如有弥补方法，则发生追完请求权（补充请求权）。除此之外，也可以请求因迟延履行而发生的损害。对于后者，只能请求赔偿因不完全履行造成的扩大损害及填补损害。此外，根据是否能够完全履行，比照迟延履行和履行不能承认合同解除权。[1]

四、附随义务的违反

（一）意义

给付义务之外的行为义务称之为附随义务。违反附随义务时，亦成立债务不履行。

（二）要件

1. 须违反附随义务

附随义务根据诚实信用原则或法律规定而发生。其表现形式有说明义务、安全保障义务及保护义务等。

2. 债务人有可归责事由

3. 具有违法性

（三）效果

债务人违反附随义务的行为满足构成要件时，债权人可以请求赔偿损害。被违反的义务是基于合同的义务的，在满足一定条件时可以解除合同。

---

[1] 参见［韩］郭润直：《债权总论》，博英社 2007 年版，第 100 页；［韩］金相容：《债权总论》，HS media 2010 年版，第 119 页。

第三节　损害赔偿

一、意义

（一）损害

法律保护的是生活利益，即法益受到的不利益就是损害。[1]关于损害的意义，有差额说与具体损害说。差额说认为损害是指，如果没有加害行为时表现为应有的利益状态和已经发生损害状态之间的差异。[2]具体损害说认为，对法益造成的具体的不利益就是损害。[3]

（二）损害的类型

1. 财产损害与非财产损害

对于财产损害与非财产损害的区分，有观点认为应以法益为标准，因此关于财产的损害是财产损害；有关生命、身体、自由、名誉等发生的损害为非财产损害；[4]也有观点认为侵害结果发生时的损害为有关财产的损害的，称为财产损害；不属于财产性损害的，称为非财产性损害。[5]

2. 积极损害与消极损害

原先存在的利益灭失或减少而发生的损害为积极损害；丧失将来可以取得的利益而发生的损害是消极损害。

3. 履行利益与信赖利益

因债务人未履行合同而受到的损害是履行利益；认为法律行为有效而受到的损害是信赖利益。履行利益是法律行为有效，但是因未履行而发生的问题；信赖利益是法律行为无效时的问题。此外，信赖利益不能大于履行利益。

4. 直接损害与间接损害

直接损害是法益自身受到的损害；间接损害是侵害法益的结果，即结果损害。例如，身体的损害是直接损害，因身体受到损害而没有获取工资的损

---

〔1〕 参见［韩］郭润直：《债权总论》，博英社 2007 年版，第 112 页。

〔2〕 参见［韩］郭润直：《债权总论》，博英社 2007 年版，第 112 页。

〔3〕 参见［韩］金相容：《债权总论》，HS media 2010 年版，第 146 页。

〔4〕 参见［韩］郭润直：《债权总论》，博英社 2007 年版，第 113 页。

〔5〕 参见［韩］金相容：《债权总论》，HS media 2010 年版，第 147 页。

害是间接损害。

二、损害赔偿请求权

因为不履行债务时的损害赔偿请求权是原债权的扩张（迟延赔偿）或内容的变更（填补赔偿），所以损害赔偿请求权与原来的债权具有同一性。损害赔偿请求权具有以下性质：第一，原债权的担保效力及于损害赔偿请求权；第二，损害赔偿请求权的时效期间受原债权性质的影响，并自可以行使原债权时起计算消灭时效期间；第三，在转让原债权时，原则上已经发生的迟延赔偿请求权一同转移。[1]

三、损害赔偿方法

关于损害赔偿方法的立法有金钱赔偿主义和恢复原状主义两种。前者是以金钱评估损害后进行赔偿的方法；后者是恢复到未发生引起损害事实之初状态的赔偿方法。《民法》以金钱赔偿主义为原则。但是当事人之间有其他意思表示或法律有特别规定时，不以金钱赔偿为原则。[2]

四、损害赔偿范围

《民法》第393条规定了损害赔偿范围，第1款规定应赔偿通常损害，第2款规定如果存在可预见性时应赔偿特别损害。

（一）决定损害赔偿范围的标准

关于决定损害赔偿范围的标准，有以下几种学说：

1. 相当因果关系说

相当因果关系说认为，须赔偿的损害是与债务不履行具有相当因果关系的损害。在不履行债务时，应综合考虑由一般人认知的事情与债务人所知的事情决定损害赔偿范围。换言之，应综合一般人可认知的事情与债务人独自认知的事情而赔偿通常发生的损害。此观点认为，第393条第1款是关于相当因果关系原则的内容，第2款是规定相关情况范围的内容。判例持相当因

---

〔1〕 参见 〔韩〕郭润直：《债权总论》，博英社2007年版，第114页。

〔2〕 参见 〔韩〕宋德洙：《新民法讲议》，博英社2010年版，第999页。

果关系说的观点。[1]

2. 危险性关联说

危险性关联说认为，应将损害分为与被侵害规范有直接关联的第一次损害与以第一次损害为基础发生的第二次损害。第一次损害应以第 390 条为根据归属于债务人，第二次损害则是在第一次损害具有的危险性与第二次损害之间存在危险关联性时，归属于债务人。[2]此观点认为，第 390 条是关于第一次损害的规定，第 393 条是关于第二次损害的规定。

3. 规范目的说

这一学说认为，应以决定赔偿权利人承担义务的法律为根据来确定损害赔偿范围。[3]

(二) 第 393 条规定的赔偿范围

1. 通常损害

通常损害是指不履行该种类的债务时，通常发生的损害。通常损害须具备两个条件：第一，因发生了满足 A 这个条件的债务不履行而发生了 B 这个损害；第二，如果不发生 A 这个债务不履行，则不发生 B 这个损害。关于通常损害，由于不问债务人的可预见性，所以债权人只证明存在债务不履行与损害额即可。

2. 特别损害

特别损害是指，债务人已知或可知时才予以赔偿的损害。因此在债务人已知或可知引起特别损害的事情时，才承担赔偿责任。换言之，债务人只对特别情况有预见性即可，无须预见发生损害的可能性。[4]

例如，标的物的买受人与他人签订了转卖标的物的合同，但是因标的物有瑕疵而不能转卖，因此未能取得的差价；[5]标的物的出卖人未能从买受人处获得对价，因此未能支付其从第三人处买受的不动产的价款，而被没收的定金等都属于特别损害。[6]

---

〔1〕　参见大判 2004. 5. 14，2004DA7354；大判 2006. 9. 8，2006DA21880.

〔2〕　参见 [韩] 金亨培：《债权总论》，博英社 1998 年版，第 256 页。

〔3〕　参见 [韩] 郑淇雄：《债权总论》，法文社 2000 年版，第 150 页。

〔4〕　参见大判 2002. 10. 25，2002DA23598.

〔5〕　参见大判 1992. 4. 28，91DA29972.

〔6〕　参见大判 1991. 10. 11，91DA25369.

五、损害赔偿的计算方法

（一）计算赔偿额

1. 财产损害

财产损害的赔偿额是合计给付及其他物的价格。根据相当因果关系理论，一般以通常价格及通常的交换价值为标准决定赔偿额。债务人已知或可知特别情况时所发生的损害，可作为特别损害来进行赔偿。

2. 非财产损害

非财产损害很难用金钱来计算。因此，计算赔偿额时应以可以减轻身体或心理痛苦的方法或有体物的价值作为标准。但是应选择何种方法是一个难题，因此法院判定非财产损害时应综合考虑被害人的人格、社会地位、双方当事人的资产、加害动机、加害前后的情形等因素。[1]

（二）赔偿额的计算时期

在计算损害赔偿额时应以哪个时点作为计算点是非常重要的问题。因为赔偿责任的原因发生时和赔偿损害时会有价格变动，所以决定赔偿额的计算时期具有非常重要的意义。

对此有以下学说：第一种观点认为，应以口头辩论终结时为计算赔偿额的时间点；第二种观点认为，应以发生损害赔偿责任当时作为计算赔偿额的时间点；第三种观点认为，原则上应以发生赔偿责任时为准，但是在具体案件中需要考虑责任发生后的情节的，应以辩论终结时为计算时间点。[2]

对履行不能及侵权行为造成的损害赔偿额，判例以责任原因发生时为计算时间点。[3]迟延履行时以催告后经过一定期间的时间作为计算时期，[4]但是亦有以事实审的辩论终结时为计算时间点的判决。[5]

---

〔1〕 参见［韩］宋德洙：《新民法讲议》，博英社2017年版，第1004页。

〔2〕 参见［韩］李银荣：《民法Ⅱ》，博英社2002年版，第107页。

〔3〕 参见大判1990.12.7，90DA5672.

〔4〕 参见大判2007.9.20，2005DA63337.

〔5〕 参见大判1969.5.13，68DA1726.

六、有关损害赔偿范围的特殊问题

（一）损益相抵

1. 意义

损益相抵是指，因债务不履行受到损害的赔偿权利人在基于损害发生的同一赔偿原因获得利益时，应在所受损害中扣除所受利益，以确定损害赔偿范围的规则。损益相抵不需要当事人主张，法院在计算赔偿额时应自动适用这一规则。[1]

2. 扣除的利益

损益相抵时会出现应扣除何种利益的问题。因为基于同一原因给被害人造成损害，并同时给予其利益是必不可少的条件，所以判例认为应扣除与损害发生具有相当因果关系范围内的利益。[2]

（二）过失相抵

1. 意义

过失相抵是指，被害人就损害的发生或扩大有过失的，在计算损害赔偿额时应考虑该过失。第 396 条规定了过失相抵制度，并将这一制度准用于侵权行为。

2. 要件

（1）须满足因债务不履行发生损害赔偿请求权的要件。即应存在债务不履行、发生损害、因果关系及赔偿范围。

（2）关于债务不履行或损害的发生，须有债权人的过失。

①过失

关于过失，需要考虑是否将赔偿权利人的过失与赔偿义务人的过失视为同一过失？赔偿权利人过失的强度应该低于一般过失的强度，因为过失相抵制度是以公平分担损害为目的，并不追究赔偿权利人的责任，所以过失相抵中的过失应该理解为因单纯的不注意而对损害的发生或扩大有一定影响的过失。[3]

---

〔1〕　参见大判 2002. 5. 10，2000DA37296、37302.

〔2〕　参见大判 1969. 11. 25，69DA887.

〔3〕　参见［韩］金相容：《债权总论》，HS media 2010 年版，第 178 页。

②赔偿权利人的责任能力

过失相抵规则要求赔偿权利人存在过失，因此会出现赔偿权利人是否需要具有责任能力的问题。此问题与如何理解过失相抵中的过失有些关联。如上所述，因过失相抵中的过失为未尽单纯不注意的过失，因此赔偿权利人只须具备分辨是非的能力即可。换言之，赔偿权利人不需要尽到避免发生违法事实程度的注意义务，只具有避免损害发生所需的能力即可。[1]

③赔偿权利人外的第三人过失

虽然《民法》第396条未规定赔偿权利人外的第三人的过失能否成为此处所言的过失，但是学界和判例认为应把一定范围内第三人的过失视为赔偿权利人的过失，允许过失相抵。因为过失相抵规则是平衡当事人之间利益的一种制度，所以应明确第三人范围。例如，将债务不履行中的受领辅助人和债权人的法定代理人的过失视为被害人的过失。同时，监督义务人有过失的也应允许过失相抵。[2]

3. 效果

法院可以斟酌债权人与债务人的过失，免除或减轻债务人的责任。斟酌债权人的过失比例是法院的自由裁量权，如有过失应予考虑（第396条）。并且赔偿义务人即使不主张过失相抵，但是赔偿权利人确有过失，法院也应根据职权审理判断。[3]

4. 适用范围

过失相抵规则是适用于债务不履行或侵权行为引起的损害赔偿责任，因此请求原来的给付时不适用此规则。[4]受领迟延不适用过失相抵规则。

（三）损害赔偿额的预定

1. 意义

损害赔偿额的预定，又称为惩罚性违约金，是指当事人事先订立债务人不履行债务时应支付的损害赔偿额为内容的合同的行为（第398条第1款）。当事人之间预定赔偿额的理由在于事先排除债务人不履行债务时证明损害发

---

〔1〕 参见［韩］金相容：《债权总论》，HS media 2010年版，第179页。

〔2〕 参见［韩］金相容：《债权总论》，HS media 2010年版，第179页。

〔3〕 参见大判1996.1.25，96DA30113.

〔4〕 参见大判2001.2.9，99DA48801.

生及损害额的举证困难，并确保债务人履行债务。

当事人只要不违反法律规定和社会秩序，则可以任意约定赔偿额（第398条第1款）。损害赔偿额预定合同是以债务不履行为停止条件的附停止条件合同，是从属于原债权关系的合同。

2. 效果

（1）签订损害赔偿额预定合同时，债权人只需要证明存在债务不履行的事实，无须证明损害的发生及损害额，即可以请求预定赔偿额。[1]第398条虽然只规定了"损害赔偿额"，但是应认为该"损害赔偿额"包括损害赔偿额的预定。因为规定损害赔偿额预定的目的是为了避免出现举证困难。

（2）如果损害赔偿的预定额过高，则法院可以适当减少赔偿额（第398条第2款）。这是因为赔偿额预定制度会给债务人造成不利影响，所以给予法院适当的裁量权。

损害赔偿额是否过高，应综合考虑事实审辩论终结时为止发生的全部情况作出判断。若损害赔偿预定额过高，当事人即使不主张，法院也可以依职权减少赔偿额。[2]

在损害赔偿额过高时，赔偿额的预定合同有可能违反《民法》第103条及第104条。在此情形下，赔偿额预定合同全部无效。[3]

（3）损害赔偿额的预定不影响请求履行债务或解除合同（第398条第3款）。

3. 违约金

违约金是债务人不履行债务时，约定向债权人支付的金钱。违约金有惩罚性违约金和赔偿性违约金。关于违约金，《民法》推定为惩罚性违约金（第389条第4款）。如果违约金被认为是损害赔偿额的预定，则适用赔偿性违约金规定，因此当债务人不履行债务时，赔偿权利人无须证明损害额，可以请求支付预定额，但是不能请求支付超出预定额的金额。[4]反之，违约金为惩罚性违金时，不适用有关损害赔偿额预定的规定。

---

〔1〕 参见大判 1991.1.11，90DA8053.

〔2〕 参见大判 2002.12.24，2000DA54536.

〔3〕 参见［韩］郭润直：《债权总论》，博英社 2007 年版，第 129 页。

〔4〕 参见大判 1990.2.13，89DAKA26250.

4. 契约金

契约金是在签订合同时一方当事人向对方当事人交付的有价物及金钱。损害赔偿额的预定或违约金并未实际交付给对方当事人,但是契约金需实际交付。因此,契约金合同是需交付契约金的要物合同。[1]

七、损害赔偿人的代位

(一) 意义

债权人将债权标的物或权利的全部价额作为损害赔偿受领的,债务人就该物或权利代位债权人(第 399 条)。例如,因保管人的过失致使保管物被盗的,保管人向寄存人赔偿标的物价款时,保管人取得标的物的所有权。这就是损害赔偿人的代位或赔偿人代位。《民法》对债务不履行规定了赔偿人代位,并准用于侵权行为(第 763 条)。

(二) 要件

成立赔偿人代位的条件是,作为损害赔偿,债权人取得标的物或标的权利的全部价款。

(三) 效果

按照法律规定,成立赔偿人代位后,债权的标的物或权利的所有权当然地移转于赔偿人。因此不需要登记、交付、债权让与通知等。[2]债权人对第三人享有损害赔偿请求权时,赔偿人亦代位该权利。关于保险金请求权不承认债务人的赔偿代位,由支付保险金的保险人代位。

第四节 强制履行

一、意义

强制履行是指,在债务人不履行债务时,债权人依靠国家权力,强制实现债权内容的行为。强制履行的方法包括直接强制、代替执行和间接强制三种,并且依次使用以上强制方法。

---

〔1〕 参见〔韩〕金相容:《债权总论》,HS media 2010 年版,第 194 页。

〔2〕 参见大判 1977. 7. 12, 76DA408.

二、直接强制

直接强制是指，国家机关不顾债务人的意思，按照债权的内容实现债权的方法。直接强制具有高效、尊重人格等优点，但是直接强制只适用于"给的债务"，不适用于"为的债务"（第389条第1款）。此外，对可以适用直接强制的债务，不适用代替执行或间接强制。

三、代替执行

代替执行是指，因债务性质不适于直接强制，因此由债务人承担执行费用，由债权人或第三人代替债务人实现债权的方法。代替执行适用于"作为债务"中适合第三人履行的债务，即以代替作为为标的的债务，并且对这些债务不能适用间接强制。

四、间接强制

间接强制是指，采取对债务人施加心理压力的方式，促使其履行债务的强制方法。这种强制方法有违债务人的自由意志。

间接强制限于"为的债务"中不能适用代替执行的，即适用于非代替作为为标的的债务（《民事执行法》第261条）。但是假如债务的性质违反债务人的自由意思或有违人格尊严，也不能适用间接强制方法。例如，夫妻之间的同居义务等。作为间接强制的救济方法只承认迟延赔偿。

第五节　债权人迟延

一、意义

债权人迟延是指，债务人履行债务需要债权人的受领给付等协助的，尽管债务人按照债务内容提供履行，但是债权人不受领、不愿或不能提供协助而陷于迟延履行的情形（第400条）。债权人迟延又称为受领迟延。

即使债权人迟延，也不直接消灭债务。在此情形下，如果债务人继续承担与提供履行前相同的义务，则有违公平正义。处理债务人与债权人之间的利害关系，并且合理调整债权人迟延时的双方当事人的权利义务关系的制度

就是债权人迟延制度。

二、性质

关于债权人迟延的性质，有债务不履行责任说、法定责任说、折衷说及归责事由说等4种学说。

（一）债务不履行责任说

债权人与债务人之间存在为完成共同目的而形成的有机联系，因此债权人不仅享有债权，而且应承担受领义务。即债权人迟延是债权人不履行受领义务的不履行责任。[1]

（二）法定责任说[2]

法定责任说认为，债权人迟延是法律直接规定的一种法定责任。

（三）折衷说

折衷说不承认债权人承担一般的受领义务。但是在买卖、承揽和保管等债权关系中，以附随义务及诚实信用为基础，承认债权人承担收取义务。[3]

（四）归责事由说

归责事由说认为，债权人的受领义务是一种法定债务，并应根据债权人有无可归责事由判断受领迟延而发生的损害。[4]即在债权人有可归责事由时，债务人享有解除权及损害赔偿请求权；无可归责事由时，只承认民法明文规定的效果。

三、要件

（一）债权性质上需要债权人的协助

不作为的债务履行不需要债权人协助，所以不存在债权人迟延问题。

（二）债务人按照债务内容提供了履行

没有提供履行或提供的履行不符合债务内容时不构成债权人迟延。因此，债务人应提供现实的履行。但是债权人提前拒绝受领或债务履行需要债权人

---

〔1〕 参见 ［韩〕郭润直：《债权总论》，博英社 2007 年版，第 134 页。

〔2〕 参见 ［韩〕李银荣：《民法Ⅱ》，博英社 2002 年版，第 404 页。

〔3〕 参见 ［韩〕金亨培：《债权总论》，博英社 1998 年版，第 304 页。

〔4〕 参见 ［韩〕金相容：《债权总论》，HS media 2010 年版，第 212 页。

协助时，可以口头提供履行。债权人明确表示不受领清偿时，也无须口头提供。[1]

（三）债权人不能受领或拒绝受领

债权人不能受领或拒绝受领只需客观存在，不问其理由。

（四）债权人的归责事由和违法性

各个学说对这一要件有不同的要求。债务不履行责任说认为须有债权人的可归责事由和违法性，但其他学说认为不需要以上两个要件。

四、效果

（一）减轻债务人的注意义务

在构成债权人迟延时，债务人如果没有故意或重大过失，则不承担债务不履行责任（第401条）。

（二）债务人停止支付利息

在债权人迟延受领时，债务人不承担支付债权利息的义务（第402条）。

（三）债权人承担增加的费用

因债权人迟延受领，致使保管或清偿费用增加的，由债权人承担增加的费用。

（四）双务合同中的风险转移

在构成债权人迟延时，双务合同一方当事人的债务因不可归责于双方当事人的事由而不能履行的，由债权人承担风险（第538条第1款）。

五、债权人迟延终止

（一）债权消灭

因免除债务、受领清偿等原因，债权被消灭时，债权人迟延亦随之终止。

（二）免除债权人迟延

债务人免除债权人迟延时，债权人迟延终止。

（三）发生债务人不履行

债权人受领迟延，但是债务人不能履行债务时，债权人迟延终止。

---

〔1〕 参见大判 2004.3.12, 2001DA79013.

（四）债权人受领通知

债权人完成了受领所需的全部准备，且承认受领迟延而发生的全部效果，发出受领通知时，债权人迟延终止。

第四章

责任财产的保全

第一节　债权人代位权

一、意义及性质

（一）意义

债权人代位权是债权人为保全自己的债权而行使债务人权利的权利（第404条第1款）。例如，甲对乙有100万元债权，乙除对丙享有200万债权外，没有其他有价值的财产。在丙对乙的债务到期后，乙未对丙积极主张自己的债权，致使债权有可能因消灭时效完成而被消灭。在此情形下，甲可以代替乙向丙请求履行债务。

债权人代位权具有以下功能：第一，可以为强制执行做准备。强制执行需要权源，并且程序复杂。与之相比，债权人代位权的要件和程序较为简单；第二，债权人代位权也可以行使不能强制执行的权利。例如，撤销权、解除权等；第三，债权人代位权用于保全特定债权。[1]

（二）性质

债权人代位权是一种实体法上的权利，是法定财产管理权。因为在通常情况下，债务人只能向自己的债权人清偿债务，并不能向其他第三人清偿债务。债权人代位权是债权人固有的一种权利，但是这种权利可以干预债务人管理自己财产的自由权限，所以可以看作是一种管理权。[2]

---

[1]　参见［韩］宋德洙：《新民法讲议》，博英社2017年版，第1033页。

[2]　参见［韩］郭润直：《债权总论》，博英社2007年版，第135页。

二、债权人代位权的要件

(一) 债权人有必要保全自己债权

1. 保全债权的必要性

判例认为，"保全债权的必要性"具有以下两种含义：第一，债务人的责任财产不能满足被保全的债权，即债务人没有资力；第二，为确保现实清偿被保全债权，不论债务人有无资力，都有必要行使债务人的权利。

(1) 需要保全的债权是金钱债权或虽然不是金钱债权，但能变成损害赔偿债权时，"因债务人没有资力，需要防止债务人的一般财产减少的"，被认为有保全的必要。[1] 同时也不能因为债务人没有履行债务的意思而行使代位权。有无必要保全债权，应在事实审辩论终结时进行判断。[2]

(2) 判例认为，需要保全的债权为特定债权的，只要满足一定的条件时债务人无资力并不是债权人行使代位权的要件。此时须具备的要件为"债权人要保全的权利和代位行使的债务人的权利须有密切联系，在债权人不代位行使债务人权利时，其债权有不能受偿的风险，因此代位行使债务人权利对确保债权获得现实履行必不可少。"[3] 需要注意的是，为保全特定债权而行使的代位权的内容只限于保全该特定债权。[4] 有以下几种情形：

①为保全登记请求权而代位行使登记请求权的情形

债权人为保全自己的登记请求权，可以代位行使债务人的登记请求权、买回权等。判例认为，辗转让与不动产所有权时，最终受让人代位中间取得人，请求最初出让人给中间取得人进行移转登记。[5]

在将已出售的不动产赠与或出让给第三人的行为违反社会秩序时，不动产的买受人可以代位出卖人请求登记机关注销受赠人或受让人名义登记的不动产登记。[6]

在法定地上权人未登记地上权而转让其所有的建筑物时，建筑物的受让

---

〔1〕 参见大判 1969.11.25，69DA1665.

〔2〕 参见大判 1976.7.13，75DA1086.

〔3〕 参见大判 2007.5.10，2006DA82700、82717.

〔4〕 参见大判 2001.5.8，99DA38699.

〔5〕 参见大判 1969.10.28，69DA1351.

〔6〕 参见大判 1983.4.26，83DAKA57.

人可以代位建筑物出让人请求地上权设定登记。[1]

②为保全承租权等使用请求权而代位行使妨害排除请求权的情形

判例认为，承租人为了保全其权利（使用请求权）在代位行使债务人（出租人）的权利时，无须考虑债务人的资力。承租人为保全其权利，可以代位行使出租人的返还请求权。[2]但是未经过出租人的同意转让承租权时，如未特别约定不能以转让的承租权对抗出租人，则受让人不能代位行使出租人的权限。[3]

（二）债务人对第三人享有适于代位行使的权利

1. 债务人有权利

债权人代位权是债权人行使债务人权利的制度，因此债务人须对第三人享有权利。因此，债务人无权利时，债权人不能代位行使债务人的权利。

2. 债务人对第三人的权利适合代位行使

债务人对第三人享有的权利应适合代位行使，因此专属于债务人的权利等不能成为债权人代位权的标的。

（三）债务人怠于行使其对第三人的权利

债务人怠于行使其权利是指，债务人虽然可以向他的债务人行使权利，但是不行使该权利的行为。此外，债务人对其债务人行使权利后，无论行使后的结果如何，债权人不能再行使代位权。[4]

（四）债权人的债权已届履行期

《民法》第404条第2款要求行使代位权的债权人的债权须已届履行期，但在紧急情形下，亦可以采取特别措施。

1. 裁判代位

在债权的履行期未届满时，债权人可以经过法院的许可，行使代位权。

2. 保存行为

关于保存行为，债权人在债权清偿期届满前，可以不经法院许可代位行使（第404条第2款但书）。

---

〔1〕　参见大判1989.5.9，88DAKA15338.

〔2〕　参见大判1964.12.29，64DAKA804.

〔3〕　参见大判1985.2.8，84DAKA188.

〔4〕　参见大判1970.4.28，69DA1311.

三、债权人代位权的行使

（一）行使方法

在满足债权人代位权的要件时，债权人可以代位行使债务人的权利，此时债权人是以自己的名义行使债务人的权利。

债权人行使代位权需要"受领清偿"的，债权人既可以请求向债务人履行，也可以请求向自己履行。假如不承认债权人的此种权利，在债务人不受领时无法达成行使代位权的目的。应当解释为行使债权时的权限应包括受领权限。通说和判例亦持相同观点。[1]

（二）行使范围

因为债权人代位权是债权人为保全债权而代为行使债务人对第三人的权利，因此其行使范围限定在保全债权所必要的范围内。债权人只能为管理行为，不能为处分行为。

（三）行使效力

1. 债权人的处分权限制

在允许裁判代位申请时，法院依职权告知债务人，被告知的债务人不能处分其权利（《非讼事件程序法》第49条）。

债权人行使保存行为外的权利时，应通知债务人（第405条第1款）。债务人接到通知后处分该权利的，不得对抗债权人（第405条第2款）。债权人通知债务人或债务人已知行使代位权的事实时，因为只禁止债务人处分该权利，不禁止债务人的保存行为，因此债务人可以受领清偿。[2]

2. 第三人（第三债务人）的抗辩权

在债权人行使代位权时，第三债务人不能处于比债务人行使该权利时更为不利的地位，因此第三债务人可以援用对债务人的全部抗辩对抗债权人。

四、债权人代位权的行使效果

（一）效果归属问题

债权人代位权的效果直接归于债务人，并共同担保全体债权人的债权。

---

〔1〕 参见［韩］宋德洙：《新民法讲议》，博英社2017年版，第1044页；大判2005.4.15，2004DA70024.

〔2〕 参见大判1991.4.12，90DA9407.

即虽然债权人受领该标的物，但不能对该标的物优先受偿。如果想要受偿，则应由债务人向其清偿或强制执行。但是具备抵销的要件时，可以抵销。

（二）费用偿还请求权

因债权人代位权制度是法定委任关系，因此行使代位权的债权人可以向债务人请求偿还支出的费用（第 688 条）。

（三）代位诉讼判决的效力

代位诉讼判决的效力当然及于债权人及第三债务人，那么其是否也及于债务人？在提起代位诉讼时，债务人可以作为当事人参加诉讼（《民事诉讼法》第 79 条）。当事人也可以对债务人进行诉讼告知（《民事诉讼法》第 84 条）。此时，代位诉讼判决的效力及于债务人（《民事诉讼法》第 77 条）。

债务人不参加诉讼，也未收到诉讼告知的，代位诉讼的判决效力能否及于债务人呢？判例认为，只要债务人知悉提起诉讼的事情，该判决的效力就及于债务人。[1]

第二节　债权人撤销权

一、意义及性质

（一）意义

债权人撤销权是指，债权人对债务人所为的危害债权的行为，可以请求法院予以撤销，以维护债务人责任财产的权利（第 406 条第 1 款）。

债权人行使撤销权的目的在于保全普通债权人的共同担保。换言之，债权人撤销权制度是保障普通债权人的全体利益，而非保护特定债权人的利益。与此相同的制度还有《债务人重整及破产法》所规定的否认权。但是重整程序、破产宣告程序和个人重整程序都非常复杂，并且需要更为严格的条件，因此除了上述程序外，可以迅速保全共同担保的制度就是债权人撤销权。[2]

债权人撤销权与债权人代位权都是以保全债务人责任财产为目的的权利。

---

〔1〕　参见大判 1991.12.27，91DA23486.

〔2〕　参见［韩］宋德洙：《新民法讲义》，博英社 2017 年版，第 1049 页。

债权人代位权是在债务人不行使应行使的权利时，债权人代替债务人行使债务人权利的权利，因此对债务人或第三人影响较小。但是债权人撤销权撤销的是债务人与第三人之间达成的完全有效的权利，因此对债务人和第三人有较大影响。

（二）性质

债权人撤销权是实体法上的权利，并且在转让债权时，该权利也一同转让。关于债权人撤销权的性质有以下学说与判例：多数学说认为，债权人撤销权是撤销诈害行为，并请求返还因诈害行为而流失的债务人财产的权利；[1]责任说认为，债权人撤销权制度并不是以恢复责任财产的归属为目的的权利，而是以恢复财产在责任法上的地位为目的；[2]撤销效果说认为，对于依债权人撤销权行使的法律行为，可以适用《民法》的撤销理论，恢复原状的效果也是恢复到进行法律行为之前的状态。对此应适用《民事诉讼法》的既判力原则，并且撤销的效果应及于债务人；[3]判例认为，债权人撤销权是在债权人与收益人或转得人之间相对的撤销债务人的诈害行为，恢复脱离债务人责任财产的财产而供债权人强制执行的权利。[4]

二、债权人撤销权的要件

（一）债务人须为一定的法律行为

债权人可以撤销的行为是债务人的法律行为。因此债务人外的人侵害债权人利益的行为并不是债权人撤销权的对象，并且债务人单纯的不作为、事实行为或一般的诉讼行为不是债权人撤销权的对象。此外，虽然未为一定法律行为，但是法律赋予其与法律行为相同的效果时，亦可以成为撤销权的对象。

可撤销的法律行为应否为有效的法律行为？这主要涉及虚伪表示能否成为可撤销的法律行为。判例认为，这种虚伪表示可以成为可撤销的法律行

---

〔1〕 参见 ［韩］郭润直：《债权总论》，博英社 2007 年版，第 145 页；［韩］金相容：《债权总论》，HS media 2010 年版，第 253 页。

〔2〕 参见 ［韩］金亨培：《债权总论》，博英社 1998 年版，第 389 页。

〔3〕 参见 ［韩］李银荣：《民法Ⅱ》，博英社 2002 年版，第 107 页。

〔4〕 参见大判 2008.4.24，2007DA84352。

为。[1]学说与判例持相同观点，亦认为可以对虚伪的意思表示行使债权人撤销权。

（二）债务人的法律行为以财产权为标的

可以撤销的诈害行为是买卖、代物清偿、抵押权设定等直接以财产权为标的的法律行为。将可撤销的行为限于以财产权为主要标的的法律行为的理由是为了保护债务人的自由。但是基于债务人的自由意思处分的财产，不能成为债权人撤销权的标的。

（三）法律行为须有害于债权人

有害于债权人的法律行为是指，因债务人的法律行为致其一般财产减少，削弱了债务人财产的共同担保能力，致使无法完全清偿债务的行为。[2]债务人的一般财产由积极财产和消极财产组成，减少财产的行为包括减少积极财产的处分行为和增加消极财产的负担行为。当消极财产的总额超过积极财产的总额时，可以认为有害于债权人。[3]对此需要作进一步的探讨。

在评估债务人的资力时，应全面考虑债务人的信用及附条件债权和附期限债权等。[4]债权人享有物上担保权时，在确保优先受偿的范围内从消极财产中扣除该债务，并在积极财产中扣除该担保财产。在债务人所有的不动产上为第三人设定担保权时，只有该担保权担保的债权外的其他部分才能成为担保普通债权人的责任财产，因此只能将该部分视为积极财产。[5]

在债务人实施了数个诈害行为时，应以行为当时为基准判断债务人的何种行为导致债务人处于无资力状态。此外，债权人行使撤销权的，在二审辩论终结时债务人应无清偿资力。因为债务人虽然因其诈害行为而处于无资力状态，但是如果债务人恢复资力，则债权人没有必要行使撤销权。[6]

通说与判例认为，对一部分债权人的清偿，除了债务人与一部分债权人通谋而侵害其他债权人利益外，原则上不构成诈害行为。[7]因为清偿债务虽

---

〔1〕　参见大判 1998.2.27，97DA50985.
〔2〕　参见大判 1962.1.15，62DA634.
〔3〕　参见大判 1982.5.25，80DA14031.
〔4〕　参见［韩］金相容:《债权总论》，HS media 2010 年版，第 245 页。
〔5〕　参见大判 2007.7.26，2007DA23081.
〔6〕　参见［韩］郭润直:《债权总论》，博英社 2007 年版，第 150 页。
〔7〕　参见［韩］郭润直:《债权总论》，博英社 2007 年版，第 150 页。

然会减少债务人的积极财产，但同时也会消灭债务人的消极财产，因此不会改变债务人的责任财产，并且债务人也不能拒绝债权人提出的清偿请求。

在代物清偿时，只要价格符合正常的市场价值，则不构成诈害行为。但是当债务人与部分债权人通谋而侵害债权人利益时，会构成诈害行为。[1]虽然债务人的财产不足以清偿全部债权，但是以其唯一的不动产代物清偿的，如无特殊原因，该行为构成诈害行为。[2]

原则上，向部分债权人提供物上担保的行为不是诈害行为，但是正处于资不抵债的债务人在其所有的唯一不动产上为某个债权人设定担保物权的，可能对其他债权人构成诈害行为。[3]

对于债务人承担保证债务、连带债务的行为，因为其是增加消极财产的行为，所以应成为撤销权的标的。但是保证人因享有检索抗辩权，所以提供保证的债务人证明主债务人有充足的资力，以此证明债权人不会请求保证人的，撤销权人不能行使撤销权。[4]

（四）债务人的恶意

债务人实施诈害行为时，应知其行为有害于债权人（第406条第1款）。债务人的这种意思称为诈害意思。债务人只需知道自己的行为有害于债权人即可。即知道自己的行为有可能减少作为债权共同担保的责任财产就可以。[5]

如果欲撤销诈害行为，则要求因诈害行为获得利益的收益人或转得人在进行诈害行为时或取得转得利益时，应知道存在该诈害行为（第406条第1款但书）。在此情形下，收益人或转得人只知道存在诈害行为即可。

三、债权人撤销权的行使

（一）行使方法

1. 以债权人的名义行使

债权人以自己的名义行使债权人撤销权，此时债权人是行使自己的权利。

---

[1] 参见大判 2003.624，2003DA27903.
[2] 参见大判 2005.11.10，2004DA7873.
[3] 参见大判 2007.2.23，2006DA47301.
[4] 参见［韩］郭润直：《债权总论》，博英社2007年版，第150页。
[5] 参见大判 2009.3.26，2007DA63102.

撤销权人可以请求向自己返还财产。[1]但亦有观点认为只能向债务人返还财产。[2]判例认为，债权人行使撤销权的目的是通过撤销债务人的诈害行为，回复脱离债务人的财产，使债权人可以强制执行债务人财产。因此以价额赔偿的方法恢复原状时，债务履行的相对人应该是债权人。[3]

2. 以诉讼方式行使

债权人必须以提起诉讼的方式行使债权人撤销权（第406条第1款）。因为债权人撤销权对第三人有重大利害关系。

3. 撤销的相对人

债权人撤销权的相对人，即撤销诉讼的被告为收益人或转得人，不能仅将债务人作为被告或把债务人追加为被告。[4]因此诈害行为是免除债务等单方行为的，只能将收益人作为被告。

（二）行使范围

债权撤销权的范围以撤销权人的债权额为准。因此即使有其他债权人，原则上也不能超出自己的债权额。[5]债权人行使撤销权后应把诈害行为的标的物返还给债务人，在不能或难以返还原物时，应返还相当于标的物价格的金钱。[6]

四、债权人撤销权的行使效果

债权人撤销权的行使效果及于全部债权人（第407条）。从收益人或转得人处取得的财产回复到债务人的一般财产，共同担保全体债权人的债权。因此，即使债权人要求收益人或转得人把标的物交付给自己，也不能就标的物优先受偿。但是如果符合抵销条件，则可以抵销，因此也会获得事实上的优先受偿。

撤销权的效力仅及于债权人和受益人或债权人与转得人之间的法律关系，不影响债务人或第三人，也不影响债务人与收益人之间或收益人与转得人之

---

〔1〕　参见［韩］郭润直：《债权总论》，博英社2007年版，第153页。

〔2〕　参见［韩］金相容：《债权总论》，HS media 2010年版，第248页。

〔3〕　参见大判2008.4.24, 2007DA84352.

〔4〕　参见大判2004.8.30, 2004DA21923.

〔5〕　参见大判2003.7.11, 2003DA19572.

〔6〕　参见大判2006.12.7, 2006DA43620.

间的法律关系。[1]因此债务人不能基于撤销判决取得任何权利，并且债权人受偿后的利益归收益人或转得人。但是收益人或转得人因为受到了损失，所以收益人或转得人可以在受损失的范围内请求债务人偿还不当得利。

五、债权人撤销权的消灭

债权人撤销权自债权人知道撤销之日起1年，自实施法律行为之日起5年内行使（第406条第2款）。因为债权人撤销权对第三人有重要影响，所以法律设定了短期消灭期间，以便尽快确定法律关系。1年和5年是除斥期间。

---

〔1〕 参见大判 2004.8.20, 2004DA21923.

第五章

多数当事人债权债务关系

"多数当事人之间的债权债务关系"指的是关于一个给付存在多个债权人及债务人的情形。《民法》在第三编第一章第三节规定了此种法律关系。《民法》规定的多数当事人之间的债权债务关系包括可分债权关系、不可分债权关系、连带债务及保证债务四种。多数当事人之间的效力分为对外效力和对内效力。本章主要围绕这两个效力进行说明。

第一节　可分债权关系

一、意义

可分债权关系是指关于一个给付有多数债权人及债务人时，由债权人或债务人分割该债权或债务的多数当事人之间的债权关系。关于当事人之间的债权关系，只要给付性质可分，且当事人之间没有其他特别的意思表示时，称为可分债权关系。[1]

二、成立

给付须为可分的给付。可分给付是指不损害给付的性质或价值而可以分割履行的给付。但是当事人之间达成合意不分割给付时，不能成为可分给付。可分债权关系可以分为债权人为多数的可分债权和债务人为多数的可分债务。

可分债权大体可以分为以下三个类型：第一，数人依合同取得债权的情

---

〔1〕　参见大判 1992.1.27，90DA13628.

形。例如，数人一起买受土地，取得所有权移转登记请求权的情形；[1]第二，依法律规定，数人取得债权的情形。例如，征收共有物而取得的补偿金请求权；第三，共同继承债权的情形。

三、效力

（一）对外效力

（1）各债权人或债务人如无特别的意思表示，则以均等的比例享有债权，承担债务。此处的"特别意思表示"，不仅指发生不可分债权关系和连带债权关系等意思，也指分割债权、债务关系的意思。"意思表示"指与相对人之间的约定。如无约定，则当事人均等地分割债权、债务。[2]

（2）每个债权人的债权或债务人的债务都各自独立，因此各债权人只能向对方请求自己份额内的债权，各债务人无需清偿超出自己债务额的债务。

（3）在可分债权关系中各债权人与债务人的债权、债务都是独立的，因此对某一债权人或某一债务人发生的事由，例如履行请求、迟延履行、更改、混同、免除等事由，不影响其他债权人或债务人。

（二）对内效力

《民法》第408条仅规定了可分债权关系中的可分债权人或可分债务人与相对人之间的法律关系，并未规制各可分债权人和可分债务人之间的法律关系。如无特别约定，对于债权人之间或债务人之间的债权与债务也应准用第408条。即在对内关系中，各债权人与各债务人之间的比例均等，当事人之间不发生求偿关系。

第二节　不可分债权关系

一、意义

不可分债权关系是以不可分给付为标的的多数当事人之间的债权关系。不可分债权关系包括多数债权人关系和多数债务人关系。不可分债权关系中，

---

〔1〕　参见大判 1981. 2. 24，84DAKA2159.

〔2〕　参见［韩］宋德洙：《新民法讲义》，博英社2017年版，第1090页。

给付应是不可分的。不可分给付包括两种情形：一种为给付的性质不可分，另一种为当事人之间约定给付不可分。

对于不可分债务，债权人可以对每个债务人请求清偿全部债务，以全体债务人的资力担保债权，因此债权的担保力得到加强。

不可分债权或不可分债务变更为可分债权或可分债务的，各债权人享有请求履行自己部分债权的权利，各债务人亦负有仅履行自己部分债务的义务（第412条）。

二、不可分债权

（一）对外效力

各债权人可以单独为全体债权人的利益请求债务人向自己履行全部给付。债务人可以为全体债权人的利益，向各债权人履行全部给付（第409条）。因为某一债权人的请求对其他债权人也发生效力，所以其向债务人请求履行债务时，对其他债权人也发生迟延履行、时效中断等效力。债务人向某个债权人履行债务时，也对其他债权人发生债权消灭、受领迟延等效力。对某个债权人与债务人之间发生的除上述事项外的其他事项，不对其他债权人发生效力（第410条）。因此不可分债权人中的某人与债务人之间发生债务更改或免除的，可以请求其他债务人履行全部债务。但是受领全部债权的债权人，应向债务人返还由丧失权利的债权人应受领的部分（第410条第2款）。

（二）对内效力

《民法》没有明文规定债权人之间的内部关系，但是受偿的债权人应以一定的比例把给付分给其他债权人，该比例推定为均等。

三、不可分债务

（一）对外效力

关于不可分债务，《民法》准用第410条及有关连带债务的规定。

债权人可以向某一债务人或全体债务人同时或依次请求履行全部或部分债务（第411条、第414条）。某一债务人清偿债务时，全体债务人的债务消灭。某一债务人的清偿、清偿的提供及受领迟延对其他债务人亦生效（第411条、第422条）。

（二）对内效力

关于不可分债务人相互之间的内部关系，准用连带债务规定（第411条）。

第三节　连带债务

一、意义及性质

（一）意义

连带债务是指，多数债务人就全部债务承担各自义务，其中某一债务人履行全部给付时全体债务人的债务被消灭的多数当事人债务（第413条）。

（二）性质

连带债务是债务的数量与债务人人数相同的债务，该债务之间不存在主从关系，所以部分连带债务人存在法律行为无效或被撤销时，也不妨碍其他连带债务人的债务（第415条）。

连带债务中的某个债务人履行全部给付时，全体债务人的债务被消灭。因为连带债务人是为同一个目的而结合的关系。关于某一连带债务人发生的事由，对其他债务人也发生效力（第416条至第422条）。在对外关系上，连带债务人得向债权人履行全部债务。但是在对内关系上因为有各自承担的份额，所以以自己的财产免除共同债务的债务人，对其他债务人享有求偿权（第424条至第427条）。

二、连带债务的成立

（一）依法律行为成立

连带债务一般以合同方式成立，但是以遗嘱方式也能成立连带债务。连带的意思表示既可以是默示的，也可以是明示的。[1]因此判断一个债务是否为连带债务，应综合考虑当事人之间的意思表示及客观条件。在对一个法律行为发生连带债务时因为各个债务是独立的债务，所以针对某一债务人发生法律行为无效、被撤销事由的，不影响其他债务人的债务（第415条）。

---

〔1〕　参见〔韩〕郭润直：《债权总论》，博英社2007年版，第169页。

（二）依法律规定成立

连带债务可以根据法律规定成立。《民法》和《商法》中都有一些有关连带债务的规定。

三、对外效力

（一）债权人的履行请求与债务人的履行

债权人可以请求连带债务人中的任何一人履行全部或部分债务，或者请求全体债务人同时或依次履行全部或部分债务（第414条）。上述请求，可以以起诉的方式或直接请求债务人的方式提出。这一履行请求不受既判力的影响。在全体债务人中的某一债务人履行全部债务时，全体债务人的债务消灭。

（二）对某一连带债务人发生的事由的效力

《民法》在第416条至第422条规定了具有绝对效力的事由。连带债务是多个债务，因此各个债务都具有独立性。但是连带债务是以清偿为共同目的的债务，因此只要是满足债权人债权的事由，对所有债务人都发生效力。

1. 具有绝对效力的事由

（1）清偿、代物清偿、提存

（2）请求履行

在债权人请求某一债务人履行债务时，此履行请求对其他债务人也生效（第416条）。

（3）债权人迟延

对某一连带债务人构成债权人迟延时，其对其他连带债务人也生效（第422条）。

（4）抵销

某一债务人对债权人享有债权时，如果债务人进行抵销，则为全体债务人的利益而消灭债权。在此情形下，如果连带债务人不抵销，其他债务人可以在该债务人承担债务的范围内进行抵销（第418条）。

（5）更改

某一连带债务人与债权人之间发生债务更改时，为全体债务人的利益而消灭债权（第417条）。

（6）免除

免除某一连带债务人的债务时，限于该债务人的承担部分，为其他连带

债务人的利益而生效（第419条）。但第419条是任意性规定，所以可以约定排除适用。判例认为，债权人可以以意思表示排除适用这一规定，只免除某一债务人的债务。[1]

（7）混同

某一连带债务人与债权人之间发生混同时，限于该债务人承担的部分，其他连带债务人也免除债务（第420条）。

（8）时效完成

某一连带债务人的债务罹于消灭时效时，限于其承担部分，免除其他连带债务人的义务（第421条）。

（9）合同的解止、解除

合同一方当事人或双方当事人为数人时，应由全体合同当事人或向全体合同当事人解止或解除合同（第547条）。因此合同的解止及解除对连带债务有绝对效力。

2. 具有相对效力的事由

除了上述具有绝对效力的事由外，其他有关某一连带债务人的事由，不对其他债务人生效。

四、对内效力

（一）求偿权

因某一连带债务人的清偿或其他债务人因支出自己财产使全体债务人共同免责时，该债务人对其他连带债务人应承担的部分享有求偿权（第425条第1款）。

（二）连带债权人之间的承担部分

连带债务人的承担部分是指，连带债务人之间分担财产支出的比例。连带债务的求偿关系以此承担部分为前提。当事人可以协商确定承担部分的比例。如无特别约定，推定为承担部分相同（第424条）。但是有观点认为，推定只适用于没有特别约定的情形。[2]

---

[1] 参见大判 1992.9.25, 91DA37553.

[2] 参见 [韩] 宋德洙：《新民法讲议》，博英社 2017 年版，第 1097 页。

（三）求偿权的成立要件

1. 共同免责

成立求偿权的前提为共同免责（第 425 条第 1 款）。即某一连带债务人为全体债务人的利益而消灭债务或减少债务。

2. 以自己的财产出捐

所谓出捐是指，减少自己财产而增加他人财产的行为。因此在清偿、代物清偿、提存、抵销、更改、混同等情形，都发生求偿权。

（四）求偿权的范围

出捐的连带债务人可以求偿出捐额、免责之后的法定利息、必要费用及其他损害（第 425 条第 1 款、第 2 款）。

（五）求偿权的限制

连带债务人为共同免责而出捐时，事前或事后得通知其他连带债务人。如果不通知其他债务人，其求偿权会受到限制。

1. 事前未通知其他债务人的情形

某一连带债务人未事先通知其他债务人而免除共同债务时，如果其他连带债务人具有对抗债权人的事由，则其他债务人在限于自己承担的范围内对抗进行共同免责行为的债务人。如果对抗事由为抵销，则以抵销而消灭的债权转移给进行免责行为的债务人（第 426 条第 1 款）。

债务人在清偿债务前通知其他连带债务人的目的是使有抗辩权的债权人不丧失行使抗辩权的机会。因此不论债权人是否请求，如果不事先通知其他债务人，则该债务人的求偿权会受到限制。[1]

2. 事后未通知其他债务人的情形

某一连带债务人进行共同免责的行为后，在未通知其他连带债务人的期间内其他连带债务人善意地向债权人进行共同免责行为的，出捐的第二个债务人可以主张自己的免责行为有效（第 426 条第 2 款）。

在此情形下，第二出捐债务人应向谁主张自己的出捐行为有效呢？换言之，第二个免责行为只对第一个出捐人有效，还是对其他全体连带债务人均有效？有学说承认相对效力，即认为只对第一个出捐人有效；[2]也有学说认

---

[1] 参见［韩］金相容：《债权总论》，HS media 2010 年版，第 264 页。

[2] 参见［韩］郭润直：《债权总论》，博英社 2007 年版，第 179 页。

为，应对其他全体连带债务人有效。[1]

（六）求偿权的扩张

1. 分担无资力人的承担部分

在连带债务人中的某一债务人无法偿还债务时，由求偿权人及其他有资力的债务人按其债务比例分担该债务人应清偿的部分。例如，甲、乙、丙、丁四个人对戊承担 120 万元的连带债务，且其应清偿的部分均等，甲向戊清偿 120 万元后应向乙、丙、丁各求偿 30 万元。但是因丙无法清偿其债务，因此由甲、乙、丁每人各自再分担 10 万元。如果此时甲有过失，则不能请求其他债务人（乙和丁）分担丙应清偿的部分（第 427 条第 1 款）。

2. 免除连带及无清偿能力人的承担部分

在上述情形，债权人针对丙的债务部分免除了乙和丁的连带时，债权人承担应由丙承担的债务。即戊免除乙的连带时，由戊来承担应由乙承担的 10 万元（第 427 条第 2 款）。

（七）求偿权人的代位权

因为连带债务人为具有正当利益清偿他人债务的人，所以在清偿后当然代位债权人（第 481 条）。

五、不真正连带债务

（一）意义

不真正连带债务是数个债务人对同一内容的给付各自独立承担全部给付义务，其中只要有一人进行全部给付时，消灭全体债务人债务的多数当事人债务。大部分不真正连带债务是根据法律规定发生，但是也有因当事人之间的合同而发生的情形。

不真正连带债务是用一个给付消灭全体债务人的债务，在这一点上与真正连带债务有共同点。但是不真正连带债务人之间没有主观的共同联络，因此对某一债务人发生的事由不影响其他债务人，并且债务人之间不存在求偿关系。

不真正连带债务主要有以下几种：受雇人实施侵权行为时，受雇人承担的赔偿义务与雇佣人的赔偿义务；在法人实施侵权行为时，法人的责任与理

---

[1] 参见［韩］金相容：《债权总论》，HS media 2010 年版，第 295 页。

事等其他代表人的责任；在第三人盗窃保管物时，保管人根据合同承担的赔偿义务与第三人的损害赔偿义务等。

（二）效力

1. 对外效力

（1）债权人的履行请求和债务人的履行

不真正连带债务的债权人可以请求债务人中的某一人履行全部或一部分债务，且可以请求全部债务人同时或依次履行全部或一部分债务（第414条）。某一债务人履行全部给付时，可以消灭全体债务人的债务。

（2）对某一债务人发生的事由的效力

清偿、代物清偿、提存具有绝对效力，即对全体债务人发生效力。通说认为，抵销具有绝对效力，但是不真正连带债务的债务人之间因为不具有主观共同联络关系，因此不应类推适用第418条第2款。[1]因请求履行而发生的时效中断、债务免除、债权人请求权的抛弃、消灭时效的完成，对其他债务人不生效。

2. 对内效力

因为不真正连带债务人之间没有主观共同联络，所以对于本人没有承担的债务部分，不发生求偿关系。但是债务人之间如果有特殊法律关系，可以发生求偿关系。并且即使没有特殊法律关系，但是有最终责任人时，也会发生与其他债务人行使求偿权相同的结果。但这种结果不同于具有主观共同联络关系的连带债务的求偿关系。

第四节　保证债务

一、意义及性质

（一）意义

保证债务是指，在主债务人不履行债务时，由保证人履行的债务（第428条第1款）。《民法》在多数当事人之债中规定了保证债务。虽然《民法》把保证债务作为多数当事人债务规定，但是主要发挥担保债权的作用。即保证

---

〔1〕　参见大判 1994.5.27，93DA21521.

债务是保证人承担与主债务人相同的债务，以自己的全部财产作为责任财产担保债权人对主债务人的债权的一种担保方式。

（二）性质

1. 独立性

保证债务是独立于主债务的一种债务，是依保证合同成立的债务。

2. 内容的相同性

保证债务与主债务的内容相同，因此主债务应以代替给付为其标的。如果主债务是以非代替给付为标的，则应当认为主债务变成损害赔偿债务作为保证债务成立的停止条件。

3. 从属性

保证债务以担保主债务履行为标的的债务，因此以存在主债务为前提。虽然保证债务是独立债务，但在与主债务的关系上是一种从债务，因此从属于主债务。保证债务的从属性体现在成立、存续、消灭及债务的标的、样态等多个方面。

体现保证债务从属性的法条如下：在主债务无效或被撤销时，保证债务亦无效（第436条）；在主债务内容发生变更时，保证债务的内容亦发生变更（第429条第1款）；保证债务的内容及样态不能超出主债务的范围（第430条）；保证人可以援用主债务人对主债权人享有的抗辩权（第433条第1款）。

4. 附随性

债权人的债权转移时，原则上对保证人的债权也转移，但是当事人约定只转移对主债务人的债权时，消灭保证债务。仅转移保证债务的约定无效。[1] 主债务人变更时，原则上消灭保证债务（第459条）。

5. 补充性

主债务人不履行债务时，保证人不承担履行债务的义务（第428条第1款）。但这并不说明债权人只能在不履行主债务时才能请求履行保证债务，债权人可以任意请求保证人履行保证债务。但是对于债权人请求的任意履行，保证人具有催告、检索抗辩权（第437条）。

---

〔1〕 参见大判 2002.9.10，2002DA21509.

二、保证债务的成立

（一）保证合同

在债权人与保证人签订保证合同时，主债务人不是该合同的当事人。但是主债务人可以以保证人的代理人或使者身份与债权人签订保证合同。[1]

保证合同是无偿、单务、诺成、不要式合同。但是《保证人保护法》的规定与《民法》的规定不一致。《保证人保护法》规定，保证人的保证意思在合同上签字或署名时生效（《保证人保护法》第3条第1款），因此是一种要式行为。在签订《保证人保护法》规定的保证合同时，应书面确定保证债务的最高额；在更新保证期限时，应以书面确定保证债务的最高额（《保证人保护法》第4条）。

（二）成立要件

1. 主债务要件

（1）成立保证债务的前提条件是得存在主债务。因为保证债务具有从属性，所以这是必备要件。保证债务与主债务的内容应相同，因此主债务应以替代给付为内容，但这并不是强行性规定。虽然客观上没有替代性，但是当事人承认替代性时，可以成立保证债务。

（2）保证合同可以保证将来的债务。将来债务包括将来特定的债务与将来不特定的债务。保证继续性交易关系中发生的债务的，称之为最高额保证。关于最高额保证，应当确认保证债务的范围。在最高额保证合同未约定保证期间或最高额时，并不当然无效，[2]并且可以保证继续交易所发生的全部债务。[3]

（3）债权人在签订保证合同时持有或已知可能影响签订保证合同及其内容的有关主债务人的信用信息的，应向保证人通知上述相关信息。更新保证合同时亦同（第436条之2第1款）。债权人违反该项义务，致使保证人受到损害的，法院应综合考虑内容与程度，减免保证债务（第436条之2第4款）。

2. 保证人要件

根据当事人之间的约定、法律规定及法院的命令，债务人在承担提供保

---

〔1〕　参见大判 1965. 2. 4，64DA1264.

〔2〕　参见大判 1976. 8. 24，76DA1178.

〔3〕　参见大判 1990. 4. 13，89DAKA913.

证人的义务时，提供的保证人须具有行为能力及清偿能力（第431条第1款）。在保证人没有清偿能力时，债权人可以请求变更保证人（第431条第2款）。但是债权人指定保证人的，不适用上述规定（第431条第3款）。

三、保证期间

关于保证期间，《民法》没有明文规定。但是《保证人保护法》规定了保证期间。该法规定原则上由当事人协商决定保证期间，如果没有约定保证期间，则该期间为3年（《保证人保护法》第7条第1款）。保证期间可以更新，如果没有约定更新的期间，则该期间为3年（《保证人保护法》第7条第2款）。

四、保证债务的内容

（一）标的

因为保证债务具有从属性，所以保证债务的标的与主债务的标的相同。

（二）范围

保证债务的范围不能大于主债务范围。如果大于主债务范围，则应缩减至主债务的范围内（第430条），但可以小于主债务的范围。如果当事人之间没有约定主债务的范围，则根据《民法》第429条决定保证债务的范围。保证债务的法定范围为主债务的利息、违约金、损害赔偿及其他从属于主债务的债务（第429条第1款）。此处的损害赔偿债务是有关主债务的损害赔偿，并不是因迟延履行保证债务而引起的损害赔偿。迟延履行保证债务而引起的迟延损害，应另行赔偿。[1]

（三）损害赔偿额的预定

关于保证债务，保证人可以约定违约金及其他损害赔偿额（第429条第2款）。

五、保证债务的对外效力

（一）债权人的履行请求和债务人的履行

1. 债权人的权利及义务

（1）在保证债务已届履行期时，债权人可以请求保证人履行保证债务，

---

[1] 参见大判 2006.7.4，2004DA30675.

并且在主债务与保证债务全部已届履行期时，债权人可以同时或分别向主债务人及保证人请求履行债务。在此情形下，如果债权人未向主债务人请求履行主债务而向保证人请求履行，保证人可以向债权人行使抗辩权。

（2）在全部或一部分主债务人及保证人受到破产宣告的，债权人作为破产债权人，在破产宣告时所享有的债权范围内，可以对各破产财产行使自己的权利（《债务人重整法》第428条、第429条、第431条）。在全部或一部分主债务人与保证人开始进行重整程序时，在每个重整程序中债权人对重整程序开始时的全部债权行使作为重整债权人的权利（《债务人重整法》第126条第1款、第127条）。

（3）《保证人保护法》规定了债权人的通知义务。主债务人3个月以上不履行本金、利息及其他债务时，或债权人事先已知主债务人在履行期内不能履行债务的，应及时通知保证人（《保证人保护法》第5条第1款）。如果债权人为金融机关，主债务人1个月以上不履行本金、利息及其他债务，则应及时通知保证人（《保证人保护法》第5条第2款）。

2. 保证人的权利

（1）保证人可以援用主债务人对债权人的抗辩对抗债权人（第433条第1款）。主债务人即使抛弃抗辩，也不对保证人生效（第433条第2款）。保证人可以行使的抗辩包括延期的抗辩、同时履行抗辩权、主债务不存在的抗辩、主债务消灭的抗辩等。主债务因消灭时效完成而消灭时，保证人可以主张消灭时效完成。

保证人可以以主债务人的债权抵销来对抗债权人（第434条）。主债务人对债权人享有撤销权或解除权、解止权期间内，可以拒绝向债权人履行债务（第435条）。

（2）催告抗辩权

催告抗辩权是指，债权人请求保证人履行保证债务时，保证人主张自己有正当理由，以此抗辩要求债权人先向主债务人请求履行债务的权利（第437条）。因此债权人同时向主债务人及保证人请求履行债务时，保证人不能行使催告抗辩权。

在保证人行使此抗辩权时，必须证明下列要件：即债权人请求保证人履行债务前，未要求主债务人履行债务；保证人得证明主债务人有清偿能力及其财产容易执行的事实。

保证人行使催告抗辩权有下列效果：即债权人未向主债务人催告履行之前，不得再请求保证人履行债务；保证人行使催告抗辩权后因债权人懈怠而未能从主债务人处受偿全部或部分债务时，保证人在债权人未怠于催告时可以受偿的范围内免除其责任（第438条）。

在下列情形下保证人不享有抗辩权，即保证人为连带保证人，无法得知主债务人的下落，主债务人受到破产宣告，开始个人重整程序的决定或对主债务人开始重整程序的情形。

（3）检索抗辩权

检索抗辩权是指，债权人请求保证人履行债务时保证人证明一定的条件而请求先执行主债务人财产的权利（第437条）。在保证人行使这个抗辩权时，如果债权人未向主债务人请求履行债务，则不能再请求保证人履行债务。保证人行使检索抗辩权后因债权人懈怠执行而未能从主债务人处受偿全部或一部分债务时，保证人在债权人未怠于执行时可以受偿的范围内免除义务（第438条）。

（二）有关主债务人或保证人事由的效力

1. 有关主债务人的事由的效力

债权人与主债务人之间发生的事由的效力及于保证人。但是加重保证债务的合意的效力不及于保证人（第430条）。

（1）主债务消灭

主债务消灭时，保证债务也消灭。

（2）对主债务的时效中断

对主债务人的时效中断，对保证人生效（第440条）。因为对主债务人的时效中断，对保证人生效，所以加重了保证人的责任。从理论上讲，这种规定有违保证债务的从属性。因此，可以认为《民法》第440条是为担保债权而制定的政策性规定。[1]

2. 对保证人发生的事由的效力

对保证人发生的事由，原则上对主债务人不生效。但是清偿、代物清偿、提存、抵销等消灭债权的事由具有绝对效力。

---

〔1〕 参见［韩］金相容：《债权总论》，HS media 2010 年版，第 333 页；［韩］郭润直：《债权总论》，博英社 2007 年版，第 199 页。

六、保证债务的对内效力

（一）受托保证人的求偿权

1. 事后求偿权

受托保证人以清偿或出捐消灭主债务，且无过失的，对主债务人享有求偿权（第 441 条第 1 款）。

2. 事前求偿权

受托保证人在下列情形下享有事前求偿权（第 442 条），当保证人在无过失的情况下，收到向债权人清偿的判决；在主债务人受到破产宣告时，债权人未参加破产财团；债务的履行期和最长期限不能确定的，自订立保证合同后经过 5 年；在债务已届履行期时，受托保证人不得以订立保证合同后债权人给予主债务人的宽限期对抗保证人（第 442 条第 2 款）。

因受托保证人行使事前求偿权，致使主债务人向保证人赔偿时，主债务人可以请求保证人免除自己的责任或给自己提供担保。主债务人也可以提存赔偿金、提供担保或免除保证人责任等方式，免除其赔偿义务（第 443 条）。

3. 求偿权的范围

关于受托保证人的求偿权范围，准用连带债务中出捐债务人的求偿范围的规定（第 441 条第 2 款、第 425 条第 2 款）。

4. 求偿权的限制

（1）保证人未通知主债务人以清偿或出捐消灭主债务的，主债务人可以以对抗债权人的事由对抗保证人。如果该对抗事由为抵销，则债权当然移转于保证人（第 445 条第 1 款）。保证人以清偿或其他方式免除主债务人的债务后未通知债权人的，主债务人善意向债权人清偿或实施其他有偿免责行为时，主债务人可以主张自己的免责行为有效（第 445 条第 2 款）。

（2）在主债务人实施免责行为后未将该事实通知受托保证人时，该保证人善意清偿及实施其他有偿免责行为的，保证人可以主张自己的免责行为有效（第 446 条）。

（二）未受托保证人的求偿权

（1）未受主债务人的委托而成为保证人的人，在以清偿及出捐消灭主债务时，主债务人在限于"当时受到的利益范围内"予以赔偿（第 444 条第 1 款）。

（2）未受主债务人的委托，且违反主债务人意思而成为保证人的人，在以清偿及其他出捐消灭主债务时，主债务人在"现存利益范围内"予以赔偿（第444条第2款）。在此情形下，主债务人主张在求偿日前存在抵销原因的，因抵销本应消灭的债权移转于保证人（第444条第3款）。

七、连带保证

（一）意义

连带保证是指，保证人与主债务人连带承担的保证债务（第437条但书）。连带保证人因与主债务人连带提供保证，所以不享有催告、检索抗辩权（第437条主文）。

应与连带保证区分的是保证连带。保证连带是数位保证人之间约定连带的情形。两者的区别在于连带保证不具有补充性，而保证连带具有补充性。

（二）成立

连带保证以保证人与债权人之间订立保证合同时达成连带约定而成立。但是成立一般保证后抛弃催告、检索抗辩权时也成立连带保证。除此之外，也可以因法律规定而成立连带保证。

（三）效力

债权人对连带保证人和连带债务人享有同等权利。连带保证人不能对债权人行使催告、检索抗辩权（第437条）。

八、共同保证

（一）意义

共同保证是指，由数人对同一个主债务承担保证债务的保证。共同保证包括一般保证、连带保证、保证连带。

（二）共同保证人与债权人之间的关系

1. 有区分利益的情形

数个保证人依一个保证合同或各自的保证合同而成为共同保证人时，各共同保证人仅对均等比例分割的部分承担保证债务（第439条）。即共同保证人的债务是分割债务，称之为区分利益。

2. 无区分利益的情形

无区分利益的情形包括三种：第一，主债务为不可分债务；第二，保证连带；第三，连带保证（第448条第2款）。

（三）共同保证人之间的求偿关系

在共同保证人中的某一人以自己的出捐免除主债务人的债务时，可以向债务人求偿全部债务。不仅如此，其清偿的债务超出应负担范围的，也可以向其他共同保证人求偿。[1]

1. 有区分利益的情形

在此情形下，共同保证人中的某一人清偿的数额超出自己应负担部分时，准用未受托保证人求偿权的规定（第448条第1款）。

2. 无区分利益的情形

在此情形下，共同保证人中的某一人清偿的数额超出自己应负担部分时，准用连带债务人求偿权的规定（第448条第2款）。

九、身份保证

（一）意义

身份保证主要是在订立雇佣合同时附带签订的合同。具有以下三种形式：第一，在受雇人将来不履行雇佣合同规定的义务而承担损害赔偿责任时，担保履行该责任的一种信用保证；第二，不问受雇人有无债务，担保雇佣人的全部损害的一种损害担保合同；第三，除担保雇佣人的全部损害外，还保证受雇人不违反义务。其中，第一种形式为基本的身份保证。如果解释合同时，类型不明的，应解释为第一种类型。

（二）《身份保证法》的内容

1. 适用范围

身份保证合同是指，在执行业务的过程中，因不可归责于受雇人的事由给雇佣人造成损害时，约定受雇人承担赔偿该债务的合同（《身份保证法》第2条），因此身份保证适用于前述合同。

2. 存续期间

由当事人约定身份保证合同的存续期间，但是约定的期间不能超过2年（《身份保证法》第3条）。当事人没有约定期间的，该存续期间为从合同成立之日起2年（《身份保证法》第3条第1款）。

---

[1] 参见大判 1993.5.27，93DA4656.

3. 身份保证人的合同解止权

下列情形下，身份保证人可以解止合同（《身份保证法》第 5 条）。

（1）雇佣人发出了《身份保证法》第 4 条第 1 款的通知，或身份保证人知道《身份保证法》第 4 条第 1 款的事由。

（2）身份保证人赔偿了因受雇人的故意或过失造成的损害。

（3）订立合同时的依据发生重大变更。

4. 身份保证人的责任

身份保证人承担赔偿受雇人故意或过失造成的损害的责任（《身份保证法》第 6 条第 1 款），但对轻过失不承担责任。有数个身份保证人时，如无特别约定，各身份保证人按相同比例承担义务（《身份保证法》第 6 条第 2 款）。

5. 非继承性

在身份保证人死亡时，身份保证合同终止（《身份保证法》第 7 条）。

第六章

债权让与及债务承担

第一节　债权让与

一、意义

债权让与是指，保持债权的同一性而将它移转于他人的合同。《民法》在"债权让与"这一节中只规定了一般债权的让与。《民法》第三编第一章第七节和第八节规定了证券债权的让与。

二、性质

（一）处分行为与准物权行为

债权让与是依法律行为直接变更债权归属主体的行为，因此是一种直接移转债权的处分行为。债权让与是移转债权的法律行为，因此是一种准物权行为，可以类推适用有关物权行为的法理。[1]

（二）让与行为的有因性、无因性及独立性

指名债权的让与，原则上与作为原因行为的债权行为同时进行。在该原因行为因不存在、无效、撤销、解除等原因丧失效力时，债权让与也无效。

在让与证券债权时，因为承认债权让与的独立性与无因性，所以在背书、交付证书时证券债权的让与成立。即使债权行为丧失效力，债权让与效力也不受影响。

（三）债权的同一性问题

让与债权时债权保持同一性。即债权的内容不发生变更，因此从属于债

---

〔1〕　参见［韩］金相容：《债权总论》，HS media 2010 年版，第 264 页。

权的权利也一并移转给受让人。

三、指名债权的让与

（一）指名债权的让与性

1. 意义

指名债权是债权人特定的债权，即一般债权。指名债权的成立、存续、行使、转让不需要制作、交付证书。

2. 让与原则

指名债权具有让与性，但是受到诸多限制。

（1）债权性质的限制

在债权的性质不适于转让时，该债权不能转让（第449条第1款）。此处"所谓不能转让的性质"是指，如果让与债权，则不能保持债权的同一性，或不能实现债权目的及无法保护债务人的利益等情形。

（2）当事人的限制

在当事人表示反对转让的意思表示时，债权不得转让（第449条第2款主文）。这一意思表示可以在债权成立时或成立后进行。但是禁止让与的意思，不得对抗善意第三人（第449条第2款但书）。

第三人作为善意第三人受到保护时，无须证明自己的善意。由主张第三人为恶意的人证明存在禁止让与的意思表示和第三人的恶意。[1]

（3）法律规定的限制

法律不允许转让应由原债权人受偿的抚养请求权、灾害补偿请求权、国家赔偿请求权等债权。

（二）指名债权让与的对抗要件

在依据当事人之间达成的合意转让指名债权时，可能给债务人和其他第三人的法益造成损害。为保护债务人与第三人，《民法》规定如果不具备一定的要件，则不能对抗债务人和第三人（第450条）。这些对抗要件就是出让人的通知或债务人的承诺（第450条第1款）。如果不依有确定日期的证书作出通知或承诺，则不得对抗债务人以外的第三人（第450条第2款）。

---

〔1〕 参见大判 2003. 1. 24，2001DA71699.

1. 对债务人的对抗要件

（1）两种对抗要件

①出让人对债务人的通知

债权人对债务人的通知是一种观念通知，可以类推适用意思表示、到达主义、代理等规定。因此，可以撤销无行为能力人获得同意权人的同意而作出的让与通知及因错误、欺诈、胁迫而作出的通知。依非真意表示作出的让与通知原则上有效，依虚假意思表示作出的让与通知原则上无效。[1]

②债务人的承诺

承诺是对债权让与事实的一种表明行为，其法律性质为观念通知。由债务人作出承诺时，承诺的相对人既可以是出让人，也可以是受让人。[2]在一般情形下，让与债权后债务人作出承诺，但是事前作出的承诺也有效。

（2）债权让与的解除及撤销问题

债权让与后让与合同被解除或撤销时，是否亦具备对抗要件？因为解除或撤销的是债权让与合同，所以债权当然回归于出让人，因此如果受让人不重新发出通知，出让人不得对抗债务人。[3]

（3）尚未发出通知或承诺时的效力

在债权让与后出让人尚未发出通知或债务人尚未作出承诺时，受让人不能向债务人主张债权让与。即使债务人为恶意，也不能向其主张债权让与，因此债务人可以拒绝向受让人清偿，受让人不得向债务人行使担保权、申请破产等行为。

在此期间内债务人向出让人清偿而免责的行为和出让人向债务人进行的抵销、免除等行为均有效，并且债权让与合同成立时发生债权让与效力，因此承认债务人的债权让与行为，债务人可以向受让人进行有效清偿。[4]

（4）通知、承诺的效力

①通知的效力

债权让与后债务人依然享有对债权人的抗辩事由，但是受让人具备对抗

---

〔1〕　参见［韩］郭润直：《债权总论》，博英社 2007 年版，第 221 页。

〔2〕　参见大判 1986.2.25，85DAKA1529.

〔3〕　参见大判 1993.8.24，93DA17379.

〔4〕　参见［韩］郭润直：《债权总论》，博英社 2007 年版，第 223 页。

债务人的要件后债务人不能再对抗受让人。因此出让人发出让与通知后，债务人可以基于收到通知之前的对抗事由抗辩受让人（第451条第2款）。

出让人向债务人发出让与通知时，即使尚未让与或该让与无效，善意债务人也可以以对抗出让人的事由对抗受让人（第452条第1款）。但是债务人不能以受让人同意撤回通知后发生的事由对抗受让人。

②承诺的效力

A. 保留异议的承诺的效力

保留异议的承诺是指，债务人表明自己对出让人享有的抗辩事由后作出的承诺。民法没有对此情形作出规定，此时的效力可以等同于通知的效力。

B. 不保留异议的承诺的效力

不保留异议的承诺是指，债务人未表明其具有债权不成立、消灭及其他抗辩事由，直接作出承诺的情形。在此情形下，因为受让人相信该债权没有任何抗辩事由，所以债务人不得以可以对抗出让人的事由对抗受让人（第451条第1款）。判例认为此时的承诺具有公信力。[1]

2. 对债务人外的第三人的对抗要件

关于第三人的对抗要件也是通知和承诺。但是与债务人不同，对抗第三人时除通知和承诺外，还需要交付有确定日期的证书（第452条第2款）。

（1）确定日期

所谓的确定日期是指，当事人不得任意变更的确定的日期，是证明证书制定日期的证据，这是法律上承认的日期。[2]用普通的证书发出通知或承诺后再于该证书上记载确定日期的，亦有对抗力。[3]

（2）第三人的范围

第三人包括对该债权不能具有与受让人并立的法律上地位的人，或对该债权具有法律上利益的人。例如，债权的双重受让人、债权的质权人、债权出让人破产时的破产债权人等均属于第三人。[4]

---

〔1〕 参见大判 2002.3.29, 2000DA13887.

〔2〕 参见大判 2000.4.11, 2000DA2627.

〔3〕 参见大判 2006.9.14, 2005DA45537.

〔4〕 参见 ［韩］金相容：《债权总论》，HS media 2010 年版，第 264 页。

（3）对抗关系

对债务人外的第三人按照确定日期的证书发出通知或承诺，这主要是为了解决第三人的顺位问题。

①在双重转让债权时，第一个转让只有普通通知或承诺，第二个转让有确定日期的证书发出的通知或承诺的，第一受让人不能对抗第二受让人，第二受让人成为唯一的债权人，债务人只对第二受让人承担清偿义务。

②双重转让债权时，第一个转让和第二个转让通知或承诺都是普通的通知或承诺的，先收到通知或作出承诺的受让人应优先于其他受让人获得债务清偿。[1]

③双重转让债权时，第一个转让和第二个转让都是依有确定日期的证书发出通知或承诺的，应以债务人知道债权让与的事情时，即以让与通知到达时或作出承诺时为准。[2]

四、证券债权的让与

证券债权是指，以表彰债权的证券表示债权的成立、存续、让与、行使的债权。以下介绍证券债权中的指示债权与无记名债权。

（一）指示债权的让与

指示债权是指，向特定人或由其指定的人清偿的证券债权。仓储债权、提单、汇票等在《商法》和《票据法》中规定的典型有价证券，只要不记载禁止背书的，都是法律承认的指示债权。

1. 让与方法

指示债权以背书方式转让（第508条）。证书的背书、交付是指示债权的成立要件及生效要件。

2. 背书的效力

《民法》规定的指示债权的背书具有移转效力与资格授予效力，但是不具有《票据法》所承认的担保效力。

---

[1]　参见大判1971.12.28，71DA2048.
[2]　参见大判1994.4.26，93DA24223.

3. 受让人保护

（1）善意取得

为了保护交易安全和指示债权的流通性，《民法》以放宽善意取得要件的方式承认了指示债权的善意取得。即证书的持有人即使从无权利人处取得指示债权，该持有人如果不知出让人无处分权或该无知并没有重大过失，也可以取得该证书上的权利（第514条主文）。在此情形下，持有人不承担证明自己善意、无过失的责任，应由阻止成立善意取得的人证明持有人的恶意、重大过失（第514条但书）。

（2）对人抗辩

指示债权的债务人不得以对证券持有人前手的抗辩对抗持有人，但是持有人知道存在不利于该债务人的抗辩事由而仍取得指示债权时，可以对抗持有人（第515条）。

4. 债务人保护

指示债权的债务人有义务调查背书是否连续，但是没有调查背书人的署名或盖章是否真实的权利和义务（第518条主文）。债务人清偿时已知或因重大过失未知持有人为非权利人的，其清偿无效（第518条但书）。

在证书上未记载清偿地的，以债务人的现营业地为清偿地；没有营业场所的，以现住所为清偿地（第516条）。在证书上记载清偿期限的，该期限届满后从持有人提示证书而请求履行时债务人开始承担迟延责任（第517条）。只有在债务人交换证书后才承担清偿义务（第519条）。债务人在清偿时可以请求持有人在证书上记载已受领债务的证明事项。如果债务人只清偿部分债务而提出上述请求，债权人应在证书上予以记载（第520条）。

5. 证券灭失、丧失

灭失或脱离持有人占有的证书，可以通过公示催告程序宣告证书无效（第521条）。在申请公示催告时，债务人可以提存标的物。如果证书持有人提供适当的担保，则债务人可以清偿债务（第522条）。

（二）无记名债权的让与

无记名债权是不指定特定的债权人而向证书持有人清偿的一种证券债权。无记名债权的让与以交付证书的方式进行（第523条）。关于无记名债权，准用指示债权的规定（第524条）。

第二节　债务承担

一、意义及性质

（一）意义

债务承担是指不改变债务的同一性而移转债务的合同，原债务人因此而免除债务，承担人成为新的债务人。

（二）性质

按照债务承担的当事人不同，可以分为以下几种类型：债务人、债权人及承担人为合同当事人；债权人和承担人为合同当事人；债务人、承担人为合同当事人。前两种情形的债务承担具有债权行为和准物权行为的性质；最后一种情形的债务承担行为一开始仅具有债权性质，但是经债权人承诺后变为准物权行为。[1]

二、要件

（一）债务人要件

1. 存在有效的债务

2. 债务的移转性

债务承担中的债务应具有可移转性。性质上不能转移的债务不能成为债务承担中的债务。

（二）债务承担合同的当事人

1. 债务人、债权人及承担人为合同当事人

2. 债权人与承担人为合同当事人

这是债务承担的最典型类型。此时无利害关系的当事人不能违反债务人的意思承担债务（第453条第2款）。在此情形下，应以债务承担时的意思为准，判断是否违反了债务人的意思。

3. 债务人与承担人为合同当事人

债务人与承担人之间可以订立债务承担合同，但是此种合同只有取得债

---

[1]　参见［韩］宋德洙：《新民法讲议》，博英社2017年版，第1160~1161页。

权人的承诺才生效（第454条第1款）。因为在债务人发生变更时，成为债权担保的债务人的资产也发生变化，所以为了不给债权人造成损失，应取得债权人的承诺。债权人可以向任意合同当事人表达承诺或拒绝的意思（第454条第2款）。

承担人或债务人可以确定合理期间，催告债权人作出承诺与否的决定（第455条第1款）。如果债权人在该期间内不作明确答复，可以视为拒绝（第455条第2款）。在债权人作出承诺之前，债务承担的当事人可以撤回或变更（第456条）。

三、效果

（一）债务移转的效果

第三人承担债务时，原先债务人免除债务。原则上签订债务承担合同时债务移转，但是债务人与承担人之间订立债务承担合同的，债权人作出承诺时合同成立，债务移转。债权人的承诺，如果没有其他意思表示，则溯及至债务承担时生效（第457条）。这种溯及效力不能侵害第三人的利益（第457条但书）。

（二）抗辩权的移转

债务的承担人可以基于前债务人的抗辩事由对抗债权人（第458条）。因此债务的承担人可以主张阻止、排除与债务成立、存续相关的各种抗辩。但是承担人不能行使只能由原合同当事人享有的权利。

（三）从债务和担保

原债务人的债务保证或第三人提供的担保，因债务承担而消灭（第459条主文）。但是保证人或第三人同意承担债务时，担保仍然存续（第459条但书）。

四、与债务承担相似的制度

（一）并存的债务承担

1. 意义

并存的债务承担是指，第三人与原来的债务人承担同一内容的债务的合同，又称为重叠的债务承担。

在并存的债务承担中原来的债务人不免除其债务，第三人加入到原来的债务关系中，承担与原来的债务内容相同的债务。因此并存的债务承担并不是传统意义上的债务承担，并存的债务承担中的债务应当是可以由第三人履行的债务。

2. 效果

在并存的债务承担中，原先债务人与后加入的债务承担人各自独立的承担相同内容的债务，因此只要其中一人清偿债务，两个债务同时消灭。

关于债务人与承担人之间的关系，如果两个人之间存在主观共同联系，则可以认为是连带债务。但是没有此种关系时，应认为是一种不真正连带债务。

（二）履行承担

履行承担又称为对内的债务承担，是承担人与债务人之间的一种合同。根据该合同，债务承担人对债务人负有清偿债务人债务的义务，债务人仍然承担其债务，只对债务承担人取得请求该承担人向债权人履行义务的债权。

（三）合同承担

合同承担是以继受合同当事人的地位为目的的合同，由承担人继受合同当事人的地位。因此除依该合同已经发生的债权、债务之外，将来可发生的债权、债务也同时转移，合同的撤销权与解除权也一并转移。

第七章

债权的消灭

《民法典》第三编第一章第六节规定了债权的消灭原因。包括清偿、代物清偿、提存、抵销、更改、免除、混同。除此之外，债权还可以因标的物消灭、时效完成等原因被消灭。本章主要介绍第六节规定的七种原因。

第一节　清　偿

一、意义及性质

（一）意义

清偿是指债务人或第三人实现债务内容的行为。清偿是引起债权消灭法律效果的法律要件。

（二）性质

清偿是指依债务人或第三人履行债务的行为，债权获得满足的情形。需要注意的是清偿的法律性质。关于清偿的法律性质，主要的争论点在于是否要求具有清偿的意思，且这一清偿意思到底是何种意思。

有关清偿的法律性质，有众多学说。现在的多数说的主张否认清偿是法律行为。理由在于，清偿具有消灭债权的效果是因为实现了给付。换言之，清偿可以消灭债权的理由是实现了给付，而并非当事人具有消灭债权的效果意思（清偿意思）。

但是清偿需要一定的意思，如果连基本的意思都没有，则不能构成清偿。这一意思就是清偿人的自然意思。即给付就是以清偿为目的的自然意思。

假设将清偿视为法律行为，会发生以下问题：第一，在不作为债务中，很难说明债务人不知自己在清偿债务的时候，已经清偿债务的情形；第二，给付的内容要求债权人的协助时，作为清偿要件要求债权人具有作为清偿受领的意思非常困难；第三，假如当事人之间达成合意消灭债权，则发生债权被消灭的效果（意思自治原则），不需要要求实现给付；第四，如果给付的内容为不作为或事实上的作为行为，则不应要求债权人或债务人具有行为能力。[1]

给付的内容为实施某一法律行为时，对此应适用有关法律行为的规定，在此情形下，可以认为该给付行为为准法律行为。

二、清偿人

（一）债务人

债务人既承担清偿义务，也享有清偿的权利。换言之，如果给付可以是由债务人外的其他人清偿，则债务人可以利用履行辅助人清偿；如果给付为法律行为，则也可以由代理人清偿。

（二）第三人

（1）除了债务人可以清偿债务外，第三人也可以清偿债务（第469条第1款）。但是在一些情形下，第三人可以代位行使债权人的权利。第三人清偿债务时，债权人不受领的，有可能构成债权人迟延。

（2）禁止第三人清偿的情形。

债务的性质不允许第三人清偿时，第三人不得清偿债务。在合同当事人之间约定不允许第三人清偿时，第三人也不得清偿债务（第469条第1款）。没有利害关系的第三人，不能违反债务人的意思清偿债务（第469条第2款）。

三、清偿受领人

（一）债权人

在一般情形下，债权人是有权受领清偿，但是有时债权人无受领权限而其他人享有权限。在以下情形债权人不具有受领权限：

（1）债权被扣押；

（2）债权为质权的标的；

---

〔1〕　参见［韩］梁彰洙、金载衡：《合同法》，博英社2016年版，第300页。

（3）债权人受破产宣告；

（4）申请重整程序后，在开始重整程序前法院选任保全管理人；

（5）开始重整程序后，选任管理人。

（二）债权人外的清偿受领人

1. 具有受领权限的人

依法律规定或债权人授予受领权限的人享有受领权。例如，代理人、管理人、债权质权人、债权人代位权人等。

2. 表见受领权人

清偿人向债权人以外的人清偿时，为了保护善意清偿人，在一定情形下该清偿被视为有效。

（1）债权的准占有人

债权的准占有人就是实际行使债权的人（第210条）。在向债权的准占有人清偿时，清偿人为善意、无过失的，该清偿有效（第470条）。此处的善意是指，相信准占有人有权受领给付。在对准占有人的清偿有效时，清偿人不得请求准占有人返还清偿，只有真正债权人才享有返还请求权。

（2）受领证书持有人

在清偿人向受领证书持有人清偿时，即使该持有人无权受领，也发生清偿效力。但清偿人已知或明知其无受领权限的情形除外（第471条）。在清偿人向受领证书持有人清偿时，只有清偿人善意、无过失，才发生清偿效力，且由主张清偿无效的人承担举证责任。

（3）证券债权证书持有人

在清偿人向证券债权证书持有人清偿时，即使证券债权持有人不是真实权利人，只要清偿人并非恶意或重大过失，该清偿也有效。

（4）对无受领权限的人的清偿

清偿人除向债权的准占有人和证券债权证书持有人外的其他无权受领人清偿时，该清偿在债权人受益范围内有效（第472条）。

四、清偿标的物

（一）特定物的现状交付

债权的标的为交付特定物的，债务人应按履行期的现状交付标的物（第462条）。

（二）交付他人之物

清偿人在为了清偿债务而交付他人所有物时，如果债务人不重新进行有效交付，则不能请求返还该物（第463条）。

在一些例外情形下，交付他人之物的行为有效。即债务人在交付他人之物时，债权人善意的消费或转让标的物的，该清偿有效（第465条第1款）。但是这仅在对债务人的关系上有效，因此债权人收到第三人提出的赔偿请求时，可以向债务人请求赔偿（第465条第2款）。

（三）交付无让与能力的所有人的物

无行为能力人等没有让与能力的所有人以清偿债务为目的交付标的物的，即使该清偿被撤销，若不重新进行有效清偿，也不得请求返还该物（第464条）。

五、清偿地点

以特定物的交付为标的的债务，应在债权成立时该物所在地清偿（第467条第1款）。除特定物债务外的其他债务，须在债权人住所地清偿（第467条第2款）。因债权人改变住所或让与债权等原因而超额支出清偿费用时，由债权人承担该增加的费用（第473条但书）。此外，与营业行为相关的债务，即使是特定物外的债务，也应在现营业地清偿（第467条第2款但书）。

六、清偿期

债务人应当在清偿期清偿债务，但是在当事人之间没有约定的，债务人可以抛弃期限利益而在清偿期前清偿债务（第468条主文）。如果给相对人造成损害，则应赔偿损害（第468条但书）。债务人在清偿期前清偿债务的，不得请求返还（第743条主文）。但是债务人误认为债已届清偿期而清偿债务时，债权人应返还因此而取得的利益（第743条但书）。

七、清偿费用的承担

当事人之间如无特别约定，由债务人承担清偿费用（第473条主文）。但是因债权人改变住所等原因超额支出清偿费用时，由债权人承担该增加的费用（第473条但书）。

八、清偿抵充

（一）意义

清偿抵充是指，债务人对同一债权人负担数个同种类标的的债务，或同一债务需要多个给付或债务人须对一个或数个债务给付本金外的其他费用、利息时，已清偿的给付不足以消灭全部债务的，该给付应消灭哪一种债务的问题。

（二）合意抵充

当事人之间可以合意决定抵充的方法和抵充的顺序。

（三）指定抵充

1. 指定清偿人

在指定抵充时，因为清偿人是与清偿有最密切联系的人，所以清偿人是第一顺位的指定人。指定清偿人时，无须征得清偿受领人的同意。

2. 指定清偿受领人

清偿人不指定欲清偿的债务时，清偿受领人可以指定被清偿的债务（第476条第2款主文）。但是清偿人及时提出异议的，清偿受领人不能指定受偿的债务（第476条第2款但书）。

3. 指定抵充的限制

依第479条，可以抵充除债务本金外的其他费用、利息。因此指定抵充违反这一规定时，不生效。对于各种费用、利息、本金，依法定抵充的顺序抵充（第479条）。在一般情形下，其他费用和利息应先于本金清偿，并且在各种费用、利息和本金之间，应先抵充最有利于债务人的那一项，这也符合当事人之间的合意，因此不允许一方当事人任意变更这一顺序。

4. 法定抵充

如果没有合意抵充或指定抵充，则依法律规定抵充，此种抵充称为法定抵充。法定抵充依下列规定进行（第477条）：

第一，债务中有已届履行期和未届履行期的，抵充已届履行期的债务。

第二，全部债务已届履行期或未届履行期的，抵充对债务人更有清偿利益的债务。

第三，多个债务对债务人的清偿利益相同时，抵充先到履行期或应先到履行期的债务。

第四，按上述标准不能确定抵充先后的，应按各债务的比例抵充。

九、清偿的提供

（一）意义

清偿的提供是指，债务履行需要债权人协助，在债务人做好给付所需的全部准备工作后，请求债权人协助的行为。又称为履行的提供或提供履行。因为大部分债务履行需要债权人的协助，如果债务人做好了清偿准备，却因为债权人的原因无法履行债务，会给债务人造成损失，因此这是为及时履行债务，保护债务人利益而设置的制度。

（二）提供清偿的方法

提供清偿的方法主要有现实提供和口头提供两种。清偿人应当依债务内容，现实提供清偿（第460条主文）。现实提供是债务人按照债务内容，现实地履行债务的行为。口头提供是债务人完成随时履行债务的准备后，通知债权人催告其完成协助准备的行为。

1. 现实提供

现实提供以履行期届至时提供清偿为原则，但是如果当事人没有特别约定，债务人可以抛弃期限利益，可以在履行期届至前清偿债务（第468条主文）。但是如果给相对人造成损害，则应当赔偿损害（第468条但书）。

（1）在只提供一部分给付时，能否承认该给付的效力呢？只提供一部分清偿的，如果债权人没有取得利益，则不是有效的提供。[1]

（2）有关移转登记的债务，在债务人准备好登记所需的材料到登记机关时，可以认为已经现实地提供清偿。双务合同的债务人，在相对人提供清偿之前可以拒绝提供清偿，因此相对人在提供清偿前，即使不提供清偿，亦不承担迟延责任。

2. 口头提供

（1）债权人拒绝受领的情形

债权人没有正当理由而拒绝受领的，只需要口头提供（第460条但书）。因为债权人事先拒绝受领时，要求债务人现实提供清偿的做法有失公平，所以此时无须现实提供。

---

〔1〕 参见大判 1984.9.11，84DAKA781.

（2）债务人履行债务时需要债权人协助的，只需要口头提供清偿（第460条但书）。

（三）提供清偿的效果

1. 免除债务不履行责任

提供清偿时免除债务不履行责任（第461条）。因此不能以不履行债务为由，向债务人请求损害赔偿、迟延利息等。

2. 只要提供清偿，就不发生债权人迟延

3. 债权人丧失履行抗辩权

在双务合同中，如果一方当事人提供清偿，则另一方当事人丧失同时履行抗辩权，因此在相对人不提供清偿时，须承担迟延责任。但是判例认为，欲消灭相对人的同时履行抗辩权，则应继续提供清偿。[1]对此有学者持否定观点。[2]

十、清偿代位

（一）意义及性质

清偿代位，又称为代位清偿或清偿人代位，是指由第三人清偿债务时，为确保清偿人对第三人的求偿权，在求偿权范围内原先由债权人享有的权利移转于清偿人的形态。

清偿代位是债权人享有的权利移转于清偿人的情形。因为债权人的债权依清偿人的代位已经获得了满足，所以债权人不能继续享有债权。因此依法律规定，债权人的债权应移转于清偿人。清偿代位的法律性质应理解为是一种权利的移转。[3]

（二）要件

1. 债权人的债权应得到满足

清偿人以自己的财产出捐，清偿债务人的债务。因此以清偿、代物清偿、提存等方式免除债务人债务的，都可以成立清偿人代位（第486条）。

2. 清偿人对债务人享有求偿权

清偿代位制度是确保清偿人代位权的制度，因此没有求偿权时不成立代

---

〔1〕 参见大判 1995. 3. 14，94DA26646.

〔2〕 参见 ［韩］金相容：《债权总论》，HS media 2010 年版，第 448 页。

〔3〕 参见 ［韩］宋德洙：《新民法讲义》，博英社 2017 年版，第 1194 页。

位清偿。[1]不可分债务人、连带债务人、保证人、物上保证人、取得担保物的第三人、后顺位担保权人等享有求偿权。

3. 法定代位

对于清偿具有正当利益的人，因清偿当然代位债权人（第481条）。在此情形下，不经债权人的同意，当然发生清偿代位，因此称为法定代位清偿。"对于清偿具有正当利益的人"是指因为如果不予清偿，则债权人执行其财产或丧失自己对债务人的权利，所以向债权人清偿后受法律保护的人。[2]

4. 任意代位

对于清偿不具有正当利益的人获得债权人的承诺后才能代位债权人。债权人的承诺应在清偿时作出（第480条第1款）。

（三）效果

1. 代位人与债务人之间的效果

代位债权人依自己权利在求偿范围内行使有关债权及其担保的权利（第482条第1款）。"有关债权的权利"是指履行请求权、损害赔偿请求权、债权人代位权、债权人撤销权等权利。"有关债权担保的权利"是指人保与物保。

代位清偿一部分债权的，代位人按其清偿价额的比例与债权人共同行使权利（第483条第1款）。

2. 法定代位人相互之间的效果

（1）保证人与传贳物、抵押物的第三取得人之间的关系

保证人清偿债务的，对传贳物、抵押物的第三取得人代位债权人。但是需要提前在传贳权、抵押权上进行附记登记（第482条第2款第1项）。

第三取得人清偿债务的，对保证人的关系上不能代位债权人（第482条第2款第2项）。

（2）保证人与物上保证人之间的关系

保证人与物上保证人之间，按其人数比例代位债权人（第482条第2款第5项主文）。有多个物上保证人时，对于扣除保证人负担部分后的余额，按各财产额的比例代位（第482条第2款第5项但书）。

---

[1] 参见大判 1994. 12. 9, 94DA38106.
[2] 参见大判 1990. 4. 10, 89DAKA24834.

（3）第三取得人之间的关系

第三取得人中的某一人，按各不动产价格的比例对其他第三取得人代位债权人（第 482 条第 2 款第 3 项）。

（4）物上保证人之间的关系

物上保证人之间的代位等同于第三取得人之间的代位关系（第 482 条第 2 款第 4 项）。

（5）连带债务人之间或保证人之间的关系

连带债务人之间、保证人之间和连带债务人与保证人之间，依特别规定发生代位。

3. 代位人与债权人之间的效果

（1）债权人的债权证书、担保物的交付义务

第三人向债权人清偿债务时，债权人应向代位人交付与该债权相关的证书及占有的担保物（第 484 条第 1 款）。第三人清偿一部分债权时，债权人应在债权证书上记载该代位，并对自己占有担保物的保存行为，接受代位人的监督（第 484 条第 2 款）。

（2）债权人的担保保存义务

根据《民法》第 481 条的规定，有代位人时，因债权人的故意或过失减少或灭失担保的，代位人在该减少或丧失而不能受偿的范围内不承担责任（第 485 条）。

（3）债权人的不当得利返还义务

在第三人清偿一部分债务后，债权人以不履行债务为由解除合同时，债权人收到的清偿为非债清偿（第 742 条）。在此情形下，债权人应向代位人偿还清偿的价款和利息（第 483 条第 2 款）。

第二节　代物清偿

一、意义

代物清偿是以其他给付代替原来债务履行的债权人与清偿人之间的合同（第 466 条）。

关于代物清偿的性质，有多种学说。一种观点认为，代物清偿是一种特

殊的要物、有偿合同。[1]另一种观点认为代物清偿是债务人与债权人之间达成的有关代物清偿的合意，仅仅将代物清偿作为清偿的一种合意。[2]判例认为，代物清偿是要物合同。[3]

二、代物清偿的要件

（一）当事人

因代物清偿具有清偿效力，所以该当事人应满足清偿要件。代物清偿的当事人一般为债权人与清偿人。原则上除债务人外的第三人也可以成为代物清偿的当事人（第469条）。

（二）当事人之间存在合同

债权人或债务人不能单方变更给付，根据《民法》第466条的规定，债务人须征得债权人的同意，因此双方之间应达成合意。即债务人的代物清偿意思和债权人的代物清偿受领意思须达成一致。

（三）须存在有效的债权

代物清偿是代替原来的给付而行使其他给付的清偿方式，所以应存在有效的债权。

（四）给付的内容不同

代物清偿是以另一种给付代替原来给付的清偿，所以实际给付的内容及类型与原来给付不同。

（五）须代替原来给付

代替履行的给付是代替原来给付的给付。换言之，代替履行给付的目的是消灭原来给付。

三、代物清偿的效果

代物清偿后债权被消灭，同时也消灭该债权的担保权。如果债务人只对部分给付进行代物清偿，该代物清偿有效。[4]

---

[1] 参见［韩］郭润直：《债权总论》，博英社2007年版，第270页。

[2] 参见［韩］金相容：《债权总论》，HS media 2010年版，第467页。

[3] 参见大判1987.10.26，86DAKA1755.

[4] 参见大判1993.5.11，92NU11602.

第三节　提　存

一、意义

提存是指将金钱、有价证券及其他财产寄存于国家提存部门的行为。债务人提存后可以免除债务（第487条）。履行债务需要债权人的协助时，只要债务人提供清偿，则不承担债务不履行责任。仅提供清偿时债务人不能免除债务，还应及时履行债务。在债权人拒绝受领或不能受领时，为了使债务人摆脱债务的拘束，应提供一些必要的手段，这就是提存制度。

二、提存的要件

（一）须有提存的必要

1. 债权人不愿受偿或不能受偿

《民法》第487条规定，在债权人不愿受偿或不能受偿时，清偿人可以提存清偿标的物。因此债务人可以不予口头提供，直接提存清偿标的物。债权人提前拒绝受领时，债务人可以口头提供，使债权人限于迟延履行；或者提存清偿物，以摆脱债务的拘束。

2. 清偿人无法知道债权人

"清偿人不确知债权人"是指客观上存在债权人或清偿受领权人，但是债务人即使尽善良管理人的注意义务，也无法知道债权人的情形。[1]例如，继承开始后共同继承人不能确定继承人的继承份额等属于此种情况。

（二）提存当事人

提存是为第三人利益的保管合同，因此提存的当事人是提存人与提存机关。提存受领人不是提存当事人，他是根据为第三人利益合同取得债权的人。

1. 提存人

提存应在债务履行地的提存机关进行（第488条第1款）。地方法院、地方法院分院、市法院、郡法院中设置提存机关。地方法院院长、地方法院分院长指定的法院公务员担任提存业务人（《提存法》第2条）。如果未确定提

---

[1]　参见大判2004.11.11，2004DA37737.

存所，由法院依清偿人的请求指定提存机关，选任提存物保管人（第488条第2款）。

2. 提存受领人

提存应有明确的提存受领人。[1]提存受领人为债权人，但是债权人的代理人、清偿人也可以成为提存受领人。

（三）提存的标的物

清偿的标的物就是提存的标的物。《提存法》规定了有价证券、金钱及其他动产可以成为提存标的物（《提存法》第3条第1款）。

清偿标的物不适合提存或有灭失、毁损危险或提存需要巨额费用的，清偿人经过法院许可，拍卖或以市价出卖该标的物后提存价款（第490条）。

（四）提存的内容

1. 部分提存

债务人只提存一部分时，除了可以认为有效清偿的特殊情形外，债权人不予承认部分提存时，不发生相应的效力。[2]债务人虽然只提存了一部分债务，但是之后追加提存了不足部分时，可以认为对全部债务进行了有效提存。[3]

2. 附条件的提存

虽然提存符合债务内容，但是债务人以债权人履行对待给付或其他债务为条件进行提存的，债权人不接受这一条件时，提存不生效。[4]

三、提存的效果

（一）消灭债权

在债务人提存后，债权被消灭（第487条）。回收提存物的，视为未提存标的物（第489条第1款）。换言之，在债务人回收提存物时，债权并不消灭。

（二）债权人的提存物交付请求权

债权人有权请求提存机关移交提存物。虽然《民法》对此没有明文规定，

---

〔1〕　参见大判1997.10.16，96DA11747.

〔2〕　参见大判1998.10.13，98DA17046.

〔3〕　参见大判1991.12.27，91DA35670.

〔4〕　参见大判2002.12.6，2001DA2846.

但是可以视为因为债权人取得该权利，所以债务人的债务被消灭。因为提存物交付请求权代替本来的给付请求权，所以该权利的性质、范围与原来的给付请求权相同。因此在原来的给付请求权上存在先履行或同时履行抗辩权时，债权人不履行自己的给付，不能请求交付提存物（第491条）。

（三）所有权转移

1. 货币或其他可替代物

提存标的物为货币或其他可替代物时，提存可以看作是一种向第三人履行的消费保管合同。从提存时起提存物的所有权归提存机关，债权人从提存机关领取相同种类、数量的货币或物品时，所有权归债权人。

2. 特定物

提存的标的物为特定物时，标的物的所有权不归提存机关，直接从提存人移转给债权人。在清偿人申请提存标的物时，因为申请中包括所有权移转要约，所以债权人向提存机关提出的请求可以视为是对该要约的承诺，因而发生所有权移转的物权变动。

四、提存物的取回

（一）《民法》上的取回

《民法》承认清偿人可以取回提存物（第489条）。本来提存是保护清偿人利益的制度，只要不给债权人或第三人造成损害，应当承认可以取回提存物，这种取回可以视为是保管合同的解止。[1]但在以下情形下，《民法》不承认提存物的取回。[2]

第一，债权人向清偿人表示，承认提存或向提存机关发出接收提存物的通知；

第二，判决提存有效；

第三，因提存而消灭抵押权或质权；

第四，提存人放弃回收权。

（二）《提存法》上的取回

在因陷于错误而提存和提存原因不存在时，可以取回提存物（《提存法》

---

〔1〕 参见［韩］宋德洙：《新民法讲议》，博英社2017年版，第1223页。

〔2〕 参见［韩］郭润直：《债权总论》，博英社2007年版，第283。

第 9 条第 2 款）。

第四节 抵 销

一、意义

（一）概念

抵销是指债权人与债务人互负相同种类的债务时，在对等额内消灭双方债务的单独行为（第 492 条第 1 款）。

（二）功能

抵销制度的目的在于避免双方当事人分别请求及分别履行所带来的不便及不公平。

1. 具有便利功能

通过抵销双方当事人可以简化处理各自所负的债务，并且能节省经费及降低交易成本。

2. 具有担保功能

在抵销债权债务时，即使对方没有资力，也能免除自己的债务。因此相当于优先受偿。即被动债权实质上发挥对主动债权的担保功能。

（三）性质

只有在具有表明抵销的意思表示时，才能在对等额内消灭债务，因此抵销具有单方行为的性质（第 493 条）。

二、抵销的要件

（一）双方互负有效债权

双方须互负有效债权。在通常情况下，主动债权是抵销人自己对被抵销人享有的债权。但是在连带债务、保证债务中可以用他人的债权进行抵销。被动债权应当是被抵销人对抵销人享有的债权，被抵销人不能以对第三人持有的债权向抵销人主张抵销。此外，虽然允许第三人清偿，但是不允许第三人代替债务人进行抵销。

（二）双方债务的给付种类相同

如果给付种类不同，则不论其价值是否相同，都不能进行抵销（第 492

条第 1 款）。抵销一般用于金钱债务。只要是相同种类的债权即可抵销，并且双方债权的发生原因、债权额、履行地等不必相同。

（三）须主动债权已届清偿期

双方债权已届履行期时才能抵销（第 492 条第 1 款）。主动债权应届清偿期，因为如果允许将未届清偿期的债权作为主动债权抵销，则相对人就会丧失期限利益。但是被动债权无须已届清偿期，因为抵销人可以抛弃期限利益而进行抵销。[1]

（四）双方债务均适合抵销

在只有现实履行债务才能实现双方债权时，此种债权不适合抵销。例如，"不作为债务""为的债务"等不适合抵销。

（五）未禁止抵销

1. 依当事人意思表示禁止抵销的情形

债权人约定禁止当事人抵销时不得抵销（第 492 条第 2 款）。受让债权或承担债务的第三人不知有禁止抵销的约定时，债权受让人或债务承担人不能用自己对相对人承担的剩余债务或债权抵销。

2. 依法律规定不得抵销的情形

（1）因故意侵权行为发生的损害赔偿债权

因故意侵权行为而发生的债务，该债务人不得以抵销对抗债权人（第 496 条）。因过失侵权行为发生的债权，侵权行为人可以主张抵销。

（2）禁止扣押的债权

禁止扣押的债权，该债务人不得以抵销对抗债权人（第 497 条）。禁止扣押的债权不能作为被动债权进行抵销。主要是为了使相对人进行现实的清偿而设定的规定。因为仅仅是将禁止扣押的债权作为被动债权抵销，所以此种债权可以作为主动债权抵销。

（3）禁止支付的债权

收到禁止支付命令的第三债务人，不得以依其后取得的债权的抵销对抗申请该命令的债权人（第 498 条）。接受禁止支付命令的债权是被扣押或假扣押的债权，这些债权的债务人不得以该债权为被动债权，与收到禁止支付命令后取得的债权相抵销。但是可以与禁止支付前的债权相抵销。

---

[1] 参见大判 1976. 6. 12, 79DA662.

三、抵销的方法

抵销的意思表示应向相对人作出（第 493 条第 1 款）。虽然双方当事人的债务处于可抵销的状态，但是双方当事人不表示抵销意思时，债务不被消灭。[1] 抵销的意思表示不得附条件或期限（第 493 条第 1 款）。

四、抵销的效果

（一）债权消灭

抵销后双方当事人的债权在相同数额内消灭（第 492 条第 1 款主文）。被抵销人有数个适合抵销的被动债权时，如果主动债权不足以消灭全部的被动债权，准用清偿抵充的规定进行抵销抵充（第 499 条）。

（二）抵销的溯及效力

抵销的意思表示，自各债务适于抵销时起，视为在相同数额内消灭（第 493 条第 2 款）。因此抵销具有溯及效力。

（三）履行地不同的债权的抵销

双方当事人的债务履行地不同的，也可以抵销。但抵销人给被抵销人造成损害的，应赔偿损害（第 494 条）。

第五节　更　改

一、意义

更改是指变更债务的主要部分，以此成立新债务、消灭旧债务的合同（第 500 条）。

二、更改的要件

（一）存在旧债务

成立有效更改的前提是须存在有效的旧债务。发生旧债务的合同存在可撤销原因时，当事人未保留异议而更改的，经法定追认后该更改才有效；保

---

[1]　参见大判 2000.9.8，99DA6524.

留异议的，将来该合同被撤销时，更改变成无效。

（二）新债务的成立

新债务不成立时更改无效，因此不消灭旧债务。不消灭旧债务的原因如下：

第一，新债务的成立原因非法，因此不成立；

第二，新债务除上述原因外的其他原因而不成立，且当事人不知该事由；

第三，在新债务被撤销时，不消灭旧债务。

（三）债务的重要部分发生变更

更改必须是债务的重要部分发生变更（第500条）。债务的重要部分是决定债务同一性的部分，债权的发生原因、债权人、债务人、债权的标的属于重要部分。债权重要部分发生变更，并不意味着持续地发生更改，因为更改的前提是新旧债务之间不存在同一性。

（四）更改合同的当事人

1. 债权人变更的更改

此种更改的合同当事人为新、旧债权人和债务人。如果不依有确定日期的证书进行更改，则不能对抗善意第三人（第502条）。

2. 债务人变更的更改

这种合同除三方当事人之间订立合同外，亦可以由债权人与债务人订立（第501条主文）。

3. 标的变更的更改

由债权人与债务人之间订立更改合同。

三、更改的效果

（一）旧债务消灭和新债务成立

更改的第一效果为旧债务消灭、新债务成立（第500条）。因为新、旧债务之间不存在同一性，所以与旧债务相关的担保权、保证债务、违约金等从权利和抗辩权全都被消灭。但是当事人之间可以约定在标的限度内，把旧债务的担保作为新债务的担保。但是如果是由第三人代为提供担保，须征得第三人的同意（第505条）。

（二）更改合同的解除

如果不履行依更改合同成立的债务，能否解除更改合同？更改是新债务的成立与旧债务的消灭结合在一起的处分行为，所以不能分开这两种行为而仅解除其中一种。

第六节　免　除

一、意义

是指债权人抛弃债权，从而消灭全部或一部分债权债务关系的单方行为。免除是对债务人进行的单方意思表示（第506条主文）。该意思表示可以是明示，也可以是默示。[1]

二、免除的要件

因为免除是处分行为，所以只有处分权人才可以免除债务人的债务。债权人的债权被扣押或在债权上设定质权时，因其处分权限受限制，所以不能对抗扣押权人和质权人。

三、免除的效果

债权人免除债务人义务后债权消灭。债权人免除债务人的一部分债务的行为也是有效的单方行为。虽然债权人可以自由免除债务，但是不能对抗对债权具有正当利益的第三人（第506条但书）。

第七节　混　同

一、意义

混同是指债权与债务归同一人的事实。例如，债权人继承债务人的遗产或债务人受让债权时发生混同。

二、混同的效力

在发生混同时，债权消灭（第507条主文）。但是债权为第三人权利的标的时，不消灭。

---

〔1〕　参见大判1979.7.10，79DA705.

第四编

债权分论

第一章

合同总论 [1]

第一节　合同的意义

一、意义

广义上的合同是指两个以上相互对立的当事人意思表示达成一致而成立的法律行为，包括物权合同、准物权合同、债权合同、家族法上的合同等。

狭义上的合同仅指债权合同。即以债权的发生为目的的合同。《民法》第三编第二章第一节内容就是有关狭义合同的内容。

二、合同自由

合同自由的内容体现在以下几个方面：

第一，缔约自由。这一自由包含积极和消极两方面。在积极方面，表现为缔约的权利。合同以合意为基础，当事人缔约的自由意志受法律保护，是否与外部发生合同联系应由当事人自行决定，是否订立合同完全属于个人的私权利。

第二，选择相对人的自由。即决定与谁缔约的自由。在当事人有缔约意愿时，选择相对人自由也就是自由选择交易伙伴的权利。

第三，合同内容自由。即选择合同条款的意思自由。合同的内容通常是由不可或缺的要素、构成合同特点的常素和经特别表示的偶素组成，当事人一旦经合意选定合同的各项元素，即对当事人发生法律上的约束力。合同内容自由是合同当事人接受何种约束的选择权，应由其自主决定。据此，缔约

---

〔1〕　在韩国语中，与合同相对应的汉字为契约。本书以合同代替契约。

者可自由选择合同的标的、价款、交付方式、履约的时间和地点等内容。

第四，合同类型自由。合同类型是指根据一定的标准划分出的各种合同的类别。合同类型自由是指缔约人可以根据交易的意愿决定何种合同的选择权。

第二节　合同的类型

一、典型合同和非典型合同

《民法》第三编第二章第二节至第十五节规定的 15 种合同就是典型合同。除这 15 种合同外的其他债权合同称为非典型合同。

二、双务合同和单务合同

双务合同是指双方当事人都享有权利和承担义务的合同。双方的债权债务关系呈对应状态，即每一方当事人既是债权人又是债务人。债权合同中除双务合同外的其他合同都是单务合同。

区分双务合同与单务合同的意义在于，双务合同有同时履行抗辩权、风险负担等问题，单务合同不存在这些问题。

三、有偿合同和无偿合同

有偿合同是指当事人双方互负对价性支出的合同。无偿合同是指只有一方当事人出捐或虽然双方当事人都出捐，但是不具有对价性的合同。

四、诺成合同和要物合同

诺成合同是指仅以当事人意思表示一致为成立要件的合同。诺成合同自当事人双方意思表示一致时即可成立，不以一方交付标的物为合同的成立要件。要物合同是指除当事人意思表示一致外，还须交付标的物才能成立的合同。

五、继续性合同和一时性合同

继续性合同是指债务履行在一定的继续的时间内完成，而不是一时或一

次即可完成的合同。一时性合同是指债务履行为一次性行为的合同，即一次
给付便使合同内容实现的合同，例如买卖、赠与等合同。

六、本约和预约

预约是指约定将来订立一定合同的合同，基于这一预约订立的合同为本
约。因而预约是一种以订立本约为其债务内容的债权合同。

第三节　合同成立

一、意义

合同以两个或两个以上的当事人的意思表示达成一致而成立，称为合意。
这种合意需要客观和主观一致。主观一致是指正确认识意思表示相对人的情
形。客观一致是指意思表示的内容相互一致。

双方当事人的意思表示不一致时不成立合同，称为不合意。不合意包括
公然不合意与隐藏不合意两种情形。

二、合同成立的方式

最普通的合同成立方式是要约与承诺一致而成立的合同。除了这一典型
成立方式外，还有一些特殊的成立方式，如交叉要约、意思实现等。

三、依要约与承诺的合同成立

（一）要约

1. 意义

要约是希望与他人订立合同的意思表示。因为要约与承诺一致即合同成
立，所以要约是确定地表示合同重要内容的意思表示。[1]但是合同的重要内
容并不总是包括要约的意思表示，只要能基于意思表示确定即可。

2. 效力

（1）要约的意思表示到达相对人时发生效力（第111条第1款）。即使要

---

〔1〕　参见大判 1993.10.27，93DA32507.

约人发出要约后死亡或丧失行为能力，也不影响要约的效力。在要约到达相对人之前，要约人可以撤回要约（第111条第2款）。

（2）要约到达相对人后不得撤回（第527条），这就是要约的拘束力。在要约人发出要约时，保留撤回自由的，要约不具有拘束力。要约的拘束力仅在隔地人之间有效，对话人之间的要约无拘束力。要约发出后，发出要约时的基本情况发生重大变化时，可以撤回要约。[1]

（3）要约到达相对人后经相对人承诺，合同即成立。这是要约的本体效力，又称之为承诺适格或要约的实质效力。

未确定承诺期间的要约，要约人在合理期间内未收到承诺通知的，失效（第529条）。因此未确定承诺期间时，可以认为要约存续期间就是承诺的合理期间。

（二）承诺

1. 意义

承诺是受要约人同意要约的意思表示。在承诺和要约内容一致时，合同成立。承诺应向要约人作出，承诺人对要约附加条件或加以变更后作出的，视为拒绝要约的同时发出新要约（第534条）。

2. 承诺期间

承诺应在有效期间内发出。在要约人确定承诺期间时，承诺应在该期间内到达要约人。因此超过承诺期间后，承诺到达要约人的，该要约失效（第528条第1款）。在一般情形下，承诺通知在承诺期间内到达要约人处，如果承诺在超过合理期间后到达，要约人应及时向相对人发出迟延通知（第528条第2款）。如果要约人未及时向承诺人发出通知，视为承诺在承诺期间内到达（第528条第3款）。

（三）合同的成立时期

1. 隔地人之间的合同成立时期

《民法》规定"发送承诺通知时"，隔地人之间的合同成立（第531条）。换言之，关于承诺的生效时期，《民法》采取的是发信主义，但是这一主义只适用于隔地人之间的合同。关于此规定，有学说认为合同在承诺人发出承诺

---

〔1〕 参见［韩］金相容：《债权分论》，HS media 2009年版，第48页。

时成立，只是这一成立以承诺未在承诺期间内到达为解除条件。[1]另有学说认为，以在承诺期间或合理期间内承诺到达要约人为停止条件，承诺溯及至发出时合同成立。[2]

2. 对话人之间的合同成立时期

因为对话人之间的合同作出意思表示的同时到达相对人，所以无论是采到达主义还是发信主义，没有实质区别。

四、依意思实现、交叉要约的合同成立

（一）意思实现

1. 意义

依要约人的意思表示或习惯，承诺无须向要约人表示，且存在可以认为是承诺意思表示的事实时，合同成立（第532条）。承认依意思实现成立合同是因为在没有明确的意思表示时，从一定的行为推定当事人的效果意思，以此扩张意思自治范围。意思实现制度具有简化交易程序的作用。

2. 要件

（1）依交易习惯或者要约要求不需要通知

要约人明知承诺人不需要发出承诺的通知。例如，某些交易形式一般不需要发出承诺。

（2）承诺人作出可以认为成立承诺的意思表示的行为

"作出承诺的行为"指的是可反映承诺意思的行为。意思实现可以认为是从中推断出一定效果的行为。

3. 效果

有被认为是承诺的意思表示的事实时，合同成立。合同依意思实现成立时，要约人得承担不知有无承诺通知的状态下等待承诺通知的风险。

（二）交叉要约

1. 意义

交叉要约是指合同当事人采取非直接对话的方式，相互提出两个同一内容的意思表示，并且在两个要约到达相对人时，合同成立的方式。

---

〔1〕　参见［韩］郭润直：《债权分论》，博英社2009年版，第42页。

〔2〕　参见［韩］金相容：《债权分论》，HS media 2009年版，第48页。

2. 要件

需要存在相互交错发出的两个有效的意思表示，并且两个要约的内容相一致。

3. 合同的成立时期

合同在两个要约各自到达相对人时成立。如果要约到达时期不同，则以最后要约的到达时期作为合同成立时期。

五、缔约过失责任

(一) 意义及性质

1. 意义

缔约过失责任是指在缔约过程中一方因违背诚实信用原则，致使另一方受到信赖利益损失，并应承担损害赔偿的责任。这是对破坏相对人信赖的行为应承担的责任，是一种信赖责任。虽然《民法》第 535 条仅针对自始客观不能的情形规定了缔约过失责任，但是对撤销合同的情形也可以类推适用这一规定。[1]

2. 性质

关于缔约过失责任，有合同责任说、侵权行为说及法定责任说三种学说。合同责任说认为，缔约过失责任是合同当事人违反了应承担的附随义务而产生的责任，应归于债务不履行责任;[2] 侵权行为说认为，缔约过失上的注意义务是任何人都应承担的义务，应作为侵权行为责任来对待;[3] 法定责任说认为，缔约过失责任，既不属于合同责任，也不属于侵权责任，是第三种责任，应看作是法定责任。[4]

(二) 构成缔约过失责任的情形

1. 生命、身体、财产受到侵害的情形

此种情形的典型例子为进商店时踩到香蕉皮滑到而受伤的情况。此时应以缔约过失责任解决这一问题。[5]

---

〔1〕 参见 [韩] 李银荣:《民法Ⅱ》，博英社 2002 年版，第 270 页。

〔2〕 参见 [韩] 郭润直:《债权分论》，博英社 2009 年版，第 53 页。

〔3〕 参见 [韩] 崔栻:《新债权法各论》，博英社 1961 年版，第 52 页。

〔4〕 参见 [韩] 李银荣:《民法Ⅱ》，博英社 2002 年版，第 271 页。

〔5〕 参见 [韩] 宋德洙:《新民法讲议》，博英社 2017 年版，第 1293 页。

2. 合同有效的情形

在某些情形下，虽然合同有效，但是也会发生缔约过失责任。例如，在雇佣合同中未告知重要事项或在承揽合同中承揽人未明确回答定作人的咨询事项等，都会发生缔约过失责任。在此情形下，如果认定缔约过失责任，须具备以下要件，即合同有效、违反了说明义务、行为人有过失、相对人善意、无过失。[1]

3. 合同不成立、无效、撤销的情形

（1）行为人无行为能力的情形

法律行为以行为人无行为能力为由被撤销时，即使相对人因相信其有行为能力而受到损失，行为人也不承认缔约过失责任。[2]但是也有观点认为，在相对人受到损害时，行为人应承担缔约过失责任。[3]

（2）错误的情形

因意思表示有瑕疵而撤销合同时才发生缔约过失责任。错误表意人承担缔约过失责任，应满足以下要件：因错误而撤销合同；表意人有过失；相对人善意且无过失。[4]

（3）自始客观不能的情形

《民法》第535条规定了合同因自始客观不能而无效时，在一定条件下构成缔约过失责任。在此情形下，构成缔约过失责任得满足以下要件：签订的合同因自始客观不能而无效；合同有效时应给付的人应知或可知该不能（第535条第1款主文）；相对人善意且无过失（第535条第2款）。

在满足上述要件时，有过失的当事人应向相对人赔偿信赖利益，但是该信赖利益不得超过履行利益（第535条第1款但书）。

---

[1] 参见［韩］宋德洙：《新民法讲义》，博英社2017年版，第1293页。

[2] 参见［韩］郭润直：《债权分论》，博英社2009年版，第57页。

[3] 参见［韩］金相容：《债权分论》，HS media 2009年版，第74页。

[4] 参见［韩］宋德洙：《新民法讲议》，博英社2017年版，第1293页。

第四节　合同效力

一、双务合同的效力

（一）牵连性

牵连性是指，双务合同中双方当事人的债权债务处于对价关系，即双方当事人互负债务、互享债权的牵连关系。双务合同的牵连性表现在债务的成立、履行、消灭三个方面。

1. 成立上的牵连性

这是指一方当事人的债务因不能、违法及其他事由不能成立时，相对人的债务也不成立的情形。

2. 履行上的牵连性

这一牵连性表明在一方当事人履行债务前，相对人也可以不履行债务。第536条规定的同时履行抗辩权体现了牵连性。

3. 存续上的牵连性

这是双务合同的一方当事人的债务，因不可归责于债务人的事由而消灭时，相对人的债务是否存续的问题，这就是风险负担问题。

（二）同时履行抗辩权

1. 意义

双务合同的一方当事人在相对人履行债务或提供履行之前，可以拒绝履行自己的债务（第536条第1款）。双务合同中双方当事人的债务具有对价性，因此任何一方当事人在未履行自己的债务时，不能请求相对人履行债务。《民法》为了公平起见，规定了同时履行抗辩权制度。

2. 性质

关于同时履行抗辩权的学说有援用说与不援用说。援用说认为，同时履行抗辩权是一种延期的抗辩权，只有在相对人请求时才能行使同时履行抗辩权。如果不行使这一权利，则同时履行抗辩权不生效。[1]不援用说认为，同

---

[1]　参见［韩］郭润直：《债权分论》，博英社2009年版，第65页；［韩］金相容：《债权分论》，HS media 2009年版，第83页。

时履行抗辩权是双务合同的债务自身固有的性质，因此无需援用，是订立合同的同时发生的权利。[1]

判例认为，如果不行使同时履行抗辩权，则无须考虑是否存在同时履行抗辩权。[2] 在双务合同中双方应当同时履行债务，虽然一方当事人的债务已届履行期，但是在另一方提供履行前不履行其债务，也不承担迟延履行责任。[3]

3. 要件

（1）债务的对价性

拒绝履行的债务与要求同时履行的相对人的债务必须都基于同一双务合同发生，即双方当事人因同一双务合同互负债务。多个债务在合同目的上有相互依存关系时，也可以认为存在对价性。[4]

对于同时履行抗辩权来说，原则上主要给付应处于同时履行关系。关于附随义务，如果当事人之间有特别约定或该义务对一方当事人具有特殊意义时，可以认为处于同时履行关系。[5]

（2）债务已届清偿期

同时履行抗辩权发生在双方当事人的债务已届清偿期，债权人在债务清偿期到来之前不能请求债务人履行其债务，因此同时履行抗辩权也不发挥作用。

（3）相对人未继续提供清偿

相对人已经履行债务时，债务人不能行使同时履行抗辩权。相对人继续提供清偿时，债务人也不能行使同时履行抗辩权。即使债权人陷于迟延，如果债务人不提供清偿，也可以拒绝履行自己的债务。[6]

4. 效力

（1）拒绝履行权

同时履行抗辩权是在相对人履行债务或提供履行前拒绝履行自己债务的

〔1〕　参见〔韩〕李银荣：《民法Ⅱ》，博英社 2002 年版，第 280 页。

〔2〕　参见大判 2006. 2. 23，2005DA53187.

〔3〕　参见大判 1998. 3. 13，97DA54604.

〔4〕　参见大判 1995. 8. 22，95DA1538.

〔5〕　参见大判 1993. 2. 12，92DA23193.

〔6〕　参见大判 1966. 9. 20，66DA1174.

权利，是一种暂时的延期抗辩权。这一抗辩权只发生拒绝的权利，而不能消灭债务本身。

（2）阻止迟延履行

因为同时履行抗辩权具有拒绝权能，所以即使相对人请求履行债务或自己债务已届清偿期，不履行自己债务也不具有违法性，即不承担债务不履行责任。

（3）双务合同的当事人行使同时履行抗辩权时才生效。如果不行使这一抗辩权，相对人的请求权发生完全效力，并伴随诉求力及执行力。这一学说被称为行使效果说。[1]另一种观点认为，只要存在同时履行抗辩权，则其自动发挥拒绝作用，无须抗辩权人行使抗辩权。这一学说被称为存在效果说。[2]

（三）风险负担

1. 意义

风险负担是指双务合同一方当事人的债务因不可归责于债务人的事由不能履行而消灭时，是否消灭相对人债务的问题。风险负担问题只存在于双务合同中，单务合同因为不存在相对立的债务，因此不可能发生风险负担问题。

风险负担是与不可归责于债务人的事由相关，并且是有关嗣后不能的问题。在债务人没有可归责事由时，不论债权人有无过错，债务人的债务都被消灭，并发生风险负担问题。

2. 债务人风险负担主义

《民法》第537条是有关债务人风险负担主义的规定。双务合同一方当事人的债务，在因不可归责于双方当事人的事由而不能履行时，债务人不得请求相对人履行义务（第537条）。因买卖标的物被拍卖，致使不可归责于买卖合同双方当事人的事由而不能履行的，依风险负担原理，出卖人负有返还订金的义务，买受人承担返还占有、使用标的物而取得的利益的义务。[3]因为一方不能清偿债务而使债务人取得代偿请求权时，债权人可以履行自己的对

---

〔1〕 参见［韩］金相容：《债权分论》，HS media 2009 年版，第 88 页。

〔2〕 参见［韩］金亨培：《债权各论》，博英社 1997 年版，第 154 页。

〔3〕 参见大判 2009.5.28，2008DA98655、98662。

价义务，并请求债务人转让代偿请求权。[1]

3. 债权人风险负担主义

债务人风险负担主义是原则，债权人风险负担主义是例外。在因可归责于债权人的事由而给付不能和债权人迟延受领时，因不可归责于双方当事人的事由而给付不能的情形，由债权人承担风险（第538条第1款）。

可归责于债权人的事由是指，在债权人可支配的领域内发生的给付不能。[2]因为债权人对债务人履行给付的行为不承担法律上的义务，所以不能把可归责于债务人的事由视为债权人违反了义务。[3]在债权人迟延受领时，因不可归责于双方当事人的事由而不能给付的，债务人不丧失对价给付的请求权。因此在债权人受领迟延时，应由债权人承担风险。

4. 风险转移

丧失对价的风险从债务人转移至债权人的现象称为风险转移。关于风险转移，最主要的是与风险转移时期相关的问题。在买卖合同的标的物为动产时，风险在交付标的物时一同转移。对此有学说认为进行所有权移转登记时风险转移；[4]也有学说认为在自己的支配领域内发生给付不能时，由债权人（买受人）承担风险。[5]

二、为第三人利益的合同

（一）意义

为第三人利益的合同是指，以第三人对合同的一方当事人享有债权为标的的合同。[6]在为第三人利益的合同中，虽然第三人不是合同当事人，但是可以向合同的一方当事人（诺约人）行使给付请求权。

原则上债权只发生在当事人之间，但是随着社会、经济的快速发展，有必要扩大向合同一方当事人履行义务的人的范围。在为第三人利益的合同中，直接使受益人取得债权要约人与诺约人之间签订的合同内容的，称为第三人

---

〔1〕　参见［韩］李银荣：《民法Ⅱ》，博英社2002年版，第291页。

〔2〕　参见［韩］李银荣：《民法Ⅱ》，博英社2002年版，第291页。

〔3〕　参见［韩］郭润直：《债权分论》，博英社2009年版，第70页。

〔4〕　参见［韩］李银荣：《民法Ⅱ》，博英社2002年版，第294页。

〔5〕　参见［韩］金相容：《债权分论》，HS media 2009年版，第92页。

〔6〕　参见［韩］金相容：《债权分论》，HS media 2009年版，第96页。

约款。因此为第三人利益的合同，除了使第三人取得债权内容外，其他内容与一般债权并无二致。

(二) 三人之间的法律关系

1. 诺约人与要约人之间的关系

这是为第三人利益合同的基本法律关系，这一关系决定为第三人利益合同的法律性质，并且这是成立第三人及其他关系人的法律关系的基础。因此基于这一关系，诺约人可以向第三人主张基于这一关系的全部抗辩。

2. 诺约人与第三人之间的关系

这一关系可以称为实行关系。虽然实行关系是独立的关系，但不是合同关系。主要的内容是第三人对诺约人的债权。

3. 要约人与第三人之间的关系

他们之间的关系称为对价关系，也称之为第三人收益的原因关系。这个关系是当事人之间订立为第三人利益的合同的原因。这个关系对基本关系不发生任何影响。因此，即使不存在这一关系，诺约人仍然得承担义务。

(三) 合同的成立

1. 合同当事人

为第三人利益的合同当事人是债权人与债务人，第三人不是合同当事人。为第三人利益的合同，应当以债权人与债务人为基准考虑意思表示、行为能力、代理权等事项。受益人不享有合同解除权与撤销权。如果受益人欺骗债务人，应视为受益人的欺诈行为，只有债权人为恶意时才能撤销合同（第110条第2款）。

2. 受益人

尚未出生的胎儿及未成立的法人不能成为第三人（受益人）。第三人取得的权利原则上为财产权，但是也可以约定直接让第三人取得物权，称之为"为第三人的处分行为"。[1]

3. 约定第三人受益

直接使第三人享有权利是为第三人利益合同的重要内容（第539条）。订立合同时应向第三人做出承担给付义务的约定。应根据当事人的意思解释何

---

〔1〕 参见 〔韩〕李银荣：《民法Ⅱ》，博英社2002年版，第294页。

种合同属于为第三人利益的合同。[1]使第三人承担债务为标的的合同是无效合同，因为任何人不能把自己的意思强加于其他人，并且第三人非依自己的意思不承担债务。

（四）第三人的权利

1. 受益的意思表示

第三人向债务人表示受益时，发生对债务人的给付请求权。第三人的受益意思表示是第三人的给付请求权的发生要件。受益意思表示的相对人为债务人，可以明示或默示的方式表示受益意思。债务人应确定合理期间催告第三人，但是第三人未表示受益意思时，视为拒绝受益（第540条）。

2. 表示受益意思后的第三人的地位

第三人依受益的意思表示取得给付请求权后，合同当事人不能变更或消灭这个权利（第541条）。但是合同当事人事先在合同中约定保留变更或消灭的权利[2]或须经第三人同意时，可以变更或消灭第三人的这一权利。[3]因为第三人并不是合同当事人，因此第三人不享有解除或撤销合同的权利。第三人只是享有向诺约人请求履行债务的权利。

因债务人的原因发生履行不能、迟延履行时，第三人有权请求债务人赔偿损害。表示受益意思的第三人在履行期内不受领给付时，会承担债权人迟延责任。

（五）要约人（债权人）的权利

1. 债权人的请求权

债权人可以请求债务人向第三人履行债务。债权人在第三人表示受益前也可以主张这一请求权。

2. 第三人拒绝受益

第三人拒绝受益时，债务人不能向第三人履行债务。根据合同内容，向第三人履行的给付并不具有绝对效力时，债务人可以向债权人给付的方式消灭债务。与此相对，在必须向第三人履行给付时，债务因不可归责于双方当

---

[1] 参见大判 1993.1.26，94DA54481.

[2] 参见大判 1974.12.10，73DA1591.

[3] 参见大判 20021.25，2001DA30285.

事人的事由而消灭。[1]

3. 债权人的损害赔偿请求权

第三人表示受益意思后债务人不履行债务时，第三人取得强制履行及损害赔偿请求权。第三人可以请求债务人赔偿相当于履行利益的损害。对此有观点认为，债权人也可以向债务人请求赔偿损害，[2]但也有观点认为要约人只能请求向第三人赔偿损害，而不能请求向自己赔偿损害。[3]

（六）诺约人（债务人）的权利

债务人可以基于为第三人利益合同的抗辩，对抗受益第三人（第542条）。

第五节　合同解除

一、概说

（一）意义

合同解除是指，在合同有效成立后依一方当事人的意思表示消灭合同关系，回复到原先状态的制度。

（二）法定解除与约定解除

依约定或法律规定，合同一方或双方当事人享有解除合同的权利（第543条）。依约定发生的可以解除合同的权利为约定解除权；依法律规定发生的可以解除合同的权利为法定解除权。

（三）解除的范围

1. 法定解除

法定解除制度当然适用于合同解除。关于物权合同与准物权合同，不能适用法定解除制度。因为物权合同、准物权合同作为处分行为，不发生履行问题。

2. 约定解除

约定解除也是适用于债权合同的制度。根据《民法》第543条，约定解

---

［1］ 参见 ［韩］李银荣：《民法Ⅱ》，博英社 2002 年版，第 301 页。

［2］ 参见 ［韩］李银荣：《民法Ⅱ》，博英社 2002 年版，第 301 页。

［3］ 参见 ［韩］郭润直：《债权分论》，博英社 2009 年版，第 79 页。

除不应类推适用于物权合同和准物权合同。

二、解除权的发生

（一）约定解除权的发生

合同一方或双方当事人为保留合同解除权有特别约定的，可以发生合同解除权（第543条第1款）。这种特别约定可以在原合同中作出，也可以另行订立合同。

（二）法定解除权的发生

虽然《民法》仅针对迟延履行和履行不能规定了解除权，但是这并不意味着只有在这两种情形中存在法定解除权，而是应在债务不履行中普遍承认解除权。

1. 迟延履行

第544条规定了迟延履行时的解除权，并对定期行为的解除作了特别规定。

（1）一般情形

关于迟延履行，在只有满足以下条件时才发生解除权：第一，存在可归责于债务人的事由；第二，债权人确定合理期间催告履行；第三，催告期间未履行或提供履行。

①可归责于债务人的事由

关于迟延履行是否需要可归责于债务人的事由，学界有不同的观点。归责事由要件说认为，因迟延履行发生的债务不履行责任以债务人的可归责事由为要件，所以因迟延履行发生的解除权也应以债务人的可归责事由为要件。[1]归责事由非要件说认为，因不可归责于债务人的事由而迟延履行的，如果确实不能达成合同目的，则应承认解除权。[2]

②确定合理期间催告履行

履行催告是要求债务人为一定给付的行为，因此对未确定期间的债务来说，请求履行后无须再催告。

履行催告须确定合理期间。合理期间是债务人履行债务所需的一般期间，

〔1〕　参见［韩］郭润直：《债权分论》，博英社2009年版，第86页。
〔2〕　参见［韩］李银荣：《民法Ⅱ》，博英社2002年版，第308页。

是综合、客观地考虑履行债务所需时间后确定的期间。在债务人预先表示不履行债务的意思时，可以不进行催告而直接解除合同（第 544 条但书）。在此情形下，债权人无须提供自己债务的履行，也无须等待债务履行期届满。在双务合同中一方当事人明确表明不履行债务的，另一方当事人在经过合理期间后，可以径直解除合同。[1]

③催告期间内未履行债务或提供履行

在催告期间内，债务人未履行债务或提供履行时才发生解除权。双务合同中当事人双方的债务处于同时履行关系的，为了使债务人陷于迟延履行，债权人除了提供自己债务的履行外，也应在催告期间内继续提供履行。[2]但是此处的履行提供并不是严格意义上的履行提供。[3]

（2）合同为定期行为的情形

定期行为是指根据合同性质或当事人的意思表示，如在一定日期或期间内不履行，则无法实现合同目的的情形（第 545 条）。关于定期行为，只要发生迟延履行，则立即发生解除权，并且无须催告（第 545 条）。

2. 履行不能

因可归责于债务人的事由不能履行时，债权人可以解除合同（第 546条）。只要成立履行不能，就发生解除权，无须催告。债务人的债务与相对人的债务处于同时履行关系的，也无须提供履行。[4]因不可归责于债务人的事由而不能履行时，则发生风险负担问题。此时不能以履行不能为由解除合同。[5]

3. 不完全给付

不完全给付是指，虽然债务人履行了给付义务，但是该履行有瑕疵的情形。关于不完全给付，虽然没有明文规定，但是因为不完全给付也是债务不履行的一种，所以应认为发生解除权。此外，有关给付债务发生的不完全给付，应适用瑕疵担保责任的规定。[6]

---

[1] 参见大判 2003. 2. 26，2000DA40995.

[2] 参见大判 1993. 4. 13，92DA56438.

[3] 参见大判 1996. 11. 26，96DA35590、35606.

[4] 参见大判 2003. 1. 24，2000DA22850.

[5] 参见大判 2002. 4. 26，2000DA50497；大判 1977. 12. 27，76DA1972。

[6] 参见 [韩] 宋德洙：《新民法讲议》，博英社 2017 年版，第 1342 页。

4. 债权人迟延

关于债权人迟延能否发生解除权的问题有多种学说。债权人具有一般受领义务，或债权人有可归责事由时承担债务不履行责任的观点认为，在该范围内发生解除权。[1]但是有些观点认为，没有当事人的特别约定或法律特别规定时，不能承认债权人的协助义务，因此债权人迟延责任并不是债务不履行责任，而是《民法》规定的责任，债权人迟延时不发生解除权。[2]

5. 依情事变更的解除权

合同订立后能否以情事变更为由解除合同呢？《民法》的较多规定都立足于情事变更原则，但是尚未有一般情形下承认情事变更原则的规定。因为情事变更原则是克服法律局限而制定的原则，所以有必要承认作为诚实信用原则的派生原则之一的情事变更原则的一般性。以情事变更原则为由发生解除权的要件如下：第一，当事人不能预见或不可预见的事情发生，改变了订立合同时所依据的事实；第二，发生情事变更的事实不可归责于取得解除权的当事人；第三，继续维持合同内容有违诚实信用原则。[3]

三、解除权的行使

解除权应以向相对人作出意思表示的方式行使（第543条第1款）。解除的意思表示可以是口头的，也可以是书面的。因为解除权是形成权，所以解除的意思表示不得附条件或期限。解除的意思表示不得撤回（第543条第2款）。

合同一方或双方当事人为数人时，解除合同的意思表示应由全体或向全体作出（第547条第1款）。合同一方或双方当事人为数人时，其中某一当事人的解除权消灭的，其他当事人的解除权也随之消灭（第547条第2款）。

四、解除的效果

《民法》第548条、第549条及第551条规定了合同解除的效果。在一方当事人解除合同时，各方当事人对相对人负有恢复原状的义务。返还金钱的，

---

〔1〕 参见 [韩] 金相容：《债权分论》，HS media 2009年版，第130页。

〔2〕 参见 [韩] 宋德洙：《新民法讲义》，博英社2017年版，第1343页。

〔3〕 参见 [韩] 李银荣：《民法Ⅱ》，博英社2002年版，第312页。

得附加自受领之日起的利息（第548条）。关于当事人恢复原状的义务，准用同时履行抗辩权的规定（第549条），解除权的行使不影响损害赔偿请求（第551条）。但是《民法》未明文规定解除合同时，合同是否溯及无效和损害赔偿的范围问题。

（一）有关解除效果的学说及判例

1. 直接效果说

直接效果说认为，合同因解除而溯及地归于消灭，尚未履行的债务免除履行，对已经履行的部分发生返还请求权。但是该返还应以恢复原状为目标。虽然直接效果说有一些不足，但是比忽略第548条第1款的清算关系说更符合《民法》的解释论。[1]

2. 清算关系说

清算关系说认为，因为在合同解除后原先的合同关系变为清算关系，所以尚未履行的债务在解除合同时归于消灭，对于已经履行的债务，发生新的返还债务。[2]

3. 判例

判例认为，在合同解除后，合同的效力溯及无效。判例采取直接效果说。[3]

（二）合同拘束力的消灭

因合同的解除权人行使解除权，所以原来的合同债务消灭，债务人不再受原合同的拘束。在此情形下，关于合同溯及失效还是向将来失效的问题，每个学说都有自己的观点。

1. 直接效果说

直接效果说认为，解除合同后合同自始不存在。即不与合同无效、撤销有相似的效果。因被解除的合同发生的债权、债务及其他法律效果将全部溯及至消灭。因此基于原来合同而履行的给付，因失去了法律上的原因而变成不当得利。

2. 清算关系说

清算关系说认为，解除合同后合同债务只对将来消灭。因解除合同而未

---

[1] 参见［韩］郭润直：《债权分论》，博英社2009年版，第100页。

[2] 参见［韩］金相容：《债权分论》，HS media 2009年版，第140页。

[3] 参见大判2002.9.27, 2001DU5989.

履行的债务向将来消灭，并且已履行的债务变为返还债务。

（三）解除和物权的回复

不同的学说对解除前发生的物权变动的效果持不同的态度。

1. 直接效果说

①直接效果说中的物权效果说

依被解除的合同进行履行行为、登记和交付而发生的物权变动，在解除作为原因行为的债权合同时，已经移转的权利当然恢复。这是基于物权行为有因性观点得出的结论。

②直接效果说中的债权效果说

物权行为与债权行为的效力要件不同，因此即使债权行为失效，也不影响物权行为的效力。以此为前提，只有登记机关注销相对人名义后，物权才能恢复至原权利人。

2. 清算关系说

清算关系说认为，解除合同后仅发生返还原先给付的问题，因此当事人返还原给付之前不发生物权变动。其结果与直接效果说中的债权效果说相似。

（四）恢复原状请求权

1. 意义

在解除合同时，如果一方或双方当事人已经履行给付的，应返还。换言之，因为解除了合同，所以受领给付的当事人承担恢复原状的义务（第548条第1款）。如果须返还金钱，得附加自受领之日起的利息（第548条第2款）。

2. 性质

（1）直接效果说

因解除合同而发生的恢复原状义务具有不当得利返还性质。关于恢复原状的第548条被认为是第741条的特别规定。

（2）清算关系说

合同解除不适用不当得利规定，根据第548条及双务合同的对价性等确定恢复原状的范围。对当事人之间的合同关系，适用清算关系更符合合同的性质。

3. 返还范围

（1）返还原物

恢复原状以返还原物为原则。交付的物为特定物时应返还特定物；为种

类物时应返还同质、同量、同种类的物。

（2）价额返还

在不能返还原物或返还原物对受领人没有利益时，应返还对价。承担返还义务的人使用标的物的，应返还使用对价。如果解除的是买卖合同，则无须返还折旧额。[1]

（3）偿还费用

在承担返还义务的人对标的物支出了必要费用时，可以请求相对人偿还。如果支出的是有益费用，则可以在现存的增加额内请求返还。

（五）损害赔偿请求权

解除合同不影响损害赔偿请求。在恢复原状后，合同当事人可以请求赔偿因不能履行、迟延履行而受到的损害赔偿。

损害赔偿范围以债务不履行的损害赔偿范围为准。因不能履行而解除合同时的赔偿额如下：从填补赔偿中扣除解除人因免除债务或取得返还给付而获得的利益后的价额。因迟延履行而解除合同时的赔偿额如下：把迟延赔偿变更为填补赔偿后从中扣除解除人免除的自己债务或取得返还给付而获得的利益后的价额。[2]

第六节　合同解止

一、意义

合同解止是指，在继续性债权关系中以一方当事人的意思表示向将来消灭合同关系的单方行为。解止权是形成权，解止权发生于继续性合同。

二、解止权的发生

（一）法定解止权

《民法》并没有规定一般的解止权，而是针对典型合同单独规定了解止权。有关解止权的判例认为，"在继续性合同存续期间，一方当事人违反合同

---

〔1〕　参见大判 2000.2.25，97DA30066.

〔2〕　参见 [韩] 郭润直：《债权分论》，博英社 2009 年版，第 100 页。

义务，破坏了订立合同时的信赖关系而难以继续维持合同关系的，可以立即解止合同。"[1]

（二）约定解止权

在订立继续性合同时，一方或双方当事人约定保留解止权的，此时发生约定解止权。

三、效果

（一）溯及效力

因为解止是向将来消灭合同效力的，所以不具有溯及效力（第 550 条）。

（二）已成立的债务的效力

解止合同前已成立的债务，即使解止合同，也应履行。[2]

（三）清算义务

解止继续性合同后存在清算义务。例如，租赁合同中的标的物返还义务等。

（四）损害赔偿请求

在解止合同时，如果发生损害，可以请求损害赔偿。

---

[1]　参见大判 2002. 11. 26，2002DU5948.

[2]　参见大判 1996. 9. 6，94DA54641.

第二章

合同分论

第一节　赠　与

一、意义及性质

（一）意义

赠与是指一方当事人向相对人表示无偿授予财产的意思，相对人对此表示承诺而成立的合同（第554条）。

（二）性质

因为赠与是赠与人与受赠人之间的合同，所以当双方当事人的意思表示一致时合同成立。在赠与合同中只有赠与人承担债务，因此是单务合同。赠与人把自己的财产赠与给对方时不要求相对人支付对价。即使承担一些负担，但是该负担不具有对价性时，也视为是一种赠与，因此赠与是一种无偿合同。赠与是诺成合同，合同成立时无须交付标的物。

二、赠与的效力

（一）赠与人的义务

赠与人应按照赠与合同履行交付标的物的义务。如果赠与人不履行，那么受赠人可以强制履行。发生损害的，可以请求损害赔偿。

在赠与合同的客体为特定物时，关于赠与人是否应承担善良管理人的注意义务有争议。有观点认为应尽善良管理人的注意义务保存标的物，[1]也有观点认为只要尽一般注意义务即可。[2]

---

〔1〕 参见［韩］宋德洙：《新民法讲义》，博英社2017年版，第1365页。
〔2〕 参见［韩］李银荣：《民法Ⅱ》，博英社2002年版，第326页。

（二）赠与人的担保责任

赠与人对赠与标的物或权利的瑕疵、缺陷不承担责任。但赠与人知道瑕疵或缺陷而未告知受赠人时应承担担保责任（第559条第1款）。担保责任的内容为赔偿受赠人相信没有瑕疵或缺陷而受到的损害。

附义务的赠与，赠与人在所附义务的范围内承担与出卖人相同的担保责任（第559条第2款）。

（三）赠与的解除

1. 未书面表示赠与意思的情形

当事人未以书面形式表示赠与意思时，各当事人可以解除赠与合同（第555条）。目的在于防止赠与人因一时兴起而订立赠与合同，并且预防将来发生纠纷。

赠与人应以书面表示赠与意思，受赠人的意思无须书面表示。此种书面表示可以在订立赠与合同时，或赠与合同成立后作出。[1]未以书面形式表示赠与的意思时，赠与人与受赠人都可以解除赠与（第555条）。

由于在解除赠与合同时，不影响已经履行的部分（第558条），因此在交付动产标的物后不能解除赠与合同。在标的物为不动产时，完成交付并且进行所有权移转登记时才发生物权变动。但是已制作合同书的，不能解除合同（第555条）。

2. 忘恩行为

受赠人有忘恩行为时可以解除合同（第556条）。即受赠人对赠与人或其配偶、直系血亲实施犯罪行为（第556条第1款第1项），或受赠人对赠与人负有扶养义务而不履行该义务时，可以解除合同（第556条第1款第2项）。

在受赠人有忘恩行为时，解除权从发生忘恩行为之日起经过6个月，或赠与人表示宽恕受赠人的意思时起消灭（第556条第2款）。

3. 赠与人的财产状态恶化

订立赠与合同后赠与人的财产状态发生明显变化，如果继续履行赠与合同将会严重影响赠与人的生计，则赠与人可以解除该合同（第557条）。这是基于情事变更原则制定的规定。

---

〔1〕　参见大判 1992.9.14，92DA4192.

三、特殊赠与

(一) 附义务的赠与

附义务的赠与是指受赠人受到赠与时进行一定给付的赠与。例如，土地的所有人在赠与土地时约定，将来自己行动不便时，由受赠人扶养赠与人夫妇的赠与合同。[1]附义务的赠与，虽然受赠人须负一定的义务，但是这一义务与赠与人的赠与不具有对价关系，所以仍是单务、无偿合同。

对附义务的赠与适用赠与合同的相关规定。因此，赠与人在其赠与范围内承担瑕疵担保责任。对附义务的赠与，除了赠与规定外，还准用双务合同的规定。因此，在附义务的受赠人不履行义务时，即使赠与人已履行了赠与合同，也可以解除赠与合同。[2]

(二) 定期赠与

定期赠与是定期无偿提供财产的赠与，具有继续性债权关系的性质。如果赠与人或受赠人死亡，则定期赠与失效（第560条）。

(三) 死因赠与

死因赠与是指赠与人死亡后生效的赠与。这是赠与人考虑到自己的死亡而订立的赠与合同，其实质上为一种遗赠，因此死因赠与可以准用遗赠的规定。

第二节　买　卖

一、意义及性质

(一) 意义

买卖是一方当事人约定向对方移转财产，相对人约定支付价款而成立的合同（第563条）。买卖合同的当事人为出卖人与买受人。

(二) 性质

买卖为诺成、双务、有偿、不要式合同。买卖合同自双方当事人意思表

---

〔1〕　参见大判 1996. 1. 26，95DA43358.
〔2〕　参见大判 1996. 1. 26，95DA43358.

示一致时成立，并不以一方当事人交付标的物或为一定行为作为合同的成立要件。买卖合同的双方当事人享有权利的同时，负担相应的义务，因此是典型的双务合同。在双务合同中，出卖人所负担的交付标的物，并转移其所有权于买受人的义务与买受人所负担的支付价款的义务互为对价，因此具有有偿性。同时，买卖合同是不要式合同。

二、买卖的成立

（一）成立要件

因为买卖合同是诺成合同，所以只要双方当事人达成一致意思即成立。又由于买卖不是处分行为，因此属于他人的财产权也可以成为买卖的标的（第569条），并且该财产权并不限于物权，也包括债权及知识产权。

（二）买卖预约

1. 买卖合同的类型

（1）单务预约与双务预约

只有预约当事人的一方享有请求订立本约的权利，相对人负担承诺义务的预约为单务预约。预约当事人双方都享有请求订立本约的权利，并负担承诺义务的预约为双务预约。

（2）单方预约与双方预约

预约的一方当事人表示成立本约的意思时，不需要相对人的承诺表示即可成立本约的为单方预约。预约双方都表示成立本约的意思时成立的为双方预约。民法只规定了单方预约（第564条第1款）。

2. 买卖的单方预约

（1）成立要件

买卖的单方预约与普通的诺成合同相同，只要当事人之间达成合意，即可成立。

（2）预约完结权

预约完结权是指，预约的权利人根据买卖的单方预约向预约义务人表示完结买卖的意思的权利。这一权利是依单方意思表示成立本约的权利，因而是一种形成权。[1]预约完结权是权利人向义务人行使的权利，是可以转让的

---

〔1〕　参见大判 2000. 10. 13，99DA18725.

权利。在当事人之间确定预约完结权的行使期间时，应在该期间内行使权利。如果未确定期间，应在成立之日起 10 年内行使。[1]

（三）契约金

1. 意义

契约金是订立合同时一方当事人向另一方当事人交付的金钱及其他有价物。针对买卖合同，民法规定了契约金，并将这一规定准用于其他有偿合同（第 567 条）。

契约金的交付也是一种合同，并且是从属于买卖等其他合同的一种从合同。虽然契约金合同是从合同，但是无须与主合同同时成立。主合同成立后收受契约金的方式也可以成立契约金合同。[2]

2. 类型

（1）证约金

这是证明合同订立事实的契约金。任何类型的契约金都具有证约金的效力。

（2）违约金

违约金包括具有违约罚性质的契约金与具有损害赔偿额的预定性质的违约金。如果将契约金作为违约契约金，则需要达成特别约定。虽有特别约定，但是违约契约金的性质不明确时，推定为损害赔偿额的预定。

（3）解约金

解约金是具有保留合同解除权的契约金，所以交付这种类型的契约金的当事人，可以放弃契约金而行使解除权；接收契约金的人，可以双倍返还契约金而行使解除权。

3. 推定

契约金性质不明确时，推定为解约金（第 565 条）。该条款是在当事人之间没有特别约定时适用的一般性条款，但当事人之间特别约定排除适用此条款时，不能再行使解除权。[3]

4. 解约金的效力

契约金为解约金时，在当事人一方着手履行合同前，交付人可以放弃契

---

[1] 参见大判 2003.1.10, 2000DA26425.

[2] 参见大判 1955.3.10, 4287 民商 388.

[3] 参见大判 2009.4.23, 2008DA50615.

约金，受领人可以双倍偿还契约金而解除合同（第565条第1款）。

（四）买卖合同费用的承担问题

买卖合同的费用由当事人双方平均分担（第566条）。但是当事人之间可以达成任意约定排除适用此条款。

三、买卖的效力

（一）出卖人的财产权移转义务

出卖人应向买受人移转买卖合同的标的物，买受人应向出卖人支付价款（第568条第1款）。取得标的物的财产权是买受人的主要目的，因此出卖人的主要义务是将标的物的所有权移转给买受人。

在出卖他人的财产权时，出卖人得取得该财产权后移转给买受人。标的财产权以不动产的占有为内容时，除了办理相关登记外，还应移转不动产的占有。出卖人的财产权移转义务及交付义务与买受人的对价支付义务处于同时履行关系。[1]

（二）出卖人的担保责任

1. 意义及性质

出卖人的担保责任是指作为买卖标的物的财产权或作为该财产权客体的标的物有瑕疵时，出卖人对买受人承担的责任。《民法》第570条至第584条规定了担保责任。

因为出卖人的担保责任是出卖人违反完整物交付义务时发生的责任，所以可以认为是债务不履行责任。但是也不能完全等同于一般的债务不履行责任，因此有人主张该责任为法定责任。[2]也有观点认为这一责任不要求债务人的可归责事由。因此，在买受人为恶意时，即使出卖人有可归责事由，原则上也不能以请求损害赔偿为由认为这种责任的本质是债务不履行责任，但是从制度沿革来看出卖人的担保责任是一种法定责任。[3]

---

[1]　参见大判2000.11.28，2000DA8533.

[2]　参见［韩］郭润直：《债权分论》，博英社2009年版，第138页。

[3]　参见［韩］宋德洙：《新民法讲议》，博英社2017年版，第1385页。

2. 权利瑕疵担保责任

（1）他人所有物的买卖

①全部权利属于他人所有的情形

出卖人出卖他人所有物，但是在履行期届至前不能取得标的物所有权的，在把所有权移转给买受人时应承担担保责任。不知标的物为他人所有物的善意买受人，享有合同的解除权与损害赔偿请求权。明知是他人所有的物而订立合同的恶意买受人，只享有合同解除权而不享有损害赔偿请求权。[1]

②一部分权利属于他人所有的情形

这是指在订立合同时出卖人未能取得标的物的一部分所有权，且在履行期届至前也未取得该部分的所有权而移转给买受人的情形。

善意买受人可以以剩余部分实现债权目的时，以未移转部分的比例取得减少价金请求权，并享有损害赔偿请求权（第572条第1、3款）。善意买受人不能以剩余部分实现债权目的时，也可以解除全部合同，并请求损害赔偿（第572条第2、3款）。

恶意买受人可以以剩余部分实现债权目的时，享有减少价金请求权；如果不能实现债权目的，则可以解除全部合同。在此情形下，不享有损害赔偿请求权。

关于上述权利，买受人为善意时自知道该事实之日起；恶意时自订立合同之日起1年内行使权利（第573条）。

（2）财产权受他人权利限制的情形

因所有权上存在他人权利而受限制的，出卖人承担担保责任（第575条）。财产权受限制的情形包括以下几种：

①在买卖标的物上设定了地上权、地役权、传贯权、质权、留置权等限定物权的情形；

②标的不动产上存在登记的承租权或依《住宅租赁保护法》享有对抗力的承租权的情形。[2]

如果善意买受人可以以受限制的所有权实现债权目的，则只享有损害赔偿请求权；不能实现债权目的，则解除全部合同，并享有损害赔偿请求权。

---

〔1〕 参见［韩］李银荣：《民法Ⅱ》，博英社2002年版，第340页。

〔2〕 参见［韩］李银荣：《民法Ⅱ》，博英社2002年版，第341页。

这些权利应自买受人知道该事实之日起 1 年内行使。

（3）丧失所有权的情形

①不能移转所有权的情形

订立不动产买卖合同后，因实现该不动产上设定的抵押权、传贳权等担保物权而使买受人不能取得该不动产的所有权或丧失已取得的所有权时，出卖人承担担保责任，买受人享有合同解除权及损害赔偿请求权（第 576 条第 1、3 款）。

②丧失所有权

不动产的出卖人在为买受人进行所有权移转登记和交付标的物后，因实现标的物上设定的抵押权、传贳权而使第三人通过拍卖取得该不动产的所有权时，出卖人承担担保责任，买受人取得合同解除权与损害赔偿请求权（第 576 条第 1、3 款）。

3. 物的瑕疵担保责任

（1）要件

①存在瑕疵

在买卖标的物不符合合同目的时，可以认为该物具有瑕疵。关于瑕疵有不同的观点：主观说[1]认为，在标的物不具备当事人合意的性质时，存在瑕疵；客观说[2]认为，在标的物不具备该种物品普遍具有的性质时，存在瑕疵；并存说[3]认为，标的物不具备当事人合意的性质和普遍应具有的性质时，存在瑕疵。

A. 法律障碍

虽然买卖标的物没有瑕疵，但是因为受到法律限制而不能按照当初目的使用时，是否可以看作存在物的瑕疵？对于物来说，法律关系是该物所具有的一种性质，所以法律障碍应该是一种物的瑕疵。[4]判例亦认为此时应视为物的瑕疵。[5]

---

〔1〕　参见 [韩] 李银荣：《民法Ⅱ》，博英社 2002 年版，第 342 页。

〔2〕　参见 [韩] 郭润直：《债权分论》，博英社 2009 年版，第 148 页。

〔3〕　参见 [韩] 金相容：《债权分论》，HS media 2009 年版，第 202 页。

〔4〕　参见 [韩] 宋德洙：《新民法讲议》，博英社 2017 年版，第 1396 页。

〔5〕　参见大判 2000. 1. 18，98DA18506.

B. 判断瑕疵的时间

瑕疵担保责任适用于特定物买卖和不特定物买卖。承担瑕疵担保责任需要判断标的物瑕疵存在的时间。关于种类物买卖，应把种类物被特定时作为判断标的物有无瑕疵的时间点。关于特定物买卖，法定责任说认为应以订立买卖合同时间点作为判断标的物有无瑕疵的时间点；债务不履行责任说认为应将风险转移时间点作为判断标的物有无瑕疵的时间点。[1]

②买受人善意、无过失

在买受人已知或因过失不知有瑕疵时，出卖人不承担瑕疵担保责任（第580条第1款但书、第581条）。

（2）责任的内容

①虽然标的物有瑕疵，但不影响实现买受人的债权时，只能请求损害赔偿（第580条第1款、第581条第1款）。

②因标的物存在瑕疵而不能实现合同目的时，买受人可以解除合同，并请求赔偿（第580条第1款主文、第581条第1款、第575条第1款）。

③标的物瑕疵比较容易修补或无需巨额费用时，视为可以实现合同目的。

④种类物买卖合同的标的物有瑕疵时，买受人可以请求交付其他标的物（第581条第2款）。

⑤拍卖时不发生出卖人的瑕疵担保责任（第580条第2款）。

4. 债权出卖人的担保责任

买卖债权时，该债权存在权利瑕疵的，出卖人承担担保责任（第570条至第576条）。出卖人声称债权有担保或保证，但实际上不存在担保或保证的，可以认为标的物有法律瑕疵，应适用第575条。

5. 拍卖的担保责任

原则上拍卖不承认物的瑕疵担保责任（第580条第2款）。因此通过拍卖取得标的物的买受人，只能自己承担拍卖物有瑕疵时的责任。

在标的物有权利瑕疵时，首先由出卖人（债务人）承担瑕疵担保责任。如果债务人没有相应资力，由受领拍卖对价的债权人在该范围内承担担保责任。承担担保责任的情形有：买卖他人所有物；所有权因有对抗力的用益权及附随占有的担保物权而受到限制；因行使传贯权、假登记担保权而丧失所

---

〔1〕 参见 〔韩〕 金相容：《债权分论》，HS media 2009 年版，第 204 页。

有权的情形。[1]

6. 担保责任的免责约定

因为有关出卖人担保责任的规定是任意性规定，所以当事人之间达成的排除或减轻、增加担保责任的特别约定都有效。但是出卖人明知而未告知的事实以及为第三人设定或让与权利的行为不承担责任的特别约定无效（第584条）。

7. 担保责任与同时履行

买受人在以担保责任为由解除合同或请求减少价款及损害赔偿时，须偿还已收到的价款或在请求损害赔偿时返还其受领的标的物。虽然双方当事人的这些义务并不是基于同一个合同发生的，但是基于公平原则承认它们之间的牵连关系符合正义。[2]

（三）买受人的义务

1. 价款支付义务

买受人承担价款支付义务（第588条第1款）。买卖一方当事人有义务履行期限的，推定相对人也具有相同的期限（第585条）。支付买卖标的物的同时需要支付价款的，应在该标的物的交付场所支付（第586条）。在订立买卖合同后，交付标的物前发生的孳息归出卖人。买受人受领标的物之日起应支付利息。但是价款支付附有期限的，无须支付利息（第587条）。

有人对买卖标的物主张权利的，买受人可能会丧失买受的全部或部分权利时，买受人在可能受到的危险范围内可以拒绝支付全部或部分价款。但是出卖人提供适当担保时不能行使此权利（第588条）。

2. 买受人的标的物受领义务

关于债权人受领迟延，认为是债务不履行的观点承认买受人的受领义务；认为是法定责任的观点不承认买受人的受领义务，但是买受人会受到一些损失。

（四）买回

1. 意义

买回是指出卖人在订立买卖合同时与买受人约定保留买回的权利，之后

---

〔1〕　参见［韩］李银荣：《民法Ⅱ》，博英社2002年版，第344页。

〔2〕　参见大判1993.4.9，92DA25946.

行使买回权买回标的物的行为（第 590 条）。这种买回只有约定保留买回权时才有效。这种买卖称为附买回特约的买卖。

2. 买回权

买回权是再买卖的预约，是一种预约完结权，亦是一种形成权。保留买回权的约定从属于原买卖合同，因此买回权受原买卖合同无效、被撤销的影响。

买回权人的债权人可以代位行使买回权（第 404 条）。但是出卖人的债权人代位出卖人行使买回权时，买受人可依法院选定的鉴定人的评估价格，从评估价格中扣除出卖人应返还的价格，并以余额清偿出卖人的债务。如有剩余，就可将其交付给出卖人而消灭买回权（第 593 条）。

3. 买回价款

如无特别约定，买回价款的价格为原买卖价款加上原买受人承担的买卖费用（第 590 条第 1、2 款）。在此情形下，未对标的物的孳息与价款利息做特别约定的，视为抵销（第 590 条第 3 款）。

4. 买回的实行

出卖人未在买回期间内向买受人提供价款及交易费用的，丧失买回权（第 594 条第 1 款）。如果未提供价款而买回期间届满，则买回权消灭。关于买回期间，不动产不能超过 5 年，动产不能超过 3 年（第 591 条第 1 款）。

5. 共有份额的买回

某一共有人在保留买回权后出卖其份额的，在拍卖或分割该标的物时，出卖人可以对买受人得到或应得的部分或价款行使买回权（第 595 条主文）。但是未通知出卖人的买受人，不得以该分割或拍卖对抗出卖人（第 595 条但书）。

（五）特殊的买卖

1. 分期付款买卖

分期付款买卖是指，买受人将其应付的总价款，按照一定期限分批向出卖人支付的买卖。韩国的分期付款买卖通常以月为单位。为保护分期付款买卖合同买受人的利益，并抑制消费者的过度消费心理，制定了《分期付款交易法》。

（1）分期付款合同的意义

《分期付款交易法》中可以分期付款的合同是指以下合同：动产的买受人

或接受劳务的人与动产的出卖人或提供劳务的人约定在 2 个月以上的期间内分 3 次以上支付对价，且在付清对价前受领相对人交付的动产或提供劳务的合同（《分期付款交易法》第 2 条第 1 款第 1 项）。买受人与信用贷款人约定在 2 个月以上的期间内分 3 次以上支付对价，在支付全部对价之前受领出卖人交付的标的物为内容的合同（《分期付款交易法》第 2 条第 1 款第 2 项）。

（2）书面形式

分期付款买卖合同应采取书面形式，出卖人制作书面合同，并交给买受人一份合同书。

（3）买受人的撤回权

买受人可以行使撤回权。但是标的物性质或合同形式不适合撤回时，不得行使撤回权。

（4）出卖人的合同解除

在买受人不履行分期付款义务时，出卖人可以确定 14 日以上的期间，书面催告买受人。在该期间内买受人不履行义务时，可以解除合同（《分期付款交易法》第 8 条第 1 款）。

2. 访问销售

访问销售是指商人在自己的店铺以外的场所，与消费者签订商品买卖合同的交易形式。韩国制定了《访问销售法》保护公正的交易和消费者的利益。

3. 通讯销售

通讯销售是指，消费者根据商品目录用邮件、电话等方式订货后，商人邮寄消费者指定的商品的销售方式。通讯销售的广告中应明示商品的种类、内容、价格、价款支付时期及方法、商品的交付时期等（《分期付款交易法》第 10 条）。

第三节 交 换

一、意义及性质

交换是指双方当事人约定互相移转除金钱外的其他财产权而成立的合同（第 596 条）。交换准用有关买卖的规定（第 567 条）。

二、交换的成立及效力

因为交换是诺成合同，所以当事人之间达成合意时成立，无须制作书面合同。交换是有偿合同，准用买卖合同的规定，因此出卖人的担保责任也准用于交换。

第四节 消费借贷

一、意义及作用

（一）意义

消费借贷是指，一方当事人约定向对方当事人移转金钱及其他代替物的所有权，相对人返还相同种类、质量及数量的物而成立的合同（第598条）。

（二）作用

利用消费借贷的人多数是生活较困难的人，因而不少出借人利用借用人的困难，要求借用人支付高额利息。如果借用人被迫接收高利息，则会面临更为困难的局面。为保护借用人的利益，制定了《信贷业务登记及金融用户保护法》。

二、消费借贷的成立

（一）成立要件

因为消费借贷是诺成合同，所以只要有当事人之间达成合意即成立。该合意至少满足以下条件：第一，出借人约定将金钱及其他代替物交给借用人使用一段时间；第二，返还时借用人应返还与出借人出借的物相同种类、质量及数量的物。

消费借贷的标的物为"金钱及其他代替物"，但是消费借贷以金钱为主。借用金钱时交付汇票、国债等有价证券及其他物的方式较为普遍，称之为"代物借贷"。在此情形下，以交付时的价款作为借用额（第606条）。

（二）消费借贷的失效和解除

在出借人向借用人交付标的物之前，一方当事人被宣告破产的，消费借贷失效（第599条）。这是因为借用人破产后，出借人的财产属于破产财团，所以较难实现消费借贷。又由于借用人宣告破产时，借用人很难返还标的物，因此设定了此规定。

无利息消费借贷的当事人在交付标的物前可以随时解除合同（第 601 条主文）。因为无利息的消费借贷是为借用人的利益而设定的，所以借用人可以随时解除合同。但是由此给出借人造成损害的，应赔偿损害（第 601 条但书）。

三、消费借贷的效力

（一）出借人的义务

1. 移转标的物所有权的义务

因为消费借贷是一方当事人把标的物的所有权移转给另一方，并供其使用的合同，所以出借人承担移转所有权的义务。

2. 担保责任

（1）消费借贷附利息的情形

消费借贷附利息的，在标的物有瑕疵时，准用第 580 条至第 582 条的规定（第 602 条第 1 款）。因此在标的物有瑕疵、借用人善意且无过失时，出借人承担担保责任。

（2）消费借贷不附利息的情形

在此情形下，只有在出借人不告知借用人标的物有瑕疵时，才承担担保责任（第 602 条第 2 款但书）。

（二）借用人的义务

1. 标的物返还义务

借用人应返还与标的物同种类、质量及数量的物（第 603 条第 1 款）。如果借用物不是金钱，且不能返还相同的物，应以返还时期的价格偿还（第 604 条）。

2. 代物返还预约

在借用物返还期到来之前，当事人达成以其他财产权代替借用物返还的合意时，这种合意称为代物返还预约。借用人预约以其他财产权的移转代替借用物的，预约时该财产的价格不得超过借用额及附加利息的合算额（第 607 条）。如果上述约定对借用人不利，则无论以何种名目达成的合意，都无效（第 608 条）。

四、准消费借贷

双方当事人在非因消费借贷而承担给付金钱或其他代替物的义务时，当事人约定以该标的物为消费借贷的标的物的，发生消费借贷的效力（第605条）。

如欲成立准消费借贷，当事人之间应存在金钱及其他代替物的给付为标的的债务。原先债务不存在或无效的，不成立准消费借贷。

第五节　使用借贷

一、意义及性质

使用借贷是指，一方当事人约定向相对人交付标的物，供其无偿使用，并且约定相对人使用、收益标的物后返还该标的物而成立的合同（第609条）。使用借贷是诺成、单务、无偿合同。

二、使用借贷的成立

因为使用借贷是诺成合同，所以当事人之间达成合意即成立。使用借贷的当事人在出借人交付标的物前，可以随时解除合同。但是给相对人造成损害的，应赔偿损害（第612条）。

三、使用借贷的效力

（一）出借人的义务
出借人负有交付标的物给借用人使用、收益的义务。
（二）借用人的权利、义务
1. 标的物的使用、收益权
借用人享有依合同或标的物的性质使用、收益标的物的权利。借用人如果未经出借人同意，不得允许第三人使用、收益借用物。如果借用人违反上述事项，出借人可以解除合同（第610条）。如有损害，则可以请求赔偿损害（第617条）。
2. 借用物保管义务
借用人应尽善良管理人的注意义务保管借用物。借用人得承担使用借用物而发生的通常费用（第 611 条第 1 款）。关于其他费用，准用第 594 条第 2 款的规定。

3. 借用物返还义务

在使用借贷终止时借用人应返还借用物，返还时应恢复原状（第 615 条）。

4. 共同借用人的连带义务

数人共同使用、收益借用物的，承担连带义务（第 616 条）。

四、使用借贷的终止

（一）存续期间届满

当事人约定存续期间的，在存续期间届满时终止使用借贷，借用人应返还标的物（第 613 条第 1 款）。当事人未约定存续期间的，借用人应依合同或标的物的性质，使用、收益后返还（第 613 条第 2 款）。

（二）当事人解止合同

在借用人未按照约定使用、收益标的物或未经出借人同意允许第三人使用、收益借用物时，出借人可以解止合同（第 610 条第 3 款）。

第六节　租　赁

一、意义

租赁是指出租人将标的物交付承租人使用、收益，承租人支付一定租金而成立的合同（第 618 条）。租赁合同中交付租赁物供相对人使用、收益的人称为出租人，使用租赁物并支付租金的人称为承租人。

二、租赁合同当事人的权利、义务

（一）出租人的义务

1. 标的物交付义务

出租人负有交付标的物而使承租人使用、收益的义务（第 618 条）。在出租人交付标的物时，标的物应符合约定的使用、收益目的。此外，当事人之间关于标的物有特别约定时，应符合约定，否则出租人应承担债务不履行

责任。

2. 维持义务

出租人在合同存续中负有使标的物符合其使用、收益目的的义务（第623条）。在第三人侵害承生人对标的物的占有或妨害对标的物的使用、收益时，出租人负有为承租人排除妨害的义务。标的物的状态不符合使用、收益目的时，出租人承担修缮义务。

3. 担保责任

因为出租合同是有偿合同，所以准用买卖合同的有关规定，出租人承担担保责任。

（1）标的物有瑕疵的情形

交付的标的物在租赁期间内出现不适合使用、收益的瑕疵时，出租人不问有无可归责于承租人的事由，都应承担瑕疵担保责任。

（2）出租他人所有的物

当事人之间约定出租他人所有物的租赁合同有效。在承租人使用标的物期间内发生出租人丧失使用权而不能实现合同目的的情况下，租赁合同终止。[1] 明知标的物为他人所有物而订立合同的承租人，不能以租赁物为他人所有物为由解除合同。但是出租人在约定期间内不能交付租赁物时，可以解除合同。承租人在使用租赁物时，被真正权利人收回标的物时起可以解止合同。在此情形下，恶意承租人不能请求损害赔偿（第570条）。

（3）协助登记义务

出租人负有协助登记承租权的义务（第621条）。但是当事人可以约定免除出租人的此义务，并且为保护承租人的利益，应该明示约定。

（二）承租人的义务

1. 支付租金义务

承租人承担支付租金的义务。出租动产、建筑物或建筑用地的，应当在每个月月末支付租金；其他土地应在每年年末支付租金。有收获季节的，应在收获后及时支付（第633条）。

（1）租金增减请求

出租人未提供全部或部分用于使用、收益的标的物时，承租人可以请求

---

[1] 参见大判 1991. 3. 27，88DAKA30702.

减少相应的租金（参照第627条）。此外，因有关租赁物的税负及公共费用增减或其他经济情况发生重大变化，致使约定的租金变得不合理的，当事人可以请求增减将来的租金（第628条）。

因经济情况发生变化，出租人请求增加租金或承租人请求减少租金时，须满足以下要件：第一，经济情况发生变化；第二，以前约定的租金不合理；第三，非以临时使用为目的租赁标的物；第四，未约定禁止增加租金。

在住宅租赁中出租人增加租金的请求，不能超过总统令规定的比例（《住宅租赁保护法》第7条）。请求增加的租金不能超过约定租金的1/20，且应在订立租赁合同或增加租金后的1年内提出（《住宅租赁保护法实施令》第2条）。

（2）迟延交付租金时的解止

关于建筑物或其他工作物的租赁，承租人迟延交付的租金达两期租金的，出租人可以解止合同（第640条），但是临时租赁合同除外（第653条）。此外，不利于不动产承租人的约定无效（第652条）。

2. 租赁物的保管、返还义务

合同终止后承租人应返还租赁物，因此承租人在返还租赁物前应尽善良管理人的注意义务保管租赁物（第374条）。因承租人违反上述义务而致租赁物毁损、灭失的，承担损害赔偿责任。

3. 瑕疵通知义务

租赁物需要维修或第三人对租赁物主张权利时，承租人应及时通知出租人，但是出租人已明知此事实的除外（第634条）。

4. 容忍义务

出租人实施为保存出租物所必要的行为的，承租人不得拒绝（第624条）。但是如果出租人违反承租人的意思进行保存行为，致使承租人不能实现租赁目的时，可以解止合同（第625条）。

三、具有对抗力的承租权

（一）要件

具有对抗力的承租权是指，具备法律要求的对抗要件，可以对抗第三人的承租权。

1. 已登记的承租权

不动产租赁合同可以进行登记。登记的租赁合同，可以对抗第三人（第621条第2款）。

2. 存在建筑物登记的借地权

以所有建筑物为目的的土地租赁，即使该土地租赁合同未进行登记，承租人登记该地上建筑物的，也具有对抗力（第622条）。借地权满足以下条件时具有对抗力：存在有效的借地权；以建筑物整体为标的；承租地上存在建筑物。如果建筑物在租赁期间届满前灭失或毁损的，不具有对抗力（第622条第2款）；土地承租人对该地上物进行所有权保存登记。

3. 住宅承租权

关于住宅租赁，即使不进行登记，承租人交付住宅和完成居民登记之次日起对第三人生效。在此情形下，在申请转入时视为完成居民登记（《住宅租赁保护法》第3条第1款）。住宅承租权应满足以下条件：

第一，存在有效的租赁合同；

第二，已交付住宅。例如，住宅租赁人间接占有承租的住宅，在未进行转入居民登记的情况下，经过出租人的同意转租承租的住宅，次承租人（即完成居民登记的承租人）可以对抗第三人；[1]

第三，完成居民登记或转入申请；

第四，租赁合同须具有确定日期（《住宅租赁保护法》第3条之2）；

第五，对抗力的发生时期为承租人接收住宅和完成转入申请的次日（《住宅租赁保护法》第3条之1）。

（二）对抗力

承租权的对抗力包括以下内容：第一，受让住宅的人，视为继受出租人的地位（《住宅租赁保护法》第3条第2款）；第二，承租人的对抗力及于保证金（《住宅租赁保护法》第3条之2第1款）；第三，保证金返还请求权具有优先受偿权，因此具有类似于担保物权的效力；第四，具有对抗力的承租人可以对妨害其使用、收益的人行使妨害排除请求权。

1. 对受让人的对抗力

在受让人继受出让人的出租人地位时，一同转移有关保证金的权利、义

---

[1] 参见大判 1994.6.24，94DA3155.

务（《住宅租赁保护法》第3条第2款）。在约定的存续期间内租赁合同不改变其内容，继受后存续期间届满时，可以更新合同（第639条）。次承租人可以依出租人与承租人（转租人）之间的约定对抗转租人。出租人与转租人之间没有约定受领租金时间的，以不动产所有权的移转期为准，各自享有租金受领权。

2. 对担保物权人的效力

（1）因实现抵押权而被拍卖的租赁物上存在的后顺位权利被消灭（《民事执行法》第91条第3项）。关于抵押权与具有对抗力的承租权的顺位，根据抵押权的登记日期和承租人取得对抗要件的日期来判断它们之间的先后顺序。

（2）承租权人与假登记担保权人之间的顺位，以假登记日期和承租人取得对抗要件的日期来判断优劣。进行假登记担保后取得有对抗力的承租权的人，在清算金范围内享有同时履行抗辩权（《假登记担保法》第5条第5款）。

（3）在一定范围内，承租人就住宅租赁保证金优先于担保物权人享有受偿权。在此情形下，承租人在申请住宅拍卖登记前应具备交付住宅及居民登记要件（《住宅租赁保护法》第8条）。

3. 与用益物权之间的效力问题

在同一租赁物上存在传贳权、地上权、地役权等时，根据登记日期与承租权取得对抗要件的时间先后决定其优劣。

四、租赁保证金

（一）意义

保证金是不动产租赁，尤其是建筑物租赁中承租人或第三人为担保出租人的债权而交付给出租人的金钱及其他有价物。

（二）保证金合同

保证金合同是从属于租赁合同的从合同，一般与租赁合同同时订立。保证金合同是诺成合同，保证金合同的当事人一般是出租人与承租人，但第三人亦可以成为保证金合同的当事人。

（三）保证金的效力

保证金担保租金债权、租赁物的毁损、灭失及其他原因发生的损害赔偿债权等出租人的全部债权。因此在租赁合同终止时，如果没有明确的反对意

思，出租人可以从保证金中扣出自己对承租人的全部债权。[1]在默示更新租赁合同时，承租人提供的保证金继续存在，但是第三人提供的保证金则被消灭（第 639 条第 2 款）。

（四）不动产所有权的移转与保证金的继受

不动产租赁合同进行登记或以拥有建筑物为目的的土地承租人登记该地上建筑物的，承租人可以依承租权对抗土地的受让人。在此情形下，有关保证金的权利和义务一并转移至新所有人。

（五）保证金返还请求权

出租人的保证金返还义务与承租人的租赁物返还义务处于同时履行关系。[2]

五、权利金

权利金是指，附于城市土地或建筑物租赁合同的，作为租赁物位置的对价而支付的金钱。[3]在租赁合同终止后，承租人不能请求出租人返还权利金，但是因出租人的原因中途解止租赁合同时，可以请求返还相当于剩余期间的权利金。[4]事实上，承租人通过向第三人转让承租权或转租租赁物的方式，从受让人或次承租人处收取权利金。[5]

六、承租权的存续与转租赁

（一）承租权的存续问题

1. 合同的更新

在租赁期间届满后承租人继续使用、收益租赁物时，出租人在合理的期间内未提出异议的，视为以与原租赁相同的条件重新租赁。但是当事人可以根据第 635 条规定通知解止合同（第 639 条第 1 款）。

在以建筑物或其他工作物的所有权或以树木、采矿、畜牧为标的的土地租赁合同期间届满时，该土地上还存在建筑物、树木及其他地上设施的，承

---

〔1〕 参见大判 2008.3.27，2006DA45459.

〔2〕 参见大判 2002.2.26，2001DA77697.

〔3〕 参见〔韩〕郭润直：《债权分论》，博英社 2009 年版，第 223 页。

〔4〕 参见大判 2002.7.26，2002DA25013.

〔5〕 参见大判 2000.4.11，2000DA4517.

租人可以请求更新合同（第643条）。出租人不愿更新合同的，承租人可以请求以合理的价格购买该设施。

2. 解止通告

关于土地、建筑物及其他工作物的租赁合同，出租人通知解止的期间为6个月，承租人发出解止通知1个月后终止租赁合同的效力。关于动产租赁，无论是出租人发出通知，还是承租人发出通知，只有5日时间（第635条）。

（二）转租

（1）承租人非经出租人的同意，不得出让其权利或转租租赁物（第629条第1款）。如果承租人违反前款规定出让或转租，出租人可以解止合同（第629条第2款）。

（2）经出租人同意的转租。承租人可以经出租人的同意转租租赁物。有效的转租合同涉及出租人、承租人及次承租人三方法律关系。

①出租人应同意

出租人同意为允许转租的意思表示，转租的相对人为承租人或次承租人。出租人的同意原则上不得撤回。但是出租人表示同意转租的同时保留撤回权或有其他重大事由时，可以撤回。

②转租的存续期间

合同因解止通知而终止的，如果出租人不向承租人通知该事由，不得以解止对抗次承租人（第638条第1款）。在次承租人接到该通知时，因超过法定解止期间而终止转租（第638条第2款）。此外，在依出租人与承租人的合意终止合同时，不消灭次承租人的权利（第631条）。

③效果

出租人与承租人之间的租赁合同继续存在的，转租人与次承租人之间是转租法律关系，并且该转租合同的内容不同于原出租合同，次承租人直接向出租人承担义务（第630条）。但是次承租人的义务不超过转租合同确定的范围，同时也不超出原租赁合同中约定的承租人的义务范围。

④转租的终止

在转租终止时，承租人向出租人承担返还标的物的义务。在原租赁合同与转租合同的期限同时届满时，次承租人向出租人承担标的物返还义务（第630条第1款）。在此情形下，次承租人在受领保证金之前，可以拒绝返还标的物。转租合同终止时，次承租人对承租人享有附属物买受请求权（第646

条）。此外，次承租人也可以直接请求出租人购买自己附上的附属物或从转租人处买受的附属物（第647条）。

（3）未经出租人同意的转租

①未经出租人同意的转租人与次承租人之间的合同有效。[1]转租人向次承租人承担提供标的物的义务和担保责任。次承租人可以以转租人未获得出租人的同意为由解止合同。[2]

②出租人可以以未经其同意而转租为由，解止租赁合同（第629条第2款）。出租人在行使解止权时，原租赁合同及转租合同的效力向将来消灭。转租人应从次承租人处回收租赁物返还给出租人。

③次承租人不能以其承租权对抗出租人。出租人可以行使所有物返还请求权，但是不解止租赁合同时，原则上应返还给转租人。

七、租赁合同终止

（一）终止原因

1. 租赁合同存续期间届满

租赁合同有约定的存续期间的，存续期间届满时，无须事前催告或通知，租赁合同终止。[3]

2. 解止通知

（1）未约定租赁合同的存续期间时，当事人可以随时通知解止合同，相对人自收到通知之日起，经过合理期间，租赁合同终止（第635条）。

（2）约定租赁合同的存续期间的，在一方当事人或双方当事人保留解止权时，也准用第635条规定（第636条）。

（3）承租人在受到破产宣告时，即使约定了租赁合同的存续期间，出租人或破产管理人也可以依第635条的规定，通知解止合同。在此情形下，各当事人不能请求相对人赔偿因合同解止而发生的损害（第637条）。

3. 解止

关于租赁合同的存续期间，无论有无约定，在以下情形都可以解止合同，

---

[1] 参见大判 1959.9.24，4291 民商 788.

[2] 参见大判 1972.1.31，71DA2400.

[3] 参见大判 1969.1.28，68DA1537.

并且立即发生解止效力。

（1）出租人违反承租人意思实施保存行为，因此承租人不能实现承租目的（第625条）；

（2）承租物的一部分因不可归责于承租人的事由灭失或其他原因而不能使用、收益，且剩余部分已经无法实现合同目的（第627条第2款）；

（3）承租人未经过出租人的同意出让承租权或转租承租物（第629条第2款）；

（4）承租人迟延交付了二期租金（第640条、第641条）；

（5）一方当事人不履行债务（第544条）。

（二）清算关系

1. 租赁物的返还

租赁合同终止后承租人承担返还标的物的义务，并且出租人返还保证金前承租人有权拒绝返还标的物。返还租赁物时，应恢复原状。承租人因未尽善良管理人的注意义务，致租赁物毁损、灭失的，须承担损害赔偿义务（第374条）。因违反合同内容或标的物性质使用而发生损害的，出租人应在接收标的物之日起6个月内请求赔偿（第654条）。

2. 费用偿还

承租人可以请求出租人偿还为保存租赁物而支出的必要费用（第626条第1款）。承租人支出有益费用的，出租人应在终止租赁时，在其现存价款增加的范围内偿还承租人支出的金额或增加额。出租人请求时，法院可以确定合理的偿还期限（第626条第2款）。出租人应在接收返还标的物之日起6个月内请求偿还必要费用及有益费用（第654条）。

3. 附属物除去请求权和买受请求权

（1）承租人有权除去自己附在承租物上的附属物（第654条）。

（2）建筑物或其他工作物的承租人，为方便其使用而经出租人同意附加附着物的，租赁合同终止时，可以请求出租人买受该附着物（第646条）。建筑物及其他工作物的承租人在合法转租标的物时，次承租人为方便其使用而经出租人同意附加附着物的，转租合同终止时，可以请求出租人买受该附着物（第647条第1款）。

第七节　雇　佣

一、意义及性质

(一) 意义

雇佣是指一方当事人约定向相对人提供劳务，相对人支付报酬而成立的合同 (第655条)。

(二) 性质

雇佣是诺成、双务、有偿、不要式合同。

二、雇佣的成立

因为雇佣合同是诺成合同，所以只要当事人之间达成合意即成立。雇佣提供的劳务既可以是体力劳动，也可以是精神劳动。但是应由受雇人亲自提供，并且受雇人与雇佣人应存在从属关系。[1]《勤劳基准法》规定受雇人的最低年龄和资格 (《勤劳基准法》第64条、第65条)。

三、雇佣的效力

(一) 受雇人的义务

1. 提供劳务义务

受雇人应按照合同内容提供劳务。受雇人提供合同规定的劳务时，雇佣人支付相应的对价。但是受雇人提供了未约定的劳务时，雇佣人可以解止合同 (第658条第1款)。另一方面，约定的劳务需要特殊技能时，如果受雇人不具有该技能，则雇佣人可以解止合同 (第658条第2款)。

原则上，雇佣合同应由受雇人亲自提供劳务，因此受雇人未经雇佣人同意，不得使第三人代替自己提供劳务 (第657条第2款)。如果受雇人违反此规定，则雇佣人可以解止合同 (第657条第3款)。此外，雇佣人未经受雇人同意，不得将自己对受雇人的劳务请求权让与给第三人 (第657条第1款)。雇佣人违反此规定时，受雇人可以解止合同 (第657条第3款)。

---

[1] 参见 [韩] 郭润直:《债权分论》，博英社2009年版，第242页。

2. 忠实义务

受雇人依诚实信用原则，应诚实履行其承担的提供劳务义务及其他义务。

（二）雇佣人的义务

1. 报酬支付义务

雇佣人承担支付报酬义务。如果当事人之间没有约定报酬，则依习惯（第 656 条第 1 款）。报酬应在约定的时间支付，没有约定时间的，则从习惯；没有习惯的，应在完成约定的劳务后及时支付（第 656 条第 2 款）。

2. 安全保护义务

受雇人在提供劳务时，雇佣人应承担保护其生命、身体、健康的义务。

四、雇佣的终止

（一）雇佣期间届满

雇佣期间届满后，受雇人继续提供劳务，雇佣人未在合理期间内提出异议的，视为以与原雇佣相同的条件重新雇佣受雇人（第 662 条第 1 款主文）。但是当事人可以根据第 660 条规定通知解止雇佣合同（第 662 条第 1 款但书）。在此情形下，第三人为原雇佣提供的担保，因期间届满而消灭（第 662 条第 2 款）。

（二）解止通知

在未约定雇佣期间时，当事人可以随时通知解止合同（第 660 条第 1 款）。在发出解止通知后自相对人收到解止通知之日起经过 1 个月，发生解止效力（第 660 条第 2 款）。但是以期间约定报酬的，自相对人收到解止通知的相应期间后 1 个周期，发生解止的效力（第 660 条第 3 款）。

在约定的雇佣期间超过 3 年或以一方当事人或第三人的终生为期间的，经过 3 年后各方当事人可以随时解止合同（第 659 条第 1 款）。在此情形下，相对人收到解止通知之日起超过 3 个月时，发生解止效力（第 659 条第 2 款）。

（三）解止

虽然约定了雇佣期间，但是发生不得已的事由时，各方当事人也可以解止合同（第 661 条主文）。需要注意的是该事由因一方当事人的过失而发生的，应向相对人承担损害赔偿责任（第 661 条但书）。

在雇佣人收到破产宣告时，即使约定了雇佣期间，受雇人或破产管理人

也可以解止合同（第663条第1款）。在此情形下，各方当事人不得请求赔偿因解止而发生的损害（第663条第2款）。

第八节　承　揽

一、意义及性质

承揽是指约定一方当事人完成一定的工作，相对人对工作成果给付报酬而成立的合同（第664条）。承揽合同是诺成、双务、有偿、不要式合同。

二、承揽的成立

因为承揽合同是诺成合同，所以当事人之间达成合意即成立（第664条）。该合意是有关"完成工作"与"支付报酬"达成的合意。

三、承揽的效力

（一）承揽人的义务

1. 完成工作的义务

在承揽人怠于完成任务时，可以依第544条、第545条的规定解除合同。虽然承揽人独立于定作人完成工作，但是定作人可以进行合理地指示或监督。工作性质或当事人约定可以由第三人完成工作时，由第三人完成工作。[1] 在此情形下，第三人可以是单纯的辅助人，也可以是独立完成一部分或全部工作的人。前者为履行辅助人，后者为履行代行人，承揽人对他们的故意、过失承担责任。另一方面，承揽人把第三人作为履行代行人使用时，称为分包。

2. 标的物交付义务

承揽的标的为修理屋顶等时，承揽人修好屋顶即完成工作。但是承揽合同为制作产品的定作合同等情形，有义务把完成的标的物交付给承揽人。因为报酬应与交付已完成的标的物同时支付（第665条第1款），所以标的物交付义务与报酬给付义务处于同时履行关系。并且在标的物为定作人所有时，

---

〔1〕　参见大判2002.4.12，2001DA82545、82552.

承揽人在债权受偿前有权留置标的物。[1]

3. 工作成果所有权的归属问题

如果承揽合同的内容为使用定作人或承揽人提供的材料制作工作成果的，此时会出现该物的所有权归属问题。

（1）在定作人提供主要部分或全部材料时，不论工作成果是动产还是不动产，由定作人享有所有权。

（2）在承揽人提供主要部分或全部材料时，如有约定，则按约定决定所有权的归属。如无约定，则工作成果为动产时归承揽人；不动产时归定作人所有。

4. 担保责任

（1）性质

因为承揽合同是有偿合同，所以准用有关出卖人担保责任的规定（第567条）。但是《民法》特意规定了承揽人的担保责任。第667条规定的承揽人瑕疵担保责任是无过失责任。因此承揽人承担担保责任时无须存在可归责事由。[2]

（2）要件

只有在工作成果或已完成的一部分有瑕疵时，承揽人才承担瑕疵担保责任（第667条）。此处的"已完成的部分"是指虽然整体上没有完成，但是已完成的部分发生瑕疵。[3]

（3）内容

①瑕疵修补请求权

工作成果或已完成的一部分有瑕疵时，定作人可以指定合理的期间，请求承揽人修补该瑕疵。但是瑕疵不重要，并且修补需要过高费用时，不得请求修补（第667条）。在此情形下，只能请求损害赔偿。[4]定作人在确定合理期间请求修补瑕疵时，因为《民法》规定定作人可以选择行使修补请求权或损害赔偿请求权，所以在该期间经过前不能请求代替瑕疵修补的损害赔偿[5]（第

---

〔1〕 参见大判 1995.9.15, 95DA16202.

〔2〕 参见大判 1990.3.9, 88DAKA31866.

〔3〕 参见大判 2001.9.18, 2001DA9304.

〔4〕 参见大判 1998.3.13, 97DA54376.

〔5〕 参见 ［韩］郭润直：《债权分论》，博英社 2009 年版，第 259 页。

667 条第 1、2 款）。

②损害赔偿请求权

虽然定作人可以修补瑕疵，但是也可以不行使修补请求权而同时请求修补瑕疵和赔偿损害（第 667 条第 2 款）。对此，判例认为定作人的代替修补瑕疵的损害赔偿债务是未确定履行期的债务，因此收到履行请求后就发生迟延责任。[1]

③合同解除权

因完成的标的物存在瑕疵而致定作人不能实现合同目的时，可以解除合同（第 668 条主文）。但是建筑物及其他土地上的工作物有重大瑕疵的，不能解除合同（第 668 条但书）。因此，定作人只能请求损害赔偿。但是关于土地上的工作物，在完成之前，可以根据债务不履行的一般原则解除合同。[2]

（4）责任减免

因定作人提供的材料性质或定作人的指示而标的物发生瑕疵时，承揽人不承担担保责任（第 669 条主文）。但是承揽人明知提供的材料或指示不合理，却未告知时应承担担保责任（第 669 条但书）。当事人之间约定减免担保责任的，该约定有效。但是承揽人对应知而未知的事情，应承担责任（第 672条）。

（5）责任的存续期间

原则上定作人应自接收标的物之日起 1 年内行使请求权。如果无需交付标的物，则应从完成工作之日起 1 年内行使请求权（第 670 条）。

土地、建筑物及其他工作物的承揽人，对标的物或地基施工的瑕疵，自交付之日起 5 年内承担担保责任（第 671 条第 1 款主文）。但是标的物为石造、石灰造、砖瓦造、金属及其他类似材料制作的，该期间为 10 年。因瑕疵致使标的物毁损、灭失的，定作人可以自毁损、灭失之日起 1 年内，请求相对人承担担保责任（第 671 条第 2 款）。

（二）定作人的义务

定作人承担向承揽人支付报酬的义务。报酬应与交付工作成果同时支付，但在无需交付工作成果时，应在完成工作后及时支付（第 656 条第 1 款）。不

---

〔1〕 参见大判 2009. 2. 26，2007DA83908.

〔2〕 参见大判 1996. 10. 25，96DA21393、21409.

动产工程的承揽人为担保报酬债权，可以请求在该不动产上设定抵押权（第666条）。

四、承揽的终止

（一）定作人的解除

在承揽人完成工作之前，定作人可以赔偿给承揽人造成的损害，并解除合同（第673条）。在解除合同时，定作人应赔偿对承揽人造成的损害。赔偿范围为承揽人已经支出的费用及将来支出的费用。

（二）定作人破产

在定作人受破产宣告时，承揽人或破产管理人可以解除合同（第674条第1款）。在此情形下，承揽人可以就已完成工作的报酬及报酬中未包含的费用，参加破产财团的分配（第674条第1款但书）。但是各方当事人不得请求赔偿因解除合同而发生的损害（第674条第2款）。

第九节　旅游合同

一、意义及性质

（一）意义

旅游合同是指，一方当事人（旅游经营者）约定向相对人（旅游消费者）提供包括运送、住宿、观光或其他旅游相关的服务，由相对人支付对价而成立的合同（第674条之2）。随着国内外旅游者的增加，《民法》需要规制因出游发生的一系列问题。因此于2015年修改《民法典》时增设了旅游合同。

（二）性质

旅游合同是诺成、双务、有偿、不要式合同。从旅游合同的目的来看，旅游合同与承揽合同相似。在《民法典》中设定旅游合同这一典型合同前对旅游合同的性质有过争论。从旅游合同的规定来看，因为旅游合同是实现旅游这一抽象的心理满足感的合同，所以类似于承揽合同，但是还包括其他一些事项，因此应作为独立的合同类型来对待。

二、旅游合同的成立

旅游合同的当事人为旅游经营者与旅游消费者。依不同的旅游合同类型，

提供服务的导游并不是合同的当事人，按角色分类可以被认为是履行辅助人。因为旅游合同是不要式合同，所以无须书面形式。在订立旅游合同时通常采用格式合同，因此关于旅游合同发生纠纷时，可以适用格式条款的规定。

三、旅游合同的效力

(一) 旅游经营者的义务

旅游经营者应当依合同提供旅游给付，即提供运送、住宿、观光或其他有关旅游的服务。旅游合同通常使用导游来履行相关义务，对于导游的行为应适用第 391 条的规定。作为旅游合同的附随义务，旅游经营者承担应提前调查旅游目的地以及观光商品等诸多问题，并且将各种风险提前告知旅游消费者，使其自主作出判断。

(二) 旅游消费者的义务

旅游消费者应在约定的期间内支付对价。如未约定期间，应依习惯；如无习惯，应在旅游结束后及时支付对价 (第 674 条之 5)。

(三) 旅游经营者的担保责任

旅游存在瑕疵时，旅游经营者承担担保责任 (第 674 条之 6)。因为旅游合同是有偿合同，所以准用出卖人的担保责任 (第 567 条)。但是《民法》在第 674 条之 6 规定了较为具体的担保责任。只有旅游有瑕疵时旅游经营者才承担担保责任 (第 674 条之 6 第 1 款本文)。对于瑕疵可以比照买卖合同的情形考虑。

旅游存在瑕疵的，旅游消费者可以请求旅游经营者修改瑕疵或减少对价，但是需要过多费用或不能期待合理结果的，不得请求改正 (第 674 条之 6 第 1 款)。可以定合理期间请求改正，但是需要立即改正的除外 (第 674 条之 6 第 2 款)。旅游消费者可以请求损害赔偿来代替改正、减少对价的请求或同时请求改正、减少对价和损害赔偿 (第 674 条之 6 第 3 款)。但是还需要考虑以下问题，如果因瑕疵而不能旅游或旅游不完整的，旅游消费者可能会受到精神损害，对此可以参考债务不履行中有关精神损害赔偿的案例。因为法律无明文规定，所以应由学说及判例来解决。

第 674 条之 7 单独规定了旅游消费者的合同解止权。旅游有重大瑕疵的，在不能改正或按照合同内容履行时，可以解止合同 (第 674 条之 7 第 1 款)。在解止合同时，旅游经营者丧失价款请求权，但是旅游消费者因已完成的部分旅游而获得利益的，应返还利益（第 674 条之 7 第 2 款）。旅游经营者在解止合同后继续承担采取必要措施的义务，如果合同约定了送回义务，应送回旅游消费者。如有合理理由，旅游经营者可以向旅游消费者请求一部分费用（第 674 条之 7 第 3 款）。在旅途中，旅游消费者可以行使基于担保责任的权利，该权利应在合同约定的旅游结束之日起 6 个月内行使（第 674 条之 8）。

四、旅游合同的终止

（一）开始旅游之前的解止

旅游消费者在开始旅游前可以随时解止合同，但是应赔偿给相对人造成的损害（第 674 条之 3）。因为在通常情况下，签订旅游合同后经过一段时间才开始旅游，在这一期间内旅游消费者会因各种原因不能参加旅游，所以赋予旅游消费者这一权利。违反第 674 条之 3 规定的不利于旅游消费者的约定无效（第 674 条之 9）。

（二）开始旅游后的解止

开始旅游后发生不得已的事由的，合同当事人可以解止合同。如果因发生于一方当事人的事由解止合同，则应向相对人赔偿损失（第 674 条之 4 第 1 款）。但是虽然解止了合同，但是合同约定旅游经营者承担送回旅游消费者的义务的，旅游经营者应承担该义务（第 674 条之 4 第 2 款）。因合同解止发生的后续费用，由发生事由的一方承担；如果该事由不可归责于双方当事人，则双方当事人平均分担（第 674 条之 4 第 3 款）。

第十节　悬赏广告

一、意义及性质

（一）意义

悬赏广告是广告人表示为某一行为支付一定的报酬的意思表示，应征人完成广告规定的行为而发生效力（第 675 条）。

（二）性质

关于悬赏广告的法律性质有多个学说。有观点认为悬赏广告是合同，主

要理由为将悬赏广告作为典型合同规定于《民法典》；如无法律的特别规定，依单独行为不能形成债权。[1]另外，也有观点认为，根据《民法》第 677 条和第 679 条规定，不能认为悬赏广告是合同，应视为单方行为。[2]本书从单方行为的角度去阐述悬赏广告的相关问题。

二、悬赏广告的成立与效力

（一）广告

因为悬赏广告是单方行为，只要有广告，则成立。此处的广告指的是只要某人为一定行为，广告人则支付一定报酬的意思表示。

相对人完成指定行为后，可以请求支付报酬（第 675 条）。完成指定行为的行为人，在不知有广告而完成行为时，也可以请求支付报酬（第 675 条）。

（二）悬赏广告的撤回

广告规定指定行为的完成期间的，在该期间届满前不得撤回广告。但是广告未规定行为完成期间的，在行为完成前可以与发出广告相同的方法撤回广告。此外，不能以与前广告相同的方法撤回的，可以以与此类似的方法撤回，撤回仅对知道撤回广告的人有效（第 679 条）。

（三）广告人的报酬支付义务

完成指定行为的人，可以请求获得广告确定的报酬（第 675 条）。在发布广告前不知有广告而完成广告所规定行为时，也可以请求报酬（第 677 条）。

在数人完成指定行为时，先完成该行为的人享有报酬请求权（第 676 条第 1 款）。如果数人同时完成广告指定的行为，则各自取得以相同比例请求报酬的权利。但是报酬在性质上不得分割或广告规定只有一人可得报酬的，抽签决定（第 676 条第 2 款）。

三、优秀悬赏广告

优秀悬赏广告是指，在数人完成广告所定行为时，只给工作完成的最好的人支付报酬的悬赏广告（第 678 条第 1 款）。优秀悬赏广告应规定应征期间，如果未规定应征期间，则不发生效力（第 678 条第 1 款）。因此不得在该

---

〔1〕 参见［韩］李银荣：《民法Ⅱ》，博英社 2002 年版，第 393 页。

〔2〕 参见［韩］郭润直：《债权分论》，博英社 2009 年版，第 268 页。

期间届满前撤回（第 679 条第 1 款）。

依下列规定判断优秀悬赏广告。在广告中未规定判断方法的，由广告人判断（第 678 条第 2 款）。除了广告中有其他意思表示或广告性质上已有判断标准外，不得判定没有优秀广告（第 678 条第 3 款）。应征人不得对上述判断提出异议（第 678 条第 4 款）。

第十一节　委托合同

一、意义及性质

委托合同是指，一方当事人委托相对人处理事务，由相对人作出承诺而成立的合同（第 680 条）。

委托合同是单务、无偿合同（第 686 条第 1 款）。但是约定支付报酬的委托合同是双务、有偿合同。

二、委托合同的成立

因为委托合同是诺成合同，所以当事人之间达成合意即成立。此处所指的"事务"是法律上或事实上的全部行为，包括法律行为、准法律行为和事实行为。此外，"事务"是属于委托人或第三人的事务，不能是受托人自己的事务。

三、委托的效力

（一）受托人的义务

受托人应按委托人的本意，尽善良管理人的注意义务来处理受托事务。因为委托是以委托人的信赖为基础，所以受托人处理事务有一定的裁量权。如果委托人作出了明确指示，应按指示处理事务。但委托人的指示不符合委托的本意或不利于委托人时，如果受托人知道该事情，应通知委托人。[1]

受托人可以转委托。受托人只有在征得委托人的同意或出现不得已的事由时，可以转委托（第 682 条）。受托人向第三人转委托事务后，次受托人给

---

〔1〕　参见大判 2005. 10. 7，2005DA38294.

原委托人造成损害的，受托人只有在选任或监督转委托人有过失时才承担责任（第682条第2款、第121条第1款）。如果受托人是按照委托人的指示选任次受托人的，受托人仅在明知次受托人不适合或不诚实的事情而未告知原委托人时才承担责任（第682条第2款、第121条第2款）。在转委托中，关于次受托人与委托人之间的关系，准用第123条规定（第682条第2款）。

受托人经委托人的请求，应报告委托事务的处理情况。在委托终止时，应即时报告处理事务的经过（第683条）。受托人应把因处理委托事务而受领的金钱及收受的孳息交付给委托人（第684条第1款）。受托人应当把以自己名义为委托人取得的权利移转给委托人（第684条第2款）。受托人为自己的利益消费应当交付给委托人的金钱或应当为委托人的利益而使用的金钱的，应支付自消费之日起发生的利息。如果发生损害，则应当赔偿（第685条）。

（二）委托人的义务

在受托的事务需要费用时，如果受托人请求，委托人就应先支付这些费用（第687条）。

受托人为处理受托的事务而支出必要费用的，可以请求委托人支付支出日之后发生的利息（第688条第1款）。受托人为处理委托事务而承担了必要债务的，可以请求委托人代替自己清偿。如果该债务未届清偿期，可以请求委托人提供适当的担保（第688条第2款）。受托人因处理委托事务而受到损失，并对该损失无过失时，可以请求委托人赔偿（第688条第3款）。因为《民法》规定的委托合同是无偿合同，所以如无特别约定，受托人不得请求委托人支付报酬（第686条第1款）。如果约定支付报酬，受托人应在完成受托事务后，请求支付报酬。但是如果约定一定期间内支付报酬，只有在该期间经过后才能请求委托人支付报酬（第686条第2款）。

受托人在处理受托事务的过程中因不可归责于受托人的事由而终止委托的，受托人可以按已处理事务的比例请求报酬（第688条第3款）。

四、委托的终止

（一）终止原因

委托合同的各方当事人可以随时解止委托合同（第689条第1款）。一方当事人在不利于相对人时解止合同的，应当赔偿损害。但是因不得已的事由在该时期解止合同的，不承担损害赔偿责任（第689条第2款）。赔偿损害时的范围以在合理时期内解止时不会受到的损害为限。[1]委托合同的一方当事人死亡、破产或受托人被宣告为无行为能力人时，委托合同终止。

（二）终止委托时的特别措施

在终止委托时，如果发生紧急情况，受托人或其继承人、法定代理人，应于委托人或其继承人、法定代理人可以处理委托事务之前继续处理该事务。在此情形下，与委托存续时具有同等效力（第691条）。在终止委托时，未通知相对人或相对人不知终止事由的，不得以此事由对抗相对人（第692条）。

第十二节　保　管

一、意义及性质

保管是指，一方当事人委托相对人保管金钱、有价证券及其他物，相对人予以承诺而成立的合同（第693条）。依《民法》规定，保管合同原则上为无报酬合同。但是可以约定支付报酬。此时的保管为有偿、双务合同。保管合同为诺成、不要式合同。

二、保管的成立

因为保管合同是诺成合同，所以当事人之间达成合意即成立。保管合同的标的物为金钱或有价证券及其他物。

三、保管的效力

（一）保管人的义务

保管人未经寄存人同意，不得使用保管物（第694条）。原则上保管人应自己保管寄存物，但是在寄存人承诺或有不得已的事由时，可以委托第三人保管。在第三人保管时，保管人与转保管人的责任与转委托相同（第701条）。

对保管物主张权利的第三人对保管人提起诉讼或实施扣押时，保管人应及时通知寄存人（第696条）。在保管终止时，保管人应返还保管物。应返还

---

〔1〕　参见大判200.6.9，98DA64202.

的保管物为寄存人寄存的物、金钱或有价证券。如有约定，应依约定；如无约定，在保管地点返还（第700条主文）。但是保管人有正当事由转移保管地点的，可以在现存场所返还（第700条但书）。

（二）寄存人的义务

寄存人与委托人相同，承担提前支付费用、必要费用偿还义务、代清偿债务及提供担保的义务（第701条）。因保管物的性质或瑕疵致使保管人受到损害的，寄存人应当赔偿保管人的损害。但保管人在知道保管物的性质或瑕疵时，不承担赔偿责任（第697条）。

四、保管的终止

寄存人可以随时解止保管合同（第698条但书）。保管没有约定期间的，可以随时解止合同。但是有约定的保管期间的，保管人非因不得已的事由，在期间届满前不能解止合同（第698条主文）。

第十三节　合　伙

一、意义及性质

（一）意义

合伙是指二人以上数人约定共同出资，经营共同事业而成立的团体（第703条第1款）。《民法》中最典型的合伙是多数人出资，共同营业或经营企业的同业关系。

（二）性质

合伙合同是二人以上共同出资，并约定共同经营事业而订立的合同。此外，合伙合同不仅包括成立合伙的合意，还包括合伙的组成人员或有关运营的合意。

因为合伙合同当事人的意思表示共同指向共同事业，所以合伙是一种共同行为。但是因为合伙不能以单一团体来存在，而采取合同的形式，所以合伙合同是具有共同行为及合同性质的特殊的法律行为。[1]

---

〔1〕 参见〔韩〕宋德洙：《新民法讲议》，博英社2017年版，第1544页。

二、合伙的成立

成立合伙须有 2 人以上的当事人，且当事人之间约定共同经营事业。[1] 事业必须是共同的事业，因此只有一部分组成人员获取利益的不是合伙。[2] 合伙的全部当事人都得承担出资义务。只有部分当事人承担出资义务的，不是合伙。出资的种类及性质没有限制，因此可以以财产权、劳务、商号、信用出资（第 703 条第 2 款）。

三、合伙的业务执行

(一) 对内关系

1. 业务执行人

原则上，合伙的业务由各合伙人共同执行。必要时选任业务执行人来执行合伙的业务。在选任业务执行人时，如果合伙合同未规定业务执行人，由三分之二以上合伙人赞成的人担任业务执行人（第 706 条第 1 款）。担任业务执行人的合伙人，如无正当理由，不得辞职。如果要解任业务执行人，应取得其他合伙人的一致同意（第 708 条）。第三人担任业务执行人时，如果要解任业务执行人，应经过半数全体合伙人的同意（第 706 条第 2 款）。

2. 业务执行办法

各合伙人各自执行合伙的通常业务。但是在完成业务之前，对该业务有执行权限的人提出异议时，应中止执行业务（第 706 条第 3 款）。关于合伙人的业务执行，准用第 681 条至第 688 条的规定（第 707 条）。

(二) 对外关系

执行合伙业务的合伙人被认为具有代理权，因此在未确定业务执行人时，推定各合伙人都具有代理权；在确定业务执行人时，推定担任业务执行人的合伙人具有代理权。

---

[1] 参见大判 2007. 6. 14，2005DA5140.

[2] 参见大判 2000. 7. 7，98DA44666.

四、合伙的财产关系

（一）合伙财产

合伙人的出资及其他财产归合伙人合有（第704条）。扣押合伙份额的行为对该合伙人将来可分配的利益及应获得返还的份额生效（第714条）。合伙的债务人不能以自己对合伙的债务抵销对合伙人的债权（第715条）。

（二）合伙债务的责任

各合伙人对合伙债务按比例承担。如果未确定承担比例，则以相同比例承担。[1]即使约定了承担比例，但是债权人在取得债权时不知该比例的，也可以请求各合伙人平均承担债务（第712条）。如果有无清偿资力的合伙人，由其他合伙人平均承担该合伙人不能清偿的部分（第713条）。

（三）损益分配

当事人未约定损益分配比例的，依各合伙人出资额比例确定（第711条第1款）。合伙人只对利益或损失约定分配比例的，推定该比例对利益及损失都生效（第711条第2款）。

五、合伙人的退伙及解散

（一）退伙

1. 任意退伙

合伙合同未约定合伙存续期间或约定以某一合伙人的终生为存续期间的，各合伙人可以随时退伙。除非发生不得已的事由，不得在不利于合伙时退伙（第716条第1款）。合伙约定存续期间的，有不得已的事由时，可以退伙（第716条第2款）。

2. 非任意退伙

在发生以下事由时合伙人可以退伙。即合伙人死亡、破产、开始成年监护、除名（第717条）。限于有正当理由，并且经其他合伙人的一致合意时才能决定对合伙人除名（第718条第1款）。在作出除名决定后，如果未通知被除名的合伙人，则不得对抗该合伙人（第718条第2款）。

---

〔1〕 参见大判 1996.10.25，96DA32201.

3. 效果

合伙人退伙后丧失合伙人的地位。但是合伙人退伙并不意味着合伙解散，因此需要清算合伙与退伙人之间的财产关系。依退伙时合伙财产的状况计算退伙人与其他合伙人之间份额（第719条第1款）。但是退伙时还有未了结的业务的，在该业务完结后计算（第719条第3款）。此外，退伙的合伙人的份额，不限于其出资的种类，可以返还金钱（第719条第2款）。

（二）解散

在合伙存续期间届满或发生其他约定事由时，可以解散。《民法》规定在发生不得已的事由时，各合伙人可以请求解散合伙（第720条），也可以经全体合伙人同意而解散合伙。

合伙被解散时，由全体合伙人共同处理清算事务，或者过半数合伙人选任的清算人处理业务（第721条）。如果有多个清算人，根据过半数合伙人的决定处理业务（第722条）。关于清算人的职务及权限，准用第87条的规定（第724条第1款）。此外，按各合伙人出资额的比例分配合伙的剩余财产（第724条第2款）。

第十四节　终身定期金

一、意义及性质

终身定期金是指，一方当事人约定自己、相对人或第三人死亡时为止向相对人或第三人定期交付金钱及其他物而成立的合同（第725条）。终身定期金合同是诺成、不要式合同。

二、终身定期金的终止

定期金债务人受领定期金债务本金的，在债务人怠于支付定期金或不履行债务时，债权人可以解除合同。解除合同的债权人，可以请求债务人返还本金，同时应向债务人返还从债务总额中扣除本金和利息后的余额（第727条第1款）。在债权人受到损害时，还可以请求损害赔偿（第727条第2款）。

第十五节 和 解

一、意义

和解是指当事人约定相互让步，终止当事人之间的争议而成立的合同（第731条）。

二、和解的效力

在和解合同成立后，当事人之间有争议的法律关系变成和解合同的内容，因此和解合同具有消灭让步一方当事人的权利，并且使相对人取得该权利的效力（第732条）。

和解合同不能以错误为由撤销，但是除和解当事人的资格或和解标的争议外的事项有错误时，可以撤销合同（第733条）。

第三章

无因管理

　　无因管理是指没有法定或约定义务，为他人管理事务的行为（第734条）。无因管理是以管理人管理他人事务为基础，依法律规定所发生的法定债权债务关系。

　　无因管理是合法的事实行为。因无因管理的管理人并不是以发生一定民事法律后果为目的实施管理行为，而且并不以行为人产生意思表示为要素，所以是一种事实行为。

　　无因管理是指没有法定或约定义务，为他人管理事务的行为（第734条）。无因管理是以管理人管理他人的事务为基础，依法律规定所发生的法定债权债务关系。

　　无因管理是一种合法的事实行为。因无因管理的管理人并不是以发生一定民事法律后果为目的实施管理行为，而且并不以行为人的意思表示为要素，所以是一种事实行为。

第一节　构成要件

一、为他人管理事务

　　管理他人事务，即为他人进行管理或服务，这是成立无因管理的首要条件。所谓的"事务"是指有关人们生活利益的一切事项，可以是与财产有关的事项，也可以是非财产性的事项。

　　管理的事务必须是他人的事务。根据事务性质可以分为三种，即客观事务、客观上自己的事务、客观上无法判断是否为自己事务（中性事务）。客观的他人事务，才能成立无因管理。客观上自己的事务，不会成立无因管理。

在中性事务中管理人以为他人的意思进行管理时，则成立无因管理。[1]

二、存在为他人谋取利益的意思

为他人谋利益的意思是构成无因管理的主观要件（第734条）。典型形态是专为他人谋利益的意思，但也允许管理人为他人谋利的同时，也为自己利益实施管理、服务行为。利益既包括他人因无因管理行为而获得的直接利益，也包括他人得以避免或减少损失而获得的间接利益。

三、无法律上义务

成立无因管理无需存在法律上义务。因此管理人负有法定义务或约定义务时不能成立无因管理。

四、不利于本人或违反本人意思的情形不明显

在无因管理明显不利于本人或违反本人意思时，不成立无因管理。如果已开始实施的无因管理明显不利于本人或违反本人的意思，则应终止无因管理（第737条）。

即使无因管理违反本人意思，也可以成立无因管理（第739条），但是明显违反本人意思时，应终止无因管理（第737条但书）。管理人应按本人的意思进行无因管理（第734条）。从上述内容可以看出，一开始明显违反本人意思时，不成立无因管理。[2]

第二节　法律效果

一、管理人的义务

（一）继续管理义务

管理人在本人或其继承人或法定代理人可以管理本人事务前，应继续管理（第737条主文）。但是如果继续管理，则违反本人意思或明显不利于本人

---

〔1〕　参见［韩］郭润直：《债权分论》，博英社2009年版，第337页。
〔2〕　参见［韩］郭润直：《债权分论》，博英社2009年版，第338页。

利益，应终止管理（第 737 条但书）。本人在明确表明了自己亲自管理事务的意思时，不得再成立无因管理。

（二）管理方法

管理人在管理本人事务时，应依最有利于本人的方法进行管理（第 734 条第 1 款）。如果管理人可知或已知本人意思，其管理应符合本人的意思（第 734 条第 2 款）。

管理人违反上述规定而给本人造成损害的，即使管理人无过失也应赔偿损害（第 734 条第 3 款主文）。虽然该管理行为违反本人的意思，但是在符合公共利益时，无重大过失，则不承担赔偿责任（第 734 条但书）。

（三）管理人的通知、报告义务

管理人开始管理本人事务的，应及时通知本人，但是本人已知时不承担通知义务（第 736 条）。关于无因管理，因为准用第 683 条至第 685 条的规定，所以管理人负有报告义务、交付取得的标的物、移转取得的权利义务、偿还已消费的金钱的利息及损害赔偿义务（第 738 条）。

二、本人的义务

管理人为本人支出必要费用或有益费用时，可以请求本人偿还该费用（第 739 条第 1 款）。管理人为本人承担必要费用和有益费用时，管理人可以请求本人代替自己清偿债务。在该债务未届清偿期时，请求本人提供适当的担保（第 739 条第 2 款）。

管理人违反本人意思进行管理的，在本人现存利益范围内准用上述规定（第 739 条第 3 款）。管理人在管理事务过程中无过失而受到损害时，可以在本人利益现存的范围内请求补偿受到的损失（第 740 条）。

第四章

不当得利

不当得利是指无法律上原因而使他人受到损失，使自己获得利益（第741条）。如果发生不当得利，受益人应返还利益（第741条）。不当得利是依照法律规定发生的一种法定之债。不当得利之债是基于法律规定发生的，不是基于当事人的意思，因此它不属于法律行为。

第一节　构成要件

一、一方获得利益

一方获得利益是不当得利的成立要件之一，如果一方使他方的财产受到损害，但是自己并未从中获得任何利益，即使根据法律规定进行赔偿，也不构成不当得利。

获得利益是指因某些事情使总财产增加。财产增加分为积极增加与消极增加。积极增加是权利的增加或义务的消灭；消极增加是当事人的财产本应减少却因某些事实而没有减少。利益可以包括所有权、限定物权等物权，也可以包括各类知识产权，取得占有等也属于取得利益。

受益方法没有限制，可以是法律行为，也可以是事实行为。可以是受益人的行为，也可以是受害人的行为，还可以是第三人的行为。基于自然事实也可以构成不当得利。

二、一方受到损失

一方受到损失是不当得利成立的要件之一。如果只有一方获得利益，而没有受到损失的相对人时，不构成不当得利。

三、损失与受益之间存在因果关系

受益与损失之间存在因果关系。这是指一方的损失是因另一方获得利益造成的，而且损失与受益之间存在社会观念上的联系即可。

四、无法律上原因

无法律上的原因是构成不当得利的重要要件。如果一方获得利益和相对人受到损失有法律上的原因，当事人之间的关系就受到法律的认可，不构成不当得利。

关于给付行为而发生利益时，债权的存在是法律上的原因。不存在债权的情形有以下几种：第一，债权行为无效、撤销、解除；第二，非债务人因错误而清偿；第三，非债务人把他人的债务作为第三人的债务清偿，但是未发生第三人清偿的效果；第四，债务人误认为非债权人是债权人而向其清偿债务的，不能被认为是有效清偿的情形。[1]

除给付不当得利外的其他不当得利，应基于正义及公平观念来判断利益归属于受损人的关系。

第二节　非债清偿

一、意义

非债清偿是指虽无债务，但作为清偿进行的给付。清偿人明知无债务而清偿的，称为恶意的非债清偿。通常，在非债清偿时，清偿人可以请求受益人返还不当得利，但是对于恶意的非债清偿，不得请求偿还不当得利（第742条）。

二、类型

恶意的非债清偿要满足以下要件：第一，清偿时不存在债务；第二，以清偿为目的给付；第三，清偿人清偿时明知没有债务。第742条规定的非债

---

[1]　参见［韩］宋德洙：《新民法讲议》，博英社 2017 年版，第 1591 页。

清偿，仅在债务人明知无债务而清偿时成立。如果债务人明知无债务，但是受到强制而清偿的，因为违背其自由意思，所以不丧失返还请求权。[1]

（一）清偿期前的非债清偿

债务人履行未届清偿期的债务的，不得请求返还。但债务人因错误而清偿的，债权人应返还因此而得到的利益（第 743 条）。

（二）符合道义观念的非债清偿

非债务人因错误而清偿，并且清偿符合道义观念的，不得请求返还（第744 条）。

（三）他人债务的清偿

非债务人因错误而清偿他人债务的，债权人因善意毁灭证书或抛弃担保或因时效而丧失其债权的，清偿人不得请求返还。在上述情形，清偿人可以向债务人行使求偿权（第 745 条）。

第三节　不法原因给付

一、意义

因不法原因而给付财产或提供劳务的，不得请求返还该利益（第 746条）。第 746 条规定的不法原因给付制度是法律不予保护不法行为人自己想恢复不法行为前的原状的制度。

二、要件

关于不法原因给付中"不法"的含义，学界有不同的学说。有观点认为，"不法"是违反善良风俗及社会秩序，不包括违反强行性法规的情形。[2]另外一种观点认为，违反善良风俗及社会秩序的行为属于"不法"，但是违反强行性法规时，应区分为禁止返还和允许返还的情形。[3]也有观点认为，"不法"是指违反善良风俗及社会秩序的行为及行政法中规制私法行为的取缔规

---

〔1〕　参见大判 1996. 12. 20，95DA52222.

〔2〕　参见［韩］郭润直：《债权分论》，博英社 2009 年版，第 355 页。

〔3〕　参见［韩］李银荣：《民法Ⅱ》，博英社 2002 年版，第 437 页。

定的行为。[1]

构成不法原因给付，需要存在"给予财产或提供劳务"的行为，即给付。此时的给付指的是依给付人的意思而为的有价值的出捐。因此非依给付人的意思而为的给付，不是不法原因给付中的给付。

三、效果

如果某一给付是不法原因给付，则给付人不得请求返还不当得利（第746条主文）。但是即使是不法原因给付，如果"只有受益人一方具有不法原因"时，给付人也可以请求返还给付（第746条但书）。

第四节　法律效果

一、返还利益

在具备不当得利的要件时，受益人应向受害人返还不当得利（第741条）。但是受益人不能返还受领的标的物时，应返还价款（第747条第1款）。受益人不能返还其利益的，从受益人处无偿受让该标的物的恶意第三人，根据上述规定承担返还责任（第747条第2款）。

二、返还范围

善意受益人在其现存利益范围内应承担返还义务（第748条第1款）。如果受益人为恶意，应返还其所得利益和利息。如果给受害人造成损害，则应赔偿损失（第748条第2款）。

三、受益人的善意、恶意

受益人在获得利益后知道无法律上原因时，自知道时起成为恶意受益人，并承担返还利益的责任（第749条第1款）。善意受益人败诉的，自起诉时起视为恶意受益人（第749条第2款）。

---

[1] 参见［韩］金相容：《债权分论》，HS media 2009年版，第547页。

第五章

侵权行为

第一节　绪　论

一、意义及性质

侵权行为是指因故意或过失给他人造成损害的违法行为（第 750 条）。侵权行为与无因管理、不当得利相同，是一种法定债权。

二、侵权行为责任与合同责任

侵权行为，既违反了合同规范又违反了侵权规范。在同时具备合同责任的构成要件和侵权责任的构成要件时，发生侵权责任与合同责任的竞合。此时发生被害人享有何种请求权的问题。对此有请求权竞合说[1]、法条竞合说[2]。

第二节　一般侵权行为的成立要件

一、加害行为

侵权行为中的行为是指侵害他人权益的、受意志支配的行为。行为包括作为与不作为。作为是指行为人积极的动作，是外界可以识别的行为。不作

---

〔1〕　参见［韩］郭润直：《债权分论》，博英社 2009 年版，第 386 页。认为被害人既可以请求加害人承担侵权责任，也可以请求加害人承担合同责任。

〔2〕　参见［韩］金曾汉：《债权各论》，博英社 2006 年版，第 455 页。认为侵权责任与合同责任的关系类似于一般法与特别法，所以得适用合同责任，而排除侵权责任。

为是指不做某种事情，从外部表现来看，行为人处于消极的静止状态。

二、损害发生与因果关系

（一）发生损害

侵权责任的成立以受害人受到损害为前提。即没有损害，就没有赔偿，唯有被侵权人因侵权行为遭受了损害，才能请求侵权人承担损害赔偿义务。损害必须是实际发生的损害，如果不是实际已经发生的损害，则不能赔偿。

（二）因果关系

侵权行为法中的因果关系是指人的行为与损害后果之间的因果关系。关于因果关系的成立应分为两个阶段，首先判断是否成立损害赔偿责任，其次判断损害赔偿的范围，并计算损害额和赔偿损害。[1]通过责任范围的因果关系过滤掉不合理的损害赔偿请求权的方式，可以控制赔偿责任的范围。一般由原告承担因果关系的证明责任，但是也有法律直接规定由相对人承担证明责任。

三、故意、过失及责任能力

（一）故意

故意是指行为人明知其行为会发生侵害他人权益的后果而有意为之的心理状态。因为加害人具有故意时，推定可以预见第 393 条第 2 款的特别损害，所以对损害的赔偿范围大于过失，尤其是对抚慰金的赔偿范围具有重大影响。

损害赔偿义务人在非因故意或重大过失而造成损害，并且赔偿额足以影响其生计时，可以请求减少赔偿额（第 765 条第 1 款）。

（二）过失

过失是指行为人违反了社会生活上应尽的注意义务的心理状态。过失可以分为以下类型：

1. 重大过失

重大过失是指明显缺乏注意义务的过失。行为人是否具有过失，应依行为人未尽注意时的总体情况来判断。至于行为人是否知悉其行为的危险性，并不是判断有无重大过失的要件。

---

[1] 参见［韩］金相容:《债权分论》，HS media 2009 年版，第 643 页。

2. 轻过失

轻过失是指仅缺乏一般注意义务的过失，是最常见的过失形态。在民法中通常所指的过失就是轻过失。

3. 具体过失

具体过失是指，以行为人通常对"自己事务上应尽的注意"作为判断标准的过失。

（三）责任能力

责任能力是故意、过失的前提，是判断要求行为人对其加害行为承担赔偿责任的做法是否具有社会妥当性的条件。第 753 条、第 754 条通过免除不具有责任辨识能力的未成年人和心神薄弱者的损害赔偿义务的方式，消极地规定了责任能力。

（四）违法性

1. 评价

基于公平分担损害的目的，应从客观角度评价违法性。关于"违法性"的判断标准，学术界也存在很大争议。主要观点有结果违法说和行为违法说。

（1）结果违法说

这一学说认为，应从损害结果判断行为人的行为是否违法。换言之，就是以权利遭受侵害的结果来代替行为违法性的判断。依据结果不法理论，"凡侵害他人权利即属违法，学说称之为因符合构成要件而征引违法性，加害行为之所以被法律规定为具有违法性，是因为其造成侵害权利的'结果'。惟违法性在例外情形下会因某种情形而阻却。"[1]按照结果违法说，仅仅从合法权益遭受损害的事实状态而承认行为具有违法性（即凡是行为侵害了他人的合法权益，就应当认为该行为为违法行为），不仅混淆了违法行为与损害事实的概念，而且也极易导致不适当地给行为人强加责任的结果。除此之外，结果违法说无法解决除某些法定权利外的利益受到损害也需要救济的问题。[2]

（2）行为违法说

行为违法说认为，仅仅侵害权利并不能满足不法性要件的要求，要证明行为人的行为具有不法性，还必须证明被告的行为是否违反了特定法律规定

---

〔1〕 参见〔韩〕金相容：《债权分论》，HS media 2009 年版，第 629 页。

〔2〕 参见〔韩〕李银荣：《民法Ⅱ》，博英社 2002 年版，第 449 页。

的行为标准，或者证明被告是否违反了任何人都负有的不得侵害他人的一般性义务。行为违法说相比结果违法说，将主、客观标准结合起来判断违法性，既要检验行为结果是否侵犯他人权益，也要考虑行为本身是否违反了注意义务，因此在规定违法性的判断方面更为全面。在此基础之上，行为违法说还反映了对加害人的责难性，在本质上提供了较强的责任基础。[1]

2. 阻却违法性

违法性阻却事由是指，即使发生侵权行为，但是如果有下述理由，则可以认为不具有违法性事由。

（1）正当防卫

正当防卫是指针对他人的侵权行为，为了防卫自己或第三人的利益，不得已加害于他人的行为（第761条第1款主文）。如果成立正当防卫，则阻却防卫行为的违法性，因此正当防卫人不承担赔偿责任。但是受害人可以请求损害赔偿（第761条第1款但书）。

（2）紧急避险

紧急避险是为避免紧急危难，不得已给他人造成损害的情形。紧急避险阻却违法性，因此行为人不承担赔偿责任（第761条第2款）。

（3）自力救济

自力救济是指，在等不到国家机关的救济时，权利人为了保护自己的权利，以自己的行为对他人的自由或财产实施拘束的行为。一般认为自力救济可以阻却违法性。

（4）被害人同意

被害人同意是指，被害人就他人特定行为的发生或者他人对自己权益造成的损害后果予以同意，并表现于外部的意愿。被害人的同意可以是默示的，也可以是明示的。

（5）正当行为

正当行为是指，法律关系的主体依法行使其享有的私法上的权利的行为。例如，不构成权利滥用的权利行使、正当的无因管理、正当的业务行为等。

---

[1] 参见［韩］李银荣：《民法Ⅱ》，博英社2002年版，第450页。

第三节 特殊侵权行为

一、监护人责任

（一）意义

监护人责任是指无责任能力人给他人造成损害时，因为无责任能力而不承担侵权责任的，由应当承担责任的监督义务人在不能证明其已尽监督义务时而承担的责任，又称为无责任能力人的监督人责任（第755条）。

（二）要件

1. 无责任能力人的侵权行为

无责任能力人的行为已具备了侵权行为的其他要件，只是因其不具有责任能力而免责。此时成立监护人的赔偿责任。因此，接受其他人的监护却有责任能力的人应自己承担责任，不成立监护人责任。

2. 懈怠监督义务

监护人或代理监护人懈怠监督义务。由监护人证明其没有懈怠监督义务。

（三）赔偿责任人

赔偿责任人是法定监护人与代理法定监护人实施监护的代理监护人（第755条第2款）。法定监护人与代理监护人的赔偿责任可以并存。[1]两种责任并存时构成不真正连带责任。

二、雇佣人责任

（一）意义

雇佣人责任，又称为使用人责任，是指受雇人在执行业务时，给第三人造成损害的，由雇佣人及代替雇佣人监督业务的人承担的责任（第756条第1款）。

（二）要件

1. 雇佣他人从事业务

雇佣他人是指雇佣人实际指挥、监督受雇人的行为。[2]一般来说，这种

---

〔1〕 参见大判2007.4.26，2005DA24318.

〔2〕 参见大判2001.9.4，2000DA26128.

关系依雇佣合同而成立，但是委托合同也可以成立此种关系，这种指挥和监督关系是一种事实上的指挥、监督关系。

2. 受雇人因执行业务给他人造成损害

对此需要考虑的是如何判断一种行为是业务上的行为。判例认为，此种行为原则上应该属于受雇人的业务范围，但是即使不是执行业务的行为，该行为的外观具有业务行为属性时，也可以认为属于业务行为。[1]

3. 给第三人造成损害

此处的第三人是指除雇佣人与受雇人之外的第三人。

4. 受雇人的加害行为符合侵权行为的要件

受雇人实施的行为应满足故意、过失和责任能力等侵权行为的构成要件。

5. 雇佣人不能证明免责事由

雇佣人对受雇人的选任及其业务监督已尽合理注意义务的，或即使已尽合理注意义务，仍然发生损害时，也不承担赔偿责任（第756条第1款但书）。

（三）赔偿责任

1. 赔偿责任人

根据第756条承担责任的人是雇佣人与代替雇佣人承担监督义务的人。代理监督人是指代替雇佣人实际指挥、监督的人。[2]

2. 受雇人的自己责任

在构成雇佣人责任时，受雇人承担第750条规定的侵权行为。这两种责任是不真正连带责任。

3. 对受雇人的求偿权

雇佣人或代理监督人赔偿被害人的损失后，可以对受雇人行使请求权（第756条第3款）。雇佣人只有在代理监督人的过失与损害发生之间有直接因果关系时才能对代理监督人行使求偿权。

---

〔1〕　参见大判 1985.8.13，84DAKA979.

〔2〕　参见大判 1998.5.15，97DA58538.

三、工作物的占有人、所有人的责任

（一）意义

工作物的占有人、所有人的责任是指，因工作物的设置或树木的瑕疵而给他人造成损害时，先由占有人，后由所有人承担的责任（第758条）。

（二）要件

1. 标的物为工作物

工作物是指人工制作的物，包括土地上的工作物、建筑物内外的设备、企业设备等。

2. 设置及保存瑕疵

工作物有设置上和保存方面的瑕疵。瑕疵是指工作物未具备按照用途应具备的安全状态。[1]工作物有无瑕疵，应依客观标准判断，且不问瑕疵是否是由占有人、所有人造成。

3. 因工作物有瑕疵而发生损害

损害与工作物的瑕疵之间须有因果关系。如果因不可抗力而发生损害，即使工作物存在瑕疵，也不能认为该瑕疵与损害之间存在因果关系。对此应由占有人、所有人证明因不可抗力而发生了损害。[2]

4. 不具有免责事由

占有人不懈怠必要的注意时，可以免除自己的责任（第758条第1款但书）。但是不免除所有人的责任。由占有人证明自己具有可免责事由。[3]

（三）赔偿责任人

1. 工作物的占有人、所有人责任

首先工作物的占有人承担工作物责任。在占有人免责时由工作物的所有人承担责任。有间接占有人时，先由直接占有人承担责任，直接占有人不能承担责任时，再由间接占有人承担责任。[4]

2. 工作物占有人、所有人的求偿权

在工作物的占有人或所有人承担责任后，如果对该损害应承担责任的其

---

[1] 参见大判 1997.10.10, 97DA27022.

[2] 参见大判 2000.5.26, 99DA53247.

[3] 参见大判 2008.3.13, 2007DA29287、29294.

[4] 参见大判 1993.3.26, 92DA10081.

他人，可以向其行使偿权（第 758 条第 3 款）。

（四）有关树木的责任

树木的种植或保存有瑕疵时，可以适用有关工作物责任的规定（第 758 条）。

四、动物占有人的责任

（一）意义

动物占有人的责任是指，动物给他人造成损害时，应由动物的占有人或保管人承担的责任（第 759 条）。

（二）要件

1. 动物给他人造成损害

2. 没有免责事由

动物的占有人根据动物的种类及性质尽了合理看管动物的注意时，不承担责任（第 759 条第 1 款但书）。

（三）赔偿责任人

动物的占有人与代替占有人保管动物的人都应承担赔偿责任（第 759 条第 2 款）。

五、共同侵权行为

（一）意义

共同侵权行为是数人因共同侵权行为给他人造成损害的行为。

（二）类型及要件

1. 狭义的共同侵权行为

狭义的共同侵权行为是"多数人以共同的侵权行为给他人造成损害"的行为（第 760 条第 1 款）。

（1）要件

①如欲成立狭义的共同侵权行为，每个行为人的行为皆应符合侵权行为的构成要件。

②行为人应具有故意、过失。但是欲成立共同侵权行为，只要共同行为人中有人存在故意或过失即可。

③共同侵权行为的当事人得具有责任能力。

④共同行为人与加害行为之间只要存在因果关系即可，不需要每个行为与损害行为之间都存在因果关系。

（2）行为的关联性、共同性

狭义的共同侵权行为中的各个侵权行为之间得有关联性和共同性。因为第760条要求应有"共同的侵权行为"。判例认为，共同侵权行为的各行为人之间无须共谋，也不需要存在共同的认识，只要有客观地关联性、共同性就能成立共同侵权行为。[1]

2. 加害人不明的共同侵权行为

加害人不明的共同侵权行为是指，在非共同行使的数个侵权行为中无法确认加害人的侵权行为。成立此类型的共同行为需要满足以下要件：各行为人具有故意、过失和责任能力；数人实施了有危害性的行为；无法判断哪个行为人实施了加害行为。

3. 教唆、帮助实施侵权行为的情形

在教唆、帮助实施侵权行为的情形，将教唆人与帮助人视为共同行为人（第760条第3款）。教唆人与帮助人与直接实施加害行为的人共同承担侵权行为责任。

（三）共同侵权行为人的责任

1. 责任的连带性

共同侵权行为人对被害人承担连带责任。即只要是参与到侵权行为的人，不论其实施的侵权行为的轻重，都要承担全部责任。[2]

2. 赔偿范围

加害人应赔偿共同侵权行为造成的直接损害和特别损害。

3. 求偿关系

如果某一共同侵权人清偿的债务超出自己应承担的部分，可以向其他共同侵权行为人行使求偿权（第425条）。

---

[1] 参见大判 2003..1.10, 2002DA35850；大判 2009.4.23, 2009DA1313.

[2] 参见大判 2001.9.7, 99DA70365.

第四节 侵权行为的效果

一、损害赔偿请求权

（一）损害赔偿请求权人

1. 一般情形

（1）一般请求权人

因侵权行为受损害的人（直接受害人）享有损害赔偿请求权。此外，因侵权人对他人的侵权行为而受到间接损失的人，不属于损害赔偿请求人。[1]

（2）抚慰金请求权人

身体、自由、名誉被侵害或者受到其他精神痛苦的人，对侵害人享有抚慰金请求权（第751条第1款）。第751条规定的是受到精神损害的直接受害人所享有的抚慰金请求权。虽然条文只列举了身体、自由、名誉，但是其他未列举的权益被侵害时，受害人也可以请求精神抚慰金。

2. 特殊情形

（1）侵害生命的情形

侵害生命的侵权行为是指，造成他人死亡的违法行为。因为侵害生命的侵权行为已造成受害人死亡，所以直接受害人不能亲自请求损害赔偿。因此在生命受到侵害时，由谁来请求赔偿是一个难题。

①财产损害

在受害人的生命受到侵害后，被害人的继承人可以请求赔偿财产损害。此外，被害人的直系亲属和配偶也可以成为赔偿请求权人。[2]

②精神损害

生命被侵害时的精神损害赔偿与财产赔偿相似。即先由死者取得抚慰金请求权，再由继承人请求抚慰金。根据第752条，由被害人的直系亲属和配偶享有固有的抚慰金请求权。[3]

---

〔1〕 参见 ［韩］金相容：《债权分论》，HS media 2009 年版，第 865 页。

〔2〕 参见 ［韩］郭润直：《债权分论》，博英社 2009 年版，第 452～453 页。

〔3〕 参见 ［韩］郭润直：《债权分论》，博英社 2009 年版，第 453 页。

（2）伤害身体的情形

①财产损害

在身体受到伤害时，原则上除被害人外的其他人不享有损害赔偿请求权，但是被害人的扶养义务人支出医疗费等时，应享有一定的损害赔偿请求权。[1]

②精神损害

因为法律上无特别规定，所以被害人的近亲属不享有固有的抚慰金请求权。

（二）损害赔偿请求权的消灭时效

因侵权行为而产生的损害赔偿请求权，自受害人或其法定代理人知道损害及加害人之日起3年内未行使的，因时效而消灭（第766条第1款）。自发生侵权行为之日起超过10年不行使请求权时，也因时效而消灭（第766条第2款）。

二、损害赔偿方法

（一）金钱赔偿原则

侵权行为的损害赔偿方法有恢复原状主义和金钱赔偿主义。《民法》以金钱赔偿主义为原则（第763条）。但法律有特殊规定，或当事人之间另有约定时除外。

（二）恢复原状

作为金钱赔偿的例外，法律有特别规定时可以请求恢复原状。关于毁损他人名誉的，法院根据受害人的请求，可以作出代替损害赔偿或损害赔偿与恢复名誉一并实施的处分判决（第764条）。

三、损害赔偿范围和金额

（一）损害赔偿额的范围

有关损害赔偿的范围，将债务不履行时的损害赔偿范围的规定准用于因侵权行为发生的损害赔偿（第763条）。

---

[1] 参见大判 1987. 12. 12，87DAKA1577.

（二）财产损害额的计算

1. 所有物毁损、灭失的情形

在所有物毁损或灭失时，以侵权行为发生时的价格作为通常损害额。在所有物被毁损时，如果可以修补，那么修理费用和因修理而未能使用所造成的损害作为通常损害。[1]

2. 律师费用

因为韩国法律并非采取强制辩护主义，所以律师费不属于应赔偿的损害范围。[2]

3. 生命侵害

侵权人侵害他人生命时应赔偿遗属丧失扶养请求权而发生的损害、治疗费、丧葬费。但判例认为死者的逸失利益也应由遗属继承。

（1）逸失利益

逸失利益是指，在没有发生侵害时被害人将来能够取得的利益。计算逸失利益时，应考虑如无该侵害，死者能够工作多久及在该期间内可以从事何种工作，并能获得多少收入等因素，而且从总额中扣除生活费及该期间的利息后再计算最终费用。

（2）丧葬费

判例确认了支付丧葬费的必要性。丧葬费请求权人是丧葬费的负担义务人，按照继承人、扶养义务人的顺序承担该义务。

（3）治疗费

如果死者并非立即死亡，而经过治疗后死亡的，应支付相应的治疗费。治疗费赔偿请求权属于扶养义务人。

4. 人身伤害

（1）治疗费

侵权人侵害被害人的健康时，应支付相应的治疗费。因受到人身伤害的人成为残疾人而不能独立生活，需要由其他护理人的照顾的，应支付相应费用。[3]

---

〔1〕　参见大判 1972.12.12，72DA18020.

〔2〕　参见大判 1995.12.26，95DA41918.

〔3〕　参见大判 1989.1010，88DAKA20545.

（2）逸失利益

关于逸失利益，首先应赔偿被害人在接受治疗期间未取得的收入。如果被害人丧失劳动能力或丧失一部分劳动能力，则应赔偿因此而丧失的利益。

（三）精神损害的计算

关于精神损害赔偿没有确定的标准，而由法院根据具体案件确定。[1]但是对于相同案件，精神损害赔偿金的数额相差不能过于悬殊，因此有必要确定一定的标准。

（四）损益相抵

如果被害人受到损害的同时获得一些利益，则应从损害额中扣除，称为损益相抵。《民法》虽然没有明文规定损益相抵，但学说、判例都承认损益相抵制度。关于损益相抵，需要被害人因侵权行为获得一定的利益，而且该利益与侵权行为应有相当因果关系。[2]

（五）过失相抵

过失相抵是指被害人遭受侵害时如有过失，法院在确定损害赔偿责任及金额时应考虑被害人的过失因素（第763条、第396条）。

（六）赔偿额的减轻

对于不法侵害，如果该侵害不是因为故意或重大过失，且赔偿影响赔偿人的生计时，赔偿义务人可以向法院请求减轻赔偿额，法院根据债权人或债务人的经济情况和损害等因素适当减轻赔偿额（第765条第2款）。这一制度保护侵害人的生计。

---

〔1〕 参见大判1988.2.23，87DAKA57；大判1999.4.23，98DA41377；大判2002.11.26，2002DA43165.

〔2〕 参见大判1992.12.22，92DA31361；大判2002.10.11，2002DA33502.

第五编

亲属继承法

第一章

绪 论

第一节 亲属继承法的概念及特征

一、意义

《民法典》在第四编与第五编规定了有关亲属与继承的内容。《民法》亲属法部分主要规制身份关系，继承法部分主要规制财产关系。既是为讲学上的便利，也是长期以来的习惯，将这两个领域统称为家族法。其中，亲属法除规制以夫妻与未成年子女为中心的婚姻及亲子关系外，还规制对限制行为能力人的监护、亲属之间的扶养关系。继承法规制因死亡发生的财产关系的变动，主要有继承人的确定、继承人的权利义务及遗嘱。

二、特征

亲属法主要规制亲属关系与家族关系。婚姻关系、亲子关系等亲属关系以婚姻及血缘关系为基础，与财产关系有本质区别。

（一）非利益性

因为亲属法规制婚姻与亲子关系，所以不具有利益性，例如父母养育子女等。这与具有利益性的财产法不同，具有情谊因素。亲属法更加尊重当事人的真意，因此亲属法上的大部分权利是人身专属性权利，通常情况下不允许代理，也不能转让相关权利。

（二）强行性

之所以财产法的大部分法规为任意性法规，而亲属法的多数规定为强行性法规，是因为维护家族关系需要国家公权力的介入。虽然如此，也不完全排除意思自治，例如婚姻与收养等领域都需要意思自治原则发挥作用，但是

考虑到对第三人的影响，应遵循特定的方式。

第二节　亲属继承法上的法律行为

一、意义

亲属法上的法律行为通常指发生亲属、继承法上的法律行为。但是法律行为一般指财产法上的行为，与此相对，亲属继承法上的法律行为通常称为身份行为。并且指的是狭义上的身份行为，指的是发生、变更、消灭家族关系的法律行为。因为亲属权与继承权是人身专属性权利，所以不得任意转让及处分。但是亲属权具有排他性，因此受到侵害时可以请求损害赔偿或排除妨害。继承权被侵害时可以请求恢复继承（第999条）。可以看出《民法》总则中有关法律行为与意思表示的规定不适用于亲属继承法。这也是目前韩国学界的通说。

二、类型

亲属行为包括以下几种类型：

第一，形成行为。发生、变更、消灭亲属关系的法律行为包括婚姻、协议离婚、收养、协议罢养、认领等。为向第三人公示亲属关系的变动，需要具备一定的形式要件。

第二，支配行为。支配行为是指基于家族关系地位支配他人的行为，包括亲权行为和监护人的各种同意。但是这种支配行为主要起到辅助他人法律行为的作用。

第三，附属行为。附属行为是附随于家族关系所发生的行为，主要包括夫妻财产合同和财产分割合同等。

三、方式

因为亲属关系的变动需要对外公示，所以亲属行为需要具备公示方法。形成行为需要根据《家族关系登记法》进行申报后发生效力；继承的限定承认和夫妻财产合同等附属行为未向家族法院申报或登记的，不得生效。遗嘱也采取相应方式（第1060条）。

第三节　亲属继承法的法源

一、沿革

亲属继承法指的是《民法典》第四编与第五编的内容，但是实质意义上的亲属继承法除了《民法典》的规定外，还包括《家族关系登记法》《婚姻申告特例法》《收养特例法》《家事诉讼法》等特别法及不成文法源。

根据 1910 年制定的《朝鲜民事令》，对财产关系适用日本民法，但是对身份关系依然适用朝鲜的习惯，并于 1939 年移植了日本的户主制度。1958 年制定的民法以户主制度与同姓同宗不婚制度为基础，但是之后通过几次大的修改，越发接近现代化的亲属继承制度。在《民法典》的修改过程中废除了户主制度及同姓同宗不通婚制度。

二、家族关系登记法

原先公开个人信息的制度是户主制度，但是 2005 年修改《民法典》时废除户主制度后制定了《家族关系登记法》，以此规制与国民的出生、婚姻、死亡等家族关系相关的变动事项。

家族关系登记簿记载登记地点、姓名、宗、出生年月、身份证号、出生、婚姻、死亡等家族关系发生与变动的事项及大法院规则规定的有关家族关系的事项（《家族关系登记法》第 9 条第 2 款）。有以下两种登记类型：

第一种类型为接收申告而创设身份关系的申告。例如，婚姻、协议离婚、任意认领、收养、协议罢养等申告。

第二种类型为事后通报已经发生效力的事项的申告。例如，出生、死亡、失踪宣告或撤销、更名、裁判上的婚姻无效或撤销、裁判离婚或撤销、裁判罢养或撤销、指定及变更亲权人、启动及终止监护、强制认领等申告属于这一类型。

三、家事诉讼法

（一）意义

《家事诉讼法》是针对家事诉讼事件的基本程序法，规定有关家事诉讼、

非讼及调解的程序性规定（《家事诉讼法》第1条）。除法律有特殊规定外，对家事诉讼准用民事诉讼法；对家事非讼案件准用非诉事件程序法；对家事调解案件准用民事调解法。关于家事案件的执行，《家事诉讼法》制定了事前处分、假扣押与假处分、履行命令、金钱保管等制度，补充民事执行法的内容。同时规定了家事法院对家事案件的专属管辖、当事人到庭原则、禁止报道、对不到庭的制裁、对不执行履行命令的制裁等。

（二）家事诉讼程序

1. 家事诉讼案件

《家事诉讼法》第2条第1款第1项规定了家事诉讼案件，分为三种类型：即第一类（KA）为婚姻无效、离婚无效、认领无效、确认有无亲生子关系、收养无效、罢养无效的案件；第二类（NA）为，确认有无事实婚姻关系、婚姻撤销、离婚撤销、裁判离婚、决定父亲、亲生否认、认领撤销、对认领提出异议、认领请求、收养撤销、罢养撤销、裁判罢养、亲养子收养撤销、亲养子的罢养案件；第三类（DA）为，因解除订婚或不当废除事实婚关系而发生的损害赔偿请求及恢复原状请求、婚姻无效或撤销、离婚无效或撤销、以离婚为原因的损害赔偿请求权及恢复原状请求、收养无效或撤销、罢养无效或撤销、以罢养为原因的损害赔偿请求及恢复原状请求、为保全财产分割请求权而请求撤销加害行为及恢复原状的案件。

2. 家事非讼案件

《家事诉讼法》第2条第1款第2项规定了家事非讼事件，分为两种类型：第一类为（RA）案件。这类案件主要以任意性审问程序，关于身份行为的许可、权利义务的赋予、剥夺，需要家事法院的监护监督作用的典型非讼案件，因此不能成为调解的对象。第二类为（MA）案件。这类案件是法院站在监护性立场，除法律判断标准外，根据合理性裁量处理案件的程序，有限地承认处分主义的案件。

3. 家事调解程序

有关适用调解前置原则的案件，向家事法院起诉或请求审判的人应先申请调解（《家事诉讼法》第50条第1款）。调解是在调解书中记载当事人之间达成的事项而成立，关于当事人可以任意处分的事项成立调解的，与诉讼和解具有同等效力。当事人不得任意处分的事项不发生与诉讼和解相同的效力，只有依法院裁判才能形成法律关系（《家事诉讼法》第59条）。

第四节　亲属继承法与民法总则的关系

一、适用于亲属继承法的民法总则的规定

《民法》第一编是总则规定，从法典体系来讲，总则的规定应该适用于财产法与亲属继承法，但是实质上主要适用于财产法。因为从亲属继承法的性质来讲，总则的多数规定并不适合于亲属继承法。适用于亲属继承法的规定有以下几类：有关法源的第 1 条与诚信原则的第 2 条；有关住所的第 18 条至第 21 条；有关失踪的第 22 条至第 30 条；关于物的第 98 条至第 102 条；法律行为无效相关的第 103 条以及无效行为转换相关的第 138 条。此外，有关期间的第 155 条至第 161 条适用于亲属继承法。

一、亲属继承法的特别规定

除了上述规定外，亲属继承编都有其特别规定。主要有以下几种：

第一，有关胎儿能力的第 858 条、第 1000 条第 3 款、第 1064 条。

第二，有关行为能力的第 800 条、第 807 条、第 808 条、第 835 条、第 856 条、第 870 条至第 872 条、第 1061 条至第 1063 条。需要注意的是被限定监护人在亲属继承法上被认为是完全行为能力人，有关限制行为能力人的相对人保护规定不适用于亲属继承法。

第三，有关意思瑕疵的规定不适用于亲属继承法。但是关于继承，准用总则的规定。与财产具有密切联系的行为，适用第 108 条。

第四，关于欺诈、胁迫的第 816 条第 3 项、第 838 条、第 854 条、第 861 条、第 884 条第 3 项等规定是亲属继承法的特别规定。但是关于继承或遗赠的承认或抛弃准用总则的规定。

第五，关于代理的第 869 条、第 899 条、第 910 条、第 948 条以及关于撤销的第 816 条至第 824 条、第 854 条、第 884 条至第 897 条、第 1111 条是亲属继承法的特别规定。

第二章

亲属法

第一节　婚　姻

一、意义

婚姻是男女之间以共同生活为目的相结合的具有社会正当性及获得法秩序承认的亲属法上的法律行为。因此不存在未获法律承认的婚姻，婚姻关系因获得法律承认而得到法律的保护。[1]

二、婚约

（一）意义

将来成立婚姻的男女当事人的合意就是婚约。婚约不同于无婚姻意思而同居的男女关系（事实婚）。

（二）婚约的成立要件

（1）婚约依双方当事人的合意成立，无需婚姻申告等特别方式。

（2）订立婚约当事人需满 18 周岁（第 801 条）。未达婚约年龄的人的婚约，可以撤销。但是也有观点认为此种婚约无效。[2]未成年人欲订婚的，应取得父母或未成年人监护人的同意（第 801 条）。被成年监护人获得父母或成年监护人的同意后，可以订婚，但是未经过同意的，可以撤销婚约（第 816 条第 1 项）。对被限定监护人无上述限制。

（3）近亲之间的婚约无效。附条件或期限的婚约，只要不违反社会秩序，则有效。

---

〔1〕 参见 〔韩〕池元林：《民法讲议》，弘文社 2017 年版，第 1828 页。

〔2〕 参见 〔韩〕宋德洙：《民法讲议》，博英社 2017 年版，第 1741 页。

（三）婚约的效果

（1）订婚的双方当事人承担成立婚姻的义务。在违反此义务时，发生损害赔偿义务。但是未履行婚约的，不得强制履行（第803条）。因为婚约属于当事人合意的身份合同，不得强制履行。

（2）第三人侵害婚约权利时，成立侵权行为。

（3）仅凭婚约不成立亲属关系。因此，订婚后出生的子女属于非婚生子女，将来结婚后成为婚生子女。

（四）婚约的解除

1. 解除事由

《民法》规定了以下几种解除婚约的事由（第804条）：

第一，订婚后，被宣告停止资格以上刑的；

第二，订婚后，受到成年监护或限定成年监护启动裁判的；

第三，患有性病、无法治愈的精神病或其他不治之症的；

第四，订婚后再与他人订婚或结婚的；

第五，订婚后与他人通奸的；

第六，订婚后生死不明达1年以上的；

第七，无正当理由拒绝结婚或推迟结婚的；

第八，有其他重大事由的。

因为婚约不得强制履行，所以在不具有上述事由的前提下也能单方解除婚约，但是此时需考虑损害赔偿问题。

2. 解除婚约的方法

以意思表示的方法解除婚约。但是不能向相对人进行意思表示的，自知道有解除原因之时视为解除（第805条）。

3. 解除婚约的效果

解除婚约时，原则上视为自始未有过婚约。在解除婚约时，存在当事人之间发生损害赔偿与返还彩礼的问题。

（1）损害赔偿问题

因可归责于一方当事人的事由解除婚约的，相对人可以请求赔偿精神损害及财产损害（第806条第1、2款）。同时，应综合考虑导致婚约解除的行为类型、成立婚约时的各种情况判断有无可归责事由。关于精神损害赔偿，不得让与或继承，但当事人之间就赔偿问题已经达成合意或起诉的，可以让与或继承（第 806 条第 3 款）。

（2）彩礼的返还

解除婚约时应如何处理彩礼呢？关于彩礼之性质，多数说与判例认为彩礼是证明订婚成立的证据，同时也是以婚姻不成立为解除条件的赠与。

因婚姻不成立而发生返还彩礼请求权。解除婚约时收受的彩礼因构成不当得利而应予返还。但是也有观点认为有过失的当事人不应享有返还请求权。[1]因为对于彩礼的返还，没有明文规定，应根据以婚姻不成立为解除条件的一般法理及不当得利原理确定返还请求权。

三、婚姻的成立及其要件

（一）意义

婚姻是男女双方确立生活共同体的亲属法上的合意。《民法》第 807 条至第 810 条规定了婚姻成立的实质要件，第 812 条第 1 款规定了形式要件。婚姻在具备实质要件与形式要件时有效成立。

（二）成立要件

1. 达成结婚合意

当事人之间应达成结婚合意，无结婚合意的婚姻无效（第 815 条第 1 项）。此处的结婚合意是婚姻的实质要件。对此有多个观点：第一种观点认为，夫妻之间具有肉体及精神上结为生活共同体的意思就是结婚的合意；[2]第二种观点认为，结婚合意中当然包括申告意思。[3]判例及多数说采取第一种观点。结婚合意也是法律行为意思的一种，因此应当符合法律行为的一般要件。

2. 结婚申告

结婚合意应在申告结婚时存在。具言之，制作申告书及受理时应存在结婚合意。因此，虽然制作了有效的申告书，但是一方撤回结婚意思或向公务员表示因有撤回意思而不要受理申告时，该婚姻无效。[4]达成结婚意思后一

---

〔1〕 参见［韩］金畴洙、金相瑢：《亲属继承法》，法文社 2017 年版，第 83 页。

〔2〕 参见［韩］金畴洙、金相瑢：《亲属继承法》，法文社 2017 年版，第 85 页。

〔3〕 参见［韩］金容汉：《亲属继承法》，博英社 2004 年版，第 108 页。

〔4〕 参见大判 1996. 6. 28，94MEU1089.

方当事人丧失意思能力的，只要未合法地撤回结婚意思，该婚姻有效（《家族关系登记法》第41条）。对结婚的意思不得附条件或期限。

3. 当事人的年龄

结婚当事人须满18周岁（第807条）。未成年人结婚的，须经父母同意；父母中一方无法行使同意权的，须经另一方的同意；父母双方均无法行使同意权的，须经监护人的同意（第808条第1款）。如果被成年监护人结婚，须经成年监护人的同意（第808条第2款）。但是被限定监护人不受此种限制。

如果违反上述规定，当事人及其法定代理人可以请求撤销婚姻（第817条）。但是对需要经过监护人同意的婚姻，在当事人满19岁或成年监护终止审判后经过3个月或在结婚后怀孕的，不得撤销（第819条）。

4. 禁止近亲之间结婚

第809条规定："八亲等以内的血亲之间不得结婚；六亲等以内的血亲的配偶、配偶的六亲等以内血亲、配偶的四亲等以内血亲的配偶的姻亲，或曾为姻亲者之间不得结婚；六亲等以内养父母系的血亲的人及四亲等以内养父母系的人之间不得结婚。"根据此规定，禁止结婚的亲属范围分为以下三类：

（1）八亲等以内的血亲

此处的血亲包括自然血亲、法定血亲、父系血亲、母系血亲、直系血亲及旁系血亲。

（2）一定范围内的姻亲或曾为姻亲的人之间的婚姻

六亲等以内的血亲的配偶、配偶的六亲等以内的血亲、配偶的四亲等以内的血亲的配偶的姻亲或曾为姻亲的人之间不得结婚。

（3）六亲等以内的养父母的血亲或者四亲等以内的养父母的姻亲

如果他们之间存在收养关系，则依第809条第1、2款禁止结婚，但是即使收养关系终结，也在一定范围内禁止结婚。不受理违反第809条的结婚申告。如果受理，则婚姻成立，但是根据不同的情形或者无效，或者可以撤销。

5. 重婚

有配偶者，不得重婚（第810条）。但是禁止的重婚仅指法律婚，不包括事实婚。已经申告婚姻的人再次申告婚姻的，申告不被受理。但是如果申告被受理的，可以请求撤销（第816条第1款）。

四、无效与可撤销婚姻

（一）无效婚姻

1. 无效事由

当事人之间无结婚合意的，婚姻无效（第815条第1项）。结婚合意违反社会观念上的婚姻本质的，则无效。当事人之间并无真正的结婚意思的，即假结婚无效。在制作婚姻申告书时有合意，但是之后撤回结婚合意的，则无效。八亲等以内的血亲之间的婚姻、当事人之间有直系姻亲关系或当事人之间有养父母的直系血亲关系的情形，婚姻无效。

2. 无效婚姻确认之诉

《家事诉讼法》第23、24条规定，"婚姻无效的诉讼由婚姻当事人、法定代理人或四亲等以内的亲属起诉。由夫妻一方起诉时，另一方成为被告；在夫妻一方死亡时，将检察官作为相对人起诉。由第三者起诉时，被告是夫妻；夫妻中一方已经死亡时，在世的配偶是被告；夫妻中双方全部死亡时，将检察官作为相对人起诉。"婚姻无效判决效力当然及于第三人（《家事诉讼法》第21条第1款）。

3. 婚姻无效的效果

因为在婚姻无效时当事人之间无夫妻关系，所以以夫妻为前提的法律关系全部无效。在无效婚姻中一方当事人有过错的，相对人可以请求财产或精神损害赔偿（第825条、第806条）。在婚姻无效时，婚姻中出生的子女成为未婚生子女，由法院根据当事人的请求决定子女的养育问题（第837条）。具言之，家事法院先劝告可以行使亲权的人进行协商（《家事诉讼法》第25条第1、2款），如果协商不成，家事法院再依职权决定亲权人（第909条第5款）。

（二）可撤销婚姻

1. 被撤销的原因

未达结婚年龄、须获得同意的婚姻未获得同意的情形（第817条、第807条）、近亲婚（第817条）、重婚（第818条、第810条）、结婚时不知当事人一方存在不能继续维持夫妻生活的重大疾病的情形（第816条第2项）、欺诈、胁迫的婚姻（第816条第3项），是可以撤销的。

对于第816条第2项规定的情形，相对人自知道该事由之日起6个月内可以请求撤销（第 822 条）。对于欺诈、胁迫的婚姻，自知道欺诈之日或自胁迫终止之日起经过 3 个月的，不得请求撤销（第 823 条）。

2. 被撤销的效果

被撤销婚姻的效力不溯及既往（第 824 条）。因此，在婚姻中出生的子女仍为婚生子女。婚姻存续期间内一方当事人死亡，配偶继承财产后婚姻被撤销的，不溯及无效。[1]婚姻被撤销后，姻亲关系终止（第 775 条第 1 款）。婚姻被撤销时，家事法院依职权确定亲权人（第 909 条第 5 款）。对于子女的抚养责任与探望权，准用第 837 条与第 837 条之 2 规定。婚姻被撤销的，可以向有过失的相对人请求财产、精神损害赔偿（第 825 条、第 806 条）。

五、婚姻的效果

（一）婚姻的一般效果

1. 发生亲属关系

夫妻作为配偶成为亲属（第 777 条第 3 项）。相对人的四亲等以内的血亲及其配偶之间成立姻亲关系（第 777 条第 2 项）。夫妻一方死亡时，另一方成为继承人（第 1003 条）。

2. 夫妻姓氏使用问题

夫妻在婚后继续使用婚前姓氏。

3. 夫妻共同生活义务

（1）同居义务

夫妻具有同居义务，应相互扶养、协助（第 826 条第 1 款）。但有正当理由暂不能同居的，应相互容忍。关于夫妻的同居场所，应由夫妻协议确定。协议不成的，可应当事人的请求，由法院决定（第 826 条第 2 款）。

夫妻一方不履行同居义务的，另一方可以向家事法院提起同居之诉（《家事诉讼法》第 2 条第 1 款）。对于同居义务不能强制执行，包括直接强制与间接强制，只能请求损害赔偿。[2]违反同居义务时构成恶意遗弃，这属于离婚事由（第 840 条第 2 项）。

---

〔1〕　参见大判 1996. 12. 23，95DA48308.
〔2〕　参见大判 2009. 7. 23，2009DA32454.

（2）扶养义务

夫妻之间互相承担扶养义务。夫妻之间的扶养义务为使相对方维持与自己相同的生活水平。夫妻扶养义务的内容等同于父母对子女的抚养义务，区别于维持自己生活水平的同时，在可承受范围内保障相对方最低限度的生活的亲属之间的扶养义务（第974条及以下条款）。在夫妻一方不履行扶养义务时，可以向家事法院提起扶养之诉（《家事诉讼法》第2条第1款），但是不得强制执行审判结果。违反扶养义务时构成恶意遗弃，这属于离婚事由（第840条第2项）。

（3）协助义务

夫妻之间有相互协助的义务。夫妻在共同生活中应充分履行自身义务。在夫妻一方不履行协助义务时，可以向家事法院提起扶养之诉（《家事诉讼法》第2条第1款）。但是不得强制执行审判结果。违反协助义务时构成恶意遗弃，这属于离婚事由（第840条第6项）。

（4）忠实义务

夫妻之间负有忠实义务。忠实义务，又称为贞操义务，其以排斥与他人的性关系为基础。作为同居义务及维护夫妻共同生活义务的内容，夫妻应承担忠实义务。[1]夫妻一方违反贞操义务时，相对方可以提出离婚（第840条第1项），并且因此而受到精神痛苦的，可以请求损害赔偿（第843条、第806条）。

4. 成年拟制

未成年人结婚的，视为成年人（第826条之2）。结婚的未成年人在私法上具有与成年人相同的行为能力。因此，对未成年人的亲权及监护被终结，并且可以实施有效法律行为，同时享有诉讼能力（《民事诉讼法》第55条）。对于因拟制成年的未成年人能否收养子女的问题，有肯定[2]与否定[3]的观点。因为收养是养育子女的问题，所以这并不仅仅涉及被拟制的未成年人的生活问题，还涉及与被收养的未成年子女的生活及将来相关的事情。在大部

---

〔1〕 参见大判2015.5.29, 2013MEU2441.

〔2〕 参见［韩］宋德洙：《民法讲议》，博英社2017年版，第1762页。

〔3〕 参见［韩］金畴洙、金相瑢：《亲属继承法》，法文社2017年版，第136页；［韩］池元林：《民法讲议》，弘文社2017年版，第1854页。

分情况下，被拟制成年的人不具备合理养育子女的生活环境，因此不应承认享有收养子女的权利。

（二）婚姻的财产效果：夫妻财产制

1. 约定财产制

将来成为夫妻的双方可以订立有关财产的合同（第829条第1款），这种合同称为夫妻财产合同。在现实生活中很少出现此种合同，但是随着人们的法律观念的加强以及婚前财产的增加，将来可能会大量出现。订立夫妻财产合同后，原则上在婚姻存续期间内不得变更合同内容（第829条第2款主文）。但是有正当事由时，可以在取得法院许可后进行变更（第829条第2款但书）。夫妻一方管理另一方财产，但因管理不当而使财产处于危急情形的，另一方可向法院请求由其自己管理财产；该财产为夫妻共有的，可以请求分割（第829条第3款）。夫妻财产合同预先对婚姻存续中变更管理人或分割共有财产进行约定的，可以不经法院许可（第829条第5款）。夫妻财产合同可以采取任意形式，但是婚姻成立时为止尚未登记的，不得对抗夫妻的继承人或第三人（第829条第4款）。

2. 法定夫妻财产制

（1）财产归属与管理

未订立夫妻财产合同或合同失效的，有关夫妻财产的归属与管理，依法律规定（第829条第1款）。现行《民法》关于夫妻财产采取夫妻分别财产制。这是基于个人主义理念设计的制度，尊重当事人对财产的独立性支配，实现夫妻平等。

夫妻一方婚前所有的固有财产及婚姻期间以自己名义取得的财产属于各自所有的财产（第830条第1款）。各自所有的财产由本人管理、使用、收益（第831条）。夫妻间归属不明的财产，推定为夫妻共有（第830条第2款）。

（2）夫妻生活费用

有关夫妻共同生活所需的费用，双方当事人之间无特殊约定的，夫妻双方共同承担（第833条）。关于各自分担的费用，应考虑具体情况，由夫妻协商。但是不能协商的，可以向家事法院提起诉讼（《家事诉讼法》第2条第1款）。

（3）日常家事代理权

夫妻对于日常家事互有代理权（第827条第1款）。夫妻一方与第三人进

行日常家事法律行为时，另一方对由此发生的债务承担连带责任（第832条主文）。

第一，日常家事代理权的范围。此处所言的"日常家事"是指夫妻共同生活所必需的日常事务，具体范围应根据夫妻的地位、职业、财产、收益等情况决定。根据判例和学说，日常家事通常包括：食品和服装的购买、房屋租赁的支付与受领、家具购买、水电费的支付、子女教育及生活费等。

第二，超出日常家事范围的法律行为。对超出日常家事范围的法律行为，在第三人有正当理由相信夫妻一方的行为属于日常家事范围时，可以适用表见代理规定。因为从外观来看，第三人无法判断夫妻日常家事的范围，如果将日常家事范围限定过窄，会损害第三人利益。但是，此时应明确有无可以视为属于"日常家事范围"的正当理由。

第三，日常家事债务与连带责任问题。夫妻一方就日常家事与第三人实施法律行为时，另一方对因此产生的债务负连带责任（第832条主文）。通说认为，此处的连带责任的紧密性超出第413条等规定的连带债务人之间的关系。因此，夫妻并存地承担同一内容的债务，在与第三人之间的关系上，夫妻一方可以用另一方的全部债权抵销债务，对一方的债务免除或消灭时效的效果对全部债权生效。[1]

关于夫妻之间的连带责任，如果已对第三人明示另一方不负责任，则其不承担连带责任（第832条但书）。

六、离婚

（一）意义

离婚是在夫妻双方生存期间，依照一定的事由消灭婚姻关系的情形。离婚是婚姻关系解除的一种方式，另外一种方式是婚姻一方当事人的死亡。

（二）协议离婚

1. 意义

夫妻可以协议离婚（第834条）。广义上协议离婚是一种合同，应依一定的方式进行申告。

---

[1] 参见［韩］金畴洙、金相瑢：《亲属继承法》，法文社2017年版，第156页；［韩］池元林：《民法讲义》，弘文社2017年版，第1859页。

2. 构成要件

（1）当事人之间须有离婚合意

离婚合意是指实质合意还是形式合意呢？对此有多种观点。实质意思说认为，当事人之间确实存在解除婚姻关系的意思时存在离婚合意。形式意思说认为，虽然没有解散婚姻共同体的意思，但是达成合意而申告离婚时，应认为存在离婚意思。这两种观点的对立对于假婚姻具有重要意义。因为根据实质意思说，假离婚为无效；根据形式意思说，假离婚为有效。[1]如果被成年监护人有意思能力，可以协议离婚，但是须征得父母或成年监护人的同意（第 835 条）。

（2）须符合一定的程序

欲协议离婚的人，须接受家事法院提供的离婚相关服务。家事法院认为在有必要时，可以向当事人劝告接受具有专业知识和经验的专业人士的咨询（第 836 条之 2 第 1 款）。向家事法院申请确认离婚意思的当事人，接受上述服务之日起，有需要抚养的子女时届满 3 个月，在其他情形届满 1 个月后可以得到离婚意思的确认（第 836 条之 2 第 2 款）。但是如果出现因暴力给当事人一方造成无法容忍的痛苦等急需离婚的事由，家事法院可以缩短或免除上述期限（第 836 条之 2 第 3 款）。

如果有需要抚养的子女，当事人应当提交依第 837 条子女抚养和第 909 条第 4 款关于决定子女亲权人的协议书或者依第 837 条及第 909 条第 4 款的家事法院的审判原件（第 836 条之 2 第 4 款）。家事法院应制定确认当事人有关抚养费用协议的抚养费负担调查文书，此文书具有执行权源的效力（第 836 条之 2 第 5 款）。

经家事法院确认的离婚意思，按照《家族关系登记法》规定经申告而生效（第 836 条第 1 款）。离婚申告应由协议离婚的人自家事法院收到复印本之日起 3 个月内进行，如果期限届满，家事法院的确认丧失效力（《家族关系登记法》第 75 条）。

3. 协议离婚的无效与撤销

（1）无效

《民法》未规定协议离婚无效，但是《家事诉讼法》有一些规定。离婚

---

〔1〕 参见［韩］金畴洙、金相瑢:《亲属继承法》，法文社 2017 年版，第 168 页。

申告书被受理，但是当事人之间无离婚合意的，该协议离婚无效。离婚无效之诉是确认之诉。在协议离婚无效时，该当事人与他人再婚的，再婚属于重婚。

（2）撤销

因欺诈或胁迫而作出离婚的意思表示的，可以请求家事法院撤销（第838条、第839条）。因为婚姻行为的撤销不适用《民法》总则的规定，因此离婚撤销可以对抗善意第三人，并且即使因第三人的欺诈、胁迫而离婚的相对人为善意、无过失，也可以撤销（第110条第2、3款）。

撤销离婚，应经过家事法院的调解，如果调解不成立，可以提出诉讼（《家事诉讼法》第50条第1款）。离婚之诉是形成之诉，判决确定时离婚被撤销，同时判决对第三人也生效（《家事诉讼法》第21条）。离婚撤销判决生效后应在1个月内进行申告（《家族关系登记法》第78条）。

（三）裁判离婚

1. 意义

裁判离婚是指存在一定事由时，出于当事人一方的请求，依据家事法院的判决使婚姻终止的情形。裁判离婚仅在有一定事由时被许可，该事由即为裁判离婚原因。

关于裁判离婚的原因，存在两种立法主义：一是夫妻一方有责任时，另一方可请求离婚的归责主义；二是与责任无关，婚姻破裂时即可请求离婚的破裂主义。《民法》采用的是有责主义。但是也有观点认为应将第840条第6项解释为有关破裂主义的一般条款，因此《民法》采取的是破裂主义。[1]判例也采取相同立场。[2]

2. 离婚原因

（1）配偶的不贞行为（第840条第1项）

配偶的不贞行为是包括通奸在内的较为广义的概念，是指虽不至于通奸，但是不忠实于夫妻贞操义务的一切行为。被人强奸的，不属于不贞行为，但是反过来强奸别人的，属于不贞行为。

以不正当行为为由的离婚请求，在另一方事前同意或事后宽恕的情形下，

---

〔1〕 参见［韩］金畴洙、金相瑢：《亲属继承法》，法文社2017年版，第182页。

〔2〕 参见大判（全）2015.9.15，2013MEU568.

自知道该事由起届满 6 个月或该事由发生之日起经过 2 年的，不得请求离婚（第 841 条）。

（2）恶意遗弃（第 840 条第 2 项）

恶意遗弃是指无正当理由不履行作为夫妻的同居、扶养、协助义务，抛弃另一方的情形。例如，将对方赶出门后不让其回家或者将对方丢在家中自己一去不返的情形属于恶意遗弃。以恶意遗弃为由的裁判离婚请求权属于形成权，即使受到 10 年除斥期间的限制，如被告继续与他人保持不正当关系，并且在请求离婚之前配偶恶意遗弃另一方的行为持续的，离婚请求权也不消灭。[1]

（3）遭受配偶或其直系尊亲属的严重不当待遇（第 840 条第 3 项）

遭受严重的不当待遇是指，夫妻一方从配偶或其直系尊亲属处遭受暴力或以重大侮辱的方式被强制要求维持婚姻关系的情形。[2]

（4）自己的直系尊亲属遭受配偶的严重不当待遇（第 840 条第 4 项）

（5）配偶生死不明达 3 年以上（第 840 条第 5 项）

配偶生死不明达 3 年以上，并且在提出离婚时仍处于生死不明状态。

（6）其他各种难以维持婚姻的重大事由（第 840 条第 6 项）

此处"难以维持婚姻的重大事由"是指婚姻关系已经破裂而无法继续维持，如果强迫维护婚姻关系，则会给双方或另一方带来生理与心理上的巨大痛苦的情形。对此应综合考虑是否可以挽回婚姻、当事人对婚姻破裂有无责任、婚姻关系存续期间子女的情况、当事人的年龄、离婚后的生活情况等问题。[3]

存在第 840 条第 6 项事由时，另一方自知道该事由之日起经过 6 个月，或自发生该事由之日起经过 2 年，不得请求离婚（第 842 条）。这一期间是除斥期间，但是"难以维持婚姻的重大事由"一直持续至离婚请求为止的，不适用上述除斥期间的规定。[4]

（7）有过错配偶的离婚请求权

婚姻关系因可归责于一方的事由破裂的，有过错的配偶是否享有离婚请求权呢？判例认为，对于婚姻关系破裂具有可归责事由的配偶，原则上不能

[1] 参见大判 1998.4.10，96MEU1434.

[2] 参见大判 2004.2.27，2003MEU1890.

[3] 参见大判 1991.7.9，90MEU1067.

[4] 参见大判 2001.2.23，2000MEU1561.

以破裂为由请求离婚，但是相对人确实具有在婚姻关系破裂后亦无继续维持婚姻关系的意思，却因为赌气等理由不同意离婚时，可以例外地承认有过错配偶具有离婚请求权。[1]

另一方面，可归责事由应以婚姻关系破裂的原因事实为准进行判断。不得以婚姻关系破裂后的事实为判断标准。[2]

3. 裁判离婚程序

（1）调解程序

请求裁判离婚的人应先向家事法院提出调解（《家事诉讼法》第 2 条第 1 款）。通过调解将双方当事人之间达成离婚合意的事项记入调解书时成立调解离婚。这与诉讼和解具有同等效力（《家事诉讼法》第 59 条）。

（2）裁判程序

关于案件有不调解的决定或未达成调解而终结的，或者代替调解的决定因异议申请丧失效力的，视为在申请调解时提起离婚之诉（《家事诉讼法》第 49 条）。

当事人为限制行为能力人的，因有第 826 条之 2 的成年拟制规定，具有亲属法上的完全行为能力，因此可以单独起诉。但是当事人为被成年监护人的，应由法定代理人代理（《民事诉讼法》第 55 条）。

离婚在审判宣告时生效（《家事诉讼法》第 12 条、《民事诉讼法》第 205 条）。对于家事法院的判决不服的，在判决原件送达之日起 14 日内或在送达判决原件之前提出抗诉（《家事诉讼法》第 19 条第 1 款）。但是抗诉法院认为虽然抗诉理由成立，但是撤销或变更初审判决有违社会公平或破坏家庭和睦的，可以驳回抗诉（《家事诉讼法》第 19 条第 3 款）。当事人不服抗诉法院的判决时，可以在判决原件送达之日起 14 日内上告（《家事诉讼法》第 20 条）。在离婚判决确定后起诉的当事人，应自确定判决之日起 1 个月内附加判决书副本与确定证明书，申告离婚（《家族关系登记法》第 78 条）。

（四）离婚的法律效果

1. 一般效果

离婚后婚姻关系终结，因此以婚姻关系存续为前提的全部权利义务关系

---

〔1〕 参见大判 2006.1.13，2004MEU1378.

〔2〕 参见大判 2004.2.27，2003MEU1890.

消灭。姻亲关系也消灭，并且可以再次结婚（第775条第1款）。在姻亲关系消灭后，六亲等以内的血亲的配偶、配偶的六亲等以内的血亲及配偶的四亲等以内的血亲的配偶之间均不得结婚（第809条第2款）。

2. 有关亲子关系的效果

（1）亲权人

父母离婚后不得成为共同亲权人，因此父母应协商决定亲权人。如果不能协商决定，由家事法院依职权或当事人申请，指定亲权人（第912条）。但是父母之间的协议损害子女利益的，家事法院可以命令补正或依职权决定亲权人（第909条第4款）。家事法院为子女利益，在认为有必要时可以变更由子女等四亲等以内亲属的请求指定的亲权人（第909条第6款）。

（2）抚养问题

夫妻离婚时需要确定子女的抚养问题。父母应协商决定子女的抚养人及其相关事项（第837条第1款）。其中包括决定抚养人、抚养费承担、探望权的行使及其方法等事项（第837条第2款）。夫妻之间协议有违子女利益的，由家事法院命令补正或参照子女的意思、年龄、父母的财产情况及其他事项，依职权指定抚养所必要的事项（第837条第3款）。关于抚养事项未达成协议或无法协商的，家事法院可以依职权或根据当事人的请求决定（第837条第4款）。但是在协议离婚的情形中强制有关抚养的协议或代替该协议的家事法院的审判，家事法院应制作抚养费负担协议书（第836条之2第4、5款）。家事法院为子女利益，在认为有必要时根据父、母、子女及检察官的请求，或者依职权变更有关子女抚养的事项，或者作出其他适当的处分（第837条第5款）。除抚养事项外，不变更父母的权利义务（第837条第6款）。

关于抚养费，判例认为在离婚的夫妻之间的抚养费支付请求权，在经过家事法院裁判确定具体的请求权内容与范围后，在已确定的抚养费中已届履行期的可以处分，也可以成为抛弃、转让或抵销的主动债权。[1]

（3）探望权

探望权是指父母当中不直接抚养子女的人与子女之间享有的交换书信或接触的权利（第837条之2第1款）。探望权是给予父母与子女的固有权利，是人身专属性权利，因此不得转让，也不得抛弃。民法在协议离婚部分规定

---

［1］　参见大判2006.7.4，2006MEU751.

了探望权，并且将其准用于裁判离婚（第843条）。《家事诉讼法》将这一条款准用于依婚姻撤销或认领而由父母中的一方成为亲权人的情形（《家事诉讼法》第2条第1款）。

家事法院为子女的利益，认为有必要时依当事人的请求或职权限制或排除探望权（第837条之2第2款）。无正当理由侵害探望权的，依当事人的请求由家事法院下令实施探望权，如无正当理由不服从履行命令的，可以罚款，并且处以30日以内的拘留[1]（《家事诉讼法》第64条、第67条、第68条）。

3. 财产分割请求权

（1）意义

财产分割请求权是离婚的夫妻一方向另一方请求分割婚姻存续期间取得的财产的权利。这是一种基于家族关系的法定债权。婚姻存续期间内取得的财产是夫妻共同协作取得的财产，是共有财产，所以在婚姻关系结束时需要清算。并且离婚后有些配偶没有经济来源，需要维持生计与扶养，以此保障离婚自由。《民法》对协议离婚规定了财产分割请求权，并准用于裁判离婚（第843条）。《家事诉讼法》将本条准用于婚姻撤销（《家事诉讼法》第2条第1款）。

（2）法律性质

关于财产分割请求权的法律性质，有观点认为这一请求权具有清算婚姻存续期间内的夫妻财产及返还潜在份额的性质。[2]其他观点认为，请求权具有以夫妻共同财产的清算为主要要素，并以扶养前配偶为辅助要素的性质。[3]有些判例认为，财产分割请求权具有清算双方当事人共同取得的共同财产以及扶养相对人的性质。[4]还有一些判例认为，在分割财产时应考虑赔偿因离婚而遭受到的精神损害。[5]

（3）可分割的财产

①在婚姻存续期间内夫妻共同合作取得的财产

---

〔1〕 参见［韩］金畴洙、金相瑢：《亲属继承法》，法文社2017年版，第240页认为拘留不能适用于探望权。

〔2〕 参见［韩］池元林：《民法讲议》，弘文社2017年版，第1886页。

〔3〕 参见［韩］金畴洙、金相瑢：《亲属继承法》，法文社2017年版，第244页。

〔4〕 参见大判2001.2.9，2000DA63516.

〔5〕 参见大判2005.1.28，2004DA58936.

婚姻存续期间内夫妻共同取得的财产可以分割。这些财产中包括不动产、现金、存款等。妻子的家事劳动也是可分割的对象。夫妻分居后取得的财产，只要是分割前基于双方合作产生的财产，也属于可分割的财产。[1]但是夫妻一方在婚前所有的财产及婚姻存续期间内一方获得的赠与、继承的财产不属于可分割对象。对夫妻一方的财产，婚后另一方对该财产的增值有贡献的，可以分割。判例认为，夫妻一方与第三人合有的财产不能直接分割，但是价值评估后可成为分割的对象。[2]

②退休金、年金

从前的判例认为夫妻一方可受领的退休金不得成为可分割的对象。但是，最近的大法院的判决改变了此观点。配偶一方在工作时另一方对其工作有贡献的，退休金可以成为被分割的对象。在离婚时夫妻一方仍然工作，尚未受领退休金，但是在离婚诉讼的事实审辩论终结时已有可预见性，并且可以作出评估时，退休金可以成为被分割的对象。[3]

关于年金，判例认为配偶一方对另一方在婚姻存续期间内的工作有贡献的，在年金中可以将该部分视为夫妻合作形成的财产，因此在不违反财产分割制度宗旨的前提下，可以将已经发生的年金受领权进行分割。[4]

③婚姻存续期间夫妻一方对第三人承担的债务

夫妻一方在婚姻存续期间对第三人承担的债务，原则上属于个人债务，并不是被分割的对象。但是，为共同财产的增值而负担的债务即使是个人名义的债务，也可以作为被分割的对象。[5]

④第三人名义的财产

虽然属于第三人名义的财产，但是该财产被夫妻一方名义信托或实质控制，并且是因夫妻双方协作形成的，在分割财产时应考虑此种情形。[6]

（4）分割方法

法律没有明文规定当事人协商或调解分割财产的方法及金额、比例等。

---

〔1〕 参见大判 1999.6.11，96MEU1397.
〔2〕 参见大判 2009.11.12，2009MEU2840、2857.
〔3〕 参见大判（全）2014.7.16，2013MEU2250.
〔4〕 参见大判（全）2014.7.16，2012MEU2888.
〔5〕 参见大判 2006.9.14，2005DA74900.
〔6〕 参见大判 1998.4.10，96MEU1434.

不能达成协议的，依当事人的请求，家事法院斟酌当事人协作形成的财产及其他情况决定（第 839 条之 2 第 2 款）。尚未离婚的夫妻事前达成财产分割协议的，因为这属于附条件的协议，所以未协议离婚或裁判离婚的，该协议不生效。[1]

分割财产时可以采取以下方法：以实物转让全部或部分财产的方法；一次性或分期支付一定数额的金钱的方法；对将来取得的薪资、年金及其他收益的一部分享有请求权的方法。法院不受当事人主张的拘束，可以依职权调查财产分割的对象。[2]

4. 损害赔偿请求权

夫妻离婚时，引起离婚事由的可归责一方应当向另一方赔偿损害。民法只对裁判离婚规定了损害赔偿请求权（第 843 条、第 806 条）。但是学说上认为在协议离婚时，也可以准用此规定，承认精神抚慰金请求权。关于精神抚慰金的数额，应综合考虑可归责一方的行为、婚姻关系破裂的原因、配偶的年龄、财产情况等因素及辩论过程中的情况，由法院依职权决定。[3]

第二节　亲子关系

一、概述

亲子关系是指父母与子女的身份关系。这种关系是亲属共同生活的基础。民法规定的亲子关系有自然血亲的亲子关系和拟制血亲的亲子关系。

关于子女的姓氏与入籍等问题，子女原则上随父亲的姓与宗，但父母结婚登记时达成协议随母亲的姓与宗的，可随母亲的姓与宗。父亲为外国人的，子女可以随母亲的姓与宗。父亲不明的子女，随母亲的姓与宗。父亲不明的子女，可经法院的许可创设姓与宗，并创立一家。但创设姓与宗之后，得知父亲或母亲的，可随父亲或母亲的姓与宗。认领非婚生子女的，子女可依父母协议继续使用原先的姓和宗。但父母无法协商或不能达成协议的，可经法院许可继续使用原先的姓与宗。为子女福利有必要变更姓与宗的，父亲或母

---

〔1〕　参见大判 2000. 10. 24，99DA33458.

〔2〕　参见大判 1996. 12. 23，95MEU1192.

〔3〕　参见大判 2004. 7. 9，2003MEU2251、2268.

亲可以经法院许可予以变更。但子女为未成年人，且法定代理人不能请求时，可以由第777条规定的亲属或检察官请求（第781条）。

二、亲生子女

(一) 婚生子女

婚生子女是父母婚姻存续期间出生的子女。婚生子女包括受亲生推定的子女、不受亲生推定的子女及依准正的婚生子女。

1. 婚生子女的推定

母子关系基于人类自然生育规律而发展，因此母子关系不会存在特殊情况，但是并不能当然地确定父与子女的关系。为了尽早确定法律上父子女关系，《民法》设置了亲生子女推定规定（第844条）。

（1）推定的要件

需父与母存在婚姻关系，并且母须为父之妻。自结婚之日起200日后或自婚姻终结之日起300日内所生子女，视为结婚期间怀孕的子女（第844条）。因此不符合上述规定的子女，不得推定为夫的亲生子女，在此情形下可以提起婚生子女关系存否确认之诉。

（2）推定的效果

第844条的婚生子女推定，只能依婚生子女否认之诉推翻推定。因此对受到推定的人提起的婚生子女关系存否确认之诉或受到婚生子女推定的人向其他人提起的认领请求，不被允许。[1]与此相反，不受婚生子女推定的，有利害关系人可以提起婚生子女关系存否确认之诉，子女可以向生父提起认领之诉。

2. 婚生子女否认之诉

婚生子女否认之诉是夫妻一方为推翻婚生子女推定，否定父母子女关系而提起的诉讼（第846条）。

（1）程序

否认之诉应以诉讼方式进行。但是因为调解前置程序，所以应先向家事法院申请调解。如果夫承认子女为亲生，当事人之间达成合意的事项写入调解书，子女被确定为夫的婚生子女（《家事诉讼法》第59条第1款）。但是未

---

〔1〕 参见大判1992.7.24，91MEU566.

能达成调解的，视为在申请调解时起诉，转到诉讼程序（《家事诉讼法》第49条、《民事调解法》第36条）。

（2）否认权人

只有夫或妻才能提起婚生否认之诉（第846条）。但是夫或妻为被成年监护人的，由成年监护人经过成年监护监督人的同意，提起否认之诉。如果无成年监护监督人，则可以向家事法院请求代替成年监护监督人同意的许可（第848条第1款）。在此情形下，成年监护人不提起婚生子女否认之诉的，被成年监护人自成年监护审判终止之日起2年内，可以提起否认之诉（第848条第2款）。夫或妻在遗嘱中表明否认婚生子女关系的，遗嘱执行人应提起婚生否认之诉（第850条）。夫在子女出生之前死亡，或者夫或妻在第847条第1款规定的期间内死亡的，限于夫或妻的直系尊亲属或直系卑亲属，应自知道其死亡之日起2年内提起否认之诉（第851条）。

（3）诉讼相对人

否认之诉，由夫或妻以配偶的另一方或子女为诉讼相对人，自知道事由之日起2年内提起（第847条第1款）。但是相对人均死亡的，自知道该死亡之日起2年内，以检察官为相对人提起否认之诉（第847条第2款）。在子女死亡后，有其直系卑亲属时，可以其母为相对人；如果无其母，则以检察官为相对人提起否认之诉（第849条）。

（4）效力

婚生子女否认之诉应自知道事由之日起2年内提起。子女出生后承认为婚生子女的，不得再提起否认之诉（第852条）。婚生子女的承认是因欺诈、胁迫的，可以撤销（第854条）。经法院判决胜诉时，子女丧失婚生资格，成为非婚生子女，此时亲生父亲可以对子女进行认领。

（二）非婚生子女

1. 意义

非婚生子女是在父母未结婚状态下出生的子女。非婚生子女与母亲之间因分娩而发生亲子关系，但是与生父之间需要经过认领后才能发生亲子关系。非婚生之女的父母将来结婚时，自结婚时起视为婚生子女，这称为准正（第855条第2款）。

2. 认领

认领是指生父或生母承认非婚生子女为己出的行为，以此发生法律上的亲子关系的单方意思表示。认领包括父或母自己表示认领意思的任意认领与以父或母为相对人提起诉讼发生认领效果的强制认领。

（1）任意认领

①认领权人

只有生父或生母享有认领权（第 855 条第 1 款）。任意认领不属于纯粹意义上的法律行为，是表明子女为自己亲生的事实。因此限制行为能力人，只要具有意思能力，即使不经法定代理人的同意，也可以任意认领。但是被成年监护人认领时，需要经过成年监护人的同意（第 856 条）。

②被认领人

被认领人为非婚生子女。对于已经被推定为他人的婚生子女，并且户籍上的父亲未否认其为非婚生子女的，不能被认领。[1]被认领人原则上为在世的人，但是被认领的子女死亡后有直系卑亲属的，可以认领（第 857 条）。父亲也可以认领怀孕中的胎儿（第 858 条）。

③认领方法

任意认领方法有生前认领与遗嘱认领。生前认领依据《家族关系登记法》的规定，进行申告而生效。因此只有进行认领申告才能发生父母子女关系，对于子女作出的承认其为婚生子女的行为不能形成父母子女关系。遗嘱认领，应由遗嘱执行人申告（第 859 条第 2 款），认领的效力始于认领人的死亡。父亲对非婚生子女进行出生申告的，该申告具有认领效力（《家族关系登记法》第 57 条第 1 款）。

④认领的无效与撤销

关于认领无效，《民法》未作明文规定。但是《家事诉讼法》第 2 条第 1 款有明文规定，可以主张认领无效的人为当事人、法定代理人或四亲等以内的亲属。

子女及其他利害关系人，自知道认领申告之日起 1 年内，可以就认领提起异议之诉（第 862 条）。父或母死亡的，自知道死亡之日起 2 年内，以检察官为诉讼相对人，就认领提起异议之诉或认领请求之诉（第 864 条）。

已认领的人不得撤销认领。但是因欺诈、胁迫或重大错误而认领的，可以自该事由终结之日起 6 个月内向家事法院请求撤销（第 861 条）。

---

〔1〕 参见大判 1987.10.13，86MEU129.

（2）强制认领

①意义

强制认领是指，当非婚生子女的生父不主动认领时，有关当事人可以诉请法院予以强制认领的制度（第863条）。承认认领请求之诉的判决对第三人生效（《家事诉讼法》第21条）。因为依据确认亲子关系的判决创设亲子关系，所以认领请求之诉应为形成之诉，但是对母亲的认领请求为确认之诉。[1]

子女被推定为他人的婚生子女的，只有在婚生否认判决确定后才能向生父提起认领请求之诉，但是未受婚生子女推定的，可以不提起婚生子女关系否认之诉，直接向生父提起认领请求之诉。[2]认领请求权是人身专属性质的权利，因此不得抛弃。即使当事人之间达成抛弃协议，也不能认定该协议的效力。

②父子关系证明

提起认领诉讼时，法院依职权及自由心证判断父子关系。家事法院认为有必要确认当事人或关系人之间的血亲关系时，如果不能通过其他证据获得心证，则在不侵害被检验人的人格尊严的范围内，法院可以命令使用采集当事人或关系人的血液等鉴定遗传因素的方法（《家事诉讼法》第29条第1款）。

③认领的效力

认领的效力是使非婚生子女与父或母之间发生亲子关系。这种效力对任意认领与强制认领相同，认领的效力溯及至子女出生时（第860条主文）。换言之，任意认领的情形为认领申告而生效；强制认领的情形为认领之诉的确定而溯及至子女出生时生效。

认领的溯及效力不得损害第三人取得的权利（第860条但书）。这主要涉及对被认领的子女与其他共同继承人之间的关系问题。对此《民法》第1014条有明文规定，即继承开始后认领或依判决成为共同继承人的，请求分割继承财产时，如果其他共同继承人已分割或进行其他处分，可以请求与其继承份额相当的价款。

---

〔1〕 参见大判 1967.1.4，67DA1791.

〔2〕 参见大判 2000.1.28，99MEU1817.

非婚生子女被认领的，可以根据父母之间的协议继续使用原先的姓与宗。但是父母无法或不能达成协议的，可以经法院许可继续使用原先的姓与宗（第781条第5款）。非婚生子女被认领的，由父母协商决定亲权人，不能或未达成协议的，由家事法院依职权或根据当事人的请求决定。但是父母之间的协议有悖于子女利益时，家事法院可以命令补正或依职权指定亲权人（第909条第4款）。此外，子女被认领的，准用第837条与第837条之2的规定（第864条之2）。

（3）准正

准正是指非婚生子女因父母结婚而取得婚生子女地位的制度。非婚生子女自父母结婚之日起视为婚生子女（第855条第2款）。依准正取得婚生子女地位的人，不得受到婚生推定，因此对婚生关系有争议的，应提起婚生子女关系存否确认之诉。

（三）婚生子女关系存否确认之诉

1. 意义

婚生子女关系存否确认之诉是指，在特定人之间存在法律上的婚生子女关系不明确的，请求确认该关系的诉讼。这是确认之诉，与婚生子女否认之诉、确认父亲之诉等形成之诉不同。本诉的诉讼标的是婚生子女关系，并且该诉讼标的应不同于婚生子女否认之诉、确认父亲之诉、认领异议之诉或认领请求之诉（第865条）。

2. 可以起诉的情形

在以下几种情况可以提起婚生子女关系存否确认之诉。

第一，因虚假的婚生子女出生申告，不存在家族关系登记簿上的婚生父母子女关系的情形。但是虚假的出生申告具有婚生子女收养申告的功能时，如果没有依罢养解除养亲子关系等特别的情形，不得提起涂销家族关系登记簿上的记录而否认法律上亲子关系的婚生子女关系存否确认之诉。[1]

第二，不能受到婚生子女推定的婚生子女，即结婚之日起200日内出生的人可以提起婚生子女关系存否确认之诉。

第三，父亲对非婚生子女进行出生申告而发生认领效力的，欲排除此种

---

[1] 参见大判（全）2001.5.24，2000MEU1493.

申告的外观效力时，应提起婚生子女关系存否确认之诉。[1]

3. 当事人资格

提起婚生子女关系存否确认之诉的原告应基于自己的身份地位，对婚生子女关系存否确认之诉具有利益。因此夫、夫的监护人或遗嘱执行人、夫的直系尊亲属或直系卑亲属、母亲、母亲的配偶或前配偶、母亲的监护人或遗嘱执行人、母亲的直系尊亲属或直系卑亲属、子女、子女的直系卑亲属或其法定代理人、利害关系人等可以成为原告（第865条第1款）。

婚生子女关系存否确认之诉的被告如下：有婚生子女关系的一方起诉的，另一方为被告（《家事诉讼法》第28条）。子女向父母提起婚生子女关系存否确认之诉的，如果父母中有一方与子女有婚生子女关系，则另一方成为被告。此外，第三人提起婚生子女关系存否确认之诉的，父母与子女都成为被告，这是一种必要共同诉讼。在此情形下，父母或子女中有一方死亡的，未死亡的一方成为被告；双方都死亡的，以检察官为被告（《家事诉讼法》第28条、第24条第3款）。

4. 起诉期间

婚生子女关系存否确认之诉不受起诉期间的限制，可以随时提起诉讼。但是当事人一方死亡的，自知道其死亡之日起2年内，以检察官为相对人提起诉讼（第865条第2款）。此外，作为婚生子女关系存否确认之诉相对人的当事人全部死亡的，应自知道死亡之日起2年内提起诉讼。[2]

5. 判决效力

根据判决确定有无婚生子女关系后，该判决对第三人也发生效力（《家事诉讼法》第21条第1款）。应自判决确定之日起1个月内申请修改家族关系登记簿上的内容（《家族关系登记法》第107条）。

三、养子女

收养是在不存在自然血缘关系的人之间人为创造法律上亲子关系的制度。收养制度更重视子女的福利（第912条）。现代收养法认为收养是国家机关为子女福利积极进行干预的"福利型养子女"制度。从收养效果来讲，发展为

---

[1] 参见大判1993.7.27, 91MEU306.

[2] 参见大判2004.2.12, 2003MEU2503.

断决养子女与亲生父母的亲属关系的"完全养子女"制度。

（一）收养的成立

1. 意义

收养是指以创设养子关系为目的，养子与养父母之间达成的合意，是一种广义上的合同。但是因为属于亲属法领域的合同，有其特殊性。根据《家族关系登记法》，收养是须采取某种方式进行申告才能成立的要式行为。

2. 成立要件

关于收养的成立，《民法》只规定了收养申告（第878条），但是亦需当事人之间达成合意。

（1）当事人之间的合意

成立收养关系须有当事人之间达成收养合意，此处的合意与一般的法律行为成立所需的合意相同，在申告收养时认为这种合意已经存在。

（2）收养申告

依《家族关系登记法》规定的方式进行申告时收养关系成立（第878条第1款）。养子不满13岁的，由作出收养承诺的法定代理人进行申告（《家族关系登记法》第62条）。但是法定代理人无正当理由拒绝同意、承诺或者无法知道法定代理人之所在而不能获得同意或承诺的，家事法院可以许可收养（第378条第3款）。法定代理人的同意或承诺在收养许可之前可以撤回（第878条第5款）。此外，被成年监护人收养子女或自己成为养子女时，须经过成年监护人的同意（第873条第1款）。成年监护人无正当理由拒绝同意的，家事法院可代替同意进行裁判（第873条第3款）。收养申告不违反民法及其他法律的相关规定时，应受理申告（第881条）。此外，对未成年人准用第867条。

（3）养父母的要件

只有成年人才能具备成为养父母的要件（第866条）。成年人包括未婚与已婚的成年人，收养未成年人的人应获得家事法院的许可（第867条第1款）。家事法院为成为养子女的未成年人的福利，考虑抚养情况、收养动机、养父母的抚养能力及其他情况，可以不同意收养（第867条第2款）。

有配偶的人收养子女的，应当由夫妻共同收养（第874条第1款）。这是为防止欲收养子女的夫妻之间的意思不一致而致家庭不和睦。

（4）养子女的要件

被收养人须经过父母的同意。但是父母已经对未成年人的收养同意或承诺、父母受到丧失亲权的宣告或不能获知父母之所在等事由不能获得同意的除外（第 870 条第 1 款、第 871 条第 1 款）。对于未成年人，在许可收养之前父母可以撤回同意（第 870 条第 3 款）。父母 3 年以上未抚养子女或父母虐待、遗弃及其他明显有害于子女福利的，不论父母同意与否，家事法院都可以许可收养（第 870 条第 2 款）。对于成年人，父母无正当理由拒绝同意收养的，根据将来成为养父母的人或被收养人的请求，家事法院可以进行代替父母同意的裁判（第 871 条第 2 款）。

有配偶的人成为被收养人的，须经另一方的同意（第 874 条第 2 款）。此时，只有成为被收养人的配偶为被收养人，只有被收养人与养父母之间成立养子关系。但是因为另一方与养父母之间成立法律上的姻亲关系，所以法律规定应经另一方的同意。此外，尊亲属或成年长者不得成为养子女（第 877 条第 1 款）。

3. 收养的效果

（1）发生法定血亲关系

养子女自收养申告时起取得婚生子女身份（第 882 条之 2 第 1 款），与养父母的血亲、亲属之间也发生亲属关系（第 772 条第 1 款）。因此养子女与养父母及其血亲之间相互发生扶养、继承关系。养子女为未成年人的，脱离亲生父母的亲权而服从于养父母的亲权（第 909 条第 1 款后段）。

（2）亲生亲属关系

养子女的亲生亲属关系仍然存续（第 882 条之 2 第 2 款）。换言之，与亲生父母之间的亲子关系及其他血亲、姻亲之间的亲属关系不发生任何变化。因此养子女可以继承亲生父母的财产，亦承担扶养义务。

（3）养子女的姓

养父母与养子女的姓氏不同的，原则上子女被收养后不变更姓氏，但是为了养子女的福利，有必要时可以根据第 781 条第 6 款变更子女的姓氏与宗。

4. 收养无效与撤销

（1）收养无效

当事人之间未达成收养合意的，收养无效（第 883 条第 1 款）。例如，当事人为无意思能力、假装收养、附条件或附期限的收养、错误地收养相对人、表达撤回收养意思后收养申请被受理的情形属于无效收养。

下列情形的收养无效：在收养未成年时未取得家事法院许可；未满13岁的未成年人成为养子，但是未获得代诺人的同意；满13岁的未成年人或被成年监护人未经过法定代理人的同意作出承诺；养子女为养父母的尊亲属或成年长者的情形。

对于收养无效的情形，任何人都可以主张无效。此时因收养发生的亲属关系被消灭。在此情形下，当事人可以对有过失的相对人请求损害赔偿（第897条）。判例认为，虽然在申告婚生子女出生时未具备收养的实质要件而不具有收养申告效力，但是之后具备收养的实质效力的，溯及至收养申告时发生效力。[1]

（2）收养撤销

未成年人被收养的，养父母、养子女及其法定代理人或直系血亲可以请求撤销收养（第885条）。但是养父母成年后不得请求撤销（第889条）。被收养人为已满13岁的未成年人，其未取得法定代理人或父母同意的，养子女或同意权人可以请求撤销（第886条）。但是养子女成年后经过3个月或死亡的，不得请求撤销收养（第891条第1款），并且自知道存在撤销事由之日起经过6个月或自撤销事由发生之日起经过1年，不得请求撤销（第894条）。

被收养人为成年人，但未获父母同意的，同意权人可以请求撤销收养（第886条）。养子女死亡的，不得请求撤销收养（第891条第2款），并且自知道存在撤销事由之日起经过6个月或自撤销事由发生之日起经过1年，不得请求撤销（第894条）。

被成年监护人未经过成年监护人的同意被收养或收养子女的，被成年监护人或成年监护人可以请求撤销。但是成年监护启动裁判被撤销后经过3个月，不得请求撤销（第893条）。同时自知道存在撤销事由之日起经过6个月或自撤销事由发生之日起经过1年，不得请求撤销（第894条）。

有配偶的人自己成为被收养人或未经配偶同意收养子女的，配偶可以请求撤销（第888条）。但是自知道存在撤销事由之日起经过6个月或自撤销事由发生之日起经过1年，不得请求撤销（第894条）。收养时不知养父母及养子女一方具有恶疾或其他重大事由的，养父母及养子女一方可以请求撤销。

---

〔1〕　参见大判2000.6.9，99MEU1633、1640.

但是自知道该事由之日起经过 6 个月，不得请求撤销（第 896 条）。因欺诈、胁迫而进行收养意思表示的，意思表示人可以请求撤销。但是自知道欺诈或自免于胁迫之日起经过 3 个月，不得请求撤销（第 897 条）。

如果存在上述撤销原因，应先向家事法院请求调解，在判决确定后应在确定之日起 1 年内进行申告（《家族关系登记法》第 65 条）。撤销收养的效果不溯及既往（第 897 条、第 824 条）。

（二）罢养

养父母子女关系只能依罢养解消，即罢养时养父母子女关系及养子女的直系卑亲属与养父母及其血亲之间的法定血亲关系消灭，但是养父母与子女中的一方死亡的，仍然维持法定血亲关系。

1. 协议罢养

（1）实质要件

当事人之间需有罢养的合意。协议罢养的当事人为养父母与养子女，如果养父与养母都健在的，根据第 874 条的宗旨共同成为当事人。养父母为被成年监护人的，即使恢复意思能力，也应取得成年监护人的同意才能达成罢养协议（第 902 条）。

（2）形式要件

罢养协议应按照《家族关系登记法》的规定进行申告（第 904 条）。申告方法与协议离婚相同（《家族关系登记法》第 613 条、第 64 条）。在申告罢养时，须审查罢养是否符合第 898 条、第 902 条及其他法律规定，如果符合应受理（第 903 条）。

2. 裁判罢养

由于裁判罢养是 NA 类家事诉讼事件，所以需进行调解。如果不能调解，再进行裁判。

（1）裁判罢养原因

《民法》第 905 条规定的裁判罢养原因有以下几种：

第一，养父母虐待或遗弃罢养子女及其他明显损害养子女权益的情形；

第二，养子女严重不当地对待养父母的情形；

第三，养父母或养子女生死不明达 3 年以上的情形；

第四，存在其他难以维持养父母子女关系的重大事由的情形。

（2）裁判罢养程序

①请求权人

原则上罢养诉讼的当事人为养父母及养子女。但是养子女未满 13 岁的，代诺收养的人代替养子女请求罢养。如果无请求罢养的人，第 777 条规定的养子女的其他亲属或利害关系人获得家事法院的许可后请求罢养（第 906 条第 1 款）。养子女满 13 岁的，经过作出同意收养决定的父母的同意再请求罢养，但是因父母死亡或其他事由不能同意时，可以不经过同意请求罢养（第 906 条第 2 款）。养父母或养子女为被成年监护人的，即使恢复意思能力，也应经过成年监护人的同意才能请求罢养（第 906 条第 3 款）。检察官可以为未成年人或作为被成年监护人的养子女的利益请求罢养（第 906 条第 4 款）。

②罢养请求权的消灭

第 905 条第 3 项规定的罢养之诉，可以随时提起。但是罢养请求权人自知道第 905 条第 1、2、4 项规定的事由之日起经过 6 个月，自该事由发生之日起经过 3 年，不得请求罢养（第 907 条）。

（3）罢养的效果

养父母子女关系与因收养发生的亲属关系因罢养而解消，因此抚养、继承、亲权等法律效果被消灭。此外，如果养子女为未成年人，则恢复亲生父母的亲权。

对于裁判罢养，当事人一方可以请求有过失的另一方赔偿因此所造成的损害（第 908 条）。

（三）亲养子关系

1. 意义

2005 年，韩国通过修改《民法典》新设了亲养子制度。可以将亲养子制度理解为"将养子等同于亲生子女的制度"。制定亲养子制度的目的是对收养事实予以保密，满足将养子女视为亲生子女的收养人的需求，以此与收养人发生亲密的关系，使被收养人在心理上获得归属感。

2. 亲养子收养要件

收养亲养子的人须具备以下要件后向家事法院请求收养亲养子（第 908 条之 2 第 1 款）。

第一，结婚 3 年以上的夫妻共同收养，但结婚 1 年以上的夫妻一方将配偶的亲生子女收养为亲养子的除外。

第二，被收养的亲养子须为未成年人。

第三，须有被收养为亲养子的亲生父母的同意，但因父母丧失亲权或死亡及其他事由无法同意的除外。

第四，被收养为亲养子的人满 13 岁的，应经法定代理人的同意而承诺收养。被收养为亲养子的人不满 13 岁的，法定代理人代替其承诺收养。

法定代理人无正当理由拒绝同意或承诺、亲生父母因可归责于自己的事由而未履行抚养子女的义务达 3 年以上且未行使探望权的情形、亲生父母虐待或遗弃子女及其他明显侵害子女福利的情形，即使没有上述同意或承诺，家事法院仍可以承认亲养子的收养请求（第 908 条之 2 第 2 款）。

家事法院根据亲养子的收养请求启动收养程序。但是为了被收养的亲养子的利益，家事法院考虑养育情况、收养动机、养父母的抚养能力及其他情况，认为亲养子收养不合适的，可以驳回请求（第 908 条之 2 第 2 款）。家事法院作出的亲养子收养裁判确定后，请求权人应自裁判确定之日起 1 个月内，持裁判书复印件及确定证明书进行收养申告（《家族关系登记法》第 67 条第 1 款）。

3. 亲养子收养的效果

（1）将亲养子视为婚生子女

亲养子被视为婚生子女（第 908 条之 3 第 1 款），因此亲养子随养父母的姓与宗（第 781 条第 1 款）。亲养子与养父母之间发生亲属关系，因此发生抚养、继承关系。

（2）收养前的亲属关系终止

亲养子被收养前的亲属关系，在请求确定亲养子收养时终止。但是夫妻一方单独收养该配偶的亲生子女时，仍然保留配偶及其亲属和亲生子女之间的亲属关系（第 908 条之 3 第 2 款）。

4. 亲养子收养的撤销及罢养

被收养的亲养子的亲生父或母，因不可归责于自己的事由不能作出第 908 条之 2 第 1 款第 3 项但书规定的同意的，自知道亲养子收养事实之日起 6 个月内，可向家事法院请求撤销亲养子收养（第 908 条之 4 第 1 款）。

由于养父母虐待或遗弃及其他明显侵害亲养子利益或因亲养子对养父母的悖伦行为，无法维持亲养关系的，养父母、亲养子、亲生父或母、检察官可以向家事法院请求罢养（第 908 条之 5 第 1 款）。

亲养子的收养被撤销或罢养的，亲养子关系消灭，恢复收养前的亲属关系（第 908 条之 7 第 1 款）。撤销亲养子收养的效力，无溯及效力（第 908 条之 7 第 2 款）。

四、亲权

亲权是指父母对未成年子女在人身和财产上具有管教和保护的权利及义务（第 913 条）。亲权制度是调整父母与未成年子女关系的法律规范的总称。

（一）亲权人

1. 婚生子女的亲权人

父母为未成年人的亲权人（第 909 条第 1 款前段）。父母共同行使亲权，但是父母意见不一致的，根据当事人的请求由家事法院决定（第 909 条第 2 款）。

此处所谓的"共同行使亲权"是指依父母的共同意思行使亲权，并不要求所有的亲权行为都是父母双方共同完成或者以父母共同名义完成。[1]因此父母中一方经过另一方同意以自己的名义行使代理行为的，效果归于子女。与此相对，未经过另一方同意而行使亲权的行为，如果不经另一方追认，则无效。但是《民法》规定，父母共同行使亲权时，父母一方以共同名义代理子女或同意子女实施法律行为的，即使违反另一方的意思，亦发生效力（第 920 条之 2）。父母一方不能行使亲权的，由另一方行使（第 909 条第 3 款）。此处的不能行使包括法律及事实上的不能。

2. 婚生子女

在认领之前，母亲为非婚生子女的亲权人。但是在非婚生子女被认领的情形中由父母协商决定亲权人，无法协商或协商不成的，由家事法院依职权或根据当事人的请求决定。但是父母之间的协议有悖于子女利益时，家事法院可以命令补正或依职权指定亲权人（第 909 条第 4 款）。在强制认领的情形下，家事法院依职权指定亲权人（第 909 条第 5 款）。

3. 养子女

养子女的亲权人为养父母（第 909 条第 1 款后段）。但是在罢养时亲生父母成为亲权人。

---

〔1〕 参见〔韩〕金畴洙、金相瑢：《亲属继承法》，法文社 2017 年版，第 412 页。

4. 父母离婚的情形

父母协议离婚的，父母协议决定亲权人，不能协议或协议不成的，由家事法院依职权或根据当事人的请求决定。但是父母之间的协议有悖于子女利益时，家事法院可以命令补正或依职权指定亲权人（第909条第4款）。撤销婚姻、裁判离婚的，家事法院依职权决定亲权人（第909条第5款）。

5. 变更亲权人

因认领非婚生子女、父母离婚、婚姻无效、撤销等事由父母一方被指定为亲权人的，为子女利益，家事法院认为有必要时，可以变更依子女四亲等内亲属的请求指定的亲权人（第909条第6款）。

6. 被指定的亲权人不存在的情形

（1）被指定的亲权人死亡的情形

根据第909条第4款至第6款规定，被指定为单独亲权人的父母一方死亡的，在世的父或母、未成年人、未成年人的亲属自知道该事实之日起1个月或自死亡之日起6个月内，可以向家事法院请求将未死亡的父或母指定为亲权人（第909条之2第1款）。如果在此期间内未请求指定亲权人，家事法院依职权或未成年人、未成年人的亲属、利害关系人、检察官、地方自治团体负责人的请求选任未成年监护人（第909条之2第3款第1句）。在此情形下，除不知在世的父或母、亲生父母一方或双方之所在或其无正当事由不应诉的情形外，应向其提供陈述意见的机会（第909条之2第3款第2句）。

对于第909条之2第1款的亲权人的指定请求或第3款的监护人选任请求，家事法院在综合考虑在世的父或母、亲生父母一方或双方的抚养意思及抚养能力、请求动机、未成年人的意思及其他情况后，认为不符合未成年人的利益时，可以驳回请求（第909条之2第4款第2句）。家事法院根据第909条之2第3款与第4款，虽然选任未成年监护人，但是选任之后因抚养情况或抚养能力的变化、未成年人的意思及其他情况，为未成年人的利益，认为有必要时，根据在世的父或母、亲生父母一方或双方、未成年人的请求而终止监护，将指定在世的父或母、亲生父母一方或双方为亲权人（第909条之2第6款）。

（2）撤销收养、罢养、养父母全部死亡的情形

撤销收养、罢养或养父母死亡的，亲生父母一方或双方、未成年人、未成年人的亲属应自知道该事实之日起1个月内，收养撤销、罢养之日或养父

母全部死亡之日起6个月内，向家事法院请求指定亲生父母一方或双方为亲权人（第909条之2第2款主文）。但是亲养子的养父母死亡的，不得请求指定亲权人（第909条之2第2款但书）。

（3）选任监护人代行人

《民法》为消除无未成年人法定代理人期间发生的问题，设置了选任监护人代行人的制度。家事法院在以下情形依职权或未成年人、未成年人亲属、利害关系人、检察官、地方自治团体负责人的请求，并依第909条之2第1款至第4款的规定，在指定亲权人或选任未成年监护人之前选任可以代行监护人职责的人（第909条之2第5款第1句）。这些情形有：第一，单独亲权人死亡的情形；第二，撤销收养或罢养的情形；第三，养父母全部死亡的情形。此外，在此情形下，对于代行监护人职责的人准用失踪人财产管理人相关的第25条及有关家事法院的监护事务处分的第954条。

7. 行使亲权的标准

亲权人行使亲权时应优先考虑子女的利益（第912条第1款）。家事法院指定亲权人时应优先考虑子女的利益，因此家事法院可以咨询相关领域的专家或社会福利机关（第912条第2款）。

（二）亲权的内容

1. 有关子女身份的权利义务

（1）保护和教养的权利义务

亲权人有保护和教养子女的权利义务（第913条）。关于保护和教养所需的费用，如果当事人之间无特别约定，由父母共同承担（第833条）。无责任能力的未成年人侵害他人权利的，亲权人作为监督义务人承担损害赔偿责任（第755条第1款）。判例认为，有责任能力的未成年人实施侵权行为的，如果监督义务人违反义务与损害发生之间存在相当因果关系，则由监督义务人承担侵权责任。[1]

（2）子女交还请求权

亲权人为履行保护和教养子女的权利义务，应将子女处于自己的控制之下。因此第三人非法夺走子女时亲权人可以请求返还子女。

---

[1] 参见大判1994.2.8, 93DA13605.

（3）居所指定权

亲权人在必要范围内为子女指定居所，使其在指定的地点居住（第 914 条）。

（4）惩戒权

亲权人为保护和教养子女，可以进行必要的惩戒。经家事法院许可，可以将了女送到相关的教育机构（第 915 条）。但是惩戒须有一定的限度，如果超出必要限度，可构成侵权行为等。

（5）经营许可权

亲权人作为法定代理人可以许可未成年人从事特定营业，并且也可以撤销或进行一定的限制（第 8 条）。

（6）身份行为的代理权与同意权

亲权人作为未成年人的法定代理人，限于法律有特别规定的情形，可以代理子女身份上的行为。例如，代理成为婚生子女否认之诉的相对人（第 847 条）、对认领提起异议之诉的权利（第 862 条）、收养代诺权（第 869 条）、撤销收养请求权（第 885 条）、裁判罢养请求（第 906 条）、继承的抛弃或承认（第 1019 条、第 1020 条）、提起婚姻或离婚无效之诉（《家事诉讼法》第 23 条）、提起认领无效之诉（《家事诉讼法》第 28 条）、提起收养或罢养无效之诉（《家事诉讼法》第 31 条）等。

家族法上有关行为的同意权基于父母的地位产生，但是需要亲权人同意的行为，亲权人无正当理由拒绝而可能给子女的生命、身体或财产造成重大损害的，家事法院依子女、子女的亲属、检察官或地方自治团体负责人的请求，可以作出代替亲权人同意的裁判（第 922 条之 2）。法院以子女的利益为标准，判断有无正当事由。

2. 有关子女财产的事项

（1）财产管理权

由亲权人管理子女以自己名义取得的财产（第 916 条）。因此可以以管理财产为目的作出适当的处分。亲权人在行使管理权时应尽与管理自己财产相同的注意义务，这种注意义务的程度低于善良管理人的注意义务。

无偿向子女赠与财产的第三人反对亲权人管理财产的，亲权人的财产管理权受到限制，依该第三人指定的财产管理人、子女或亲属的请求，由家事法院选任的财产管理人管理财产（第 918 条）。

因亲权人管理不当，致使子女财产处于危急状态的，家事法院依子女的亲属、检察官或地方自治团体负责人的请求，宣告亲权人丧失财产管理权（第925条）。

作为法定代理人的亲权人的权限消灭的，应结算其管理的子女的财产。在此情形下，从子女财产取得的孳息，视为与子女的养育、财产管理费用相抵销，但是赠与子女财产的第三人作出反对意思表示的除外（第923条）。对于财产管理权的消灭，准用有关委任的第691条及第692条（第919条）。

（2）代理权

亲权人代理子女进行有关财产的法律行为。如无特别规定，亲权人的代理行为限于财产行为（第920条主文）。但是在特殊情况下，亲权人对财产的代理行为也受到一定限制。例如，获得许可的营业有关的财产、允许处分的财产、第三人反对由亲权人管理自己无偿赠与给子女的财产等，不得代理。

亲权人的代理行为承担的债务以子女的行为为标的时，需经子女同意（第920条但书）。如果未经子女同意而实施的法律行为，则成为无权代理行为。但是也有观点认为，如无应获子女同意的正当事由，应将其视为超越权限的表见代理。[1]

亲权人不得代理未成年人签订劳动合同，因此未成年人可以经过亲权人的同意，自己直接签订劳动合同（《勤劳基准法》第67条第1款）。此外，因为未成年人可以独自请求报酬，原则上亲权人不得代理子女领取报酬（《勤劳基准法》第68条）。

（3）同意权

关于未成年子女实施的财产上的法律行为，亲权人享有同意权。但是纯获权利或免除义务的行为除外（第5条第1款）。未成年人未取得亲权人同意而为的法律行为可以撤销（第5条第2款）。

（4）利益相反行为

作为法定代理人的亲权人实施了与子女利益的行为时，亲权人的亲权受到限制。《民法》为规制亲权人的利益相反行为，规定亲权人应请求家事法院选任特别代理人（第921条）。

在不能期待公正地行使亲权的情形下，为防止滥用亲权，保护未成年子

---

〔1〕 参见［韩］金畴洙、金相瑢：《亲属继承法》，法文社2017年版，第436页。

女的利益，限制了亲权人的代理权及同意权，选任特别代理人。此处的"利益相反行为"包括两种：一种为亲权人及其子女之间利益相反的情形；另一种为服从于亲权的多个子女的利益相反的情形。

在判断何种行为属于利益相反时，应作出客观性判断。即应从客观角度去考虑行为，无需考虑行为的动机或原因。[1]判例采取的是形式判断说的立场。

（三）亲权的消灭及恢复

1. 亲权的消灭

亲权的消灭分为绝对消灭与相对消灭。在子女死亡、成年、结婚时亲权绝对消灭。以下为亲权相对消灭的情形：亲权人死亡；子女被他人收养；非婚生子女被认领后父亲成为亲权人；因父母离婚或婚姻无效、撤销使父母一方成为亲权人；收养无效、撤销或罢养；基于法院审判变更亲权人；受到丧失亲权宣告的情形。

2. 亲权的丧失

父或母因滥用亲权损害子女利益或有损害之虞的，家事法院可根据子女、子女亲属、检察官或地方自治团体负责人的请求，宣告亲权人丧失亲权（第924条第1款）。

（1）宣告丧失亲权的要件

第一，需滥用亲权。滥用亲权是指亲权人行使亲权的行为明显违反子女利益的行为。例如，对子女身体、精神的伤害、拒绝子女求学的要求、为亲权人的利益处分子女的行为等。

第二，明显损害或有损害子女利益之虞。父或母滥用亲权明显损害或有损害子女利益之虞。

第三，需有人请求。子女、子女的亲属、检察官或地方自治团体的负责人请求宣告丧失亲权（第924条第1款）。此时应先申请调解（《家事诉讼法》第50条）。丧失亲权的裁判确定后应在1个月内请求裁判的人申告裁判事宜（《家族关系登记法》第79条第2款）。

（2）宣告丧失亲权的效果

根据亲权丧失宣告，亲权人丧失保护、教养子女的权利及管理子女财产

---

〔1〕 参见大判 2002.1.11，2001DA65960.

的权利，同时亦丧失代理子女身份及财产上行为的权利。共同亲权人中的一人丧失亲权的，其他人中的一人成为亲权人（第 909 条第 3 款）。如果父母全部丧失亲权，则应为子女利益选任监护人（第 928 条）。不能依亲权丧失宣告改变父母对子女的其他权利和义务（第 925 条之 3）。

3. 暂停亲权与部分限制

（1）暂停亲权

暂停亲权是指在一定期间内不得行使亲权。这是限制亲权的事由可以在短时间内消灭时所采取的措施。暂停亲权的要件与丧失亲权相同。家事法院在宣告暂停亲权时应考虑子女的情况、养育状态及其他事项决定暂停期间，但是该期间不得超过 2 年（第 924 条第 2 款）。为子女利益，认为有必要延长亲权的暂停期间的，依子女、子女的亲属、检察官、地方自治团体负责人、未成年监护人或未成年监护监督人的请求，在 2 年范围内该期间只能延长 1 次（第 924 条第 3 款）。

（2）部分限制亲权

部分限制亲权是指，对于存在问题的个别事项，不得行使亲权的措施，以此排除亲权人的法律地位。换言之，并未剥夺全部亲权，仅限制一些事项就可以保护子女利益时所采取的措施。对于居所的指定、惩戒及其他有关身份的决定等特别事项，家事法院认为难以行使亲权或有不适当理由而侵害或有侵害子女利益之虞的，依子女、子女的亲属、检察官或地方自治团体负责人的请求，在决定具体范围后宣告限制部分亲权（第 924 条之 2）。

（3）代理权与财产管理权的丧失及放弃

第一，丧失。作为法定代理人的亲权人，因不适当的管理而使子女财产处于危急状态的，家事法院可以根据子女亲属、检察官或地方自治团体负责人的请求，宣告亲权人丧失法律行为的代理权与财产管理权（第 925 条）。

代理权与财产管理权的丧失表示一部分亲权受到限制。共同亲权人中的一人丧失法律行为的代理权或财产管理权的，另外一个亲权人单独行使代理权或财产管理权。如果单独亲权人丧失代理权或财产管理权时启动监护，监护人义务为行使有限的代理权或财产管理权（第 928 条、第 946 条）。此外，丧失代理权或财产管理权的亲权人不得指定监护人（第 931 条）。

在提出有关亲权及法律行为代理权或财产管理权丧失的审判请求或调解申请的，家事法院、调解委员会或调解法官认为有必要时，依职权或当事人

的申请向相对人及其他关系人命令禁止变更现状或处分物品的行为，并且可以作出保存财产的处分、监护与养育关系人的处分等（《家事诉讼法》第62条第1款）。

第二，放弃。法定代理人的亲权人在有正当理由时获得法院的许可，可以放弃法律行为的代理权与财产管理权。

（4）恢复亲权

恢复亲权是指，被宣告丧失亲权、法律行为代理权、财产管理权的亲权人恢复行使其亲权的制度。在宣告丧失亲权、暂停或限制一部分亲权、代理权或财产管理权丧失后，该宣告原因消灭的，家事法院可以依本人、子女、子女的亲属、检察官或地方自治团体负责人的请求，宣告恢复亲权（第926条）。

第三节　监　护

一、绪说

监护是指保护限制能力人及其他需要保护的人的制度。韩国在2011年修改《民法》时大幅修改了监护制度。修改后的《民法》将监护分为法定监护与任意监护。法定监护包括未成年监护、成年监护、限定监护、特定监护。任意监护是依监护合同成立的监护。

二、未成年监护

（一）未成年监护的启动

1. 启动监护的原因

（1）未成年人无亲权人的情形

未成年人无亲权人的情形有以下几种：共同亲权人同时死亡或丧失亲权；单独亲权人死亡或丧失亲权；单独亲权人受到成年监护审判；共同亲权人双方或单独亲权人心神丧失、失踪等原因，事实上不得行使亲权等情形。但是有亲权代行人的，不启动监护（第910条）。

因离婚等原因指定为单独亲权人的父母死亡或丧失亲权时，在世的另一方可以被指定为亲权人。撤销收养或罢养、养父母双方全部死亡的，亲生父母可以被指定为亲权人，但是家事法院可以依特定人的请求或职权选任监护人（参考第 909 条之 2）。

（2）未成年人的亲权人不能行使亲权或法律行为的代理权与财产管理权的情形

上述情形包括亲权人丧失亲权、暂停亲权或限制一部分亲权的情形，或者丧失代理权、财产管理权或被辞退的情形。在此情形下，监护人的权限局限在受限制的亲权或代理权、财产管理权的范围（第 946 条）。

因离婚等原因指定为单独亲权人的父母一方不能行使法律行为的代理权与财产管理权的，在世的另一方可以被指定为亲权人。但是家事法院可以依特定人的请求或职权选任监护人（第 927 条之 2）。

2. 启动监护的申告

监护人应从就任之日起 1 个月内申告启动监护（《家族关系登记法》第 80 条）。根据遗嘱指定监护人时，应提交有关的遗嘱及其复印件或记载遗嘱录音的书面文件与申告书，如果选任监护人时进行裁判，则应一同提交审判书的复印件与申告书（《家族关系登记法》第 82 条）。

（二）未成年监护人

1. 监护人及资格

未成年人的监护人为 1 人，并且只能是自然人。对未成年人行使亲权的父母可以遗嘱指定监护人，但是没有法律行为代理权与财产管理权的亲权人不得指定监护人。家事法院为未成年人的利益可以依职权终止监护，并指定父或母为亲权人（第 931 条之 2）。

没有指定监护人的，家事法院依职权或未成年人、亲属、利害关系人、检察官、地方自治团体负责人的请求选任未成年监护人（第 932 条第 1 款）。此处的利害关系人包括管理未成年人财产或保护人身上具有利害关系的人。根据亲权丧失宣告或丧失代理权、财产管理权宣告有必要选任未成年监护人的，家事法院依职权选任未成年监护人（第 932 条第 2 款）。亲权人放弃代理权、财产管理权的，应及时请求家事法院选任未成年监护人（第 932 条第 3 款）。

2. 未成年监护人的失格、辞退、变更

（1）不具备未成年监护人资格

不能成为未成年监护人的人包括以下几种（第 937 条）：

第一，未成年人、被成年监护人、被限定监护人、被特定监护人、被任

意监护人；

第二，受到启动重整程序决定或破产宣告的人；

第三，受到资格停止刑以上刑罚，并且正在服刑的人；

第四，法院解聘的法定代理人、成年监护人、限定监护人、特定监护人、任意监护人及其监督人；

第五，下落不明的人；

第六，起诉被监护人或正在诉讼中的人及其配偶与直系血亲等。

（2）辞职

如有正当事由，监护人获得家事法院的许可，可以辞职。在此情形下，监护人请求辞职的同时向家事法院请求选任新监护人（第939条）。

（3）变更

为被监护人的利益，家事法院认为有必要变更监护人的，依职权或本人、亲属、监护监督人、检察官、地方自治团体负责人的请求，变更监护人（第940条）。

3. 未成年监护人的职责

（1）监护人的任务

监护人应及时调查被监护人的财产，并于2个月内制作财产清单。如有正当理由，可以获得法院的许可延长该期间（第941条第1款）。有监护监督人的，依照第1款规定，监护监督人没有参与财产调查与制作清单时，无效（第941条第2款）。监护人在完成财产调查及清单制作之前，如无紧急情况，则不得对财产行使相应权限，但不得以此对抗善意第三人（第943条）。

监护人与被监护人之间存在债权债务关系，并且有监护监督人的，监护人在完成财产清单之前应提示监护监督人。监护人明知对被监护人享有债权而怠于提示的，视为抛弃债权（第942条第2款）。对于监护人就职后被监护人取得概括性财产的情形，亦准用第941条至第943条（第944条）。

（2）未成年人的人身上权利与义务

未成年监护人对未成年人的保护、教养、居所指定、惩戒具有与亲权人相同的权利义务。但是变更亲权人指定的教育方法或居所，或将未成年人委托于有关教育机构，或撤销、限制亲权人许诺的营业的，如有未成年监护监督人，需经其同意（第945条）。

未成年监护人代理婚姻撤销、收养未满13岁的人的承诺及撤销、未满13

岁的人的裁判罢养、对亲养子收养的承诺、继承的承认或抛弃、认领请求之诉等家事诉讼，并且对于订婚、结婚、满 15 岁的人的收养或罢养享有同意权。未成年监护人代替未成年人对未成年人的子女行使亲权，此时准用有关未成年监护人的职责的规定（第 948 条）。

（3）未成年人财产上的权利与义务

未成年监护人作为未成年人的法定代理人管理财产，代理未成年人实施以财产为标的的法律行为（第 949 条第 1 款）。监护人对被监护人的财产应尽善良管理人的注意义务。向未成年人无偿赠与财产的第三人对监护人的管理表示反对的，监护人不具有财产管理权。在此情形下，第三人如果不选任财产管理人，由家事法院选任管理人（第 956 条）。

未成年人具有意思能力的，未成年监护人可以同意其独立行使法律行为。与此相对，未成年人未经同意而实施法律行为的，除未成年人可以单独实施的行为外，都可以撤销。

在未成年人实施下列行为时应经过监护人的同意：有关营业的行为、借款行为、仅承担义务的行为、以变动不动产或重要财产的权利为目的的行为、诉讼行为、有关继承的承认、继承的限定承认、抛弃及分割继承财产协议以及同意未成年人实施上述行为的，如有监护监督人，则应经监护监督人的同意（第 950 条第 1 款）。但是被监护人利益有受到侵害之虞时监护监督人未同意的，家事法院可以依监护人的请求代替监护监督人同意进行许可（第 950 条第 2 款）。监护人未经监护监督人的同意实施或同意上述行为的，被监护人或监护监督人可以撤销（第 950 条第 3 款）。

监护人受让第三人对被监护人的权利时，被监护人可以撤销（第 951 条第 1 款）。在此情形下，如有监护监督人，监护人应取得监督人的同意。但是未经监护监督人同意的，被监护人或监护监督人可以撤销（第 951 条第 2 款）。对此，相对人享有催告权（第 952 条）。因为对监护人准用第 921 条，所以关于利益相反行为限制未成年监护人的代理权的情形，应向家事法院请求选任特别代理人，但是有监护监督人的情形除外（第 949 条之 3）。

（4）未成年监护人获得报酬的权利

法院应根据监护人的请求，考虑被监护人的财产情况及其他情况，从被监护人的财产中向监护人支付合理的报酬（第 955 条）。监护人履行监护工作所需的费用，从被监护人的财产中支出（第 955 条之 2）。

4. 对未成年监护人的监督

监护监督人履行下列监督事项：参与监护人进行财产调查及制作财产清单；接收监护人与被监护人之间的债权、债务清单；同意对未成年人的教养方法或居所变更、教育机关的委托及营业许可的撤销与限制；同意营业、借款或保证等，或不同意时予以撤销；同意监护人受让第三人对被监护人权利或不同意时的撤销；要求监护人报告履行职责的情况、提交财产清单，并调查被监护人的财产情况；参与监护工作终止后的财产管理等事项。

家事法院主要监督下列事项：收养承诺；任意监护人的选任；监护人的辞职许可；监护人的变更；许可监护人延长制作财产清单期间；有关监护工作的处分命令；监护人的报酬；许可在监护终结时延长管理财产的法定期间等事项。

5. 未成年监护的终结

（1）理由

对于作为被监护人的未成年人死亡、已成年或因婚姻拟制为成年、丧失亲权宣告的撤销等原因亲权人可以行使亲权的情形与认领或收养未成年人等情形，无需再继续监护时，终结监护。并且在监护人死亡、宣告失踪、丧失资格、辞职或变更等情形中，虽然监护并不终结，但是监护人脱离监护关系。

（2）监护终止后的清算

监护人义务结束后，监护人或其继承人应在1个月内对被监护人的财产进行结算。但有正当理由的，可以取得法院的许可延长该期间。有监护监督人的，监护监督人不参与上述结算的无效（第957条）。

监护人向被监护人支付的价款或被监护人向监护人支付的价款，自结算终止之日起计算利息。监护人为自己利益使用被监护人的金钱的，自使用之日起计算利息；对被监护人造成损害的，应予以赔偿（第958条）。

监护终止的，如有紧急情况，监护人或其继承人、法定代理人在被监护人或其继承人、法定代理人处理监护工作前应继续处理相关工作（第959条）。

（3）监护终止的申告

监护人在监护终止时起1个月内依《家族关系登记法》的规定，申告监护终止（《家族关系登记法》第83条）。

6. 监护监督人

（1）监护监督人的资格

未成年监护监督人可以是数人，法人也可以成为监护监督人。同时亦可以追加选任监护监督人，法院在选任监护监督人时应尊重被监护人的意思（第940条之7）。

可以指定未成年监护人的人也能依遗嘱方式指定未成年监护监督人（第940条之2）。

无指定监护监督人的，家事法院认为有必要时，可以依职权或未成年人、亲属、未成年监护人、检察官、地方自治团体负责人的请求，选任未成年监护监督人。发生未成年监护监督人死亡、丧失资格及其他事由的，家事法院依职权或未成年人、亲属、未成年监护人、检察官、地方自治团体负责人的请求，选任未成年监护监督人（第940条之3）。第779条规定的监护人的家属不得担任监护监督人（第940条之5）。

（2）监护监督人的职责

监护监督人监督监护人的工作，在无监护人时应及时请求家事法院选任监护人。监护监督人在被监护人人身或财产发生紧急情况时，为保护被监护人可以采取必要措施或处分。对于监护人与被监护人之间利益相反的行为，监护监督人代理被监护人（第940条之6）。

（三）成年监护

1. 成年监护的启动

根据成年监护启动的裁判，接受裁判的人应选任成年监护人（第929条）。监护人应自就任之日起1个月内申告启动监护。

2. 成年监护人

考虑到被成年监护人的人身与财产情况，可以设立多个成年监护人，法人也可以成为成年监护人，这一点有别于未成年监护。

家事法院选任成年监护人。因死亡、丧失资格及其他事由无成年监护人的，家事法院依职权或被成年监护人、亲属、利害关系人、检察官、地方自治团体负责人的请求，选任成年监护人。在选任成年监护人后认为有必要时，家事法院依职权或被成年监护人、亲属、利害关系人、检察官、地方自治团体负责人的请求，可以追加选任成年监护人。家事法院在选任成年监护人时应尊重被成年监护人的意思，同时也应考虑被成年监护人的健康、生活情况、

财产情况、将来成为成年监护人的职业与经验、与被成年监护人的利害关系（第 936 条）。成年监护人丧失资格、辞职及变更条件与未成年监护人相同。

3. 成年监护人的职责及权限

（1）职责

关于财产调查与清单的制作、债权债务的提示等职责与未成年监护人相同。成年监护人在管理财产与保护人身时应考虑被成年监护人的利益，此时如不违反被成年监护人的利益，则应尊重被成年监护人的意思（第 947 条）。家事法院可以依职权选任多位成年监护人共同或分别行使权限。但是数个成年监护人共同行使权限的，被成年监护人的利益有受损害之虞时，如果某个成年监护人在法律行为的代理等方面不予配合，家事法院可以依被成年监护人、成年监护人、监护监督人或利害关系人的请求，可以作出代替该成年监护人的意思表示的裁判（第 949 条之 2）。

（2）决定被成年监护人人身方面的权限

被成年监护人在其身体情况允许的范围内自己决定人身相关的问题（第 947 条之 2 第 1 款）。家事法院可以决定成年监护人，被成年监护人人身问题行使权限的范围，但是如果该范围不合理，依本人、配偶、四亲等以内的亲属、成年监护人、成年监护监督人、检察官或地方自治团体负责人的请求变更范围（第 947 条之 2 第 4 款）。

成年监护人以治疗为目的的将被成年监护人隔离在精神病院及其他地点的，应获得家事法院的同意（第 947 条之 2 第 2 款）。对侵害被成年监护人身体的医疗行为，被成年监护人不能同意的，成年监护人可以代替被成年监护人进行同意。在此情形下，被成年监护人因医疗行为有死亡或残疾之虞时，应获得家事法院的许可。但是因许可程序耽误治疗而给被成年监护人的生命造成危险或重大的身心上的伤害的，可以事后请求许可（第 947 条之 2 第 4 款）。成年监护人代理被成年监护人对被成年监护人居住的建筑物及其土地进行买卖、租赁、设定传贳权、解止出租、消灭传贳权及其他类似的行为的，应获得家事法院的许可（第 947 条之 2 第 5 款）。

成年监护人在提起认领请求之诉、撤销婚姻、收养、抛弃或承认继承、提起有关身份关系之诉等情形，享有代理权。对于订婚、结婚、协议离婚、收养、罢养、认领等情形，享有同意权。

（3）有关被监护人财产的权限

监护人管理被监护人财产，并代理被监护人实施与该财产相关的法律行为。家事法院可以决定成年监护人的法定代理权的范围，并且依特定人的请求变更范围。对于利益相反行为、以被监护人的行为为目的的债务负担行为、需要监护监督人的同意的行为、受让被监护人的财产等方面与未成年监护相同。

4. 成年监护的终止

成年监护的终止与未成年监护大体相同。但是在绝对终止方面有被监护人死亡、对被监护人的成年监护终止审判等事由。

5. 监护监督人

在成年监护监督方面，大部分内容与未成年监护监督人相同。但是因主体特殊，没有指定监护监督人，只有选任监护监督人。家事法院认为有必要时，可以依职权或被成年监护人、亲属、成年监护人、检察官、地方自治团体负责人的请求选任成年监护监督人。成年监护监督人因死亡、丧失资格及其他事由而缺席的，家事法院依职权或被成年监护人、亲属、成年监护人、检察官、地方自治团体负责人的请求选任成年监护监督人（第940条之4）。

（四）限定监护

限定监护因限定监护开始裁判而启动。关于限定监护人，限定监护人的资格、选任、辞职、变更等方面与成年监护相同。在限定监护人的职责方面，家事法院可以进行向限定监护人授予代理权的审判，限定监护人在该范围内取得代理权（第959条之4）。

关于限定监护监督人，家事法院认为有必要时，依职权或被限定监护人、亲属、限定监护人、检察官、地方自治团体负责人的请求选任限定监护监督人。限定监护监督人因死亡、丧失资格及其他事由缺席的，家事法院依职权或被限定监护人、亲属、限定监护人、检察官、地方自治团体负责人的请求选任限定监护监督人（第959条之5）。

（五）特定监护

家事法院为援助被特定监护人可以命令实施必要的处分（第959条之8）。特定监护人的资格、辞职、变更等方面与成年监护人相同。在选任特定监护人方面，家事法院根据特定监护处分，可以为援助或代理被特定监护人而选任特定监护人（第959条之9第1款）。

为援助被特定监护人, 家事法院认为有必要时, 决定期间或范围进行授予特定监护人以代理权的裁判。在此情形下, 家事法院可以命令特定监护人行使代理权时应获得家事法院或特定监护监督人的同意 (第959条之11)。家事法院认为有必要时可以依职权或被特定监护人、亲属、限定监护人、检察官、地方自治团体负责人的请求选任特定监护监督人 (第959条之10第1款)。

(六) 监护合同 (任意监护)

1. 意义

监护合同是指, 当出现疾病、残疾、高龄及因其他事由导致精神障碍而缺乏处理事务能力的情形或为防备上述情形的出现, 而向他人委托财产管理及人身保护相关的全部或部分事务, 并对该委托事务授予代理权的合同 (第959条之14第1款)。韩国于2011年修改《民法典》时增加了监护合同的内容。监护合同对安乐死、尊严死等相关的医疗问题的解决具有重要影响。

2. 监护合同的成立及内容

监护合同于人与任意监护人之间达成合意时成立。此时本人应具备理解监护合同内容的能力。监护合同应进行公证, 是要式行为, 同时应进行登记。在选任任意监护监督人之前, 本人或任意监护人可以随时使用经过公证人公证的文件撤回监护合同的意思表示 (第959条之18第1款)。

3. 任意监护的实施

监护合同自家事法院选任任意监护监督人时起生效 (第959条之18第3款)。但是本人为被成年监护人、被限定监护人或被特定监护人的, 家事法院在选任任意监护监督人时应进行终止原先的成年监护、限定监护或特定监护的裁判, 但是为本人利益需要继续进行成年监护或限定监护的, 家事法院不选任任意监护监督人, 在此情形下监护合同不生效 (第959条之20第2款)。

任意监护人不具有监护人资格或存在其他不良行为或不适合履行监护合同约定的义务的, 家事法院可以不选任任意监护人, 不启动任意监护 (第959条之17第1款)。家事法院、任意监护人、任意监护监督人等在履行监护合同时应最大限度地尊重本人的意思 (第959条之14第4款)。

4. 任意监护的终止

在选任任意监护监督人后, 本人或任意监护人有正当事由时可以获得家事法院的许可, 终止监护合同 (第959条之18第2款)。在选任任意监护监督人后，任意监护人有明显的不良行为或其他不适合履行监护合同的事由的，家事法院依任意监护监督人、本人、亲属、检察官或地方自治团体负责人的请求解任任意监护人（第 959 条之 17 第 2 款）。任意监护人的代理权未进行登记，不得对抗善意第三人（第 959 条之 19）。

5. 任意监护监督人

监护合同已登记，并且认为本人缺乏处理事务的能力时，家事法院应依本人、配偶、四亲等以内的亲属、任意监护人、检察官或地方自治团体负责人的请求选任任意监护监督人。在此情形下，家事法院依除本人外的其他人的请求选任任意监护监督人的，应提前征得本人的同意，但是本人无法表示意思的除外。在没有任意监护监督人时，家事法院依职权或本人、亲属、任意监护人、检察官或地方自治团体负责人的请求选任任意监护监督人。已经选任任意监护监督人的，家事法院认为有必要时可以依职权或本人、亲属、任意监护人、检察官或地方自治团体负责人的请求追加任意监护监督人（第 959 条之 15）。

任意监护监督人监督任意监护人的事务，并且定期向家事法院报告事务的履行情况。家事法院认为有必要时可以要求任意监护监督人提交监督报告，并且向监督人命令调查任意监护人的事务或本人财产情况，或对任意监护监督人的职务作出必要的处分（第 959 条 16 第 1、2 款）。

第四节　扶　养[1]

一、绪说

（一）概念

扶养是指一定范围内的亲属之间相互扶助而维持生活的情形。韩国民法承认父母与子女之间的抚养与夫妻之间的扶养以及其他亲属之间的扶养。父母与子女之间的抚养与夫妻之间的扶养不考虑扶养的必要性及可能性，但是亲属之间的扶养需要考虑扶养必要性及可能性问题来确定有无扶养义务。《民法》第 826 条第 1 款是有关夫妻之间的扶养的规定，亲属之间的扶养由第 974

---

[1] 韩国语中不区分"抚养"与"扶养"，因此根据中文的习惯，在本节中会混用这两种词汇。

条规定。

（二）扶养请求权

发生扶养请求权的前提是扶养请求权人无法依自己的能力或劳动收入维持生活，扶养义务人除适当维持自己的生活外，还能接济受扶养人（第977条）。扶养请求权是亲属权的一种，是人身专属性权利。因此不得向他人转让，也不得抵押及抵销等。扶养请求权罹于3年的消灭时效（第163条第1项）。

二、扶养当事人

（一）范围

扶养义务发生于直系血亲及其配偶与其他一起共同生活的亲属之间（第974条）。

1. 亲子之间的抚养

有关亲子之间抚养的法律依据是第913条，父母与成年子女之间抚养的法律依据是第974条。

2. 夫妻之间的扶养

根据第826条或第974条认定夫妻之间的扶养义务。

3. 亲属之间的扶养

直系血亲及其配偶之间的扶养不要求共同维持生计。兄弟姐妹之间及其他亲属之间的扶养限于共同生活的人。此时需要扶养的必要性及可能性。

（二）扶养当事人之间的顺位

1. 扶养义务人为数人的情形

在此情形下根据当事人之间的协议决定扶养人顺位，当事人之间未达成协议或不能达成协议的，依当事人的请求，由家事法院决定顺位（第976条第1款）。家事法院决定扶养人顺位时应进行调解。家事法院可以选任数位共同扶养人（第976条第2款）。

2. 扶养权利人为数人的情形

被扶养人为数人，并且以扶养义务人的资力不能全部扶养时，先依当事人之间协议决定被扶养人的顺位。如无协议，由家事法院决定扶养人的顺位（第976条第1款后段）。

3. 顺位变更及撤销

关于扶养人或被扶养人的顺位，当事人之间达成协议或家事法院作出判决后，对此如有情势变更，法院依当事人的请求可以变更或撤销协议、调解或判决（第978条）。

（三）扶养费的求偿

1. 已支付的扶养费

判例认为，可以请求已支付的子女的扶养费。[1]但是夫妻之间不得请求已支付的扶养费。[2]

2. 第三人的扶养费求偿请求

无扶养义务的第三人扶养被扶养人的，根据无因管理规定可以向被扶养人求偿（第739条）。

3. 扶养人之间的求偿

有数位扶养人时，其中一人承担扶养费的，可以在其他扶养人应承担的范围内请求偿还扶养费。但是不得请求无扶养能力的人偿还扶养费。

（四）扶养标准及方法

1. 扶养标准

原则上依当事人之间的协议决定扶养标准。如无协议，依当事人的请求，由家事法院决定。对此应考虑被扶养人的生活水平与扶养人的资力（第977条）。关于扶养标准与方法，当事人之间达成协议或家事法院作出判决后发生情势变更的，家事法院依当事人的请求可以撤销或变更该协议或判决（第978条）。

2. 扶养方法

具体的扶养方法分为同居扶养与金钱给付扶养。综合考虑同居人的意向、发生扶养义务之前的过程、居住及生活问题等决定同居扶养。金钱扶养以定期向被扶养人支付金钱为原则。

---

〔1〕　参见大判（全）1994.5.13，92SEU21.

〔2〕　参见大判2012.12.27，2011DA96932.

第一节 继 承

一、继承的意义

继承是指人死亡时他人依法律规定概括性地承受其财产上地位的现象。此时死亡的人称为被继承人，承受死亡人地位的人称为继承人。

继承权具有两种意义：一是在继承开始前继承人享有期待权；二是继承开始后继承人处于可以享有继承效果的地位，即享有继承权。这一权利被侵害时发生继承回复请求权。从继承人可以抛弃继承权的角度来看，继承权又具有形成权性质。[1]

二、继承的类型

（一）法定继承与遗嘱继承

法律直接规定继承人的范围、顺位等的继承方式是法定继承；按照被继承人的遗嘱决定继承人的继承方式是遗嘱继承。《民法》仅规定法定继承，但是因为有遗嘱自由，所以概括遗赠时也会发生与指定继承人相同的效果。

（二）单独继承与共同继承

按照继承人的人数的不同分为单独继承与共同继承。在废除了户主继承后，现仅有共同继承。

（三）平均继承与不平均继承

按照各继承人取得的继承财产比例所做的分类。韩国民法以平均继承为

---

〔1〕 参见［韩］池元林：《民法讲议》，弘文社 2017 年版，第 1993 页。

原则。

三、继承的开始

继承自被继承人死亡时开始（第 997 条）。死亡包括自然死亡与拟制死亡。

（一）继承开始的时间

继承开始的时间是决定继承人的资格、范围、顺位、能力的基准，并且是有关继承的权利的除斥期间或消灭时效的起算点。同时也是继承效力发生的时间点、继承财产或计算特留份的标准。

继承开始的时间为被继承人实际死亡之时，而不是死亡宣告的时间点。通常实际死亡以呼吸和心跳停止为标准。但在宣告死亡时与失踪期间届满时认为失踪人死亡（第 28 条），此时继承开始。被宣告失踪的人，在宣告失踪裁判确定时继承开始。根据政府机关的报告，在家族关系登记簿上记载死亡时，推定为在记载死亡日期时死亡。

（二）继承开始的地点

继承开始的地点为开始继承时被继承人的住所地（第 998 条）。但是无法知悉被继承人的住所或在国内无住所的，可以将国内的居所视为住所。如果无居所，应将死亡地点视为继承开始的地点。

（三）继承费用

继承费用包括管理继承财产的费用及清算所需的费用。此外，如果丧葬费用在合理范围内，也应纳入继承费用。[1]继承费用从继承财产中支付（第 998 条之 2）。

四、继承人

（一）继承能力

可以成为继承人的资格称为继承能力。有权利能力的人一般都具有继承能力，但是法人不具有继承能力。根据《民法》第 1000 条第 3 款胎儿具有继承能力。与被继承人有一定亲属关系的自然人才能成为继承人。只有在被继承人死亡时在世的继承人才能继承遗产。

---

〔1〕　参见大判 2003. 11. 14，2003DA30968.

（二）继承人的范围与顺位

《民法》为调整数位继承人之间的利益，防止出现纠纷，规定了继承人之间的顺位。继承人包括血亲继承人与配偶继承人，其中血亲继承人根据与被继承人的亲疏关系分为四个类型（第1000条），配偶始终都是继承人（第1003条），但是姻亲并不是继承人。

1. 血亲继承人

（1）第一顺位：被继承人的直系卑亲属

直系卑亲属不论自然血亲，还是法定血亲都是同顺位的继承人，并且胎儿也属于这一顺位。但是只要有直系卑亲属，不论其生死，都属于继承人。有多位直系卑亲属的，按照与被继承人亲等关系决定其顺位。即同顺位的继承人有数人的，以亲等近者为先；同亲等的继承人有数人的，为共同继承人（第1000条第2款）。

被继承人的直系卑亲属可以代位继承。但是被继承人的多位子女在继承开始前全部死亡或丧失继承资格的，他们的子女对被继承人进行本位继承，还是代位继承？多数说认为是本位继承，少数说认为是代位继承。判例认为是代位继承。[1]

（2）第二顺位：被继承人的直系尊亲属

有数位直系尊亲属的，以亲等近者为先；同亲等的继承人有数人的，为共同继承人（第1000条第2款）。直系尊亲属不发生代位继承问题，但是享有特留份。

（3）第三顺位：被继承人的兄弟姐妹

兄弟姐妹是第三顺位的继承人。兄弟姐妹可以代位继承，也享有特留份。

（4）第四顺位：四亲等以内的旁系血亲

旁系血亲包括兄弟姐妹、兄弟姐妹的直系卑亲属、直系血亲的兄弟姐妹、直系尊亲属的兄弟姐妹的直系卑亲属。其中，兄弟姐妹是第三顺位继承人，兄弟姐妹的直系卑亲属可以代位继承，因此除上述两种继承人外的其他继承人才是第四顺位继承人。他们不能代位继承，也不享有特留份。

2. 配偶继承

有被继承人的直系卑亲属或被继承人的直系尊亲属的，被继承人的配偶

---

〔1〕 参见大判2001.3.9，99DA13157.

与他们成为同顺位的共同继承人，无继承人时成为单独继承人（第1003条第1款）。此处的"配偶"指法律上的配偶，不包括事实婚的配偶。但是没有继承人的情形下，事实婚姻的配偶可以作为特别关系人对遗产享有分配请求权（第1057条之2）。法律上的配偶，即使处于事实上的离婚状态，也享有继承权。

婚姻存在无效事由的，在世的配偶不享有继承权。与此相对，婚姻存在撤销事由的，在进行撤销诉讼过程中即使配偶死亡，在世的另一方仍然享有继承权。[1] 配偶继承遗产后即使婚姻被撤销，因为婚姻撤销不具有溯及效力，所以继承仍然有效。

3. 其他情形

在无继承人时，家事法院依特别关系人的请求可以分配全部或部分遗产，未分配的遗产归国库。

（三）代位继承

1. 意义及性质

代位继承是指，在继承开始前将来可能成为继承人的被继承人的直系卑亲属或兄弟姐妹死亡或丧失继承资格的，该继承人的直系卑亲属与配偶代替死亡或丧失继承资格的人的顺位继承遗产的制度（第1001条、第1003条第2款）。这是为保护代位人对继承的期待而创设的制度。代位继承的性质是代位继承人本身固有的继承权利。[2]

2. 代位继承的要件

第一，被代位继承人是被继承人的直系卑亲属或兄弟姐妹，代位继承人是被代位继承人的直系卑亲属或配偶。

第二，在开始继承前被代位继承人死亡或丧失资格。学说与判例都承认被继承人与继承人同时死亡时发生代位继承。丧失资格的情况包括继承开始前后的情况。因此第1001条所谓的"开始继承前"是特指被代位继承人死亡前的情形。

第三，开始继承时已有代位继承人，并且未丧失继承资格。

---

〔1〕 对此持相反观点的，参见［韩］金畴洙、金相瑢：《亲属继承法》，法文社2017年版，第641页。认为配偶死亡后撤销婚姻的，在死亡时婚姻已消灭，因此不享有继承权。

〔2〕 参见［韩］金畴洙、金相瑢：《亲属继承法》，法文社2017年版，第644页。

3. 代位继承的效果

在发生代位继承后代位继承人按照被代位继承人的顺位继承应由被代位继承人继承的份额。有多位代位继承人的，按照法定继承分配份额（第1010条）。

（四）丧失继承资格（继承权的丧失）

1. 意义

丧失继承权是指当继承人发生一定事由时，按照法律规定继承人丧失继承资格的情形。继承权丧失是继承人对被继承人实施了不道德的行为时，剥夺继承人继承资格的制度。

2. 丧失继承权事由

（1）杀害或蓄意杀害被继承人

杀害或蓄意杀害的对象为直系尊亲属、被继承人及其配偶或先顺位或同顺位的继承人。妻子杀害丈夫的直系尊亲属后丈夫死亡的，因为属于杀害同顺位继承人而丧失继承权。判例认为，对于先顺位或同顺位的胎儿堕胎的，也属于丧失继承权事由。[1]

（2）故意伤害致使直系尊亲属、被继承人或其配偶死亡

此处不包括伤害继承先顺位人或同顺位人致死的情况，并且伤害应是故意伤害，不包括过失致人死亡。

（3）以欺诈或胁迫手段妨碍被继承人设立或撤回遗嘱

此处的遗嘱应为有效遗嘱，并且欺诈、胁迫与设立或撤回遗嘱有因果关系。

（4）以欺诈或胁迫手段，使被继承人设立遗嘱

（5）伪造、变造、销毁或隐匿被继承人遗嘱

3. 丧失继承权的效果

丧失继承权的人不得成为继承人，也不得受遗赠（第1064条）。但是丧失继承权的是继承人，丧失继承权的效果不及于直系卑亲属，因此可以发生代位继承。在继承开始后发生丧失继承权事由时，溯及至继承开始时无效。因此丧失继承权的人善意、无过失地将遗产转让于第三人的，该转让行为自始无效。

---

[1] 参见大判 1992. 5. 22, 92DA2127.

五、继承回复请求权

(一) 意义

继承回复请求权是指，不属于继承人而事实上继承遗产的僭称继承人侵害继承权的，继承权人或其法定代理人提起回复继承之诉的权利（第 999 条第 1 款）。换言之，继承回复请求权是真正继承人对妨害其实现继承权的僭称继承人或自僭称继承人处取得遗产的第三人主张继承权而排除妨害或回复遗产的权利。

(二) 性质

在继承开始时，继承人概括性地继受被继承人的权利义务，因此真正继承人对侵害继承的人以自己享有所有权为由主张物权请求权等回复遗产。但是除了此方法外，《民法》还特意规定了继承回复请求权。关于继承回复请求权的性质有诸多争论。

1. 学说

(1) 独立权利说

继承回复请求权是请求回复基于继承的财产上地位的概括性权利。[1]这一观点认为继承回复请求权与其他个别请求权之间发生竞合。

(2) 集合权利说

继承回复请求权并不是单一、独立的权利，而是在各个被继承财产上发生的请求权的集合，只不过因为遗产的概括承继原则，所以容易构成一个请求权。[2]继承人继承被继承人的各个遗产，对各个遗产的侵害属于对继承权的侵害。

2. 判例

判例认为继承回复请求权是对构成遗产的各个财产发生的个别请求权的集合。即第 999 条的继承回复请求权与其他各种物权请求权相同，两者处于法条竞合关系，因此即使行使个别物权请求权，只要主张继承为权利归属原因的，都属于行使继承回复请求权。[3]

---

〔1〕　参见［韩］宋德洙：《新民法讲议》，博英社 2017 年版，第 1931 页。

〔2〕　参见［韩］金畴洙、金相瑢：《亲属继承法》，法文社 2017 年版，第 616~617 页。

〔3〕　参见大判（全）1991. 12. 24，90DA5740.

（三）继承回复请求权的当事人

1. 继承回复请求权人

继承回复请求权人是指，对遗产丧失占有的真正继承人或其法定代理人。因为从真正继承人处受让继承份额的人概括地承继继承人的地位，所以准于继承人行使继承回复请求权。继承权被侵害的真正继承人未行使继承回复请求权而死亡的，继承人能否承继继承回复请求权呢？由于继承回复请求权是继承人所固有的权利，因此不能承继。死亡的真正继承人的继承人仅享有自己继承权被侵害时的继承回复请求权。

2. 相对人

（1）僭称继承人

继承回复请求权的相对人为僭称继承人。此处的僭称继承人是指，具有信赖其为遗产继承人的外观或僭称为继承人占有全部或部分遗产等方法侵害真正继承人继承权的人。[1]虽然主张自己为继承人，但是不占有遗产的人，并不是僭称继承人。对于不动产遗产，仅以共同继承人中一个人的名义登记的，如果登记名义人具有可信其为遗产继承人的外观，则属于僭称继承人。[2]此时不问僭称继承人是否为善意。

（2）侵害其他继承人继承份额的共同继承人

共同继承人中的一人主张只有自己是继承人而占有遗产或占有超过其继承份额的遗产的，与通常的僭称继承人情况相同，超过其继承份额的遗产因此应属于僭称继承人。[3]

（3）从僭称继承人处取得遗产的第三人

通说及判例认为从僭称继承人处取得遗产的第三人也可以是继承回复请求权的相对人。

（四）继承回复请求权的行使

1. 行使方法

继承回复请求权应是裁判上行使的权利，应提起履行之诉，由一般法院

---

[1] 参见大判 1998.3.27，96DA37398.

[2] 参见大判 2010.1.14，2009DA41199.

[3] 参见大判 1997.1.21，96DA4688；[韩] 金畴洙、金相瑢：《亲属继承法》，法文社 2017 年版，第 625 页。

管辖（《民事诉讼法》第 22 条）。请求回复继承的继承人应证明自己享有继承权的事实与在开始继承时请求标的物由被继承人占有的事实，但无须证明被继承人对标的物享有本权等事实。

2. 行使效果

承认继承回复请求权的判决生效后僭称继承人应将其占有的遗产返还给真正继承人。对于遗产的返还范围，应类推适用第 201 条及第 203 条。但是遗产的孳息与使用利益应作为遗产处理，因此无论僭称继承人是否为善意，都应返还。

继承回复的效果亦及于第三人。第三人从僭称继承人处受让不动产的，因为登记无公信力，所以第三人不受保护。但是标的物为动产、指示债券、无记名债券或有价证券时，可以善意取得，第三人获得保护。受让人不得善意取得标的物时，只能要求出让人承担担保责任。向僭称继承人清偿债务的，属于向债权的准占有人清偿，因此为有效清偿（第 470 条）。

（五）继承回复请求权的消灭

1. 除斥期间的经过

继承回复请求权自知道侵害之日起满 3 年或自发生侵害之日起满 10 年消灭（第 999 条第 2 款）。此处的 3 年或 10 年为除斥期间。判例认为，该期间应视为起诉期间，因此对于继承回复之诉，法院应依职权调查是否超过除斥期间，对于超过除斥期间起诉的，应予以驳回。[1]

继承回复请求权因除斥期间经过而消灭的，继承人丧失继承人的地位，因此间接达到承认僭称继承人地位，使僭称继承人溯及至继承开始之时取得继承人的地位的效果。[2]

2. 继承回复请求权的抛弃

真正继承人可以抛弃继承回复请求权，但是继承开始之前不得抛弃。

六、继承的效力

（一）一般效力

1. 概括继承

继承人在继承开始时概括地继承被继承人财产相关的权利与义务，称为

---

[1]　参见大判 20101.14，2009DA41199.
[2]　参见大判 1998.3.27，96DA37398.

概括承继（第 1005 条）。此种效果与继承人的主观意思无关，是根据法律规定发生的效果，是当然承继。此处的遗产包括被继承人的积极财产与消极财产。但是不包括被继承人的人身专属性权利。

2. 遗产范围

（1）财产权利

第一，物权。所有权是当然被继承的权利，必须同时继承担保物权与被担保债权。合有人的合有份额不能被继承。继承开始后由继承人占有被继承人原先占有的物。

第二，债权。除人身专属性的债权外都可以被继承。继承人不抛弃继承或限定承认的，对继承的债务承担无限责任。但是不能继承委任合同中的当事人地位、定期赠与中赠与人或受赠人的地位。

第三，保证债务。对于保证债务，应考虑人身专属性问题。即因为主债务人与保证人之间有信赖关系，所以应考虑人身专属性，但是不对继承人产生不能预见的损害的，为保护债权人利益，继承人应继承保证债务。关于继续性保证债务，未定保证期间与保证范围的，不被继承，但是应继承在继承开始前已经发生的保证债务。对于人身保证合同，因人身保证人死亡而丧失效力，但是应继承在人身保证人死亡前基于人身保证合同已发生的债务。[1]

第四，合同地位。在通常情况下，只要不具有人身专属性，应继承合同地位。例如，应当然继承租赁合同中出租人与承租人的地位等。

第五，损害赔偿请求权。损害赔偿请求权当然被继承。抚慰金请求权是人身专属性权利，但是当事人之间对于赔偿已达成合意或起诉的，应被继承。[2]

第六，保险金请求权。作为保险合同当事人，被继承人将自己列为被保险人及受益人的，保险金请求权属于遗产。[3]被继承人将自己列为被保险人，将特定继承人列为受益人的，保险金请求权成为该特定继承人的固有财产，因此不属于遗产。被继承人将自己列为被保险人而保险合同到期时本人未死亡的，本人为受益人；如果本人死亡，则继承人为受益人，保险金请求权属

---

[1] 参见大判 1972.2.29，71DA2747.

[2] 参见大判 1993.5.27，92MEU143.

[3] 参见大判 2002.2.8，2000DA64502.

于继承人的固有财产，因此不属于遗产。[1]

第七，死亡退休金及遗属年金属于遗属固有的权利。扶养请求权属于人身专属性权利，因此不属于遗产。

（2）财产上的义务

关于登记移转义务，被继承人在签订出让不动产合同后进行移转登记前死亡的，继承人继承不动产移转登记义务。

3. 祭祀财产的特别承继

《民法》规定一些祭祀财产不属于继承人概括承继的一般财产，应作为特别财产对待，由特定人承继祭祀财产。因为祭祀财产有其特殊性，不能作为一般遗产来对待，这缘于重视家族传承的韩国习俗。

属于坟墓1町步[2]以内的禁养林地及600坪以内的墓土农地、宗谱及祭具属于祭祀财产（第1008条之3）。这些祭祀财产由主持祭祀的祭祀者承继。判例认为，死亡人的共同继承人之间达成合意决定祭祀者；如果不能达成合意，且祭祀的主持人不能胜任的，则死者的长子担任祭祀者；共同继承人中没有儿子的，由长女担任祭祀者。[3]祭祀财产可以生前承继，且不适用民事执行法上的扣押规定。

（二）继承份额

继承份额又称为应继份，是指各共同继承人对概括性遗产享有的权利义务的比例（第1007条）。

1. 法定继承份额

（1）同顺位继承人之间的继承份额

有数位同顺位继承人的，继承份额均等（第1009条第1款）。

（2）配偶的继承份额

关于被继承人的配偶的继承份额，与直系卑亲属共同继承时，应加算直系卑亲属继承份额的1/5；与直系尊亲属共同继承的，应加算直系尊亲属继承份额的1/5（第1009条第2款）。

---

[1] 参见大判 2001.12.28，2000DA31502.

[2] 韩国、朝鲜、日本特有的计量单位。1町步约等于1公顷。

[3] 参见大判（全）2008.11.20，2007DA27670.

（3）代位继承人的继承份额

按照被代位人的份额计算代位继承人的继承份额。如果代位人为数人，他们之间的关系按照法定继承份额计算（第1010条）。

2. 特别受益人的继承份额

（1）意义

共同继承人中有人获得被继承人的赠与或遗赠的，应考虑这些特别利益再决定继承份额。因此这些特别受益人在其受赠财产未达自己继承份额时，其可享有的继承份额以不足部分为限（第1008条）。

（2）特别受益人

承担特别受益返还义务的受赠人或受遗赠人属于承认继承的共同继承人。但是抛弃继承的人只要不侵害其他共同继承人的特留份，不承担返还义务。

关于代位继承，被代位人从被继承人处获得特别受益的，代位继承人应承担返还义务。共同继承人的直系卑亲属、配偶或直系尊亲属等受到赠与或遗赠的，不承担特别受益的返还义务。但是在继承开始前共同继承人死亡时，受赠人或受遗赠人的人代位继承。在此情形下，基于公平理念，代位继承人承担返还义务。[1]但是考虑到与未发生代位继承时的衡平问题，应认为只有在被代位人死亡或丧失资格后受益的情况下才承担返还义务。[2]

概括遗嘱受赠人无须返还从被继承人处获得的遗赠财产。虽然在受益时并未具有继承资格，但是之后成为赠与人或遗赠人的配偶或养子女的，通常认为具有返还义务。[3]

（3）特别受益

《民法》未规定生前赠与的财产范围。判例认为，对于哪种生前赠与属于特别受益，应考虑被继承人的生前财产、收入、生活水平、家庭情况及共同继承人之间的利益平衡，判断能否将生前赠与视为提前向将来继承人给予其应继承的遗产份额。[4]但是被继承人生前为履行自己的养育义务或抚养义务而给付给共同继承人的财产不属于此处所言的特别受益，只有超过上述范围

〔1〕 参见［韩］金畴洙、金相瑢：《亲属继承法》，法文社2017年版，第691页。

〔2〕 参见大判2014.5.29，2012DA31802.

〔3〕 参见［韩］金畴洙、金相瑢：《亲属继承法》，法文社2017年版，第693页。

〔4〕 参见大判2011.12.8，2010DA66644.

的部分才能作为特别受益。

遗赠不论其目的如何，都应返还。但是遗赠的标的物在开始继承时尚未属于遗产，因此无须加算该价额。[1]生命保险的保险金类似于遗赠或死因赠与，因此应属于特别受益。

（4）继承份额的计算

在共同继承人中有物别受益人的，继承份额的计算方法如下：即以被继承人在继承开始时持有的财产价额加算生前赠与的价额后，再乘以各共同继承人的法定继承份额比例，并从中扣除物别受益人的受赠与遗赠价额得出最终的继承份额。[2]具体公式如下：

物别受益人的继承份额＝（现有遗产价额+生前赠与价额）×法定继承份额−特别受益

（5）特别受益超出继承份额时的处理方法

当特别受益少于受益人的继承份额时，不足部分变为继承份额，因此只能继承该不足部分。当特别受益多出继承份额时，受益人不能再继承遗产。但是物别受益人如果侵害了其他共同继承人的利益，在特留份范围内返还超出自己继承份额的特别受益。[3]

3. 特殊贡献份额

（1）意义

特殊贡献份额是指，在计算继承份额时应当考量共同继承人对于被继承人财产的维护及增加有无特别贡献或扶养被继承人的事实（第1008条之2）。特殊贡献份额力求达到共同继承人之间的实质公平，这一点与特别受益返还制度相同，但是区别在于后者着眼于已取得利益的返还，前者着眼于有特殊贡献时提高其继承份额。

（2）要件

第一种要件为，应长期同居、履行看护职责或以其他方法扶养被继承人。对此应综合考虑具体事实关系予以判断。这一要件中的扶养应超出通常范围，

---

〔1〕　参见［韩］宋德洙：《新民法讲议》，博英社2017年版，第1909页。

〔2〕　参见大判1995.3.10，94DA16571.

〔3〕　参见［韩］池元林：《民法讲议》，弘文社2017年版，第2039页。

但是并不要求维持或增加继承人的财产。[1]

第二种要件为，按照通常的继承份额继承遗产不利于有特殊贡献的人。在此情形下，要求特殊贡献份额人的贡献与被继承人财产的维持或增加之间存在因果关系。

（3）特殊贡献份额人的范围

即使非共同继承人对被继承人财产的维持与增加有贡献，也不能成为特殊贡献份额人。并且如有先顺位继承人，即使后顺位继承人有特殊贡献，也不能请求特殊贡献份额。代位继承人不仅可以主张自己的特殊贡献份额，也可以主张被代位人的特殊贡献份额。

（4）特殊贡献份额的决定

特殊贡献份额应由全体共同继承人达成协议后决定（第 1008 条之 2 第 1 款）。在没有或无法达成协议时，依特殊贡献份额人的请求，由家事法院决定（第 1008 条之 2 第 2 款）。

因为特殊贡献份额是分割遗产前的问题，所以在请求分割遗产或申请调解时可以进行特殊贡献份额裁判。但是在分割遗产后，被认领人或依裁判成为共同继承人的人请求与其继承份额相当的价款时，可以请求特殊贡献份额（第 1008 条之 2 第 4 款）。因此在决定特殊贡献份额前特留份返还请求诉讼中，被告不得抗辩自遗产中扣除自己的特殊贡献份额。[2]

（5）特殊贡献份额的承继与抛弃

依共同继承人的协议或家事法院的判决决定特殊贡献份额后，该特殊贡献份额与继承份额一同成为继承、转让的对象。在决定特殊贡献份额前可以承认特殊贡献份额。[3]

4. 继承份额的出让与受让

（1）继承份额的出让

《民法》虽然没有直接规定继承开始后至分割遗产前可以出让继承份额，但是第 1011 条以出让为前提规定了与受让相关的内容，因此应认为继承份额可以出让。此处的继承份额指对于全部遗产共同继承人享有的一定比例的价

---

〔1〕 参见［韩］金畴洙、金相瑢：《亲属继承法》，法文社 2017 年版，第 702 页。

〔2〕 参见大判 1994. 10. 14，94DA8334.

〔3〕 参见［韩］金畴洙、金相瑢：《亲属继承法》，法文社 2017 年版，第 707 页。

款，即继承人的地位。[1]出让继承份额的，受让人与继承人处于同一地位，因此可以参与继承财产的管理及分割。

（2）继承份额的受让

有些共同继承人将份额出让给第三人的，其他共同继承人可以支付相应价款及出让费用后受让该继承份额（第 1011 条第 1 款）。这一制度的目的是为解决因第三人参加遗产分割而发生的不便。

受让继承份额要满足共同继承人向第三人出让继承份额及分割遗产前受让两个要件。因为受让权是形成权，所以应以共同继承人向受让人单方作出意思表示的方式行使，并且应自共同继承人知道出让继承份额之日起 3 个月，自出让之日起 1 年内行使（第 1011 条第 2 款）。

（三）共同继承

1．意义

共同继承人按照其各自的继承份额，承继被继承人的权利义务（第 1007 条）。共同继承人之间按照继承份额分割遗产前共同共有遗产（第 1006 条）。

2．债权债务的共同继承

在继承开始时可分债权按照继承份额的比例由共同继承人承继（第 408 条）。不可分债权在分割遗产前不可分地归属于共同继承人，各继承人共同或单独为全体继承人的利益请求债务人履行全部债权，债务人向其中任意继承人履行即可免除债务（第 409 条）。

关于可分债务，向各共同继承人按照继承份额分配。[2]关于不可分债务，共同继承人各自对全部不可分债务承担清偿责任（第 411 条、第 414 条）。

七、遗产分割

（一）意义

遗产分割是指，在继承开始前共同继承人共同共有遗产，但是继承开始后分割的遗产归各个继承人。

共同继承人为终止共同共有关系，可以随时请求分割遗产，但是遗产分割请求受到一定限制。被继承人可以在遗嘱中规定禁止自继承开始之日起 5

---

〔1〕　参见大判 2006.3.24，2006DA2179.

〔2〕　参见大判 2013.3.14，2010DA42624、42631.

年内请求分割遗产（第 1012 条后段）。因为共同继承人共同共有遗产，所以共同继承人可以达成限制分割遗产的协议，但是该限制分割遗产的期间不得超过 5 年。

（二）指定分割

被继承人可以依遗嘱或委托第三人决定遗产分割方法（第 1012 条前段）。这种分割遗产的方法称为指定分割。被继承人的分割方法应按照各共同继承人的法定继承份额。如果指定不同于法定继承份额，该指定具有遗赠的效果。

受托的第三人应按照法定继承份额指定。如有违反，则无效。如果第三人未受托或不指定，继承人应给予合理期间催告受托或指定。如在合理期间内未回复，则视为拒绝受托，可以进行协议分割或裁判分割。[1]

（三）协议分割

遗嘱未禁止分割遗产的，共同继承人可以随时达成协议分割遗产（第 1013 条第 1 款）。

1. 分割协议的当事人

继承人中的一人请求分割遗产的，其他继承人应协商分割遗产的具体内容。因此全体共同继承人都应参加分割协议，包括概括受遗赠人与继承份额的受让人。

根据第 1000 条第 3 款，关于继承顺位，胎儿拟制为出生，但是胎儿无法参加分割协议，因此应等到胎儿出生后再进行遗产分割；[2]共同继承人中有限制行为能力人的，由法定代理人参加协议，但是未成年人及其亲权人都属于共同继承人时达成的分割协议属于利益相反行为，因此应为未成年人选任特别代理人，未选任特别代理人而达成的遗产分割协议无效。[3]

对于继承人提起了继承资格丧失、亲生否认、亲生子女关系不存在、认领无效、婚姻无效、收养无效等诉讼的，经过审判确认有人丧失继承人资格时，该继承人参加的分割协议无效，因此应等待判决生效后再进行分割协议。[4]

---

[1] 参见［韩］金畴洙、金相瑢：《亲属继承法》，法文社 2017 年版，第 714 页。
[2] 参见［韩］金畴洙、金相瑢：《亲属继承法》，法文社 2017 年版，第 717 页。
[3] 参见大判 2001. 6. 29，2001DA28299.
[4] 参见［韩］金畴洙、金相瑢：《亲属继承法》，法文社 2017 年版，第 716 页。

2. 协议方法与分割标准

因为遗产分割协议是共同继承人之间达成的一种合同，所以应由全体共同继承人参与，只有部分继承人参加的协议无效。[1]分割方法不受限制，继承人可以选择实物分割、变价分割、折价赔偿等方法。

可分债权被共同继承时，在继承开始的同时按照法定继承份额归于各继承人，因此原则上不可能成为分割协议的对象。[2]但是使不可分债权一律不得成为分割对象会发生不合理的结果。例如，可能出现在共同继承人中有获得特别受益的人不返还超出部分，仍然继承法定继承份额的不合理结果。因此，如有特殊情况，应通过分割遗产达到继承人之间的利益平衡，所以有时可分债权也应成为遗产分割的对象。[3]可分债务被共同继承时也按法定继承份额归于各继承人，因此也不能成为遗产分割协议的对象。

3. 分割协议无效、可撤销

参与分割协议的继承人不具有继承资格或排除一部分继承人的分割协议无效，此时应再次进行分割协议。分割协议的意思表示有错误、欺诈、胁迫的，表意人可以撤销。

4. 分割协议的合意解除

全体共同继承人达成合意可以解除遗产分割协议。在此情形下，基于协议发生的物权变动溯及至始无效，但是不得侵害第三人的权利。[4]

（四）裁判分割

共同继承人之间对于遗产分割没有或无法达成协议的，家事法院依裁判分割遗产（第1013条第2款、第269条）。在此情形下，共同继承人可以依《家事诉讼法》向家事法院请求遗产分割裁判，不得对个别遗产提起共有物分割诉讼。[5]共同继承人请求分割遗产时，应先申请调解。调解不成立的，可以申请裁判。

1. 继承人的确定

对于胎儿的问题，应将裁判推迟到胎儿出生时。对于继承资格有问题的

---

〔1〕　参见大判 2004. 10. 28，2003DA65438、65445.

〔2〕　参见大决 2016. 5. 4，2014SEU122.

〔3〕　参见大决 2016. 5. 4，2014SEU122.

〔4〕　参见大判 2004. 7. 8，2002DA73203.

〔5〕　参见大判 2015. 8. 13，2015DA18367.

人提起的形成之诉，在形成之诉判决确定之前中止审理。

2. 遗产范围与价款的确定

因特定财产是否属于遗产而起诉的，在该判决确定之前应停止裁判分割遗产程序。对于某些遗产进行裁判分割后发现该物不属于遗产的，应按照担保责任问题处理（参考第 1016 条）。如果将有争议的遗产排除后进行裁判，但是分割遗产后发现该物属于遗产的，则仅对该物进行分割。

继承开始后于分割裁判前构成遗产的财产发生价格变动的，应以实际取得遗产的时间点为准评估遗产价格。[1]

3. 分割方法

分割以实物分割为原则，但是不进行实物分割或实物分割明显损害财产价值的，法院应拍卖物品后分割价款（第 1013 条第 2 款）。此外，还有代偿分割方法，即将特定遗产归于共同继承人中的一人或数人，再计算他们的继承份额及特殊贡献份额与该特定财产的价格之差的方法（《家事诉讼规则》第 115 条第 2 款）。

（五）遗产分割效力

1. 溯及效力及其限制

遗产分割溯及至继承开始时（第 1015 条主文），即以共同继承人各自从被继承人处直接承继遗产时开始生效。溯及效力只涉及实物分割的情形。在分割遗产时共同继承人取得不动产的，可以直接进行移转登记，也可以先进行共有登记，之后再进行移转登记。[2]遗产分割的溯及效力不得侵害第三人的权利（第 1015 条但书）。

2. 遗产分割后被认领人的请求权

被继承人死亡后非婚生子女被认领的，认领效力溯及至出生时，因此被认领人也自继承开始时成为继承人。《民法》规定赋予遗产分割后因认领等原因成为共同继承人的人可以请求其继承份额的权利（第 1014 条）。适用这个条款的前提是共同继承人已经分割及处分遗产。被认领人可以请求其继承份额，但是此处的继承份额只针对遗产中的积极财产。[3]被认领人请求支付继

〔1〕 参见［韩］金畴洙、金相瑢：《亲属继承法》，法文社 2017 年版，第 728 页。
〔2〕 参见［韩］池元林：《民法讲义》，弘文社 2017 年版，第 2055 页。
〔3〕 参见［韩］金畴洙、金相瑢：《亲属继承法》，法文社 2017 年版，第 732 页。

承份额时应以事实审辩论终结时为准计算价格。[1]

3. 共同继承人的担保责任

《民法》规定共同继承人之间相互承担担保责任。共同继承人对其他共同继承人因分割而取得的财产，以其继承份额为限，承担与出卖人相同的担保责任（第 1016 条）。

对其他继承人因分割而取得的债权，共同继承人担保分割时债务人的资力（第 1017 条第 1 款）。对未届清偿期的债权或附停止条件的债权，各共同继承人担保请求清偿时的债务人的资力（第 1017 条第 2 款）。

承担担保责任的共同继承人中，如果有无偿还资力的人，其承担部分由求偿权人及有资力的其他共同继承人按其继承份额承担（第 1018 条主文）。但是因求偿权人的过失而未偿还的，不得请求其他共同继承人分担（第 1018 条但书）。

八、继承的接受与放弃

（一）概述

1. 意义

继承人当然继承被继承人的遗产，但是遗产包括积极财产与消极财产，因此继承人会在违反本人自由意志的前提下承担责任。为保护继承人的利益，应赋予继承人拒绝继承的权利。因此在被继承人死亡时继承人虽然概括承受被继承人的权利义务，但也有权拒绝。这就是继承的承认与放弃。

继承的承认是指，对于原属于被继承人的财产上的权利义务在继承开始时归属于继承人的效果，继承人本人予以承认的意思表示，包括概括接受[2]、限定接受。继承的放弃是指，因继承开始而承继的权利义务溯及至继承开始时而消灭的继承人的意思表示。

2. 性质及要件

继承的接受与放弃是无相对人的意思表示，但是需要向法院申告（第 1030 条、第 1041 条）。只有继承人才能接受或放弃继承，并且继承人应具有

---

〔1〕　参见大判 2002.11.26，2002MEU1398.

〔2〕　概括接受的韩文直译为单纯接受，其含义为继承人无限制地概括接受被继承人的权利义务。本书使用概括接受这一用语。

行为能力。如果继承人为限制行为能力人，则应经过法定代理人的同意或由法定代理人代理。法定代理人代理未成年人接受或放弃继承的，会构成利益相反行为，因此应向家事法院请求选任特别代理人（第921条）。监护人代理被监护人接受、放弃继承或者未成年人、被限定监护人同意接受或抛弃继承的，如有监护监督人，则应取得其同意（第950条第1款第3项、第959条之6）。继承人的任意代理人也可以代理继承人接受或放弃继承。继承的接受或放弃应在继承开始后进行，因此在继承开始前的放弃约定无效。[1]

3. 接受及放弃的考虑期间

继承人自知道继承开始之日起3个月内可以表示概括接受、限定接受或抛弃（第1019条第1款本文）。继承人在接受或放弃前可以调查遗产（第1019条第2款）。上述3个月期间是继承人调查遗产情况后作出判断的考虑期间。如果继承人未在该期间内接受或放弃继承，则拟制为概括接受（第1026条第2项）。

3个月的考虑期间应从"继承开始之日"起计算。判例认为，"知道继承开始之日"是指知道继承开始原因事实发生，且因此知道自己成为继承人的时间。有多个继承人的，应各自计算考虑期间。如果第一顺位人放弃继承，由第二顺位人自知道自己成为继承人之日起计算考虑期间。[2]但是继承人为限定能力人的，考虑期间自亲权人或监护人知道继承开始之日起计算（第1020条）。继承人未接受或放弃继承而在考虑期间内死亡的，继承人自知道自己继承开始之日起计算3个月的考虑期间（第1021条）。对于考虑期间，依利害关系人或检察官的请求，可以由家事法院延长（第1019条第1款但书）。继承人无重大过失而在3个月的考虑期间内不知继承债务超过遗产的事实而概括接受的，自知道该事实之日起3个月内可以表示限定接受（第1019条第3款）。

4. 接受或放弃的撤销

（1）禁止撤销情形

继承人在3个月的考虑期间内不得撤销接受或放弃继承（第1024条第1款）。此处的撤销并不是法律行为有瑕疵时的撤销，而是指撤回，因此上述规

---

[1] 参见大判1998.7.24，98DA9021.

[2] 参见大判2005.7.22，2003DA43681.

定与《民法》总则的撤销规定不发生冲突（第1024条第2款主文）。

（2）接受或放弃的撤销

未成年人或被限定监护人未经法定代理人的同意接受或放弃继承、被成年监护人接受或放弃继承、因错误、欺诈、胁迫接受或放弃继承的，可以撤销相应的意思表示。限定继承的接受或放弃应向家事法院进行书面申告（《家事诉讼法规则》第76条）。

撤销接受或放弃继承的权利自可追认之日起3个月内，接受或放弃继承之日起1年内行使（第1024条第2款但书）。因为对于继承的接受或放弃可以适用总则编的撤销规定，因此应认为总则编的无效规定也适用于继承的接受或放弃。

5.接受或放弃继承前的遗产管理

（1）继承人的管理义务

继承开始后继承人概括承继遗产，但是继承人接受或放弃继承之前遗产归属处于不确定状态。在此情形下，继承人应尽与自己财产相同的管理义务，但是概括接受或放弃时除外（第1022条）。放弃继承后至新继承人可以管理遗产之前，原先继承人应尽第1022条的义务管理遗产（第1044条）。

（2）处分遗产

家事法院可以依利害关系人或检察官的请求，命令保存遗产所必要的处分（第1023条第1款）。法院选任财产管理人的，准用有关失踪人的第24条至第26的规定（第1023条第2款）。

（二）概括接受

1.意义

概括接受是指继承人无限制地全部接受被继承人的权利义务的意思表示。继承人在考虑期间内通常作出限定接受或放弃遗产的表示，很少有直接表示概括接受的情况。

2.法定概括接受

出现下列情形时不问继承人有无概括接受的意思，视为概括接受（第1026条）。

第一，继承人实施了处分遗产的行为。处分行为包括法律行为及事实行为。因为继承人在接受或放弃之前须承担对遗产的管理义务，所以此处的处分行为应超出管理行为。

第二，继承人未在 3 个月内限定接受或放弃继承。

第三，继承人表示限定接受或放弃遗产后，将继承财产隐匿或不正当消费或故意不记入财产清单的情形。因继承人放弃由次顺位继承人继承的，排除适用第 1026 条第 3 项规定的概括接受（第 1027 条）。

（三）限定接受

1. 意义

限定接受是指继承人以在继承可取得的财产范围内清偿被继承人的债务与遗赠为条件接受继承的意思表示（第 1028 条）。继承人为数人的，各继承人可以仅以因继承份额而取得的财产范围内，清偿被继承人的债务及遗赠为条件接受继承（第 1029 条）。

继承人在表示限定接受时，应在第 1019 条第 1 款或第 2 款规定的期间内附遗产清单向家事法院申告限定接受（第 1030 条第 1 款）。依第 1019 条第 3 款规定限定接受的，如果遗产中有已经处分的财产时，将该清单与价格一并提交（第 1030 条第 2 款）。在限定接受时，在遗产清单中故意遗漏遗产的，视为概括接受（第 1026 条第 3 项）。

2. 限定接受的效果

限定接受的继承人只须在继承取得的积极财产范围内清偿被继承人的债务与遗赠（第 1028 条、第 1029 条）。换言之，只需要承担物的有限责任。因此继承债权人可以请求限定接受的继承人清偿被继承人的全部债务。此时，如果继承人清偿超出部分，则为有效的清偿。

在限定接受继承时，不消灭继承人对被继承人财产上的权利义务（第 1031 条但书）。因此继承人对被继承人享有债权的，可以与其他继承债权人一同参与清偿分配；被继承人对继承人享有债权的，继承人应清偿债务。限定接受的继承人对遗产应尽与自己财产相同的管理义务。继承人为数人的，法院可依各继承人和其他利害关系人的请求，在共同继承人中选任遗产管理人。法院选任的管理人，代表共同继承人管理遗产并清偿债务（第 1040 条）。

3. 限定接受的清算程序

（1）对债权人的公告与催告

限定接受人自表示限定接受之日起 5 日内，应向一般继承债权人与受遗赠人发出限定接受的事实的公告，并确定 2 个月以上的公告期间对申报债权或受赠的内容进行公告。关于公告方法与催告，准用有关法人清算的第 88 条第 2 款、第 3 款、第 89 条（第 1032 条）。

（2）清偿的顺序与方法

限定接受人在申报期间届满前可以拒绝清偿继承债权（第 1033 条）。限定接受人在申报期间届满后按各债权额的比例，用遗产向在此期间内已申报的债权人及限定接受人已知的债权人清偿。但是不得损害享有优先权的债权人权利（第 1034 条第 1 款）。

根据第 1019 条第 3 款规定表示限定接受的，继承人应将遗产中剩余的财产和已经处分的财产加起来进行上述 1034 条第 1 款的清偿（第 1034 条第 2 款主文）。但是在表示限定接受前，应从已经处分的财产中扣除向继承债权人或受遗赠人清偿的价款（第 1034 条第 2 款但书）。限定接受人对未届清偿期的全部债权进行分配清偿。附条件的债权或存续期间不确定的债权，须按照法院选任的评估人的估价进行清偿（第 1035 条）。

限定接受人根据第 1034、1035 条规定，在向继承债权人清偿前不得向受遗赠人清偿（第 1036 条）。在第 1032 条第 1 款规定的期间内未申报的继承债权人和受遗赠人中，如果限定接受人并不知道其存在，只有遗产有剩余时才能受偿。但对遗产存在特别担保的除外（第 1039 条）。根据第 1034 条、第 1035 条、第 1036 条规定进行清偿时，有必要变卖全部或一部分遗产的，应根据《民事执行法》拍卖（第 1037 条）。

（3）不当清偿责任

限定接受人怠于在第 1032 条规定的期间内实施公告、催告或违反第 1033 条至第 1036 条规定，向某一继承债权人或受遗赠人清偿而致使不能向其他继承债权人或受遗赠人清偿的，限定接受人应赔偿其损失。在根据第 1019 条第 3 款限定接受的，因过失而在继承前不知被继承的债务超过继承财产的继承人，向继承债权人或受遗赠人清偿时，亦同（第 1039 条第 1 款）。对上述损害赔偿准用第 766 条规定（第 1039 条第 3 款）。

因限定接受人的不当清偿而未受偿的继承债权人或受遗赠人，可以向知道该事由而受偿的继承债权人或受遗赠人行使求偿权。根据第 1019 条第 3 款规定限定接受的，对于明知继承的债务超过继承的财产而受偿的继承债权人或受遗赠人，适用上述规定（第 1038 条第 2 款）。对此求偿权准用第 766 条规定（第 1039 条第 3 款）。

（四）继承的放弃

1. 意义及方法

继承的放弃是指，全面拒绝因继承发生的权利义务的单方行为。继承人放弃继承的，应在 1019 条第 1 款规定的期间内，向家事法院申报放弃继承（第 1041 条）。

2. 效果

放弃继承的效力溯及至继承开始时（第 1042 条）。部分共同继承人放弃继承的，该放弃人的直系卑亲属不能代位继承放弃人的财产。[1]因为只有在被代位人继承开始前死亡或丧失继承资格时才能发生代位继承。全体继承人放弃继承时，次顺位继承人作为本位继承人继承遗产。[2]

继承人为数人的，如果某一个继承人放弃继承，其继承份额按其他继承人的继承份额比例，归于其他继承人（第 1043 条）。在被继承人的配偶与子女中，全体子女放弃继承的，配偶与被继承人的孙子女或直系尊亲属共同成为继承人，如果无被继承人的孙子女与直系尊亲属，配偶成为单独继承人。[3]放弃继承人在其他继承人继承遗产前应继续管理遗产（第 1044 条第 1 款）。此时准用第 1022 条与第 1023 条（第 1044 条第 2 款）。

九、财产分割

（一）意义

财产分割是指，继承开始后依继承债权人、受遗赠人或继承人的债权人的请求，家事法院分割遗产与继承人固有财产的处分（第 1045 条第 1 款）。这是为防止与继承人或被继承人交易的债权人因遗产与交易人的固有财产混合而受到损失。

（二）财产分割程序

继承债权人、受遗赠人或继承人的债权人可以请求财产分割（第 1045 条第 1 款）。财产分割的相对人为继承人或遗产管理人。请求权应自继承开始之日起 3 个月内行使（第 1045 条第 1 款）。但是继承人未接受或放弃继承的，

---

〔1〕 参见〔韩〕金畴洙、金相瑢：《亲属继承法》，法文社 2017 年版，第 770 页。

〔2〕 参见大判 1995. 9. 26，95DA27769.

〔3〕 参见大判 2015. 5. 14，2013DA48852.

即使经过 3 个月期间，也可以请求财产分割（第 1045 条第 2 款）。

（三）财产分割的效力

财产分割判决确定后遗产与继承人的固有财产分离，但是不消灭继承人对被继承人财产上的权利义务（第 1050 条）。

法院命令分割财产时，应对遗产的管理作出必要的处分。法院选任财产管理人时，准用第 24 条至第 26 条规定（第 1047 条）。在继承人表示概括接受后，即使存在财产分割命令，也应当对遗产尽与自己财产相同的注意义务。在此情形下，准用第 683 条至第 685 条及第 688 条第 1、2 款规定（第 1048 条）。财产分割涉及不动产的，未经登记不得对抗第三人（第 1049 条）。

家事法院命令分割财产时，该请求人应在 5 日内向一般继承债权人与受遗赠人公告，将财产分割命令的事实以及在一定期间内申报债权或受遗赠的内容。公告期间应为 2 个月以上。在此情形下，准用第 88 条第 2、3 款和第 89 条规定（第 1046 条）。

继承人在请求财产分割的期间届满前及对继承债权人及受遗赠人公告的申报期间届满前，可以拒绝向继承债权人与受遗赠人清偿（第 1051 条第 1 款）。在上述两个期间届满后，继承人需要优先清偿享有质权、抵押权等优先权的债权人的债务。之后继承人向提出财产分割请求或在该期间内申报的继承债权人、受遗赠人及继承人已知的继承债权人、受遗赠人，按其各自的债权额或受遗赠的比例清偿（第 1051 条第 2 款）。在此情形下，准用第 1035 条至第 1038 条规定（第 1051 条第 3 款）。

继承债权人与受遗赠人，就遗产不得全部受偿的，可以就继承人的固有财产受偿（第 1052 条第 1 款）。但是对于继承人的固有财产，继承人的债权人优先于继承债权人与受遗赠人受偿（第 1052 条第 2 款）。

十、继承人有无不明

（一）意义

继承人有无不明是指有无继承人不明确的情形（参考第 1053 条第 1 款）。继承人有无不明的，需要管理与清算遗产。继承人有无不明是指，身份不明的人死亡；继承人为僭称继承人而真正继承人有无不明；唯一继承人丧失继

承资格或推定为同时死亡；全体继承人放弃继承。[1]但是确有继承人，只是不知其行踪或生死不明的，不属于继承人有无不明。

（二）遗产的管理与清算

1. 遗产的管理

继承人有无不明的，法院根据第 777 条规定的被继承人的亲属及其他利害关系人或检察官的请求，选任遗产管理人并及时予以公告（第 1053 条第 1 款）。对于遗产管理人，准用第 24 条至第 26 条规定（第 1053 条第 2 款）。继承人接受继承时终止管理人的任务（第 1055 条第 1 款）。继承人接受后管理人应及时与继承人进行结算（第 1055 条第 2 款）。

2. 遗产的清算

自发布遗产管理人选任公告之日起 3 个月内不能确定有无继承人的，管理人应及时向一般债权人及受遗赠人公告申报债权或受遗赠的内容，公告期间为 2 个月以上（第 1056 条第 1 款）。对上述公告程序准用法人清算相关的规定。即准用第 88 条第 2、3 款、第 89 条、第 1033 条至第 1039 条规定（第 1056 条第 2 款）。

在上述公告期间届满后，仍不能确定有无继承人的，法院可以根据管理人的请求，发出如有继承人应在一定期间内申报其权利的公告。管理人请求的期间为 1 年以上（第 1057 条）。

（三）对特别关系人的财产分配

在 1990 年修改《民法》之前，如果在继承人搜索公告期内无主张继承权的人，则将遗产归于国库。结果导致被继承人的配偶等与被继承人有特殊关系，但无继承权的人在享有继承权后仍得不到任何遗产。为了避免出现这种不合理的结果，于 2005 年修改《民法》时新设了特别关系人财产分配制度。

1. 特别关系人范围

特别关系人包括与被继承人共同生活的人、被继承人的疗养护理人及其他与被继承人有特别关系的人（第 1057 条之 2）。本条的前两种类型是例示性规定，须由法院依自由裁量权予以判断。对于有特别关系的人，应进行实质性的判断。因为财产分配并不是继承，所以法人或无权利能力的社团也可以

---

[1] 参见［韩］宋德洙：《新民法讲议》，博英社 2017 年版，第 1954 页。

接受财产分配。[1]

2. 财产分配程序

认为与被继承人有特别关系的人欲取得被继承人遗产的，自继承人搜索公告期间届满后 2 个月内向家事法院请求分配财产（第 1057 条之 2 第 1、2 款）。

3. 归属于国库的遗产

不能分配给特别关系人的遗产归属于国库（第 1058 条第 1 款）。在此情形下，因为管理人的任务同时终止，所以管理人应及时向国家管理机关结算其管理的财产（第 1058 条第 2 款）。遗产归于国库时，未从遗产受偿的继承债权人或受遗赠人，也不得请求国家清偿（第 1059 条）。

第二节　遗　嘱

一、绪论

（一）意义及性质

遗嘱是遗嘱人以自己死亡时发生法律效果为目的，以一定方式实施的无相对人的单方行为。遗嘱应以一定方式进行，未遵守一定方式的遗嘱无效（第 1060 条）。遗嘱虽然是无相对人的单方法律行为，但是可以附条件或期限。遗嘱是遗嘱人死亡时生效的死因行为，并且遗嘱人可以随时撤回遗嘱（第 1108 条）。

（二）遗嘱能力

未满 17 岁的人不得立遗嘱（第 1061 条）。有关行为能力的规定不适用于遗嘱，被成年监护人恢复意思能力时可以立遗嘱（第 1063 条第 1 款）。被成年监护人立遗嘱时，医生应将神志恢复情况记入于遗嘱，并签名盖章（第 1063 条第 2 款）。

二、遗嘱的形式

（一）遗嘱的要式性

遗嘱非依《民法》所规定的形式，不生效（第 1060 条）。因为遗嘱在遗

---

[1] 参见［韩］金畴洙、金相瑢：《亲属继承法》，法文社 2017 年版，第 789 页。

嘱人死亡时生效，所以不采取法定形式的遗嘱，很难解决因遗嘱发生的纠纷。

（二）遗嘱形式的类型

韩国民法规定了 5 种遗嘱形式，即自书遗嘱、录音遗嘱、公证遗嘱、密封遗嘱、口头遗嘱（第 1065 条）。

1. 自书遗嘱

自书遗嘱的遗嘱人应亲自书写遗嘱全文及日期、住所、姓名、并加盖印章（第 1066 条第 1 款）。为防止出现因伪造、变造遗嘱发生的纠纷，自书遗嘱应接受家事法院的检验（第 1091 条第 1 款）。

自书遗嘱须由遗嘱人自己书写，因此利用打字机、电脑等书写的遗嘱无效。因为遗嘱形式采取法定形式主义，所以自书遗嘱上未记载日期的遗嘱无效。因为遗嘱人可以多次订立遗嘱，所以日期的记载具有重要意义。在自书遗嘱上插入、删除或变更文字时，须由遗嘱人亲自书写并盖章（第 1066 条第 2 款）。

2. 录音遗嘱

录音遗嘱由遗嘱人口述遗嘱的目的、姓名、日期，并由见证人口述遗嘱的正确性及其姓名（第 1067 条）。

3. 公证遗嘱

公证遗嘱是指，遗嘱人在公证人及两名见证人面前口授遗嘱的目的、由公证人记录遗嘱人的口述，并将该记录向遗嘱人及见证人宣读，在遗嘱人及见证人承认后各自签名或记名盖章后生效（第 1068 条）。

4. 密封遗嘱

密封遗嘱是指，遗嘱人须在两名以上见证人面前提交密封盖章的记载执笔人姓名的证书，在表示该证书为自己的遗嘱后，在该封面上记载提交日期，并由遗嘱人及见证人各自签名或盖章（第 1069 条第 1 款）。密封遗嘱应在封面上记载之日起 5 日内，向公证人或法院书记官提交，并由公证人或法官在封印处加盖确定日期（第 1069 条第 2 款）。如果密封遗嘱在形式上存在缺陷，则当其符合自书遗嘱的形式时，具有与自书遗嘱相同的效力（第 1071 条）。

5. 口头遗嘱

口头遗嘱应在因疾病或其他紧急事由无法采取其他遗嘱形式订立遗嘱时，遗嘱人在两名以上见证人的参与下，向其中一人口授遗嘱的目的，由口授者记录并宣读，由遗嘱人的见证人承认其正确性后，各自签名或盖章（第 1070

条第 1 款)。以上述方式作出的遗嘱,应由见证人或利害关系人在紧急事由终结之日起 7 日内,向法院申请检查验正 (第 1070 条第 2 款)。被成年监护人立口头遗嘱的,无须医生在遗嘱上记载神志恢复情况及签名盖章 (第 1070 条第 3 款)。

(三) 遗嘱的见证人

除自书遗嘱外其他遗嘱形式都需要见证人参与。见证人的签名或盖章、口述对于遗嘱效力具有重要作用。第 1072 条规定了见证人丧失资格的事由。

未成年人、被成年监护人与被限定监护人、依遗嘱获得利益的人及其配偶、直系亲属不得作为见证人参与订立遗嘱 (第 1072 条第 1 款)。订立公证遗嘱时,根据《公证人法》丧失资格的人不得作为见证人 (第 1072 条第 2 款)。不具有见证人资格的人参与订立遗嘱的,遗嘱无效。

三、遗嘱的效力

(一) 遗嘱的生效时期

遗嘱在遗嘱人死亡时生效 (第 1073 条第 1 款)。但是受遗赠人在遗嘱生效后可以拒绝受到遗嘱效力 (参考第 1074 条)。遗嘱附停止条件的,该条件在遗嘱人死亡后成就时,此时遗嘱生效 (第 1073 条第 2 款)。但是条件在遗嘱人死亡前成就的,该遗嘱视为未附条件。《民法》未规定附解除条件的情形。但是根据一般原理,附解除条件的遗嘱在遗嘱人死亡时生效,解除条件在遗嘱人死亡后失效。遗嘱附始期的,根据期限的内容,在期限届满时遗嘱生效。遗嘱附终期的,遗嘱自遗嘱人死亡时生效。

(二) 遗嘱认领

依遗嘱认领非婚生子女的,遗嘱执行人根据《家族关系登记法》,应自就职之日起 1 个月内进行认领申报 (《家族关系登记法》第 59 条)。认领效力溯及至非婚生子女出生时 (第 860 条)。

(三) 遗嘱的撤回

即使遗嘱有效成立,遗嘱人在遗嘱生效前也可以随时撤回全部或部分遗嘱 (第 1108 条第 1 款)。为尊重遗嘱人的最后意思,《民法》承认遗嘱人享有撤回遗嘱的自由,遗嘱人不得放弃撤回遗嘱的权利 (第 1108 条第 2 款)。

前后遗嘱互相抵触或订立遗嘱后的生前行为与遗嘱互相冲突的,就该冲突部分视为撤回前遗嘱 (第 1109 条)。遗嘱人故意撕毁遗嘱或毁损遗赠标的

物的，就该被破坏部分的遗嘱，视为撤回（第1110条）。

（四）遗嘱的无效与撤销

遗嘱不具备法定形式、未满17岁的人订立遗嘱、无意思能力的人订立遗嘱、对丧失继承资格的受遗嘱人的遗嘱等为无效。在订立遗嘱时有错误、欺诈、胁迫的，可以撤销。

四、遗赠

（一）意义

遗赠是指，遗嘱人依遗嘱将自己的财产无偿赠与给他人的单方行为。因为遗赠也是死因行为，所以将有关遗赠的规定准用于死因赠与。遗赠通常分为特定遗赠与概括遗赠。受遗赠人须满足以下条件：

第一，自然人及法人、无权利能力社团、财团及其他团体也可以成为受遗赠人。

第二，受遗赠人在遗嘱人死亡时应具有权利能力。遗嘱人死亡前受遗赠人死亡的，遗赠不生效（第1089条第1款）。

第三，关于遗赠，胎儿视为已出生（第1064条、第1000条第3款）。

第四，丧失继承资格的人，不得成为受遗赠人（第1064条、第1004条）。

继承人或遗嘱执行人、概括受遗赠人、无继承人财产的管理人等为遗赠人。

（二）概括遗赠

概括遗赠是指遗嘱人将全部或部分遗产进行遗赠的方式。概括受遗嘱人与继承人具有相同的权利义务（第1078条）。

1. 概括受遗赠人的权利义务

受遗赠人与继承人相同，概括继承除具有人身专属性权利外的其他权利义务（第1005条）。概括受遗赠人与继承人同时存在或有数位概括受遗赠人的，他们之间的关系类似于共同继承中的共同关系，即共同共有遗产，因遗产分割而解消共同关系（第1013条）。关于概括遗赠，适用第1019条至第1044条规定，而不适用第1074条至第1077条规定。关于继承人的继承回复请求权及除斥期间，类推适用第999条规定。概括遗赠无效或受遗赠人放弃的，遗嘱未有其他意思表示时遗赠财产归属于继承人（第1090条）。

2. 概括受遗赠人与继承人的异同

共同点：第一，概括承继遗产；第二，有继承人及其他概括受遗赠人的，概括受遗赠人与他们共同共有遗产，并且他们之间的关系因遗产分割而解消；第三，他们都可以接受或放弃继承及财产分配程序、丧失资格方面的要求相同。

异同点：第一，法人可以受遗赠；第二，继承人享有特留份权利，概括受遗赠人不享有特留份权利；第三，由于概括受遗赠不适用代位继承规定，因此概括受遗赠人先于遗赠人死亡的，概括遗赠丧失效力（第 1089 条第 1款）；第四，概括受遗赠人不享有继承份额的受让权；第五，继承不得附条件及期限，概括遗赠可以附条件与期限。

（三）特定遗赠

特定遗赠是以遗产中的特定财产为标的的遗赠。

1. 特定遗赠的接受与放弃

受遗赠人在遗嘱人死亡后可以随时接受或放弃遗赠，其效力溯及至遗嘱人死亡时（第 1074 条第 1 款）。遗赠人或利害关系人可以确定合理期间，催告受遗赠人或继承人在该期间内作出接受或放弃的决定。在上述期间内受遗赠人或继承人对遗赠人的催告未作出表示的，视为接受遗赠（第 1077 条）。

在受遗赠人尚未接受或放弃就死亡的，其继承人可以在应继份范围内进行接受或放弃。但遗赠人以遗嘱作出其他意思表示的，从其意思（第 1076条）。遗赠不生效或受遗赠人放弃的，遗赠财产归属于继承人。但遗赠人以遗嘱作出其他意思表示的，从该意思表示（第 1090 条）。不得撤销对遗赠的接受或放弃。因错误、欺诈、胁迫接受或放弃遗赠或限制行为能力人单独接受或放弃的，可以撤销。撤销接受或放弃遗赠的权利自可追认之日起 3 个月内，接受或放弃遗赠之日起 1 年内行使（第 1075 条）。

2. 特定遗赠的效力

（1）遗赠标的物的归属时期

对于特定遗赠，遗赠标的物作为遗产归属于继承人，受遗赠人对继承人享有请求履行遗赠的权利。[1] 在履行完成后遗产归属于受遗赠人。

----

〔1〕　参见大判 2003.5.27，2000DA73445.

（2）孳息取得权

受遗赠人，自可以请求履行遗赠时起取得孳息。但是遗嘱人在其遗嘱中有其他意思表示的，从其意思（第1079条）。

（3）费用偿还请求权

在遗嘱人死亡后，遗赠人为收受孳息而支出通常必要费用时，可以在其孳息范围内向取得孳息的受遗赠人请求偿还（第1080条）。遗赠人在遗嘱人死亡后，对遗赠标的物支出费用时，准用第325条（第1081条）。因此遗赠人支出必要费用的，受遗赠人可以请求偿还（第325条第1款）。支出有益费用时，限于现存的增加价值范围内，可以根据所有人选择请求其支出费用或增加价值的方式偿还（第325条第2款主文）。

（4）遗赠与担保责任

以不特定物为遗赠标的物的，遗赠人对该标的物负有与出卖人相同的担保责任。如果标的物有瑕疵，则遗赠人应交付无瑕疵的标的物（第1082条）。

（5）遗赠的物上代位性

遗赠人因遗赠标的物灭失、毁损或丧失占有而对第三人享有请求损害赔偿权时，该权利视为遗赠的标的（第1083条）。但是遗嘱人以遗嘱作出其他意思表示的，从其意思表示（第1086条）。以债权为遗赠标的的，遗产中包括遗赠人已受偿的物时，将该物视为遗赠标的。以金钱为标的的债权作为遗赠标的时，继承财产中无相当于债权额的金钱的，亦将其金额视为遗赠标的（第1084条）。对此遗嘱人以遗嘱作出其他意思表示的，从其意思表示（第1086条）。

（6）作为第三人权利标的的物或权利的遗赠

作为遗赠标的的物或权利，在遗赠人死亡时为第三人的权利标的的，受遗赠人不得向遗赠人请求消灭该权利（第1085条）。遗嘱人以遗嘱作出其他意思表示的，从其意思表示（第1086条）。

（四）附负担遗赠

附负担遗赠是指，遗嘱人以遗嘱请求受遗赠人为遗嘱人或其继承人、第三人承担一定义务的遗赠。附负担遗赠只要求受遗赠人承担一定的义务，并不是附条件的遗赠。受遗赠人应承担的负担不能实现或会违反善良风俗及社会公共秩序的，该负担无效。接受附负担的遗赠人在遗赠标的物价格内承担履行负担义务的责任。遗赠标的的价款因限定接受或财产分割而减少的，受遗赠人在价款减少范围内免除所承担的义务（第1088条）。

履行负担的义务人为受遗赠人或其继承人。遗嘱人的继承人、遗嘱执行人或被指定为履行请求权人的人可以请求履行负担义务人履行负担。受遗赠人不履行负担义务的，继承人、遗赠执行人可以确定合理期间催告其履行。在该期间内不履行的，可以向法院请求撤销遗嘱，但是不得损害第三人的利益（第1111条）。

（五）遗赠的无效、撤销

因为遗赠也是遗嘱的一种，所以遗嘱的无效、撤销原因适用于遗赠的无效与撤销。

在遗嘱人死亡前，受遗赠人死亡的，遗赠不生效。附停止条件的遗赠，受遗赠人在该条件成就前死亡的，不生效（第1089条）。变成遗赠标的的权利在遗赠人死亡时已不属于遗产的，遗嘱不生效。但遗嘱人欲使自己死亡时并不属于遗产的标的物发生遗嘱效力的，遗赠义务人负有取得该权利并移转于受遗赠人的义务。在遗赠人不能取得权利或取得权利需要巨额费用的，可以其价款清偿（第1087条）。

五、遗嘱的执行

（一）执行遗嘱的准备程序

1. 遗嘱的检验

保管或发现遗嘱证书或录音的人，应在遗嘱人死亡后及时向法院提交该遗嘱并请求检验。但是对于公证遗嘱或口头遗嘱不适用上述规定（第1091条）。此处的"检验"只不过是一种验证程序或证据保全程序，并不是判断有无遗嘱效力的程序。[1]

2. 遗嘱的拆封

法院在拆封有封印的遗嘱文件时，应有遗嘱人的继承人、其代理人及其他利害关系人的参加（第1092条）。拆封时应制定调查记录，法院须将相关事实告知未出席的继承人及其他遗嘱相关人（《家事诉讼规则》第87条、第88条）。

---

〔1〕 参见大判1998.6.12，97DA38510.

（二）遗嘱执行人

1. 遗嘱执行的决定

（1）指定遗嘱执行人

遗嘱人可以自行指定或委托第三人指定遗嘱执行人（第1093条）。受托指定遗嘱执行人的第三人知道委托后，应及时指定遗嘱执行人后通知继承人，并且在辞去该委托时，应通知继承人。继承人及其他利害关系人，可以在合理期间内催告受托人指定遗嘱执行人。在该期间内未收到指定通知的，视为受托人辞去委托（第1094条）。

被指定为遗嘱执行人的人，应在遗嘱人死亡后及时向继承人发出承诺作为遗嘱执行人或辞去遗嘱执行人的通知（第1097条第1款）。继承人或利害关系人可以确定合理期间，向指定或选任产生的遗嘱执行人催告在该合理期间内作出承诺与否的明确答复。在该期间内未接受明确答复的，视为该遗嘱执行人予以承诺（第1097条第3款）。

（2）法定遗嘱执行人

无指定遗嘱执行人的，继承人成为遗嘱执行人（第1095条）。例如，遗嘱人未以遗嘱指定遗嘱执行人、受指定委托的第三人对指定未作出任何意思表示以及被指定的遗嘱执行人未作出回应等情形属于无指定遗嘱执行人的情况。

（3）选任遗嘱执行人

无遗嘱执行人或遗嘱执行人因死亡、丧失资格及其他事由不存在的，法院可以根据利害关系人的请求，选任遗嘱执行人。法院选任遗嘱执行人时，可以就其任务责令作出必要的处分（第1096条）。选任的遗嘱执行人，应在收到选任通知后及时向法院发出承诺或辞职的通知（第1097条第2款）。在此情形下，继承人等可以催告是否予以承诺（第1097条第3款）。

（4）遗嘱执行人的辞职、丧失资格及解任

限制行为能力人与破产人不得成为遗嘱执行人（第1098条）。遗嘱执行人有正当理由的，可以经法院许可辞去任务（第1105条）。遗嘱执行人怠于执行任务，或有不合理事由的，家事法院可以根据继承人及其他利害关系人的请求，解任遗嘱执行人（第1106条）。

（5）遗嘱执行人的任务

遗嘱执行人承诺就职的，应及时履行任务（第1099条）。遗嘱内容为关于财产的，由指定或选任产生的遗嘱执行人及时制作财产清单，交付给继承人。在继承人提出请求时，上述遗嘱执行人应在继承人的参与下制作遗产清单（第1100条）。遗嘱执行人为数人的，履行任务应获得半数以上遗嘱执行人的同意。但是可以各自实施保存行为（第1102条）。

遗嘱人未在遗嘱中规定遗嘱执行人的报酬的，法院可以根据遗产状况及其他情形确定报酬。遗嘱执行人只能在遗嘱执行工作终结后请求报酬，但是在执行工作中因不可归责于遗嘱执行人的事由而终结工作的，可以按已完成工作的比例请求支付报酬（第1104条）。从遗产中支付执行遗嘱所发生的费用（第1107条）。

第三节　特留份

一、意义

特留份是指法律规定留给继承人的一定比例的遗产。《民法》承认一定范围内的继承人享有特留份。作为私法自治的一环，所有人均自由处分自己的财产，因此遗嘱人可以自由订立不违背公序良俗的遗嘱来处分自己的财产。但是除遗嘱人外，也有继承人及其他第三人对遗产之形成作出贡献的情况。遗嘱处分自由有时会违背家族共同体的生活伦理，即如果被继承人可以自由处分全部遗产，就会使其他家族成员丧失家族共同生活的经济基础，破坏家族共同体的和谐。因此法律为保护被推定为法定继承人的人的利益，规定了特留份制度。

二、特留份的范围

（一）特留份人及其特留份

享有特留份的人为被继承人的直系卑亲属、配偶、直系尊亲属、兄弟姐妹。因代位继承规定准用于特留份，所以被继承人的直系卑亲属与兄弟姐妹的代位人也享有特留份。胎儿享有特留份。

被继承人的直系卑亲属的特留份为其法定继承份额的1/2；被继承人的配偶的特留份为其法定继承份额的1/2；被继承人的直系尊亲属的特留份为其法定继承份额的1/3；被继承人的兄弟姐妹的特留份为其法定继承份额的1/3

（第 1112 条）。

（二）特留份的计算

计算特留份时，把被继承人继承开始时所有的财产与赠与财产相加后再扣除全部债务（第 1113 条第 1 款）。附条件的权利或存续期间不确定的权利，根据由家事法院选任的评估人的评估，确定其价值（第 1113 条第 2 款）。

计算特留份基础的财产应以继承开始时为准。[1]"继承开始时所有的财产"仅指积极财产。遗赠或死因赠与的财产属于继承开始时所有的财产。[2]但是因为属于坟墓 1 町步以内的禁养林地及 600 坪以内的墓土农地、宗谱及祭具的所有权不构成遗产，所以上述物不属于此处的财产（第 1008 条之 3）。

对于赠与的财产，在继承开始前 1 年内进行的赠与，按照第 1113 条规定计入其价格（第 1114 条前段）。此处的 1 年时间以签订赠与合同时为准。但是赠与合同的双方当事人明知有害于特留份人的，即使是 1 年前进行的，也计入特留份中（第 1114 条后段）。

三、特留份的保全

（一）特留份返还请求权

因被继承人的赠与或遗赠，致使特留份人的特留份不足的，在不足范围内可以请求返还赠与或遗赠的财产（第 1115 条第 1 款）。

（二）性质

关于特留份返还请求权的法律性质，有观点认为，行使返还请求权时遗赠或赠与合同在侵害特留份的范围内失效，因此标的物上的权利当然归属于特留份人。尚未实施遗嘱或赠与的，返还请求权人可以拒绝返还；已经实施的，可以基于物权请求权请求返还标的物。[3]判例认为，特留份人请求返还特留份时，侵害特留份的赠与或遗赠溯及无效。[4]

（三）特留份返还请求权的行使

特留份返还请求权的行使可以通过裁判或者自由行使。依意思表示自由

---

〔1〕 参见大判 2009. 7. 23, 2006DA28126.

〔2〕 参见大判 2012. 12. 13, 2010DA78722.

〔3〕 参见［韩］金畴洙、金相瑢:《亲属继承法》，法文社 2017 年版，第 863 页。

〔4〕 参见大判 2013. 3. 14, 2010DA42624.

行使特留份返还请求权时，仅须指定造成侵害的遗赠或赠与行为，并对其行使返还请求即可。[1]

对于赠与，未受领遗赠前，不得请求（第1116条）。此时，应视为死因赠与和遗赠相同。[2]受赠人及受遗赠人为数人的，应按各自所得遗赠财产的比例返还（第1115条第2款）。

四、特留份返还请求权的消灭时效

特留份人自知道继承开始及应返还的赠与或遗赠事实起1年内未行使返还请求权的，该返还请求权因时效而消灭。自继承开始起，已满10年的，亦同（第1117条）。上述1年或10年为消灭时效，如有返还请求的意思表示，则中断。[3]

---

〔1〕　参见大判2012.5.24，2010DA50809.

〔2〕　参见大判2001.11.30，2001DA6947.

〔3〕　参见大判2002.4.26，2000DA8878.

参考文献

1. ［韩］池元林：《民法讲议》，弘文社 2017 年版。

2. 崔吉子译：《韩国最新民法典》，北京大学出版社 2010 年版。

3. ［韩］崔栻：《新债权法各论》，博英社 1961 年版。

4. ［韩］高翔龙：《民法总则》，法文社 2003 年版。

5. ［韩］高翔龙：《物权法》，法文社 2002 年版。

6. ［韩］郭润直、金哉衡：《物权法》，博英社 2015 年版。

7. ［韩］郭润直、金载亨：《民法总则》，博英社 2013 年版。

8. ［韩］郭润直：《债权分论》，博英社 2009 年版。

9. ［韩］郭润直：《债权总论》，博英社 2007 年版。

10. ［韩］金曾汉、金学东：《物权法》，博英社 2004 年版。

11. ［韩］金曾汉：《债权各论》，博英社 2006 年版。

12. ［韩］金畴洙、金相瑢：《亲属继承法》，法文社 2017 年版。

13. ［韩］金亨培：《债权各论》，博英社 1997 年版。

14. ［韩］金亨培：《债权总论》，博英社 1998 年版。

15. ［韩］金容汉：《亲属继承法》，博英社 2004 年版。

16. ［韩］金容汉：《物权法论》，博英社 1996 年版。

17. ［韩］金相容：《民法总则》，HS media 2009 年版。

18. ［韩］金相容：《物权法》，HS media 2009 年版。

19. ［韩］金相容：《债权分论》，HS media 2009 年版。

20. ［韩］金相容：《债权总论》，HS media 2010 年版。

21. ［韩］李银荣：《民法Ⅱ》，博英社 2002 年版。

22. ［韩］李银荣：《物权法》，博英社 2006 年版。

23. ［韩］李英俊：《韩国民法论》（物权法），博英社 2004 年版。

24. ［韩］李英俊：《民法总则》，博英社 2007 年版。

25. 〔韩〕梁彰洙、金载衡：《合同法》，博英社 2016 年版。

26. 〔韩〕宋德洙：《新民法讲议》，博英社 2017 年版。

27. 〔韩〕郑淇雄：《债权总论》，法文社 2000 年版。